ÇİNGENE

TÜRKİYE'DE YAFTALAMA VE DIŞLAYICI ŞİDDETİN TOPLUMSAL DİNAMİĞİ

KOÇ ÜNİVERSİTESİ YAYINLARI: 105   SOSYOLOJİ

Çingene: Türkiye'de Yaftalama ve Dışlayıcı Şiddetin Toplumsal Dinamiği
Gül Özateşler

İngilizceden çeviren: Didem Dinçsoy
Yayına hazırlayan: Rana Alpöz
Redaksiyon: Aslı Güneş
Düzelti: Nihal Boztekin
Kitap ve kapak tasarımı: Gökçen Ergüven
Ön ve arka iç kapak görseli: Çanakkale-Bayramiç, Defne Karakaya ve Celalettin Akdağ

1. Baskı: İstanbul, Ekim 2016

Baskı: **12.matbaa**   Sertifika no: 33094
Nato Caddesi 14/1 Seyrantepe Kâğıthane/İstanbul   +90 212 281 2580

Koç Üniversitesi Yayınları   Sertifika no: 18318
İstiklal Caddesi No:181 Merkez Han Beyoğlu/İstanbul   +90 212 393 6000
kup@ku.edu.tr • www.kocuniversitypress.com • www.kocuniversitesiyayinlari.com

Koç University Suna Kıraç Library Cataloging-in-Publication Data

Özateşler, Gül.

Çingene: Türkiye'de yaftalama ve dışlayıcı şiddetin tompumsal dinamiği / Gül Özateşler ; İngilizce'den çeviren Didem Dinçsoy ; yayına hazırlayan Rana Alpöz.

256 pages ; 16,5 x 24 cm.

Includes bibliographical references

ISBN 978-605-9389-14-3

1. Romanies--Violence against--Turkey--Bayramiç, Çanakkale--History--20th century. 2. Romanies--Relocation--Turkey--Bayramiç, Çanakkale--History--20th century. 3. Romanies—Turkey-- Bayramiç, Çanakkale-- Ethnic identity.4. Alienation (Social psychology--Turkey--Bayramiç, Çanakkale. 5. Bayramiç, Çanakkale, Turkey-- Ethnic relations—History--20th century. I.Dinçsoy, Didem. II. Alpgöz, Rana. III. Title.

DX265.O9320 2016

Çingene

Türkiye'de Yaftalama ve Dışlayıcı Şiddetin Toplumsal Dinamiği

GÜL ÖZATEŞLER

İngilizceden çeviren: Didem Dinçsoy

KÜY

İçindekiler

Tablolar

Teşekkür

Tüm bu çalışma boyunca değerli yönlendirmeleri ve yardımlarından dolayı danışmanlarım Prof. Dr. Ayşe Buğra ve Prof. Dr. Leo Lucassen'e çok teşekkür ederim. Bana yalnızca destek ve cesaret değil bilgelikleri, iyilikleri, saygı ve sevgileriyle büyük ilham da verdiler. Tez jürisinden Prof. Dr. Wim Willems'e değerli tavsiyeleri, Doç. Dr. Cengiz Kırlı'ya sofistike yorumları ve tavsiyeleri, Prof. Dr. Asım Karaömerlioğlu'na nezaketinin yanı sıra kişisel ve profesyonel desteği, Prof. Dr. Arzu Öztürkmen'e kişisel ve profesyonel deneyimlerini içten ve özenli paylaşımı ve bu çalışmaya katkıda bulunan herkese yardımları için teşekkür ediyorum.

Çalışmalarım ve araştırmam için bana yardımcı olan kurumlara, doktora bursu için BÜVAK'a, konferans katılım desteği için TÜBİTAK'a ve yaz okulu katılımı desteği için Marie Curie Vakfı'na teşekkür ediyorum. Beni hatırlama ve temsil biçimlerini sorgulamaya teşvik eden Doç. Dr. Andrea Peto'ya ve akıl hocam Dr. Elisabeth Tauber'e en içten teşekkürlerimi sunuyorum. Boğaziçi Üniversitesi Atatürk İlkeleri ve İnkılap Tarihi Enstitüsü'ndeki sekreter Necla Turunç'un, asistan Kadriye Tamtekin'in, kilit insan Leyla Kılıç'ın ve editör Kathryn Kranzler'in yardımları benim ve bu çalışma için çok değerliydi.

Çalışmamı nihayetlendirme sürecinde birçok farklı insandan materyal ve ayrıca bilgilendirici, profesyonel ve duygusal destek aldım. Bunun gibi bir sözlü araştırma projesinde çalışmaya katılan herkesi zikretmek mümkün değil. Samimiyetle kalplerini ve zihinlerini açanlara ve hatta suskun kalmayı tercih eden anlatıcılarıma minnettarım. Bayramiç halkı bu araştırmanın ana kaynağını oluşturmaktadır. Çok değerli yardımları için onlara minnettarım. Özellikle Ahmet Somalı, Ayşe Somalı, Rabia, Demir Karabaş, Medihan, Emine, Sadık, Fethiye, Gülçin ve ailesi çalışmama büyük katkıda bulundu.

Bu çalışmada bazı akrabalarımdan da bilgi aldım. Özellikle eniştem Mehmet Dinçer'e değerli deneyimlerini, bilgisini ve analizlerini paylaştığı için çok teşekkür ederim. Teyzem Bedia Dinçer de yerli halktan bazı insanlar arasındaki ilişkilere dair değerli görüşleriyle çok yardımcı oldu. Hayatım ve bu çalışma boyunca onların yardımına ve samimiyetine sahip olduğum için çok şanslıyım.

Bu çalışma boyunca ailemin desteğini ve sevgisini daima hissettim. Annem Şaziment Özateşler'in psikolojik desteği olmadan bunu başarabilir miydim bilmiyorum. Benim için daima elinden gelenin en iyisini yapmaya çalışan babam Prof. Dr. Mustafa Özateşler'e de desteği için büyük minnet duyuyorum. Ağabeyim Alp Özateşler de bu süreçte beni kendince cesaretlendirdi. Neredeyse tüm akrabalarım, özellikle Dinçer, Yüksel, Ünlü, Erboz ve Özateşler aileleri bu çalışmaya bir şekilde katkıda bulundu. Özellikle yeğenim Ömer, yeni doğan yeğenim Rana ve beş yaşındaki yeğenim Nehir'e bana verdikleri huzur, umut ve sevgi için minnettarım. Bazıları çalışmamı anlamlandıramasa bile bana destek olan arkadaşlarıma da çok teşekkür ediyorum: Onur, Zeynep, Diana, Aslıgül, Sinan, Soner, Ayşe, Gonca, Pınar G., Emre, Nadide, Dilek, Değer, Seçkin, Ertunç, Cihan, Sese, Cenker, Özdemir, Pınar S. ve Özhan'a… Ayrıca bazılarıyla yalnızca bir defa görüşmeme rağmen bu çalışma hakkındaki düşünce ve hislerimi dinleyen insanlara da teşekkürlerimi sunuyorum. Araştırma süreci boyunca hayatımda olan insanların her biri doğrudan veya dolaylı bir şekilde bu çalışmaya katkıda bulundu. Bu yıllar boyunca zihnimde ve kalbimde bir iz bırakan tüm o insanlara teşekkür ediyorum.

Son olarak, sevgili anneannem ve dedem Saniye ve Mehmet Bulut'a minnettarım. Bu dünyadan göçüp gittikten sonra bile saha araştırmam boyunca beni evlerinde ağırladılar, yolculuğumda bana eşlik ettiler ve beni sevgiyle, şefkatle ve kalbime yerleştirdikleri, herkesin eşit ve huzur dolu bir hayatı hak ettiği inancıyla sardılar.

Giriş

5 Ocak 2010'da Manisa'nın Selendi kasabasında bir grup, Çingenelere saldırdı.[1] Evlerini taşlayıp araçlarına zarar verdiler, üç kişiyi de yaraladılar. Anlık bir taşkınlığın dışında, saldırının ardındaki sebep herkes için bir muammaydı. Saldırı küçük çaplı bireysel çatışmalarla başlamıştı ama kasaba sakinlerinin Çingenelere saldırmak için nasıl ve neden bir araya geldiği bilinmiyordu. Bireysel kavgalar nasıl yükselip grup çatışmalarına ve pogrom[2] benzeri durumlara dönüşüyordu? Kasaba sakinlerini Çingenelere saldırmak konusunda motive eden neydi? Toplumsallaşma yöntemlerimiz bu tür şiddet ifadelerine nasıl zemin sağlıyordu? Bu soruları yanıt-lamak için, saldırıların huzursuzluğu nasıl ve neden etnik kategoriler üzerinden harekete geçirdiğini incelememiz gerekiyor. Bu tür saldırıları açıklamak için yal-nızca o anın sosyoekonomik bağlamını değil, Çingenelik kategorisinin zamanla nasıl oluşturulduğunu da anlamalıyız.

Bu olay, Çingenelerin 1970'te Çanakkale'nin Bayramiç kasabasında zorla yerinden edilmeleri hakkında araştırma yaptığım dönemde yaşandı. İki olayın anlık etkisi, özgül dinamikleri ve yerel bağlamları çok farklı olsa da Çingeneliğin toplumsal olarak inşası ve her iki kasabanın sosyoekonomik koşulları ilginç benzerlikler ortaya koyuyor. Manisa'daki saldırı bu inşanın, yerel farklılıklara rağmen hâlâ devam eden gücünü yansıtıyordu. Benzer bir şekilde vuku bulan yeni bir saldırı, Çingenelerin damgalanmasındaki sürekliliğe işaret ediyor. Bu benzerlik, daha derin bir yapısal düzlemde toplumdaki benzer kategorilerin rollerini ve bu kategorilerin şiddetli saldırılar sırasında harekete geçirilmesini inceleyen vaka çalışmamın değerini gös-teriyor. Bu tür olayları incelemek ve anlamak için, dışlayıcı şiddete ve kategorilerin toplumsal inşasına dair teorik bakış açılarını, yerel yapıların somut analizleriyle bir araya getirmek gerekiyor. "Dışlayıcı şiddet" ifadesi, saldırıların çokyönlülüğünü anlatmak için Werner Bergmann'dan alınmıştır.[3] Bu ifadenin, etnisiteyi bu şekil-

---

1   *Radikal*, 6 Haziran 2010.

2   Belli bir grubu hedefleyen dinsel, etnik ve/veya siyasi temelli saldırı.

3   Ufak farklılıklar olsa da örnek olayı incelerken uyguladığım çokyönlü yaklaşım Bergmann'ın yaklaşımıyla benzerlik gösterir. Bkz. Werner Bergmann, "Exclusionary Riots: Some Theoretical Considerations," *Exclusionary Violence* içinde, der. Christhard

de problem haline getirmeyen ve diğer dinamikleri hesaba katmayan etnik şiddet yaklaşımından daha tatminkâr olduğuna inanıyorum. Bir diğer benzer çalışma ise Jan Gross'un Polonya'daki Jedwabne kasabasındaki komşuları tarafından pogrom benzeri şiddetle karşı karşıya kalan Yahudileri incelediği çalışmasıdır.[4] Gross, araştırmasında söz konusu dinamikleri detaylı bir şekilde analiz ederek pogromların nasıl başlayıp evrildiğine dair kavrayışımıza büyük katkıda bulunur, ancak vaka çalışmasını açık bir şekilde kuramlaştırmaz. Gross'un eserine çok şey borçlu olan bu kitapsa vaka çalışmasını daha açıklayıcı bir teorik çerçeveye oturtmayı hedefliyor.

Çalışmamın odağında yer alan vaka, Çingenelerin Bayramiç kasabasından zorla yerlerinden edilmelerini kapsamaktadır ve teorik araçları somut bir vaka çalışmasına uygulamamızı sağlar. Bayramiç annemin memleketi; yakın akrabalarım da anneannemin 2001 yılındaki ölümüne kadar orada yaşıyordu. Bu vakayı incelerken yerel dinamikleri, söylemleri ve inşaları araştırmak gerekiyordu. Ancak söz konusu bu dünya, daha genel kategoriler ve hiyerarşilerle ilişki içerisinde şekillenmişti. Kasaba sakinlerinin bilişsel dünyası zorla yerinden etme çerçevesinde Çingenelik ve Türklük kategorilerinden son derece etkilenmişti. Bu nedenle bu çalışma bu tür kategorilerin yerel bağlamda nasıl uygulandığını incelemektedir.

Bayramiç'te farklı Çingene alt kategorileri bulunuyordu. O sıradaki ana alt kategoriler[5] yerli Çingeneler ve muhacirlerdi.[6] Muhacirler Yunanistan'la yapılan mübadele sonucu 1920'lerde kasabaya yerleşenler; yerlilerse muhacirler geldiğinde halihazırda orada yaşayanlardı. Çoğunlukla, geleneksel olarak Çingenelere mal edilen çalgıcılık, nalbantlık gibi mesleklerle uğraşıyorlardı. Öte yandan muhacirler hamal, arabacı ve alt kademe işçi olarak çalışmaya başlamışlardı.

1970'te bir grup insan, Çingenelere saldırmak için bir araya geldi; Çingenelerin evlerini taşlayıp bir kısmını dövdüler ve nihayetinde onları kasabayı terk etmek zorunda bıraktılar. Bazı etkili kamyon şoförleri alt ve orta sınıf kasaba sakinlerine ve köylülere önderlik etti. Kasabada kentleşmenin yoğunlaştığı ve kırdan kente

---

Hoffmann, Werner Bergmann ve Helmut Walser Smith (Michigan: The University of Michigan Press, 2002): 161-185.

4   Jan T. Gross, *Neighbours: The Destruction of the Jewish Community in Jedwabne*, Polonya, 1941 (Londra: Arrow Books, 2003).

5   Sepetçiler kasabaya yakın zamanda yerleştiğinden, o sırada bu gruplar arasında yer almıyordu.

6   Bu terim eskiden Osmanlı İmparatorluğu'nda yaşayan ve Türkiye Cumhuriyeti tarafından mülteci olarak kabul edilen Müslüman göçmenleri kapsamaktadır. Bayramiç'te ise 1920'lerde gerçekleşen nüfus mübadelesi döneminde Yunanistan'dan gelen Çingeneler için kullanılmaktadır.

göçün yükselişte olduğu bir dönemdi. Bu değişimler, şehir merkezleriyle iş bağlantıları kurmak açısından çok önemli bir rol oynayan karayolu taşımacılığının gelişiminde de kendini gösterdi. Taşımacılık sektörü, özellikle başka herhangi bir endüstrinin olmadığı kasabada ormanlarından yapılacak kereste ticareti için önem taşıyordu.

Başlangıçta şoförlük, dağ yollarının çok tehlikeli olması nedeniyle Çingene olmayanlar arasında pek de yaygın değildi. Bu nedenle bazı muhacirler bu işe adım atıp başarılı şoförler olarak tanınmaya başladı. 1960'lara gelindiğinde karayolu taşımacılığı ve kerestecilik gelişmiş, kasabadaki şoförlerin ve kamyonların sayısı artmıştı. 1970'teki çatışma, Türk bir kabadayı ve önceleri yakın arkadaş olduğu muhacir bir Çingene arasındaki kamyon ortaklığının son bulmasıyla başlamıştı. Muhacir Çingenenin, Türk kızlarına asılmakla suçlanan erkek kardeşlerinin ahlaksızlıklarına dair dedikodular hemen yayılmaya başladı. Kasabada bir Çingene tehdidi yaratmak pek de zor olmamıştı; ortalıkta, Çingenelerin şiddete meyyal tavırları ve ahlaksız davranışlarından piyasadaki haksız rekabete kadar birçok hikâye dolaşıyordu. İlk saldırı muhacir aileleri hedef alsa da birkaç hafta sonraki ikinci saldırı yerli Çingeneleri de kapsıyordu. "Kamyon şoförleri" kavgası olarak başlayan huzursuzluk, kısa süre içerisinde gerçek bir Çingene avına döndü. Kasaba savcısına göre o sırada kasabadan ve çevredeki köylerden toplanan yaklaşık üç bin kişi evlerini taşlayarak Çingeneleri kasabadan taşınmaya zorlamıştı. İkinci saldırıda kalabalığı durdurmaya çalışan kasaba savcısı da darp edilmişti. Çingenelerin birçoğu evlerini birkaç ay içerisinde terk etti, bir kısmı bir daha geri dönmedi. Onlar diğer kasabalarda ve şehirlerde tutunmaya çalışırken, köylülerden ve yerli halktan bir kısım insan onların işlerini üstlendi. Çoğu yerli Çingene geri dönerken, muhacirlerin birçoğu kendilerine Bayramiç dışında bir hayat kurdu.

Bu olay yalnızca, topluluk şiddetine maruz kalan bireylerin bireysel travma ve ıstıraplarına dair hüzünlü ve duygusal bir hikâye değil. Bu kitap bu tür şiddet olaylarının neden ve nasıl olabileceğine, hangi dinamiklerin Türklük ve Çingenelik kategorileriyle ilişkili olarak Bayramiç'teki insanlar arasındaki ilişkileri kurduğuna, şaşırtıcı derecede esnek olan bu kategorilerin farklı bağlamlardaki ilişkilerde nasıl kullanıldığına, insanların ilişki ve deneyimlerini nasıl hatırlayıp yansıttıklarına dair derin bir bağlam sunuyor. Söz konusu olay, küçük bir kasabanın yaşadığı ahlaki paniğin çok ötesinde bir anlam taşıyor. Kültürel alanlarda temsil edilen etnik ve öteki kimliklerin, sosyoekonomik ve siyasal eşitsizlikleri gizlemek için nasıl kullanıldığını ortaya koyuyor. Toplumsal yaşamda insanların bu biçimde kategorileştirilmesi sabit bir veri olarak alınmamalı, ilişkilerin ve toplumsal bağlamların zaman içerisinde değişmesine radikal bir biçimde uyarlanan esnek toplumsal inşalar olarak incelenmelidir. Bu çalışmada, ilk bakışta toplumsal düzenin korkunç biçimde sekteye uğraması olarak görülen şiddet fenomeni, grupların güç ilişkilerini ve toplumsal sınırları yönetmek için kullanabileceği kural koyucu/yıkıcı bir araç olarak ortaya konacak.[7]

Söz konusu vakada şiddet, sadece Çingeneler ve Çingene olmayanlar arasındaki ilişkiyi değil, bu toplulukların kendi içindeki ilişkileri de değiştirmişti. Alan araştırmam esnasında kasaba halkının büyük bir bölümü failler hakkında olumsuz şeyler söylemekten korkuyordu; hemen hepsi kişisel deneyimlerinden egemen söylemlere uzanan tüm anlatımlarda muğlak ve çelişkili ifadelere yer veriyordu. Kasabada yaşanan şiddet yalnızca Çingenelerin varlığını değil, diğer insanların Çingenelerle olan ilişkilerini de tehdit etmişti. Bu olay, kasaba halkının Çingeneler hakkındaki düşüncesini ve onlarla Çingenelik ötesinde etkileşime geçme ihtimallerini ciddi anlamda olumsuz etkilemişti. Saldırılar sırasında birçok kişi kendini çaresiz ve yetersiz hissetmişti. Koruyucuların anlatıları, kasaba halkının süregelen sessizliği, anlatılardaki tereddüt, görgü tanıklarının anlatıları ve var olan sırlar da saldırıların etkilerinin kasabada yalnızca Çingeneler değil, Çingene olmayan gruplar tarafından da hissedildiğini göstermektedir. Bu da kasaba halkının şiddete başvurmasını anlamak için devlet söyleminin olduğu kadar devletin ve devlet görevlilerinin rolüyle ilgili bir tartışmayı gerekli kılar.

Zorla yerinden etme ve dışlayıcı şiddet üç ana boyutta incelenebilir: 1. sosyoekonomik bağlam, 2. söz konusu kategorilerin tarihsel ve toplumsal inşası ve 3. söz konusu öznelerin pozisyonunun Bergmann ve Van Arkel'in Yahudi karşıtı şiddet hakkında geliştirdikleri teorilerle incelenmesi. Bu tür şiddet vakalarında güç mekanizmaları ve sosyal kontrole odaklanan Bergmann'ın yaklaşımı, faillerin, özellikle güç ilişkilerinde olumsuz bir değişim sezdiklerinde şiddete başvurdukları yönünde. Bu tür vakalarda şiddet, toplumdaki güç kaldıraçlarının kontrolünü elde etmek için kullanılır. Bu tür bir ortamda tehdit oluşturmak dışlanmayı artırır, failleri harekete geçirir. Van Arkel bunun yanı sıra, damgalamanın işlevini, çoğunluk ve azınlık arasındaki sosyal mesafenin önemini vurgular. Van Arkel'in Avrupa'daki Yahudi karşıtlığıyla ilgili çalışması tarihsel bir damgalamanın mevcut güç ilişkileri etkileşiminde nasıl işlev kazanabileceğini ve insanları ayrımcılığa ve açık şiddete en azından pasif bir destek vermeye zorlayan terör estirme mekanizmalarının grup sınırlarının yeniden tanımlanmasına nasıl vesile olabileceğini gösterir. Bu üç koşulun (işlevsel damgalama, sosyal mesafe ve terör estirme) bir araya gelmesi kolektif

---

7   Walter Benjamin, "The Storyteller," *Illuminations*, der. Hannah Arendt (New York: Schocken Books, 1969). [Walter Benjamin, "Hikâye Anlatıcısı," *Parıltılar*, İng. çev. Yılmaz Öner, İstanbul: Belge Yayınları, 2003.]

şiddete yol açar. Bu nedenle, 1970'teki Çingene avını anlamak için söz konusu öznelerin rollerini içerecek biçimde, bu saldırıların özel bağlamlarını ve Çingene kategorisinin tarihsel oluşumunu incelemeliyiz.

Öncelikle, şiddet saldırılarının yerel bağlamı önem teşkil eder. İnsanların o sırada Çingenelere karşı bir araya gelmesine neden olan sosyoekonomik durum hakkında daha fazla veriye ihtiyacımız var. Bu olayın özellikle neden o anda yaşandığı, sorularımızdan biridir. Ülkenin bağlamıyla ilişkili olarak kasabanın tarihsel bağlamı kolektif şiddetin nedenlerini ve kategorilerin nasıl işlevsel hale geldiklerini anlamamıza yardımcı olacaktır. Ülkenin geçirdiği sosyoekonomik dönüşüm ve bunun özellikle hızlı şehirleşmeye bağlı olarak kasabadaki etkileri önemli etkenlerdir. O dönemde kasabadaki taşımacılık endüstrisinde yaşanan ani büyüme ve ona eşlik eden toplumsal ilişkilerin dönüşümü, vakamızda olup bitenleri anlamamız açısından kilit önemdedir. Güç ilişkilerinin değiştiği, yeni fırsatların doğduğu bir dönemdi bu; buna bağlı olarak bazı insanlar güçlenirken, bazı insanlar eski statü ve güçlerini kaybediyordu. Peki, neden muhacir Çingeneler özel olarak dikkat çekmişti? Bu soru bizi analizimizin ikinci boyutuna götürüyor.

İlk boyut sosyoekonomik dönüşümlerin toplumsal ilişki ve kategoriler üzerindeki etkisini incelerken, ikinci boyut söz konusu ilişki ve kategorilerin yerel bağlamdaki tarihsel arka planına odaklanır.[8] Bu açıdan bakıldığında, Çingene adı verilen insanlar rastlantısal bir şiddetin hedefi değildi. Şoförlüğün ve taşımacılığın kârlı ve prestijli sayıldığı bir dönemde bir kamyon üzerinden anlaşmazlık doğmuştu. Bu dönem ayrıca birçok köylünün Bayramiç'te iş aradığı bir dönemdi. Kasabaya yeni gelenlerin çoğu kendi işini kuracak sermayeye sahip değildi;[9] yalnızca ucuz ve vasıfsız işlerde çalışabiliyorlardı. Kentsel emek pazarına girmenin en kolay yolu, muhacir Çingenelerin aktif rol aldığı hizmet sektörüydü. Ayakkabı boyacılığı gibi nispeten daha az kazandıran işler bile kasabada yeni bir hayat kurmak isteyen biri için iyi bir başlangıç olabilirdi. Bu nedenle muhacir Çingeneler güçlü konumdaydı. Bu durum, ilk boyuttaki toplumsal ilişkileri anlamada büyük önem taşısa da neden Çingenelerin hedef alındığını açıklamada yeterli değil. Bu nedenle Çingeneliğin bir kategori olarak toplumsal inşasına ve buna iliştirilen tarihsel damgalamaya bakmalı, bunun için de ikinci boyuta geçmeliyiz.

---

8   Bu ikisi arasındaki etkileşime dair iyi bir inceleme için bkz. Dik Van Arkel, "The Growth of the Anti-Jewish Stereotype: An Attempt at Hypothetical-Deductive Method of Historical Research," *International Review of Social History* 30 (1985): 270-306.

9   Varlıklı köylülerin bir kısmı daha canlı bir sosyal hayat, ekonomik kazanımlar ve çocukların eğitimi gibi sosyoekonomik avantajlardan faydalanmak için kasabaya önceden gelmişti.

Yerel bağlamda Çingeneliğin inşası kendine özgü dinamiklere sahip olsa da ulusal düzlemdeki Çingeneliğin algılanışı, stereotipler, damgalanmalar ve ayrımcılıkla da ilişkilidir. Çingene tehdidinin inşası birdenbire ortaya çıkmamıştı, kökleri Osmanlı dönemine varan tarihsel deneyime uzanmaktaydı. Kasaba halkı kendi arasında bu kategorilerin ötesinde bir etkileşime girse de, belirli tür bir rekabet ve tartışma yaşandığında, Çingene damgası hemen su yüzüne çıkmıştı. Çingeneliğin edindiği "baskın statü"[10] Çingeneler ve Çingene olmayanlar arasındaki sosyal mesafeyle körüklendi ve korundu. Bu durum, Çingeneler ve kasaba halkının geri kalanı arasında süregelen hiyerarşik ve sınırlı ilişkilere dayalı olan "etiketlenmiş etkileşim"[11] olarak tanımlanabilir. Çingene kategorisi tarihsel olarak bu statükoyu korumak için kullanıldı. Ancak aynı zamanda gündelik ilişkilerde bir referans noktası olarak silikleşebiliyordu. Bu nedenle bu kategorinin etkisi bağlama bağlıydı. Bazıları bu süreci grup sınırlarının geçirgenliğinden ötürü tehlikeli olarak nitelendirdi. Alba ve Nee, Birleşik Devletler'deki asimilasyonu inceleyerek etnik gruplar arasındaki etkileşimin zaman içerisinde nasıl değişebildiğini gösterir ve sınır geçişi, sınırların belirsizliği ve sınırların değişmesi arasında bir ayrım yaparlar. Sınır geçişi bireysel düzlemde gerçekleşirken belirsizlik gruplar arasındaki etnik farklılıkların daha az keskin olması anlamına gelir ve grup sınırlarının muğlaklığını yansıtır. Son olarak sınırların değişmesi, ortaya eskiden beri var olan bir grubun yeni ve daha kapsamlı bir kategoriye dahil edildiği yeni bir durum ortaya çıkarır; örneğin giderek artan bir oranda "beyaz" olarak görülen Asyalı Amerikalılar. Alba ve Nee'nin yaklaşımları, gruplar yerine bu kitapta analiz edilen vakayı anlamak açısından can alıcı önemdeki kategorileri vurgulamaları nedeniyle oldukça kullanışlı.[12] Üstelik, insanlar farklı tepkiler verebiliyordu. Kasabada, saldırganların yanı sıra Çingeneleri korumaya çalışanlar da vardı. İnsanlar Çingenelik hakkında aynı tarihsel söylemlere, dönemin sosyoekonomik bağlamına ve saldırganların terör estirme eylemlerine maruz kalsalar da saldırılar sırasında farklı bakış açılarına ve rollere yol açan bir faillik[13] alanı halen mevcuttu.

---

10 Everett Cherrington Hughes, "Dilemmas and Contradictions of Status," *The American Journal of Sociology* 50, sayı 5 (Mart 1945): 353-359. Hughes toplumlarımızdaki bazı statülerin kişisel özelliklerle ilişkili olarak nasıl belirlendiğini anlatıyor. Bu özellikler kategoriler vasıtasıyla oluşan algılarla bağlantılıdır ve bu tür bir statü belirleme yolu ırksal statü gruplarına yol açabilir.

11 Dik van Arkel, *The Drawing of the Mark of Cain: A Socio-Historical Analysis of the Growth of Anti-Jewish Stereotypes* (Amsterdam: Amsterdam University Press, 2009), 90-92.

12 Richard Alba ve Victor Nee, *Remaking the American Mainstream: Assimilation and Contemporary Immigration* (Cambridge: Harvard University Press, 2003).

13 İngilizcede *agency* olarak kullanılan ve sosyoloji disiplininde önemli bir tartışma alanı olan kavram, öznelik pozisyonu, eyleyicilik ve faillik olarak Türkçeye aktarılabilmektedir.

Üçüncü boyut olarak failliğe odaklanmak, farklı ve hatta bir ölçüde çelişkili pozisyonları anlamamızı sağlayacak. Bu pozisyonlar elbette ki insanların sosyoekonomik konumları ve saldırganların onları ne ölçüde terörize ettiği ile ilgiliydi. Çoğunlukla toprak sahibi zengin aileler, devlet memurları ve bazı tüccarlar bu saldırılara karşıydı. Muhacir Çingeneleri işe alan ve savunan birçok insan vardı. İçlerinden bazıları, ellerinde tüfeklerle kalabalığa karşı durmuştu. Devlet memurları arasında en çok, silahıyla kalabalığı durdurmaya çalışırken öldürülesiye dövülen savcı öne çıkıyordu. Kasaba halkının geçmişten gelen deneyimleri de Çingenelere karşı tutumlarını anlamamıza yardımcı oluyor. Yakın komşu olmaları sebebiyle Çingenelerle iyi ilişkiler kuran bazı Türkler, onları evlerinde saklamak ya da bu tehlikeli durumdan haberdar etmek gibi daha dolaylı yöntemlerle koruyanlar arasındaydı. Ancak saldırılarda ön saflarda yer alanlar arasında önceden Çingenelerle arkadaş olanlar da vardı. Elbette ki insanların saldırılarda takındıkları farklı tutumlar birbirleriyle yaşadıkları deneyimlere bağlıydı; bunlar bireylerin yerel sosyoekonomik yapıdaki konumlarına indirgenebilecek otomatik tepkiler değildi. Yerel sosyoekonomik yapı, kişinin diğer etnik ve sosyal grupları deneyimleme biçimini etkilese de bireysel hikâyeler insanların yapısal dinamiklerle nasıl farklı ilişkiler kurabileceğini gösterir. Özellikle saldırılara dair anlatılarda bu deneyimler, insanların bu çatışmayı neden "Çingene meselesi"nden "şoför kavgası"na uzanan şekillerde farklı hatırladıklarını anlamamızı sağlar.

Çingenelere karşı, Nirenberg'in adlandırmasıyla "miras söylemler" vardı ama daha önce herhangi bir şiddet vakasında bunlar aktif olarak harekete geçirilmemişti. Dahası, görece daha az olan sosyal mesafe bu söylemlerin ötesine geçen karşılaşmaları mümkün kılıyordu. Ancak bir noktada Çingene karşıtı söylemler yaygın olarak benimsendi. Miras söylemlerin varlığını göz ardı edemeyiz ancak burada önemli olan, hangi öznelerin Çingene karşıtı söylemleri benimseyip bunları kendi sosyoekonomik çıkarları için kullandığını ortaya koyan üç boyutun bir araya gelişidir. Öte yandan, bu söylemlere karşı çıkan, Çingene arkadaşlarını, komşularını ve kavgaya halkını savunmak için fiili kavgaya dahil olan aktörler de vardı.

Nirenberg'e göre yapısalcılar tarihsel değişimlerle ilgilenmez; ancak azınlıklara karşı şiddet eylemlerini önceleyen, stereotiplere ve inançlara bağlı sabit söylemler gibi kolektif sistemleri vurgularlar. Nirenberg'in yapısalcıların analiziyle sorunlarından biri, Ortaçağ çalışmalarında, "sıradan insan"ı miras ideolojilerin pasif ve sorgulamayan alıcıları olarak konumlandırmalarıdır. Bu noktada çok önemli bir yorum yapar:

> Yahudiler, Müslümanlar, kadınlar ya da cüzamlılar hakkında olumsuz söylemlerin varlığını inkâr etmiyorum. Fakat azınlıklar hakkındaki herhangi

bir miras söylem, insanların bunu anlamlı ve faydalı bulmayı seçtiği sürece güç kazanmıştır ve bu seçimle yeniden biçimlenmiştir. Özetle, söylem ve faillik yalnızca birbiriyle ilişki içerisinde anlam kazanır.[14]

Ben de bu kitapta Çingeneler hakkındaki miras söylemin belirli bir anda söz konusu failler tarafından nasıl benimsendiğini anlatmaya çalışacağım. Bunu yaparken de toplumsal, ekonomik, tarihsel, psikolojik ve kültürel dinamikler arasındaki söylemleri ve etkileşimleri ve bunların bireysel davranışlar üzerindeki etkisi üzerinde duracağım.

Bu araştırma hem kırsal hem kentsel bağlamları incelemekte ve bu yolla insan topluluklarındaki kategorileştirme, toplumsal hiyerarşi ve ilişkilere temas etmektedir. Tikel bir bağlamdaki belirli bir Çingene grubunun hikâyesini aktarmayı değil, toplumsal ilişkilerde ve belirli bir siyasi ve ideolojik çerçevede benzer kategorilerin nasıl kullanıldığını çözümlemeyi amaçlamaktadır. Tam anlamıyla Çingenelere değil, Çingenelik kategorisi aracılığıyla insanlar arasındaki ilişkilere odaklanmaktadır. Çingenelik bu bağlamda insanlar arasındaki ilişkileri inşa etmek ve düzene sokmak için kullanılan bir araç haline gelir. Belirli yollarla insanları dondurup taşlaştırır ve sınıf, ırk, cinsiyet ve etnisite gibi yaygın olarak bilinen kategorileri andırır. Bu benzerlik benzer kategorilerin işleyişinin sorgulanmasına izin verir. Böylelikle kategoriler, esnek, bağlamsal ve ilişkisel aşamalarında, insanların bireysel deneyimleri aracılığıyla ortaya çıkan alternatif ilişkilere odaklanan bir bakışla incelenmektedir. Çingenelik gibi kategorileri primordiyal (ilksel) değil, son derece durumsal görüyor, bu kategorilerin genel olarak kullanımının toplumsal ilişkileri hiyerarşikleştirmekte başvurulan araçlar olarak algılanması gerektiğinin altını çiziyorum.

Bu çalışmada, grupları sabit ve homojen varlıklar olarak ele almak yerine, belirli grupların içeriklerinin ve sınırlarının analizinde kategoriler kullanılacaktır. Bu bağlamda etnisite kavramını sorgulamak hem analitik hem de politik nedenlerden ötürü zorunludur. Etnisite, bireylere ve gruplara içkin bir nitelik değildir; gerek bireysel gerek grup seviyesinde insanlar arasındaki ilişkiyi tanımlar. Başka bir deyişle, etnisite insanların "arasında"dır, "içinde" değil. İnsanların algısında var olduğu için, ortaya çıkardığı sonuçlar itibarıyla ve dolayısıyla insanların yaşamında da gerçek olur. Bu çalışma Türklük ve Çingenelik etnik kategorilerinin insanlar arasındaki ilişkilerin zaman içerisinde inşası, yapıbozumu ve yeniden inşası içerisinde nasıl değişebileceğini açıklamayı amaçlamaktadır. Dolayısıyla belirli grupları ve bireyleri ima eden kategorilerin içeriğini sorgulamakta, kategoriler varlıklarını sürdürürken içeriğin nasıl değişebildiğini göstermektedir.

14 David Nirenberg, *Communities of Violence: Persecution of Minorities in the Middle Ages* (Princeton: Princeton University Press, 1998), 6.

Bu amaçla, çalışma ülkedeki güç yapıları ve ilişkileri, sınıfın ve etnisitenin inşası, milliyetçilik ve Çingeneliğe değinmektedir. Ayrıca, resmi tarihyazımına ve onun sıradan insanların hayatlarındaki yansımalarına karşı eleştirel bir bakışa sahiptir. Kapsamı ve hedefleri Türkiye'deki Çingeneler (ve diğer etnik gruplar) hakkındaki alternatif tarihyazımlarına alan açar; bu nedenle dünyaya ve insanların deneyimlerine bakarken egemen ve otoriter bakış açısına bir itiraz olarak görülebilir. Son olarak, yalnızca Çingenelerin değil, saldırganlar da dahil olmak üzere tüm kasaba halkının aralarında bulunduğu bilgi aktarıcılarımın seslerini duyurabileceği bir alan sağlamayı hedefliyorum.

Belirli olayları mercek altına alarak bazı insanların daha önceye kıyasla nasıl daha Çingene olduklarını göreceğiz. Bu tür şiddet olaylarının zaman içerisinde doğurduğu gerginlik ve kutuplaşmanın etkileriyle ilgileniyorum. Farklı toplumsal gruplara ait olsalar da, grup damgasına bağlı doğrudan şiddet, insanları taraf olmaya, ulusal ve etnik yollarla grup sınırlarını sabitlemeye zorluyor. Brubaker'ın da vurguladığı gibi, aktörler şiddete başvururken bireysel ve sınıfsal çıkarları örten etnik çerçeveden faydalanabilirler:

> [Bilişsel perspektifler] insanların kendilerini tanımlamalarının, ötekileri algılayışlarının, dünyayı deneyimlemelerinin ve açmazlarını yorumlamalarının nasıl ve neden diğer terimler yerine ırksal, etnik ve ulusal açılar üzerinden olduğunu belirlemede yardımcı olur. Bu perspektifler, "grupluk"un bazı durumlarda nasıl örtük kalıp bazılarında yalnızca potansiyel olarak var olduğunu, bazı başka durumlarda ise "kristalleşebildiğini" açıklamada yardımcı olabilir. Ve makro düzeydeki sonuçlarla mikro düzeydeki süreçler arasında bağlantı kurabilir.[15]

Çingene adı verilen insanlar tabii ki bu saldırıdan önce de varlıklarını sürdürüyordu. Ancak saldırıların gerçekleştiği dönemde, kendilerini asla Çingenelikle ilişkilendirmeyen ve çoğunlukla Türk olarak gören muhacir Çingeneleri her zamankinden daha fazla Çingene oldu. Olzak, asimilasyonun etnik çatışma ihtimalini artırdığını belirtir. Bu, bizim vakamıza saldırılardan kısa bir süre önce muhacirler ve saldırganlar arasındaki sınırların gevşemiş olmasından dolayı uygunluk gösterir. "Eskiden beri, yoksun grupların kısmi asimilasyonu gruplar arası rekabeti artırır, yoksun gruplar daha başarılı olan yerlilerle rekabete girer. Yani asimilasyon kısa

---

15   Rogers Brubaker, *Ethnicity without Groups* (Cambridge, MA: Harvard University Press, 2004), 44. Brubaker grupların şiddet sonucu ortaya çıkabileceğini vurgularken, Bergmann aksini, yani grupların dışlayıcı şiddetten çok daha önce var olduğunu söyler. Yazında etnik özelliklerin aşırı tahmininin bir eleştirisi için bkz. John R. Bowen, "The Myth of Global Ethnic Conflict," *Journal of Democracy* 7, sayı 4 (1996): 3-14.

vadede ırk ve etnisite çatışmalarının oranlarını artırabilir."[16] Buna ek olarak, bazı "etnik şiddet vakaları"ndakinin aksine kasaba halkının tamamı Çingenelerin karşısında yer almamış, bazıları suçlulara karşı koyma cesaretini göstermiştir.

Bizim vakamız, aidiyetin ve benlik tanımının ilişkisel, bağlamsal ve esnek niteliklerinin altını çizerek özdeşim kurma bağlamında düşünmenin önemini vurgular. Öte yandan kimlik kavramı bu aidiyeti, bireyin kendisi ve çevresiyle ilişkisini dondurur. Gerçek hayatta insanlar bağlama ve diğerleriyle olan özel ilişkilerine bağlı olarak birden çok özdeşime sahip olabilir. Farklı zaman ve mekânlarda farklı özdeşimlerini aktifleştirebilirler. Bizim vakamızda anlatılar, olayların farklı aktörler tarafından kafa karıştırıcı görünen biçimlerde yorumlanmasını kısmen açıklayan Türklük ve Çingenelikle özdeşleşmenin farklı derecelerini ve yollarını ortaya koyar. Bir kişinin Türklükle kuvvetli bağlarını belirtmesinden sadece birkaç dakika sonra Çingenelikle kurulan özdeşleşme vurgulanabilir. Çelişkili görünmelerine rağmen bu yorumlar, özdeşleşmenin çokkatmanlı ve bağlamsal doğasını gözler önüne sermektedir. Bu anlamda bu çalışmada ulusal bir kimlik ve vatandaşlığın billurlaştığı nokta olarak Türklüğün özdeşleşmeye nasıl ve ne derece izin verdiğini de değerlendireceğiz. Bu, vatandaşlık ve bölgesel aidiyet konularında Türklüğe yapılan farklı vurgularda görülebilir. Öte yandan din vurgusu, ahlaki değerlerden Türklüğün kabullenilişine kadar birçok farklı kullanımda ortaya çıkmaktadır.

Bu araştırma sınıf, cinsiyet, etnisite ve ırk gibi kategorilerin kesişimindeki tabi kılınmanın farklı evrelerini kapsayarak süregelen güç ilişkilerine eleştirel bir bakışla, bu kimlik inşalarının nasıl işlediğini ve birbiriyle nasıl etkileşime geçtiğini, söz konusu kategorileri neden kullandığımızı ve hayatımızı nasıl biçimlendirdiklerini analiz etmeyi amaçlamaktadır.[17] Burada önemli olan, kategorilerin inşa edildiği gerçeği değil, neden bu şekilde inşa edildikleri, hayatlarımızı ve konumlarımızı nasıl etkiledikleri, toplumsal yapılarımıza nasıl uyum sağladıkları, bunlardan kimlerin faydalandığı ve nasıl meşrulaştırıldıklarıdır. Bu çalışmada Çingenelik kategorisi bu bilişsel evrendeki yolculuğumuzda bize yol gösterecek.

Kategorilerin Rolü

Bilişsel dünyamız dış dünyayı basitleştirmek ve anlamlandırmak için kategorilere başvurur. Dünyayı bu şekilde kategorileştirmek bizi saran diğer türlü kaotik olan

---

16   Susan Olzak, *The Dynamics of Ethnic Competition and Conflicts* (Stanford: Standford University Press, 1994), 20.

17   E. Boris, E.A. Janssens, "Complicating Categories: An Introduction." *International Review of Social History* 44 (1999) 7 (Ek): 1-14.

gerçekliği anlamak açısından gereklidir. Şeyleri, insanları ve ilişkileri sınıflandır-
mamıza aracılık eden bu kategoriler algılarımızı, duygularımızı ve fikirlerimizi
düzenlememize yardımcı olsa da kimi zaman genellemelere yol açabilir. Söz konusu
indirgeme bir yandan bilişsel haritamızı şekillendirirken diğer yandan tikel ve
benzemez olanı görmemizi engelleyerek, algımızı önceden var olan kategorileştir-
melere kanalize eder.[18]

İnsan toplumlarında kategoriler bilgi ve anlam depolamakta kullanılır, ancak
toplumu da hiyerarşiler aracılığıyla düzenler ve böylelikle iktidar sistemlerine katkıda
bulunurken, iktidar sistemleri de bu kategorileri yeniden inşa eder ve yapıbozuma
uğratır. Bu kategorilere eleştirel bir şekilde bakarak toplumlarımızdaki mevcut
güç ilişkileri içerisinde araç olarak işlevlerini sorgulama olanağına sahip oluruz.
Bu çalışmanın önermesi kategorilerin öznenin özüne işaret etmeyip, insanlar ve
toplumsal gruplar arasındaki ilişkileri şekillendirdiğidir. Fearon ve Laitin şöyle der:

> Toplumsal kategoriler bir etiket (veya etiketler) verilen insan gruplarıdır ve
> iki temel özelliği ayırt ederler: (1) o kategoriye kimin ait olup olmadığını
> belirleyen üyelik kuralları ve (2) içerik, yani o kategorinin üyelerine has
> olduğu düşünülen (inançlar, arzular, manevi bağlılıklar ve fiziksel nitelikler
> gibi) özellikler ya da belirli durumlardaki (rollerdeki) üyelerden beklenen
> veya onlar için zorunlu kılınan davranışlar bütünü.[19]

Öte yandan, sosyoekonomik hiyerarşileri etkileyen yapısal değişiklikler ya da
tikel çıkarlar, ilişkiler ve duygular üzerine yapılan pazarlıklar, belirli kategorile-
rin içeriğini ve doğrultusunu değiştirebilir. Eski kategoriler yok olabilir, yeniden
üretilebilir ya da yeni bir bağlamla kuvvetlendirilebilir; yani bir kategori bağlam
dışı kalabilir, işlevsizleşebilir ya da ilişkilerin yeniden biçimlendirilmesiyle yeni bir
çerçeveye oturtulabilir. Var olan kategoriler boşluğu doldurmaya yetmiyorsa yenileri
ortaya çıkabilir. Aynı şekilde, belirli bir kategoriye dahil olan bir kişi zamanla bir
diğerine geçebilir. Bu süreçte kategorilerin içerikleri, bu kategoriye kimin dahil
olup kimin dışlandığı, o kategorideki bir insanın aynı bilişsel evrendeki diğer
kategorilere dahil olan insanlarla nasıl ilişki kurduğu, kategorinin ve öznelerinin
nasıl algılanması gerektiği konusu değişime tabidir. Hogg ve Abrams bu süreci
şöyle tanımlar:

---

18 Algılarımızın doğa ve toplum hakkında bilgi üretmeye dair aydınlanma fikrini nasıl takip
    ettiği ve böylece birçok sosyoloğun görüşünü nasıl sınırladığıyla ilgili bir inceleme için
    bkz. Pierre L. Van den Berghe, "Why Most Sociologists Don't and Won't Think Evoluti-
    onarily," *Sociological Forum* 5, sayı 2 (Haziran 1990): 173-185.
19 James D. Fearon ve David D. Laitin, "Violence and the Social Construction of Ethnic
    Identity," *International Organization* 54, sayı 4 (Güz 2000): 848.

Toplumsal kategorilerin doğası ve bu kategorilerin birbiriyle olan ilişkisi bir topluma bireylerden önce gelen kendine özgü toplumsal yapısını kazandırır. Bireyler belirli bir topluma doğar; bu nedenle toplumsal kategoriler bireylerden önce de vardır. Ancak bu toplumsal yapı statik ve yekpare bir varlık değildir. Aksine, daima (derece derece ya da çok hızlı) bir devinim ve değişim içerisindedir; ekonomi ve tarihin tazyikinin bir sonucu olarak kategoriler de oluşup yok olur (örneğin 20. yüzyıla kadar "bilgisayar programcılığı" gibi mesleki bir kategori yoktu); tanımlayıcı nitelikleri değişir (Kuzey Amerikalı siyahilerin stereotiplerindeki tarihsel değişimler) ve diğer kategorilerle olan ilişkileri değişebilir (cinsiyetler arası grup ilişkileri).[20]

Bu nedenle toplumsal kategori dışsal bir mekanizma değildir; benlik tanımlamada, oluşturmada ve özdeşim kurmada, bunların yanı sıra grup özelliklerinde içselleştirilip kullanıma sokulurlar. Zihnin gerçek bir psikolojik durumunun ürünüdürler. Kategorileri keşfederken, kişinin kendini anlama gerçekliği göz ardı edilmemelidir. Bu sebeple kategoriler saf tanımlayıcı araçlar olarak ele alınamayacağı gibi bireyler de onların zorunlu ürünleri olarak görülemez. Bu kategorilerden daha önemli olanı ise birey ve grup arasındaki ilişkidir. Aslında, grubun biçimlenmesinde ikincil rol oynayan toplumsal kategoriler esas olarak görülüp toplumsallaşma ve grup oluşumu sürecinde temel ölçüt olarak ele alınır. Bununla birlikte, bir bireyin farklı gruplara ve birbirine yaklaşan farklı özdeşleşmelere dahil olabileceği unutulmamalıdır. Bu çalışmada da göreceğimiz üzere, insanlar Çingeneliğe ne atfettiklerini güçlükle tanımlar ve sonuç olarak birçok kişi Çingene olarak nitelenemez. Yine de, sınırlar ve üyeler zaman ve mekân içerisinde değişiklik gösterse de, bir grup insanın Çingenelik kategorisi aracılığıyla uğradığı farklılaştırma ve ayrımcılık hâlâ varlığını sürdürmektedir.

Kategorilerdeki değişimler, çoğunlukla sosyoekonomik ilişkilerdeki değişimlerin bir sonucu olarak toplumda görülen değişimlerle ayrılmaz bir şekilde ilintilidir. Etnisite yazınında bu konum, Hall'un etnik kimliğin bir araç olduğu yönündeki görüşüne yakındır. Hall'un çalışmasında kullanılan "araç" ve "performans" terimleri, sadece insanların özdeşim kurmalarındaki bilinçli ve yapay katılımları olarak çoğunlukla yanlış algılanır. Hall bu şekilde bir kategori olarak etnisitenin varlığını sorgulayarak insanların özdeşimlerinde deneyimlediği ve hissettiği gerçek ve samimi ilişkileri yadsımaz. İlham veren bir başka bilim insanı Fredrik Barth ise etnik grupları atfetme ve özdeşleşme kategorileri olarak tanımlar, sınırları da bu şekilde kategorilerdeki değişimlerle açıklar: "[K]ategorik etnik ayrımlar hareketlilik, temas ve bilginin yokluğuna bağlı değildir ama bireysel hayat tarihleri kapsamında

---

20   Michael A. Hogg ve Dominic Abrams, *Social Identification: A Social Psychology of Intergroup Relations and Group Processes* (Londra; New York: Routledge Press, 1988), 14.

değişen katılım ve üyeliğe rağmen sürdürülen ayrık kategoriler vasıtasıyla dışlama ve bir araya getirme sosyal süreçlerine yol açar."[21] Buna ek olarak, Wimmer'in yaklaşımı da değişen sınırların etrafındaki stratejileri anlamada kritik önem taşır:

> Bu stratejileri beşe ayırıyorum: kategoriye dahil olan insan yelpazesini genişleterek yeni bir sınır yaratmayı amaçlayanlar, sınırları daraltarak kapsamı azaltmayı amaçlayanlar, etnik kategorilerin hiyerarşik düzenine meydan okuyarak mevcut bir sınırın anlamını değiştirmeyi amaçlayanlar, kendi kategorik üyeliklerini değiştirerek bir sınırı geçmeye çalışanlar ve sınır geçirgenliği adını verdiğim stratejilerle öteki, kesişen toplumsal yarılmaları vurgulayarak etnik sınırları aşmayı amaçlayanlar.[22]

Hall söylemsel pratik bağlamında etnik bir grup "oluş" sürecine[23] ve etnik kimliğin "tarihsel, siyasal ve kültürel"[24] olarak inşa edilmiş karakteristiğine dikkat çeker. Kimlik kavramını incelemek için söylem analizini ve psikolojik analizi kullanır. Kimlik, stratejik ve konumsal olması sebebiyle farklı konum ve koşullarla gelen değişimlere açıktır. Yani Hall için hem psişe hem söylem kimlik inşasında işlevseldir. Kimlikler daima yenilenir ve "olmaktan ziyade devamlı bir oluşum süreci içindedir."[25]

Hall, benlik kimliğinin öteki aracılığıyla ve ona karşıt olarak oluştuğunu da vurgular. Bu oluşum tabii ki iktidardan ve hiyerarşiden muaf değildir. Benlik/öteki ikiliği, erkek/kadın, beyaz/siyahi, Batı/Doğu, biz/onlar gibi durumlarda "güç ve dışlama icrasında"[26] benliğin lehine bir hiyerarşi kurar.

Peki, primordiyal bağlarla değilse nasıl ve neden gruplar oluştururuz? Bu olgu için Brubaker bizi etnisite, ırk ve milliyet kavram ve pratiklerini yeniden düşünmeye zorlar; kategorileri değişmez ve durağan olarak değil de esnek ve deneyimle değişebilen varlıklar olarak görmemizi önerir. Hall'un kavramsallaştırmasıyla

21 Fredrik Barth, "Introduction," *Ethnic Groups and Boundaries*, der. Fredrik Barth (Oslo: Universitetsforlaget, 1969): 10-11. [Fredrik Barth, "Giriş," *Etnik Gruplar ve Sınırları*, İng. çev. Ayhan Kaya ve Seda Gürkan, İstanbul: Bağlam Yayıncılık, 2001.]

22 Wimmer Andreas, "The Making and Unmaking of Ethnic Boundaries: A Multilevel Process Theory," *American Journal of Science* 113, sayı 4 (Ocak 2008): 986-987. Asimilasyon ve değişen sınırlara dair yeni bir anlayış için bkz. Alba ve Nee (*Remaking the American Mainstream*).

23 Foucault, Stuart Hall'dan alıntı, "Introduction: Who Needs Identity," *Cultural Identity*, der. Stuart Hall ve Paul du Gay (Londra; Thousand Oaks; Yeni Delhi: Sage Publications, 1996), 2.

24 Stuart Hall, "The New Ethnicities," *Race, Culture and Difference*, der. J. Donald ve A. Rattansi (Londra: Sage Publications, 1992), 252-260.

25 Hall, "Introduction," 4.

26 Hall, "Introduction," 5.

benzerlik gösterse de odağı biraz daha farklıdır: "Bu, etnikleştirme, ırksallaştırma ve ulusallaştırmayı siyasal, toplumsal, kültürel ve psikolojik süreçler olarak görmek anlamına gelir. Bu da temel analitik kategori olarak, bir varlık olarak 'grup'u değil, bağlamsal olarak dalgalanan, kavramsal olarak değişen grup olma halini almayı gerektirir."[27]

Grup olma hali, kavram ve deneyim olarak, ortak ve sabit konumları bulunan belli bir sayıda insan topluluğunu gerektiren grup kavramına karşıt olarak sunulur. E.P. Thompson'ın sınıf bilinci fikri, deneyimi bir sınıf kategorisinde olmanın en temel koşulu olarak görür.[28] Dolayısıyla, bir grup insan benzer bir kategorik konuma sahip olduğunun farkında olmadığı sürece onlara sınıf demek doğru olmaz. Başka bir deyişle, insanlar başka bir grup insanla olan ilişkilerini ilgili dinamikler aracılığıyla deneyimlemediği ve "hissetmediği" sürece bir grup ya da sınıf olarak görülemez. Onları sınıf yapan da budur, içkin nitelikleri ve idealleri değil.

Brubaker da benzer bir şekilde, etnikleştirmeyi bir süreç olarak kavramsallaştırır ancak ona göre, etnikleştirme kendinde özel bir kategorinin varlığını gerektirmez. Örneğin, ırkın inşa edildiğini belirtmek insanların gerçek hayattaki davranışlarının ondan etkilenmediği anlamına gelmez. Irksallaştırılmış toplumlarda yaşıyor olmamız da ırkların var olduğu anlamına gelmez. Dahası, birçok insan, kategorileri yapay değil doğal olarak deneyimler ve gündelik etkileşim ve deneyimlerini buna göre şekillendirir. Örneğin Hughes kategorilerin meslek seçiminde ortak çıkarlar ve iç cemiyetler aracılığıyla nasıl işletildiğini şöyle açıklar: "[İ]nsanların zihninde, toplumumuzda var olan belirli konumların çoğuyla uygun bir şekilde ilişkilenen yan özelliklere dair bir dizi beklenti vardır." Buna ek olarak bu beklentilerin, kaynağını gündelik konuşmalarda ve medya temsillerinde kullanılan stereotiplerde bulduğunu öne sürer. Bu kardeşlik, ortaklık ve grup olma hissi insanların deneyimleriyle ortaya çıkar; bu deneyimler de belirli kategorilerin inşaları içerisinde şekillenir. Nihayetinde Barth'ın da dediği gibi, bir kategorinin varlığı, toplum düzenini meşrulaştıran oyunun kurallarını tanımladığı için, o kategori içinde yer alanların kendilerini güvende hissetmelerini sağlar.[29]

Özellikle etnik ve ırksal referanslardaki, dışlayıcı kategorilerin ve grup olmanın süregiden varlığını anlamak açısından Van den Berghe'in kullandığı "nepotizm" tabirinin de ayrıca ilginç olduğunu düşünüyorum. Van den Berghe, insanların

27 Brubaker, *Ethnicity*, 11.

28 Edward P. Thompson, *The Making of the English Working Class* (Harmondworth: Penguin Books, 1968).

29 Hughes, "Dilemmas and Contradictions of Status," 354.

fiziksel özellikleri ve sosyal farklılıkları arasındaki bağı sorgulayıp grup bağlarının sosyo-biyolojik boyutunu vurgular. Nepotizmi "diğer insanlara karşı, gerçek ya da algılanan ortak soy derecesiyle orantılı olarak lehte (ya da özgecil) davranmak"[30] şeklinde tanımlar. Bu doğal nepotizm içgüdüsünün toplumsal organizmanın davranışlarını belirlediğini söyler ve organizmaların "akraba olmayan organizmalara"[31] yatırım yaparak evrimleşemeyeceğini vurgulayarak Darwin'in evrim teorisine atıfta bulunur.

Bu durumun evrimsel çıkarlarla ilintili olup olmadığı bu çalışmanın kapsamı dışında olsa da Van den Berghe'in nepotizm kavramı, tanımını biyolojik bağlamdan öteye genişlettiğimizde faydalı olabilir. Grup olmanın biyolojik benzerliklerden ziyade sosyokültürel benzerliklerle oluştuğunu düşünmeyi öneririm.[32] İnsanlar ortak bir soya dayanmaktan ziyade, benim varoluşsal güvenlik adını verdiğim maddi ve manevi güvenlik arayışındalar.[33] Dolayısıyla bu güvenliğe ortak deneyimler, duygular, akıl yürütme ve çıkar arayışı[34] aracılığıyla erişilirse nepotizm ortaya çıkacaktır.

Van den Berghe'in primordiyalizmi araçsallıkla bağlantılandırdığı bazı noktalar biraz farklı bir odakla da olsa bu önermeyi destekler: "Etnisite veya ırk yoktan icat ya da tahayyül edilemez. Çıkarlar uğruna değiştirilebilir, kullanılabilir, istismar edilebilir, zorlanabilir, kaynaştırılıp ayrıştırılabilir ancak tercihen bir endogami ve ortak bir tarihsel deneyim bağı ile bağlanmış, önceden var olan bir nüfusla ilişkili olmalıdır."[35] Dolayısıyla Van den Berghe teorisini büyük çoğunlukla biyolojik özelliklerle temellendirse de toplumsal inşa için de açık kapı bırakır. Dahası biyolojik ve fiziksel özelliklerinin, komşularına benzeyen grupları yeterince farklılaştırmaması durumunda neden bir grubun kültürel göstergelerinin devreye girdiğini de açıklar. Ama fiziksel belirteçler farklılaşma için yeterliyse insanlar biyolojik özellikleri temel alır.

---

30 Pierre van Den Berghe, "Does Race Matter?", *Nations and Nationalism* 1, sayı 3 (1995): 359-68.

31 Agy.

32 Bunu ayrıca giyim tarzımız, saç stilimiz ve diğer dış özelliklerimiz aracılığıyla postmodern kentsel gruplaşmalarda gözlemleyebiliriz.

33 Burada güvenlik, öncelikle psikolojik anlamda anlaşılmalıdır. Maddi kaynak ve bedensel varoluş arayışını içerse de esas olarak psikolojik ve duygusal rahatlığı ifade eder. Öte yandan askeri ifadeler güvenlik ihtiyacını ve yokluğunun yarattığı korkuyu manipüle ve suistimal eder. Butler'ın, kimliklerin kabul edilmesinin getirdiği ortak bir varoluşa ve adil dünya için gerekli bir düzeltme yolları olarak kaynakların yeniden dağıtılmasına yaptığı vurgu, farklı bir terminolojiyle yakın bir görüşe ulaşma konusunda yardımcı olacaktır.

34 Burada "çıkar" kelimesi hem maddi hem de manevi tatmin olarak düşünülmelidir.

35 Van Den Berghe, "Does Race Matter?"

Benim yaklaşımım, atfedilmiş kategorileri "en iyi ihtimalle, grup oluşumu ya da grup olma için potansiyel bir temel" şeklinde tanımlayan Brubaker'ın önermesine daha yakın. Brubaker, kategorilerin, örneğin bazı insanların kıt kaynaklara erişim hakkından mahrum bırakılması konusunda nasıl uygulandığını inceleyerek grup olma ile ilişkili bir şekilde analiz edilmesini söyler. Bu analiz için çokyönlü bir yaklaşım şarttır:

> Kategori politikalarını hem yukarıdan aşağıya hem de aşağıdan yukarıya inceleyebiliriz. Yukarıdan aşağıya incelerken kategorilerin nasıl önerildiğine, yayıldığına, dayatıldığına, kurumsallaştırıldığına, söylemsel olarak nasıl eklemlendiğine, örgütsel olarak sağlamlaştırıldığına ve genel anlamda 'yönetselliğin' çeşitli yanlarına nasıl iliştirildiğine odaklanabiliriz. [...] Aşağıdan yukarıya incelerken de kategorilerin 'mikro politikaları'na bakabilir, kategorileştirilenlerin kendilerine dayatılan kategorileri nasıl sahiplendiğini, içselleştirdiğini, bozduğunu, geçiştirdiğini ya da dönüştürdüğünü irdeleyebiliriz.

Bu çalışmada aşağıdan bir perspektif yukarıdan dayatılan kategorilerle bir arada kullanılacaktır. Kasaba halkının Çingenelik kategorisini nasıl kullandığı, Türkiye bağlamında Çingeneliğin yapısıyla ve hem egemen bir referans çerçevesi, hem vatandaşlık olarak Türklükle kurduğu söylemsel ve pratik ilişki incelenecektir. Çalışma, gruplara odaklanmak yerine öncelikle kategorilerin grup oluşumunda nasıl kullanıldığıyla ilgilidir.

Bayramiç kasabasındaki Çingenelik bağlamında, bağlantılandırılmış üyelerin algılarının zaman ve bağlam içerisinde, Çingenelerle ilgili hurafelerden onları makul üyeler ve nihayetinde sistemin sömürücüleri olarak ele alan ifadelere dönüştüğünü göreceğiz. Sosyoekonomik ilişkilerdeki değişimler Çingene algısını etkilemiştir. Çingeneliğin, toplumdaki ilişkileri ve insanların konumlarını sabitleştirirken, belirli bağlamlarda ve belirli insanlar arasında müzakereye açık bir alan olduğunu da göreceğiz. Dolayısıyla, zaman zaman bu kategorilere indirgense de insanlar arasındaki ilişkiler bu kategoriler tarafından şekillendirilen etkileşimlerden fazlasıdır. Dahası şiddet, ilişkileri değiştirmek için kullanılmıştı çünkü saldırganlar açısından saldırılardan önceki gündelik hayat etnik sınırların ihlali olarak görülüyordu.

Vakamızda kategorilerle belirlenen bir dünya ve insanlararası ilişkiler yerine daha karmaşık bir dünya ve insanlararası ilişkiler olduğunu görüyoruz. Kişisel ilişkilerde hâlâ, sabit özdeşleşmelerin ve hiyerarşilerin ötesinde bir müzakere alanı vardır. Tabii ki müzakere gücü, Foucault'nun ileri sürebileceği gibi, özneler arasındaki ilişkiyi düzenlemeye ve iktidar kaynağını sabitlemeye çalışan iktidar sistemleri tarafından çevrelenmektedir; yine de vakamızdaki etkileşimler muhtemelen Foucault'yu şaşkınlığa uğratırdı.

Özetle, insanların kolayca kurtulamayacakları toplumsal ilişkiler söz konusu olduğunda, toplumsal kategoriler ve gruplar insanların taşıdığı yükün önemli parçaları haline gelir. Toplumsal kategoriler ve gruplar insanların birbirlerini algılama biçimlerini, güç ve statünün paylaşılıp atfedilme yollarını büyük oranda belirler. Ancak, yukarıda da belirttiğim gibi, gündelik hayattaki etkileşimler stereotipleri düzeltip insanların sabit kategorilerin ötesine bakmasını sağlayabilir. İnsanlar bu gerçeklikler aracılığıyla, kimileriyle empati kurup kimilerini göz ardı ederek, bazen birini bir diğerine dönüştürerek, bir kısmına gözlerini kapatarak ya da meşru olanların etrafında oynayarak davranır ve müzakere eder. Bireysel failliğin konumlandığı yer tam da burasıdır.[36]

Çingenelik

Burada Çingenelik tartışmasız bir etnik gösterge olarak değil, bir kategori olarak ele alınacaktır. Bu yaklaşımın cinsiyet, sınıf, ırk ve yaş gibi benzer kategorileştirmeler arasında paralellikler bulmayı kolaylaştıracağına inanıyorum. Dolayısıyla Çingenelik, kendinde bir fenomen olarak değil, kesişen ilişkiler vasıtasıyla incelenecektir. Nasıl ve neden bu şekilde oluştuğuna, toplumdaki ilişkiler konusunda bize neler söyleyebileceğine odaklanacağız. Yeniden inşadaki amacımız Çingenelik kategorisiyle bağdaştırılan insanların zorla yerlerinden edilmesiyle sonuçlanan şiddet saldırıları sırasında önceden var olan, kesişen ve ortaya çıkan kategorilerin ve hiyerarşilerin nasıl işlediğini ele almaktır.

Bu çalışma farklı kategorilerin kullanımına dair birçok ipucu sağlasa da kategorilerin çoğunlukla kaynakların, prestijin ve statünün tahsisi gibi diğer amaçlar için nasıl kullanıldığını da ironik bir biçimde gösterir. Bu nedenle genel Çingenelik kavramı sorgulanmalıdır. Etnisite kullanımında primordiyal ve inşacı açıklamalar belirli bir grup insanın sabit ve genel özellikleri olarak ele alınır. Ancak Çingene olarak kategorileştirilen insanlar arasındaki birçok fark, etnik homojenlik varsayımını zorlaştırır.

Dahası, Çingene denen birçok insan yerel özdeşleşmelere sahiptir. Böyle bir bağlamda hepsini tek bir etnik grup olarak kategorileştirmek, köken, dil ve dine mahsus ortak bir fikrin yokluğundan dolayı çetrefillidir. Çingenelerin farklı ülkelerdeki yerel platformlara uyum sağlama ve ulusal kültürlere uyma becerileri çoğu zaman hafife alınır. Yine de birçok bilim insanı Çingeneleri homojen ve birleşik

---

36 Rogers Brubaker, "Ethnicity without Groups," *Facing Ethnic Conflicts: Towards a New Realism*, der. Andreas Wimmer (Lanham: Rowman and Littlefield Publishers, 2004), 39.

bir etno-kültürel grup olarak görmeye devam eder.[37] İlişkileri ve bağlamları merkeze koyan sosyoekonomik bir analizin Çingenelik fikrini anlamada daha faydalı olduğu kanaatindeyim.

Çingeneliğe "kimlik" gibi kavramlarla yaklaşmak verimli olmaz, çünkü bu kavram eleştirel bir analizi engeller. Kimlik sıklıkla baskın bir şekilde kültürel olarak tanımlanır, ancak sınıf farklılıkları ve bazı insanların ekonomik kaynakların bölüşümü üzerinden sömürülmesiyle de ilgilidir. Çingeneler sık sık Çingeneliğin yoksullukla özdeş olduğunu vurgulayıp kendilerini "yoksullar" olarak tanımlar. Yaşadıkları ayrımcılığın ve düşük toplumsal konumlarının kendilerine özgü kültürel özelliklerle açıklandığı Çingenelik meselesinde yoksulluk ve kimlik büyük oranda örtüşür.[38] Çingeneliğin büyük ölçüde sosyoekonomik bağlamlardaki değişken ilişkilerde tanımlandığını vurgulayan ve bu nedenle Çingene folkloruyla sınırlı yaklaşımları sorgulayan Okely, Willems, Lucassen vd.'nin yaklaşımlarını ilham verici buluyorum.[39]

Andığımız araştırmacılar öncelikle zaman içerisinde inşa edilen Çingene kategorisinde meydana gelen değişiklikleri ortaya koyar. Okely[40] farklı tarihsel temsillere dikkat çeker; ilk önceleri Mısırlı olarak kabul edilen Çingenelerin 19. yüzyılda lehçelerinin farklı yorumlanması sonucu nasıl Hint olduklarını ironik bir dille anlatır. Çingenelere ek olarak, yabancılar, sahte Mısırlılar (15. ve 16. yüzyılda), aylaklar (17. yüzyılda, başıboş olmaları vurgulanarak) ve "ahlaksızlar" (19. yüzyılda)

---

37 Bu, bireyler arasındaki ilişkilerde de sözkonusudur. Örneğin varlıklı olmak, egemen ahlak ve davranış kodlarına uymak, belirli markaları giymek ve belirli bir konuşma tarzına ve görünüme sahip olmak insanların ötekini otomatik olarak eşit kabul etmesine neden olabilir, çünkü özsaygı meşru kategorilerle eşleşmiştir. Belirli kategoriler ve gruplarla bağlantılı olarak şekillenen bu kriterler müzakerelerde de kullanılabilir. Benzer bir anlatı için Kandiyoti'nin "patriyarkayla pazarlık" konseptine bakabilirsiniz. Topluluklarında eşlerine kötü davranan erkekleri suçlamak adına güç kazanmak için dini değerleri kullanan kadınlar hakkında ilginç bir çalışma için bkz. Nazli Kibria, "Power, Patriarchy and Gender Conflict in the Vietnamese Immigrant Community," *Asian, American Women and Gender: A Reader*, der. Franklin Ng (Londra; New York: Routledge, 1999), 145-161.

38 Roma ulusu fikri hakkında bir inceleme için birinci bölüme bakınız.

39 Roma halkına benzer yoksul insanların inşası hakkında bir araştırma için bkz. Gyorgy Csepeli ve Simon David, "Construction of Roma Identity in Eastern and Central Europe: Perception and Self-Identification," *Journal of Ethnic and Migration Studies* 30, sayı 1 (Ocak 2004): 140.

40 Thomas Acton ve David Mayall'ın çalışmalarını son derece ilham verici bulsam da bu çalışmanın sosyotarihsel kavramsallaştırması nedeniyle Lucassen, Okely ve Willems'in Çingeneliğe yaklaşımları daha faydalıydı. Birinci bölümde bu çalışmalara daha ayrıntılı yer verilecek.

gibi farklı kategoriler de kullanılmıştır. Okely'ye göre bu değişimler sosyoekonomik yapılardaki değişikliklerle, özellikle de aylakların denetimi ve proleterleşme ile ücretli emek gücünün artmasıyla doğrudan ilintilidir.

Çingeneliğin tarih boyunca değişen bir kategori olduğunun daha iyi anlaşılmasına katkıda bulunan Lucassen damgalanma sürecine odaklanır;[41] damgalanma kavramı ile bu kavramın somut insanlara fiili olarak uygulanması, yani etiketleme süreci arasında bir fark olduğunu söyler. Damgalamanın (damganın aktif bir şekilde uygulanmasının) grup oluşumu için önemli olduğuna değinir. Kimin hangi sebeplerle etiketleneceğini belirleyenin, belirli bir köken veya diğer niteliklerden ziyade, otoritelerin damgalama yetkisi olduğunu söyler. Damga, (devlet ya da kilise gibi) otoriter kurumların belirli bir insan kategorisiyle bağdaştırdığı bir dizi olumsuz özellik olarak tanımlanırken, etiketleme bu damganın belirli bireylere ve gruplara bilinçli bir şekilde uygulanmasıdır. Bu önermede otorite önemli bir rol oynar. Damgalama yalnızca çoğunluğun algısını değil, bu etiketi içselleştirmesi muhtemel olan, damgalanmaya maruz kalan grubun tavır ve tepkilerini de etkiler.

Damgalama ayrımcılık ve şiddeti tetikleyebilen yapısal bir güçtür ancak, Lucassen'in de belirttiği gibi, değişime açıktır; Lucassen bunu, etiketin iliştirildiği gruplar değişirken damganın uzun bir süre aynı kaldığını göstererek açıklar.[42] Hollanda'da Çingene politikasındaki değişimleri inceler ve tıpkı Okely gibi, damgada meydana gelen ve gezginliğe karşı zaman içerisinde gelişen yeni tutumlarla yakından ilişkili olan değişimi vurgular. Çingene denen insanları sabit ve sorunsuz bir kategori olarak incelemek yerine Çingenelik kategorisinin daha geniş bir bağlamda nasıl inşa edildiğini anlamak istiyorsak bu nokta önemlidir. Ekonomik ve toplumsal yapıdaki gelişmeler bazı kategorilerin ortaya çıkışını, vurgulanmasını, ortadan kalkışını ya da yeniden tanımlanmasını derinden etkiler.

Çingeneliği problem haline getirmenin önemli oluşunun ikinci bir sebebi de kimin Çingene olduğu konusundaki çetrefilli ve çelişkili açıklamalardır. İnsanların Çingenelik hakkındaki anlatıları ve Çingene olarak adlandırdıkları topluluklar genellikle uyuşmazlık içerisindedir. Örneğin, kendilerine bir Çingeneyi bir Türkten ayıranın gerçekten ne olduğu sorulduğunda Bayramiç kasabası sakinlerinin kafaları karışmaktaydı. Bunun önemli bir nedeni, Çingene olarak adlandırılan ama kendi-

---

41   Judith Okely, *The Traveller-Gypsies* (Cambridge: Cambridge University Press, 1983).

42   Bkz. Leo Lucassen, "The Power of Definition, Stigmatization, Minorization and Ethnicity Illustrated by the History of Gypsies in the Netherlands," *Netherlands' Journal of Social Sciences* 27, sayı 2 (Ekim 1991): 80-91. Ayrıca bkz. Leo Lucassen, Wim Willems ve Annemarie Cottaar, *Gypsies and Other Itinerant Groups. A Socio-historical Approach* (Londra; New York: MacMillan/St. Martin's Press, 1998).

lerini Türk olarak tanımlayan ve Türk olarak yaşayan birçok insanın var olmasıydı. Bu özdeşleşme, insanların aidiyetlerini tanımlamada bölgesel yakınlıktan dinsel yakınlığa uzanan farklı Türklük katmanlarına dayanan Türk ulusal kimliğinin kapsayıcı karakterinin sonucudur.[43]

Üçüncü neden, kasabada, kasabadaki konumlarından ve Türklüğe yakınlıklarından bağımsız olarak üç farklı grup insanın Çingene olarak anılmasıydı. Örneğin, saldırıların asıl hedefi olan muhacirler, yeni kurulan Türk devletinin nüfus mübadelesi sürecinde kendilerini Türk kabul etmesine dayanarak Türk vatandaşlıklarını vurguluyorlardı. Muhacirler kendilerini hiçbir şekilde Çingenelikle özdeşleştirmez. Öte yandan, yerli olanlar, geleneksel rollerini yerel düzene göre alıp yereldeki Türklük kültürüne nasıl uyum sağladıklarını vurgular. Son grup olan sepetçiler ise ancak yakın zamanda yerleşik hayata geçtikleri için Çingenelik kategorisine en iyi uyanlar olarak gözükmektedir. Ancak bu grup saldırılar olduğunda kasabada değildi. Aynı kategori altında farklı grupların varlığı özdeşleşme sürecinin iç tutarsızlığını ortaya koyar, bu insanları homojen ve sabit kriterlerle tanımlama fikrini sorunsallaştırır. Ayrıca, saldırılar, belirli kutuplaşmış bağlamlarda insanların tanımlama gücünü gerçek Çingene olarak gördüklerini hedef almak için nasıl kullanabileceklerini açığa vuruyor.[44]

Hem Türkiye genelinde hem de Bayramiç kasabasında Türklüğe ve Çingeneliğe dair fikirler ve eşikte olma kavramı Çingenelerin konumunu anlamak için yararlıdır. En basit tanımıyla eşikte olma, yalnızca ikili karşıtlıklarla tanımlanması güç olan varolma biçimlerine tekabül eder ve insanları her iki kategoriye birden ve/veya ne o ne bu kategoriye dahil bir şekilde konumlandırır. Bizim vakamızdaki Çingeneliğin Türklüğe göre eşikte olma durumu homojenlik fikrini ve sosyoekonomik ve siyasal eşitsizlikleri (yeniden) üretmede kullanılan özsel farklılıkları sorgulamamızı sağlar. Kategori ve sınırlar esnek ve uyumlu olabilir, fakat aynı zamanda çokboyutlu gerçekliği kaba ve özsel farklılıklara indirgeyerek tam tersi bir netice doğurma eğilimleri de vardır.

Çingenelik bu ters yüz etmeye iyi bir örnektir. Bizim vakamız şiddetin gündelik ilişkilere nasıl müdahale ettiğini, grup sınırlarını nasıl mühürlediğini gösterir. Söz konusu olayda şiddet, toplumu önceden var olan sosyoekonomik eşitsizliklere göre yeniden düzene sokmak için kullanılan bir araçtır. Sapmalar ve şiddet aracılığıyla var olan düzenin yeniden biçimlendirilmesi ya da bozulması bir kez daha toplumsal kategorilerin ve sınırların özcü bakış açısını eleştirir. Bizim vakamızda Türklük

---

43 Lucassen, "The Power of Definition."
44 Birinci bölüm Türklüğün inşasını ele alacak.

ve Çingenelik arasındaki sınır ve içeriklerin ne denli esnek, ilişkisel ve bağlamsal olduğunu göstermek için sözlü tarihe başvuracağız.

Bir Tarihyazımı Yöntemi ve Yaklaşımı Olarak Sözlü Tarih

Walter Benjamin, hükmedilen sınıfı tarihin asıl öznesi olarak konumlandırır. "Homojen ve boş bir zaman aracılığıyla" tarihsel ilerleme kavramının gizemini ortadan kaldırmaya çalışır.[45] Tarihsel materyalistler için şimdiki zaman, bu homojen ve boş zamanla değil, geçmişle ilişkili bir biçimde durur. Bu nedenle tarihsel materyalistler tarihi, bugünkü oluşumları ezilen sınıfın lehine geçmiş koşullanmalara bağlayan bir inşa olarak ele alır.[46]

Harootunian, Benjamin'in tarihe yaklaşımını şu şekilde yorumlar: "Benjamin'in tarihsel pratik fikrinin başlıca öğeleri hafıza, tekerrür ve siyasi müdahalenin gerekliliğiydi; asıl amacıysa tarihi temsilden, nostaljiden ve geçmişin kimliğini şimdide sürekli yeniden doğrulamaya odaklanan gayrimeşru gayretten kurtarmaktı."[47]

Bu kavramsallaştırmada geçmiş, eşitsizlikleri meşrulaştırdığı için statükoyu bugünde eleştirerek anlam kazanır. Sözlü tarihi, bu tür bir tarih görüşüyle uyumlu bir yaklaşım ve yöntem olmanın yanı sıra birazdan bahsedeceğim gibi, bu çalışmadaki tek araştırma yöntemi olarak görüyorum. Öncelikle, sözlü tarih geleneksel tarihyazımının dışında kalan insanlara odaklanmayı tercih eder; onlara seslerini ve acılarını duyurma fırsatı verir, madun konumlarından sorumlu esas dinamiklerin anlaşılmasına yardımcı olur. İkinci olarak da hem insanların mevcut konumlarını hem de geçmişin hatırlanma biçimini eleştirel bir gözle inceler. Şimdi ve geçmiş arasındaki bağlantıyı sembolik ve pratik olarak vurgular. Dolayısıyla, geçmişin şimdideki rolü günümüz siyaseti adına kullanılabilecek bir tartışma alanına dönüşür.

Bir yöntem olarak sözlü tarih insanlarla konuşup günlük, biyografi ve otobiyografi gibi belgeleri inceleyerek tarihsel veri toplamaya dayanır. Bazı teorisyenler tarafından "ilk tarih türü"[48] olarak görülse de "sözlü tarih" ifadesi yakın zamanda hafıza, hatırlama ve temsilin rolü hakkında teorik ve metodolojik akıl yürütme-

45 Bu katmanlara Çingeneleri genellikle folklorik özelliklere odaklanarak inceleyen Romani edebiyatında pek rastlanmaz.

46 Benjamin, "The Storyteller," 261.

47 Agy., 263.

48 Harry D. Harootunian, "The Benjamin Effect: Modernism, Repetition, and the Path to Different cultural Imaginaries," *Walter Benjamin and the Demands of History*, der. Michael P. Steinberg (Ithaca: Cornell University Press, 1996), 67.

lere dayalı yerleşik bir teknik ve yöntem haline geldi.[49] Bu yöntem, genelde yazılı belgelerden yeterli verinin toplanamadığı durumlarda ya da kayıt altına alınmamış olayların incelenmesinde kullanılır. Yazılı belgelerde görülebilecek yanlılık (ya da tersi durumlar) için de etkili bir çaredir. Ancak bu metodun önemi tüm bu sebeplerin ötesindedir.

Sözlü tarihin anlamı yalnızca bilginin kendisinde değil, aynı zamanda geçmişin hatırlanma ve temsil edilme biçimindedir; bu nedenle alternatif bir veri toplama yöntemi olarak görülmemelidir. Portelli'nin "Sözlü tarihi farklı yapan birinci özellik [...] bize olaylardan çok, anlamı aktarmasıdır"[50] şeklindeki görüşüne katılıyorum. Sözlü tarihin siyasetle bu denli yakından ilintili olması da bundan kaynaklanır. Sözlü tarih alternatif temsil ve gerçekliklerin yanı sıra hâkim gruplardaki "ötekilerin" gerçekliklerine dair bir potansiyele sahiptir. Geleneksel tarihin statik bilgisini ve gayrişahsi yapısını kırar. Anaakım ve resmi tarihlerde temsil edilmeyen bireysel faillerin deneyimlerine, yorumlarına ve kimliklerine önem verir. Dolayısıyla, dezavantajlı grupların hikâyeleri ve sesleri için bir alan da yaratır.[51]

Thompson, sözlü tarihte "sapma sosyolojisinde hayat hikâyeleri",[52] Amerikan antropolojisi ve siyasi tarih ve "varlığını sürdüren bir saha çalışması geleneği"[53] ile eklenen değeri vurgular. Sözlü tarihin, saha araştırmasına yaslanarak, "istatistiki tarihin geçmişi kendi başına aydınlatamayacağı"[54] yeni bilgi türlerinin izini sürdüğünü söyler; sosyoloji ve antropolojinin sözlü tarihe yaptığı katkıya büyük önem

---

49 Paul Thompson, "The Voice of the Past," *The Oral History Reader*, der. Robert Pecks ve Alistair Thompson (Londra; New York: Routledge, 1998), 21-29.

50 Türkiye'nin tarihyazımında sözlü tarihin yeni bir disiplin olarak ortaya çıkışı için bkz. Arzu Öztürkmen, "Sözlü Tarih: Yeni Bir Disiplinin Cazibesi," *Toplum ve Bilim*. (İstanbul: Kış 2001/2002), 115-121.

51 Alessandro Portelli, "What Makes Oral History Different," *The Oral History Reader*, der. Robert Pecks ve Alistair Thompson (Londra; New York: Routledge, 1998): 67.

52 Alex Haley, "Black History, Oral History and Genealogy," *Oral History: An Interdisciplinary Anthology*, der. David K. Dunaway ve Willa K. Baum (California: Altamira Press, 1996), 9-21. Haley siyahi nüfusun, özellikle de köle olarak çalıştırılmak üzere yakalanıp Amerika'ya getirilenlerin tarihinin nasıl yazılmadığını tartışır ve kendi soyunu, kökenlerini sözlü tarih aracılığıyla nasıl bulduğunu açıklar. Buna ek olarak, Sherbakova da politik anımsama ve hafızanın Sovyet rejimi için "ciddi bir tehdit" oluşturduğunu söyler; bkz. Irina Sherbakova, "The Gulag in Memory," *Oral History: An Interdisciplinary Anthology*, der. David K. Dunaway ve Willa K. Baum (California: Altamira Press, 1996): 235.

53 Paul Thompson, *The Voice of The Past: Oral History* (Oxford: Oxford University Press, 2000), 58. [Paul Thompson, *Geçmişin Sesi: Sözlü Tarih*, İng. çev. Şehnaz Layikel, İstanbul: Tarih Vakfı, 1999.]

54 Agy., 67.

verir. Bu nedenle sözlü tarih bu metodu kullanan tarih, antropoloji ve sosyolojinin bir ara gelmesiyle oluşur.[55]

Mülakatlar sözlü tarihin bel kemiğini oluşturur. Grele mülakatları tarihi zenginleştiren bir deneyim olarak görür ve bu deneyimin dikkatle anlaşılması aracılığıyla sözlü tarih, tarih anlayışımıza yazılı belgelerde bulunamayacak bir katma değer ekler: "[İ]deoloji, mit ve gerçeklik arasındaki çelişkiyi ortaya çıkaran şey mülakat deneyiminin kendisidir. Bu deneyimi dikkatle gözlemleyip anlarsak tarih anlayışımıza yazılı kayıtlarda asla açığa çıkmayan bir derinlik katarız."[56]

Bu anlayış mülakat yapılan kişiyle hikâyenin tarihsel ve kültürel bağlamı arasında bağlantılar kurmayı da içerir. "Amacımız mülakat yapılan kişinin ideolojik sorunsalının bilinçli olarak ifade edilmesini sağlamak, bilginin aktarıldığı kültürel bağlamı ortaya çıkarmak ve böylece bireysel bir hikâyeyi kültürel bir anlatıya dönüştürerek geçmişte olan biteni tam anlamıyla anlamaktır."[57]

Bu anlayışla birlikte mevcut hiyerarşileri de göz önünde bulundurmalıyız. İki insan arasındaki bilgi aktarımına dayanan mülakat, karşılıklı olması bakımından iyi bir iletişim yöntemidir. Bu, mülakat yapan ve yapılan arasındaki ilişkinin mutlaka eşit olduğunu ima etmez, çünkü bu ilişki toplumsal hiyerarşilerden etkilenmiştir. Bu nedenle, mülakatı yapanın bakış açısı da sorular, cevaplar ve odaklanılan alanlar anlamında önem kazanır.

Bazı teorisyenler sözlü tarihin bir metot olarak tarihe katkılarını takdir etse de pek çok teorisyen bu yöntemi değerli ya da "yeterince ciddi" görmez. Sözlü tarihçiler ve onların çalışmaları pek saygı görmemiştir.[58] Sözlü tarihin gerçeklere dayalı güvenilirliği, bir olayın temsilinin veya anımsanmasının olayın kendisiyle uyuşmama ya da mülakat yapılan kişinin yanlış hatırlama ihtimalinden ötürü tartışmaya açık bir konu olmuştur. Bu yolla toplanan veriden asla emin olunamayacağı gerekçesiyle sözlü tarihin işe yaramaz olduğu iddia edilir. Ancak, bu tür yorumlarda gözden kaçırılan tam da sözlü tarihin mantığının kendisi ve hedefleridir.

---

55 Agy., 69.

56 Tarihin, sosyoloji ve antropoloji, psikoloji ve coğrafya gibi sosyal bilimlerle ilişkisi hakkında tarihyazımında yeni yaklaşımlar için bkz. Peter Burke, *History and Social Theory* (Ithaca: New York: Cornell University Press, 1992) [Peter Burke, *Tarih ve Toplumsal Kuram*, İng. çev. Mete Tunçay, İstanbul: Tarih Vakfı, 2012]; Geoff Eley, "Is All the World a Text? From Social History to the History of Society e Decades Later", *Historic Turn in the Human Science*, der. Terence, McDonalds (Ann Arbor: Michigan State University, 1996), 193-243.

57 Thompson, *The Voice*, 48.

58 Agy., 48.

Portelli "hakikat" ve "yanlış" kavramlarını sorgular ve "'yanlış' ifadeler psikolojik olarak halen 'hakiki'dir ve bu hakikat, en az olgulara dayalı güvenilir ifadeler kadar değerli olabilir" der.[59] Başlangıçtan bu yana sözlü tarih biricik bir gerçek olguya dayanmaktansa bazı tarihsel olayların ve işaretlerin hafızada nasıl inşa edildiği, nasıl hatırlandığı ve temsil edildiği ve bu temsillerin öteki temsillerle nasıl ilişkilendiği gibi konularla ilgilenir.

Dahası, bazı tarihçiler sözlü tarihi, mülakat yapılan kişilerin genel nüfusu temsil etmediği gerekçesiyle eleştirir. Ancak, Grele'ye göre sözlü tarihte "mülakat yapılan kişiler herhangi bir soyut istatistiki normu temsil ettikleri için değil, tarihsel süreçleri simgeledikleri için seçilir."[60] Bu nedenle bu yönteme yönelik eleştiriler genellikle gerçek olgulara dayalı güvenilirliğine odaklanır. Ancak, tam da bu noktaları sorgulayarak, sözlü tarih genel anlamda tarih ve sosyal bilimlere katkıda bulunur.

Yukarıda belirtilen nedenlerden ötürü sözlü tarih, Çingenelerin geçmiş toplumlardaki sosyal konumunun daha iyi anlaşılması ve bu kitabın temelini oluşturan bulmacanın çözümü için büyük önem taşır. Bir topluluk olarak Çingeneler, Bayramiç'ten zorla çıkartıldıkları vakada da görüldüğü gibi, madun konumlarından ötürü geleneksel tarihyazımlarının dışında tutulmuştur. Sözlü tarih bu çalışmada Çingenelerin geçmişteki dışlanmalarını sorgulayarak bugünün eleştirilmesini sağlayan bir alan oluşturur. Bu çalışmada, söz konusu zorla yerinden edilme olayını deneyimleyen Çingenelerin anlatılarının izini sürdüm. Çingenelerin olayı tasvirlerinin yanı sıra Çingene olmayanların da (olaylara katılan ya da katılmayan) olaydan önceki, olay esnasındaki ve sonrasındaki anılarına yer verdim. Bizzat yaşamadığı halde bir şekilde olayı duyan ya da etkilerini deneyimleyenlerin de tıpkı saha araştırmama ve ayrıntılı mülakatlarıma dayalı kişisel deneyimlerim gibi bu çalışmaya katkıda bulunacağına inanıyorum. Geçmiş deneyimlerin yansıması ve bugün hakkındaki söylemler bu hikâyeyi etkiler. Böylelikle, görüşmeler esnasındaki anlatılardaki eğilimlere ve söylemler arasındaki geçişlere dair farkındalık araştırma için önemli bir alan haline gelir. Hikâye anlatıcısının söylemini geliştirmesini sağlayan açık uçlu sorular, yarı yapılandırılmış mülakatlarda önemli bir role sahip oldu. Öte taraftan sessizlik, insanların belirli konularda fikirlerini bildirme konusundaki isteksizliği nedeniyle büyük önem taşıyordu. Buna ek olarak mülakatlarda ses kaydı, not alma ve doğrudan sorulardan genellikle kaçınıldı. Aksine, mülakat yapılan kişileri motive eden, dolaylı sorular ve gayri resmi konuşmalardı. Nihayetinde kasabadaki yaklaşık

---

59   Agy. ayrıca bkz. Ronald J. Grele, "Movement Without Aim: Methodological and Theoretical Problems in Oral History," *The Oral History Reader*, der. Robert Pecks ve Alistair Thompson (Londra; New York: Routledge, 1998), 38-53.

60   Portelli, "What Makes," 68.

200 insanın anlatısı çalışmama katkıda bulunurken bunlardan 47'si bulguların belkemiğini oluşturdu.

Bunun yanı sıra, sözlü tarih söz konusu vakanın çalışılmasında kullanılabilen tek araştırma yöntemiydi. Vakayla alakalı arşivler ve devlet belgeleri bulmaya çalıştım ancak yerel ve ulusal arşivlerdeki araştırmalarıma rağmen o sırada yayımlanan birkaç gazete yazısı dışında herhangi bir belge bulamadım.[61] Saha çalışması ve mülakatların yanı sıra kasabanın sosyoekonomik bağlamı ve yerel tarihini bir çerçeveye oturtmama yardımcı olan yazılı eserleri ve belgeleri de araştırdım. Devlet arşivlerinin yerel düzeyde yetersizliğinden ötürü belgelerin sayısı kısıtlıydı.

1970'te Çingenelerin zorla yerinden edilmesinin keşfi birkaç sebepten dolayı önem arz ediyor. Öncelikle, akademik araştırma ve sosyal projelerde ilginin biraz olsun arttığı gözlemlense de Türkiye'de yaşayan Çingeneler hakkında yapılan araştırmaların sayısı çok azdır. İkinci olarak, hiçbir araştırmacı 1970'teki zorla yerinden etme vakasına temas etmediği için konuya değinen bir yazın yok. Üçüncü olarak, bu çalışma Türkiye'de vatandaşlığın, ulusal ve etnik kimliğin yanında Çingenelerin statüsüyle de ilişkili olarak dışlamanın tarihsel açıdan nasıl inşa edildiğini aydınlatma potansiyeline sahiptir. Bu nedenle, Çingene meselesindeki mevcut politikalara siyasi müdahale alanı oluşturur ve Çingenelere karşı süregelen toplumsal dışlamaya daha eleştirel bir gözle bakmak için bir katkı sağlar. Son olarak, toplumsal dışlama ve Çingene çalışmalarıyla bağları nedeniyle bu çalışma hem Çingeneler hem de gerek Türkiye'de gerek başka yerlerde dışlanmaya maruz kalan öteki gruplar hakkında karşılaştırmalı araştırmaları teşvik etme potansiyeline sahiptir.

Katkılar ve Bölüm İçerikleri

Bu çalışma, birkaç alana katkıda bulunmayı hedeflemektedir. Genel anlamda etnisiteye, kimliklere, kategorilere, milliyetçiliğe ve şiddete dair teoriler üzerine bir tartışma yürütülecektir. Çingenelerin zorla yerlerinden edilmesi olayının yeniden inşası ile kategorilerin toplumsal inşası ve toplumlardaki kullanımları ana tartışma konularıdır. Ayrıca belirli kategorilerin (yerel) tarihsel ve sosyoekonomik bağlamda şiddetli ya da barışçıl gündelik ilişkileri nasıl etkilediğini inceleme açısından da örnek teşkil eder.

Bunlara ek olarak Avrupa'daki Çingenelere dair çalışmaların bazı eksikliklerinin de vurgulanması amaçlanmaktadır. Çingenelerin siyasi tanınırlığı ve toplumsal hareketleri, Çingene grupları ve kültürleri hakkındaki antropolojik araştırmalar, özdeşleşme yöntemleri ve karşı karşıya kaldıkları ayrımcılık sıkça incelenen konu-

---

61   Grele, "Movement," 41.

lardan bazılarıdır. Ancak çalışmaların büyük bölümü Çingene meselesini daha geniş bir tartışmaya ya da diğer araştırma alanlarına bağlamaz. Dahası, kimisi milliyetçi ve özcü bir mantık izleyerek eleştirel olmadan Çingenelerin homojen bir etnik grup olduğunu varsaymaktadır. Bu tür özcü bir bakış açısının tersine bu çalışma, Çingene olarak nitelendirilen, farklı yollarla Çingenelik ve Türklükle ilişkilendirilen ve küçük bir Türk kasabasında nüfusun büyük bölümü tarafından farklı şekillerde algılanan en az üç grup sunmaktadır.

Dahası, Roman çalışmalarındaki araştırmaların çoğu bu tür ilişkilere işaret etmediği ve diğer kategorilerle sınırları sorgulamadığı gibi Çingenelerin sorunsuz ve sınırları belli etnik bir grup olarak algılandıkları mevcut çerçeveyi de sık sık yeniden üretir. Bu çalışma ise öncelikli olarak homojenlik kavramını sorgulayıp bir kategori olarak Çingeneliğin bağlamsal ve ilişkisel özelliklerini ortaya koyar. Çingeneliğin bir kategori olarak kullanılmasının, anlamların, algıların ve bu kategoriye iliştirilmiş kriterlerin değiştirilebilirliğinin, esnekliğinin ve düşünümselliğinin vurgulanması açısından faydalı olduğunu düşünüyorum. Ayrıca, Çingeneliğe çeşitli ilişkilerin merceğinden bakmak toplumsal, ekonomik ve kültürel değişimlere dayanan farklı dinamikleri de gözler önüne serer.

Bu araştırma kasabadaki hayatları, ilişkileri ve sosyoekonomik durumları inceleyip Çingenelerle Türkler arasındaki ilişkiye odaklanarak Türkiye'deki Çingene yazınında ve uluslararası olarak Roman yazınında önemli bir boşluğu doldurmaktadır. Türkçe yazında Çingeneler ve Türkler arasındaki ilişkiler hakkında herhangi bir tarihsel-etnografik araştırma yapılmamıştır. Bazı araştımalar Çingenelerin koşullarına, stereotiplerine, özel niteliklerine, edebiyat ve deyimlerdeki imgelerine işaret eder. Birçok araştırma da Çingene kültürünün özellikleri ya da Çingenelerin devlet veya egemen nüfus tarafından dışlanmasıyla sınırlı kalır; Çingeneler ve Çingene olmayanlar arasındaki algı ve ilişkileri sistematik bir biçimde nadiren inceler. Söz konusu araştırmaların bir kısmı, bu çalışmanın amaçladığı üzere farklı kategori ve insanlar arasındaki ilişkiyi sorgulamaktansa mevcut kategorileri yeniden üretir. Bunula birlikte, bazı mevcut araştırmalar ve alanda çalışan bilim insanlarıyla yapılan görüşmeler bu çalışma için ilham verici ve faydalı olmuştur.

Bundan sonraki ilk bölümde toplumsal bir kategori olarak Çingeneliğin nasıl geliştiğini ve farklı bağlamlarda nasıl algılandığını ortaya koyacağım. Roman çalışmaları geleneğinde ortaya çıkan yazın etnik kategorilerle ilişkisi içerisinde tartışılacak. Çingenelikteki değişimler esnekliği ve bağlamsallığı vurgulanarak açıklanacak. Çingeneliğin pratikte nasıl benzer biçimde inşa edilmiş kategorilerle birleştiğini ve onlardan nasıl ayrıldığını tartışacağım. Aynı bölümde ayrıca Türkiye örneğinin kendine has özelliklerine ve Çingenelik ve Türklük arasındaki ilişkilere değineceğim. Bu bölüm, Çingenelik kategorisini daha geniş bir çerçeveye oturtacak.

İkinci bölümde Bayramiç vakasındaki Çingenelik kategorisindeki dönüşümlerin tarihsel bir analizi sunulacak. Olaylar esnasında bu kategorinin nasıl aktif hale getirildiği, ülkenin sosyoekonomik ve kültürel bağlamında nelerin değiştiği ve bunun kasabaya nasıl yansıdığı gösterilecek. Kentleşmenin etkileri yerel bağlamda incelenecek. Özellikle taşımacılık sektöründeki gelişmeler ve farklı toplumsal gruplar arasında artan rekabet derinlemesine incelenecek, çünkü bunlar Çingenelerin zorla yerlerinden edilmelerinde önemli rol oynamıştı. Muhacir Çingenelerin önemli bir konumda bulundukları bu sektörde artan rekabet, sosyoekonomik arka planın ve saldırılardaki bireysel çıkarların aydınlatılmasına yardımcı olacak.

Üçüncü bölüm yerel bağlamı inceleyip yerel ilişkilere ve kasabadaki güç hiyerarşilerinin nasıl inşa edildiğine odaklanacak. Buradaki kilit sorular, Çingeneliğin belirli insanlar arasındaki ilişkileri nasıl etkilediği, insanların Çingeneliği nasıl tanımladığı ve kimlerin kendilerini Çingenelikle özdeşleştirdiği ya da kimlerin Çingene olarak görüldüğü. Kısaca, Türklük ve Çingenelik kategorileri arasındaki ilişki incelemelerimizin odağını oluşturacak. Bu bölüm tanımların karmaşıklığına, gündelik etkileşimlerin ve ilişkilerin sık sık etnik sınırları belirsizleştirmesi ve hatta değiştirmesi nedeniyle etnik tanımların yol açabileceği çetrefilliğe odaklanacak.

Üçüncü bölüm kasabadaki Çingenelik kategorisini tanıtacak; bu kategorinin esnekliğine, etrafındaki çetrefilliğe ve çatışmalara rağmen hiyerarşik olarak nasıl Türklükten aşağıda konumlandırıldığına ve damgalamanın nasıl işlediğine odaklanacak. Şiddet patlaması anını açıklayan bir önceki bölümün izinde bu bölüm saldırılar sırasında kategorilerin sabitlenmesi ve yeniden üretilmesini ortaya koyacak. Etnik kategorilerin inşasında sosyoekonomik bağlam daima esnekliğe ve kasabadaki ilişkilerin ve algıların değişmesine izin verse de bu esneklik, tam bu anda tarihsel bir inşadan geçmiş Çingenelik kategorisinin bir damga olarak yeniden ileri sürülmesiyle ve saldırıları meşrulaştırmasıyla sınırlarına ulaşmış olmuştu.

Çingenelerin, saldırganların, koruyucuların, katılımcıların ve diğerlerinin de aralarında bulunduğu kasaba sakinlerinin anlatıları dönemin sosyoekonomik bağlamı ve kasabadaki Çingenelik kategorisinin tarihsel inşası ışığında yeni bir anlam kazanacak. Dördüncü bölüm saldırıların ve 1970'teki zorla yerinden edilme vakasının sözlü anlatılarıyla ilgilenecek. İki ana anlatıya odaklanacağım: Biri saldırıyı Çingenelerin sözde ahlaksızlığı ve kötü davranışlarıyla açıklarken diğeri taşımacılık sektöründeki bireysel çıkarların ve Çingenelerin sosyoekonomik güç kazanmasının üzerinde duruyor. Bu bölümde hatırlama ve temsildeki farklılıkların, mülakat yapılan kişilerin saldırılar esnasındaki farklı toplumsal konumlarıyla nasıl doğrudan ilintili olduğunu göreceğiz.

Saldırılarla ilgili baskın yerel hafıza Çingenelik damgasını yeniden üretmekte ve kasaba halkının büyük bölümü, saldırganlar ve hatta bazı yerli Çingeneler arasında ana anlatı olarak ortaya çıkmakta. Bazı saldırganların, mağdurları koruyan birçok insanın, muhacir Çingenelerin ve bazı yerli Çingenelerin anlattığı hikâye ise sosyoekonomik rekabetin ve bireysel çıkarlarının önemini gözler önüne sermekte. Saldırganlar hakkında konuşmaktan duyulan korkunun ve sessizliği korumanın bugün de devam ettiğini göstermekte. Birinciden dördüncüye bölümler, anlatıları, çelişkili hatırlama biçimlerini ve farklı temsilleri anlamak için gerekli arka planı ve araçları sağlamaktadır. Yerel bağlam, ülke çapında görülen sosyoekonomik geçişler, Türkiye'de ve kasabada Çingenelik ve devletin rolü beşinci bölümde sunulan analiz için kritik önemdedir. Son olarak, benzer vakaların incelendiği dışlayıcı şiddet yazını, 1970'te Bayramiç'te gerçekleşen saldırıların, söz konusu yerel dışavurumunun ötesinde anlaşılmasını sağlayacak paralellikleri bulmak için kullanılacak.

Gözlem Altında Çingeneler

Çingene/Roman çalışmalarının gelişimi Avrupa'daki siyasi bağlamda Roman meselesinin kuvvetlenmesiyle yakından ilintilidir. Bu süreç Sovyetler Birliği'nin yıkılışı, Orta ve Doğu Avrupa (ODA) ülkelerinde pazar ekonomisine geçiş ve ODA ülkelerinin Avrupa'nın geri kalanıyla entegre olmasıyla daha da pekişti.[1] Bu ülkeler Avrupa Birliği üyeliğine hak kazanırken Çingeneler en kalabalık azınlığı oluşturuyordu.[2]

Haklarında yapılan araştırmalar Çingenelerin birkaç farklı yoldan ayrımcılığa ve dışlayıcı uygulamalara maruz kaldığını gösterir. Avrupa'daki soykırım[3] Çingenelerin yakın tarihlerindeki en vahşi safha olsa da birçok Çingene farklı ülkelerde hâlâ şiddetli saldırılar, cinayetler ve ırkçılıkla karşı karşıya kalmakta-

---

1   Vaka hakkında ne yerel ne de ulusal bir belge bulunuyordu. Yerel düzlemde belediyenin, güvenlik kuvvetlerinin, yargı idaresinin ve yerel yönetimin; ulusal düzlemde ise İçişleri Bakanlığı'nın, Ulaştırma Bakanlığı'nın ve Orman ve Su İşleri Bakanlığı'nın arşivlerine müracaat ettim. Bayramiç ve soruşturmanın sürdüğü dönem hakkındaki birçok belge yok edilmişti. Ancak dönemin sosyoekonomik bağlamına dair sınırlı bulgular ve bazı istatistiki değerler ikinci bölümdeki araştırmamızı kanıtlamak için kullanılacak.

2   Uluslararası Roma hareketi 1960'larda başladı. Roma siyasetinin ulusal düzlemden uluslararası düzleme geçişi için bkz. Ilona Klimova-Alexander, "The Development and Institutionalization of Romani Representation and Administration, Part 3b: From National Organizations to International Umbrellas (1945-1970)-the International Level," *Nationalities Papers* 35, sayı 4 (Eylül 2007): 627-661. Roma politikalarının Avrupa politikalarındaki önemi için bkz. Martin Kovats, "The Emergence of European Roma Policy," *Between Past and Future: The Roma of Central and Eastern Europe*, der. Guy Will (Hatfield: University of Hertfordshire, 2001), 94-95; Dena Ringold, Mitchell A. Orenstein ve Erika Wilkens, *Roma in an Expanding Europe: Breaking the Poverty Cycle* (New York: The World Bank, 2005); Peter Thelen, "Roma Policy: The Long Walk Towards Political Participation," *Roma in Europe: From Social Exclusion to Active Participation*, der. Peter Thelen (Üsküp: Friedrich Ebert Stiftung, 2005), 7-74.

3   2004'te sekiz Orta ve Doğu Avrupa ülkesi Avrupa Birliği üyesi oldu: Çek Cumhuriyeti, Estonya, Macaristan, Letonya, Litvanya, Polonya, Slovakya ve Slovenya. 2007 yılında Bulgaristan ve Romanya'nın da Avrupa Birliği'ne katılmasıyla Roma nüfusu daha da arttı.

dır.[4] Yeterli barınma, beslenme ve para kaynaklarından yoksun olmaları, eğitim ve istihdamdan dışlanmaları birçoğunun yoksulluk içerisinde yaşamasına neden olmaktadır. Dahası, toplumdan dışlandıkları gerçeği gerek gündelik pratiklerde gerekse insan hakları ihlali vakalarında ve tecrit edilmiş mahallelerde görülebilir. Tüm bu etkenler onları Avrupa'nın en korunmasız azınlığı haline getirir.[5] Yoksullukları yalnızca, eğitimsizlik ve işsizlikle nitelenen düşük toplumsal konumlarıyla değil, maruz kaldıkları ayrımcı tavırlarla da çokboyutlu hale gelmektedir.

Çingeneler arasında birey ve grup özdeşleşmesi ve alt gruplar arasında Sinti, Manouch, Kale, Romanichals, Kalderaş, Lovara, Roma ve Vlach-Roma gibi bazı farklılıklar olsa da "Roman" ifadesi "Gpsy", "Cigani", "Tsigane", "Zingari", "Zieguner", "Gitano", "Çingene" ve bunun gibi kelimelerin aşağılayıcı kullanımını önlemek adına 1971 Dünya Roman Kongresi'nde özellikle Avrupa'daki Çingeneleri tanımlamak için genel kabul gördü.[6] "Bu tanım ayrıca Ortadoğu'daki Domlar gibi, dünyanın farklı noktalarında yaşayan Çingeneler için de kullanılmaktadır.[7]

---

4   Çingene soykırımı için bkz. Donald Kenrick ve Grattan Puxon, *Destiny of Europe's Gypsies* (New York: Basic Books, 1972); Otto Rosenberg, *A Gypsy in Auschwitz* (Londra: Allison & busby Ltd., 1999); Toby Sonneman, *Shared Sorrows: A Gypsy Family Remembers the Holocaust* (Herts: University of Hertfordshire Press, 2002).

5   Uluslararası Af Örgütü'nün İtalya'daki Romalara karşı ırk ayrımı eylemi için bkz. Amnesty International. 10 Eylül 2010. *Italy Must Stop the Discrimination against Roma.* Çevrim içi erişim: http://www.amnesty.org/en/appeals-for-action/italy-must-stop-the-discrimination-against-roma [Erişim tarihi: 14 Ocak 2011]; ayrıca Romaların kovulmasına dair yakın zamanda gündeme gelen Fransa politikası için bkz. BBC. 22 Ağustos 2010. *France Sends Roma Gypsies back to Romania.* Çevrim içi erişim: http://www.bbc.co.uk/news/world-europe-11020429 (Erişim tarihi: 14 Ocak 2011).

6   Clare Gillsater, Dena Ringold ve Julius Varallyay, *Roma in an Expanding Europe: Challenges for the Future* (Washington, DC: The World Bank, 2004), 6.

7   Türkiye ve Avrupa'daki birçok araştırmacı gibi ben de "Çingene" terimini kullansam da olumsuz kullanımları nedeniyle bu terimi kullanmayanlara saygı duyuyorum. Türkiye'de kimileri ayrımcılıktan kurtulacakları umuduyla kendileri için Roman terimini kullanıyor. Diğerlerine "Çingene" şeklinde hitap ederek Çingenelere karşı mevcut önyargıları ve stereotipleri tekrarlamış ve güçlendirmiş oluyorlar. Bu terim bir şemsiye kavram olarak işlev görüyor ve birçok grubu kapsıyor. Avrupa'da "Roma" terimi yanlış anlaşılmalara yol açabileceği için bazı gruplar tarafından kabul edilmiyor. Türkiye'de "Roman" terimi uluslararası Roma politikalarına entegre olma sürecinde popüler hale geldi. Üstelik bazı durumlarda Domlar ve Lomlar gibi diğerlerini dışlama potansiyeline de sahip. "Çingene" terimini görmezden gelmektense küçümseyici anlamlarını, stereotipleri ve dışlayıcı pratikler ve söylemlerle birlikte önyargıları ve ilişkili eşitsizlikleri sorunsallaştırmamız gerektiğini düşünüyorum. Aksi takdirde özgürleşme mücadelesinin daha geniş bir tanınırlığını ıskalayıp statükoyu ve içindeki hiyerarşileri güçlendirmiş olur. Bu nedenle "Roma" ve "Roman" terimlerini yalnızca kendini bu şekilde beyan etmiş ve bu terimle özdeşleşmiş

Bazı Çingeneler kimliklerini Çingene ya da Roman olarak saptamak konusunda gönülsüz olduğundan, Çingenenin kim olduğuna dair tartışma götürür iddialarla cebelleşmeden Çingenelerin tam sayısını söylemek mümkün değil. Bir başka etken de Çingeneleri kimliklerini saklamaya iten dışlanma deneyimleridir. Damga ve öz tanımlama arasındaki fark ile damganın gücü, özdeşleşmemeye veya kendilerini Çingene etiketinden uzaklaştırmalarına neden olur. Dolayısıyla kişinin öz kimliklendirmesi (özne tanımı) her zaman ötekilerin tanımıyla (nesne tanımı) örtüşmeyebilir. Dahası, kendilerini Roman olarak nitelendirmek istemeyen gençlerin ebeveynlerini bu şekilde tanımladıklarını gösteren araştırmalarda, Çingenelerin etnik anlamda özdeşleşmelerinde de bir düşüş görülür.[8] Bu tür engeller yüzünden Roman nüfusun tam sayısını belirlemek güçleşir; ancak yaklaşık bir rakam verilebilir ki bu da Avrupa'da 10 ve 12 milyon arasıdır.[9]

Çingenelerin tanımı, grubun nitelikleri, Çingene olmayan gruplarla ilişkileri ve hükümetlerin farklı politikaları gibi çeşitli sebeplerden dolayı değişir. Yalnızca Çingene olmayanların tanımı değil, Çingene olarak tanınan insanların tanımlanması da farklılık gösterir. Unutulmaması gereken nokta, Çingenelikle ilişkilendirilen insanların homojen bir grup olmadığı ve genellikle öteki insanlarla birçok ortak özelliklerinin bulunduğudur. Ötekileştirilmelerine rağmen, yaşadıkları toplumun bir parçasıdırlar. Dahası, Çingeneler arasındaki farklılık o kadar dikkat çekicidir ki kategorileştirme ve özdeşleşmede birçok kafa karışıklığına neden olur. İngiliz Çingeneler hakkındaki araştırmasında Acton, Çingeneler arasındaki çeşitliliği şu şekilde vurgular: "[Çingeneler] en bölünmüş ve eksik tanımlanmış halktır; bir topluluktan ziyade bir kültür olarak devamlılığa sahiptirler. 'Çingene' soyunu ve namını paylaşan bireylerin yaşam biçimlerinde, görsel ya da dilsel kültürlerinde hiçbir görünür ortak nokta olmayabilir."[10] Damgalanma, dışlanmanın biçim ve

---

gruplardan bahsederken ve belirli bir yazın ve uluslararası Roma politikaları hakkında açıklık sağlamak için kullanıyorum.

8   Örneğin, The Gypsy Lore Society tarafından.

9   Ana Revenga, Dena Ringold ve W. Martin Tracy, *Poverty and Ethnicity: A Cross-Country Study of Roma Poverty in Central Europe* (Washington, DC: The World Bank, 2002), 5.

10   Gillsater vd., *Roma in an Expanding Europe*, 8. 1-2 milyon arası olduğu tahmin edilen Roma nüfusuyla Romanya'yı Macaristan, Bulgaristan, Slovakya, Türkiye, Sırbistan-Karadağ 400 bin ve 1 milyon arasında bir Roma nüfusuyla takip eder. Bkz. Ringold vd., *Roma in an Expanding Europe*, 2. İspanya yaklaşık 630 bin ile Batı Avrupa'daki en yüksek Çingene nüfusuna sahiptir; ardından Fransa (310 bin), İtalya (130 bin) ve Almanya (70 bin) gelir (Agy.). Bu nedenle Çingeneler her Avrupa ülkesinde yaşasa da Roma halkının büyük bölümü (toplam Roma nüfusunun üçte ikisi) özellikle Bulgaristan, Romanya, Macaristan, Slovakya, Çek Cumhuriyeti, Makedonya ve Sırbistan-Karadağ gibi Orta ve Doğu Avrupa ülkelerinde yaşamaktadır. Ayrıca bkz. Charlotte Tubbax (18 Nisan 2005).

dereceleri, asimilasyon politikaları, tüm bunlar özdeşleşme yollarını etkiler. Çingene olmanın anlamı büyük oranda söz konusu coğrafi, tarihsel ve siyasal bağlama bağlıdır.[11] Ancak Çingenelik kategorisi akışkanlık, değişebilirlik, ilişkisellik ve bağlamsallık göstergelerine rağmen sabit bir kategorizasyon olarak görülebilir.

Çingene kimliği, Çingenelerin kökeni ve bir ulus olup olmadıkları bu alandaki çalışmalarda ve kısmen siyasette çokça tartışılan bir konudur. Coğrafi ve etnik köken arayışının meşruluğuna[12] dair bilim insanları arasında süregelen tartışmalara rağmen, üzerinde hemfikir olunan teori Çingenelerin kökeninin kuzey Hindistan'a uzandığıdır.[13] Sosyodilbilimci bilim insanı Ian Hancock, Çingenelerin Hint kökenlerini ünlü Alman haritacı ve kozmograf Sebastian Münster'e kendilerinin söylediklerini ve onun da bu teoriden ilk kez 1550'de bahsettiğini söyler. Ancak, bugün Avrupa'daki Çingenelerin büyük bölümü Hint kökenini vurgulamaz; bu köken, Çingenelerin etnik kimlik saptamalarında işe yarar gibi görünmemektedir.[14] Ancak, Hollandalı tarihçi Wim Willems'in[15] de öne sürdüğü gibi, Çingene entelektüellerin

---

"The largest Trans-European Minority." *The European Magazine*, Çevrimiçi erişim: http://www.cafebabel.co.uk/article/13593/the-largest-trans- european-minority.html (Erişim tarihi: 14 Ocak 2011).

11 Thomas Acton, *Gypsy Politics and Social Change. The Development of Ethnic Ideology and Pressure Politics Among British Gypsies from Victorian Reformism to Romany Nationalism* (Londra; Boston: Routledge; Kegan Paul, 1974), 54.

12 Bkz. Zoltan Barany, *The East European Gypsies: Regime Change, Marginality, and Ethnopolitics* (Cambridge: New York: Cambridge University Press, 2002). Farklı devlet sistemleri nedeniyle Avrupa'nın çeşitli bölgelerindeki farklılıklar için bkz. Leo Lucassen ve Wim Willems, "The Weakness of Well Ordered Societies. Gypsies in Europe, the Ottoman Empire and India 1400–1914,". *A Journal of the Fernand Braudel Center for the Study of Economics, Historical Systems and Civilizations* 26, sayı 3 (2003), 283–313. Farklı etnik politikalarla ilişkili olarak farklı özdeşleşmeler için bkz. Acton, *Gypsy Politics and Social Change*, 34-38.

13 Hint kökenleri hayli tartışılan bir konu.

14 Yaron Matras, *Romani: A Linguistic Introduction* (Cambridge: Cambridge University Press, 2002).

15 Barany, *The East European Gypsies*, 9. Göçlerinin tarihi süregelen tartışmalara yol açmıştır, çünkü göçün başlangıç zamanı 5. ve 11. yüzyıllar arasında değişiklik göstermektedir. Örneğin, Hancock'a göre Roma halkı ilk kez, MS 1001 ve MS 1026 tarihleri arasında Hintli askerleri köleleştiren Gazneli Mahmut'un etkisiyle göç etmeye başladı. Ian Hancock, *The Heroic Present: The Photographs of Jan Yoors and His Life with the Gypsies.* (New York: The Monacelli Press, 2004). Bu grup homojen değildi çünkü Hint ordusu çok farklı etnik gruplardan insanlar barındırıyordu. Hancock bu çıkarımı Hindistan'dan göçün zamanı ve biçimi hakkında fikir verebilecek dilbilimsel izlerden yapar. Öte yandan Romani bilim insanı Fraser, Arap tarihçi Hamza Isfahani'yi takip eder. Isfahani, Hint kralı Shangul'dan Çingenelerin atası olduğu düşünülen müzisyenler isteyen İran Şahı V.

ve aktivistlerin Çingene tarihi hakkındaki akademik çalışmaların odak noktasını düzeltmek konusundaki gönülsüzlüğü bu bölümün ilerleyen kısımlarında daha da ayrıntılandırılacağı üzere, siyasi ve faydacı çıkarlarla karşı karşıya kalmaktadır.

Göçlerin zamanına ve yönüne ve dilsel bağlara bağlı olarak Çingeneler arasında üç ana kol bulunuyor: (1) Çoğunlukla Avrupa ve Birleşik Devletler'de bulunan Romlar; (2) başta Suriye, Mısır ve Türkiye olmak üzere Ortadoğu'da bulunan Domlar ve (3) Ermenistan, İran ve Orta Asya'da bulunan Lomlar.[16] Ancak bu nüfuslar homojen gruplar oluşturmuyor; üç grup içerisinde birçok dinsel, dilsel ve mesleki farklılıklar bulunuyor. Sırasıyla Romani, Domari ve Lomavren dillerini konuşuyorlar ancak bu diller içerisinde de Roman olmayanlarla çokkatmanlı etkileşimlerden kaynaklanan büyük dilsel farklılıklar bulunuyor. Romlar ve Romani dili araştırmaların odağında yer almış, haklarındaki yazın ise ulusaşırı (kimlik) politikaları arenasında Romanların artan önemine paralel olarak gelişim göstermiştir.[17] Öte yandan, örneğin, Dom ve Lom toplulukları ve dilleri hakkında çok az araştırma yapılmıştır.[18]

> Karmaşık ve çokkatmanlı bir Çingene kimliğiyle (ya da kimlikleriyle de diyebiliriz çünkü tek bir kimlik söz konusu değil) karşı karşıyayız; etiketlerin, imgelerin ve sınırların uygulanmasında büyük bir farklılık ve kafa karışıklığı söz konusudur. Kısacası, bu grup etrafındaki sınırların nasıl çizileceği, bu gruba nasıl hitap edileceği ve nasıl temsil edilecekleri konusunda bir mutabakat yoktur.[19]

Behram'a değinerek göçün 5. yüzyılda gerçekleştiğini söyler. Angus Fraser, *Çingeneler* (İstanbul: Homer Kitabevi, 2005). Ayrıca bkz. Elena Marushiakova ve Vesselin Popov, *Osmanlı İmparatorluğu'nda Çingeneler* (İstanbul: Homer Kitabevi, 2006).

16 Wim Willems, In *Search of the True Gypsy: From Enlightenment to Final Solution* (Londra; New York: Routledge, 1998).

17 Örneğin, Fraser ve Hancock.

18 Sovyetler Birliği'nin çöküşünün ardından gerek Birleşmiş Milletler Kalkınma Programı, Avrupa Konseyi ve Avrupa Güvenlik ve İşbirliği Teşkilatı gibi uluslararası kurumlar gerekse ulusal ve uluslararası sivil toplum kuruluşları bölge içerisinde Roma politikalarıyla ilgilenmeye başladı; araştırma yapmak, sosyal projeler yürütmek ve Avrupa'daki Romalar için sosyal politika programları oluşturmak bu çalışmalar arasındaydı. Avrupa Roma politikası yönündeki ilk adım Avrupa Konseyi'nin Roma'yı "gerçek bir Avrupa azınlığı" olarak tanıdığını gösteren "Avrupa'daki Çingeneler" raporunun 1993'te onaylanmasıydı. (Thelen, "Roma Policy", 37.)

19 Örneğin, Dom halkı hakkındaki bir araştırma için bkz. Kevin Holmes, "The Dom of Egypt: A DRC Update, May 2002," *Kuri: Journal of the Dom Research Centre* 1, sayı 6 (Bahar/Yaz 2002). Çevrimiçi erişim: http:// www.domresearchcenter.com/journal/16/ index.html (Erişim tarihi: 14 Ocak 2011); Allen Williams, "The Current Situation of the Dom in Jordan: A DRC Update," *Kuri: Journal of the Dom Research Centre* 1, sayı

Araştırmacılar, bilim insanları, resmi görevliler ve sıradan insanlar arasında Çingenelik kategorisine dair tartışmalar ve kafa karışıklıkları kategorilerin ve güç ilişkilerinin anlaşılmasında faydalı bir rol oynar. Kategorilere bağlı etiketlerin, sınırların ve öznelerin tamamı zaman ve mekân içerisinde değişiklik gösterir. İster ırk ister etnik bir grup olsun, her biri tartışmaya açıktır; millileştirilmiş ve etnikleştirilmiş algılara uyan bir kategorizasyon tutarsızlık gösterir. Belirli grupların kökeni, aidiyetleri ve grup olma haline dair fikirler büyük çeşitlilik arz eder. Yalnızca belirsiz değil, çelişkili imgeler üretir.

Çingeneyi Tanımlama Girişimleri ve Farklı Özdeşleşmeler

Çingenenin tanımlanması, erken ve geç modern Avrupa toplumlarındaki geniş sosyo-politik meseleler ve gelişmelerle ilişkilidir. Avrupa söz konusu olduğunda, temel ayrım yabancılarla yerliler ve sonrasında da gezicilerle yerleşik nüfus arasında yapılır.[20] Bunlarla ilgili yasalar toplumsal düzeni, insanların hareketliliğini ve ücretli emek gücünü kontrol etmek adına 15. yüzyılın sonlarından itibaren genel politikaların bir parçası haline geldi. Çok daha sonraları, 19. yüzyılda, Çingenelerin uyumsuz ve aylak olduğu düşüncesine ırksal bir tanım eklendi; bunu büyük oranda tetikleyen, sözde Hint kökenleri hakkındaki dilbilimsel araştırmalardı.[21] İkinci Dünya Savaşı'ndan sonra gözden düşen "ırk" kavramının yerini "etnisite" aldı; ancak bu, asli imgede radikal bir değişiklik yaratmadı, yalnızca pratikte kafa karıştırıcı bir farklılaşmaya yol açtı.[22]

Aileleriyle birlikte seyahat etmeleri Çingenelerin en belirleyici özelliği olarak görülür.[23] Yerleşiklik ve göçebelik ikiliği, dışlanmalarında önemli bir rol oynamıştır. Bu tür bir ikilikte yerleşik hayat "medeniyet, güvenlik ve moderniteye doğru yukarıya bir hareket" olarak algılanır.[24] Göçebelikten yerleşik hayata geçişte net

---

8 (Bahar/Yaz 2003). Çevrimiçi erişim: http://www.domresearchcenter. com/journal/18/ index.html (Erişim tarihi: 14 Ocak 2011).

20 Bkz. David Mayall, *Gypsy Identities 1500–2000; From Egipcyans and Moon- men to the Ethnic Romany* (Londra; New York: Routledge Taylor and Francis Group, 2004), 12.

21 Çingene imgesi ve gruplarının, mevzuatlar ve bunların sonucunda Çingene kategorisinin inşasının İngiliz bağlamına odaklanan daha derin bir incelemesi için bkz. Mayall.

22 Willems, *In Search of the True Gypsy.*

23 Birçok kişi ırk ve etnisite arasındaki farkı fark etmez bile. Mayall'ın faydalı bulduğum ayrımında ırk biyolojik farklılığa ve nesnel durumlara işaret eden net bir kavramken etnisite değişken, öznel, kültürel ve akışkandır (277). Bu iki kavram arasındaki ayrım pratikte pek gözle görülür değildir; bu iki terim birçok durumda eş anlamlı olarak kullanılmaktadır.

24 Birçok bilim insanı göçebeliği Çingene kültürünün ana özelliği olarak düşünürken, Trubeta göçebeliği tahayyül edilmiş Çingeneliğin bir parçası olarak görür. Sevasti

bir dönüşüm yaşanmamış, bu geçiş mutlak ve geri döndürülemez olmamıştır.[25] Ulus devletlerin oluşumu ve modernizmin yanı sıra, bütünün kontrolü, denetim, düzen ve disiplin kavramlarına yapılan vurgu, göçebelerin topluma karşı tehdit olarak algılanmasına neden olmuştur. Dolayısıyla Çingenelerin damgalanmasının tarihi, aylakların tarihiyle paralellik gösterir.[26] Bu yalnızca sosyokültürel değil, Avrupa'nın geçmişindeki ekonomik dönüşümlerle de bağlantılı bir meseledir. Lucassen açık bir şekilde bu tarihi, ortaçağın sonlarından itibaren Batı Avrupa ülkelerinin tarihinde yaşanan sosyoekonomik dönüşümde yoksullara, özellikle de gezici gruplara karşı davranışın değişmesiyle ilişkilendirerek bağlamına yerleştirir. Geremek'e de atıfta bulunan Lucassen, bu dönüşümün 14. yüzyılda

---

Trubeta, "'Gypsyness,' Racial Discourse and Persecution: Balkan Roma during the Second World War," *Nationalisties Papers* 31, sayı 4 (Aralık 2003): 499. Liegois şöyle bir gözlemde bulunur: "Çingeneler uzun süredir (yakışıklı, sanatçı ruhlu, kontrolsüz ama folklore sevk edilmiş) bir mitin ve göçebenin acınası stereotipinin (kirli, hırsız ve daima fazla yakın) cazibesine hapsolmuş durumdadır. Bu imaj öylesine egemendir ki Çingenelerin tek seçeneği diğerlerine görmeyi umdukları şeyi göstermektir." Jean Pierre Liegeois, *Gypsies: An Illustrated History* (Londra: Al Saqi Books, 1986), 163.

25 Robbie McVeigh, "Theorising Sedentarism: The Roots of Anti-Nomadism," *Gypsy Politics and Traveller Identity*, der. Thomas Acton (Hertfordshire: University of Hertfordshire Press, 1997), 10. Ayrıca Shuinéar'ın yerleşiklik ve göçebelik karşıtlığı aracılığıyla Çingenelerin dışlanmasını sorgularken İrlandalı gezginlere karşı duyulan nefretin psikolojik ve temsili anlamını ortaya çıkarmaya çalıştığı çalışmasına da göz atılabilir. Sinéad ní Shuinéar, "Why Do Gaujos Hate Gypsies So Much, Anyway? A Case Study," *Gypsy Politics and Traveller Identity*, der. Thomas Acton (Hatfield, Hertfordshire: University of Hertfordshire Press, 1997), 26–53. Shuinéar'a göre Çingenelerin ötekileştirilmesi ve şeytanileştirilmesi Gaujoların kendi hata ve korkularının bir kişileştirmesi olarak işlev görür. Dahası, bu oluşumlar İrlandalının ne ve kim olmadığını gösterdiğinden İrlandalının inşasında da önem sahibidir. Ötekiyi toplumun çeperlerinden seçerek kendi sorunlarını bu nispeten güçsüz gruba yansıtırlar. Çingeneler pasif alıcılar değildirler ama Shuinéar'a göre Gaujoların korkularıyla oynamaktadırlar. Böylece Shuinéar, Gaujoların "biz" kavramının varoluşsal konum ihtiyacından yola çıkarak Çingenelerin ötekileştirilmesini kavramsallaştırır. Dahası, bu ötekileştirme Gaujoların iyiliği için devam ettirilmelidir; bu nedenle kolayca çözülebilecek bir durum gibi görülmez.

26 McVeigh, "Theorising Sedentarism" adlı makalesinde bu vaka için yeni gezgin örneğini kullanır. Bu argümanı yarı-göçmen nüfus ve toplulukların yanı sıra sonradan göçebe hayata geri dönen yerleşik toplulukları örnek vererek destekler. Yerleşik hayata geçişin son derece problemli olduğunu da söyler, çünkü herkesin gönüllü yaptığı bu geçiş göçebeleri yıldırmıştır. Dahası, içkin bir eleştiride de bulunur: "Yerleşiklerin göçebenin uygarlaşmamış doğasına gerçekleştirdiği sert saldırılarına rağmen yerleşik hayata geçişin eskiden göçebe gruplar için özgürleştirici olmadığına işaret eden kanıtlar da bulunmaktadır." Dolayısıyla, yerleşikliğin insanların göreli olarak özgürleşmesi için vaat ettiklerini ve eksiklerini sorgular. McVeigh'in dediğine göre aksine, yerleşiklik egemen sınıflar için avantajlı ve özgürleştirici olurken bu durum tüm toplum için geçerli değildir.

emek göçüyle ilgili politikaları şekillendiren ekonomik ve ideolojik değişimler vasıtasıyla başladığını söyler.

Feodalizmden piyasa eksenli kapitalist sisteme ve beraberinde, bağımlı emekten serbest emeğe geçiş bu dönüşüm için büyük önem arz ediyordu.[27] 14. yüzyılın ortalarında baş gösteren hıyarcıklı veba salgını yüzünden emek gücü arzında yaşanan düşüşten sonra birçok insan, çalıştığı yeri bırakıp daha yüksek ücretli işler aramanın kârlı olduğunu düşündü. Aylak denen, gezici emek gücü olan ve serbest çalışan insanların şüpheyle karşılanması ve damgalanması, Batı Avrupa'da yaygın olarak uygulanan "emeği sermayeye ve sabit ücrete bağlama" politikasının bir parçasıydı.[28] İş bulmak için göç edenler ve gezici gruplar, kurumsallaşmış yöntemlerin dışında, hayat tarzları nedeniyle de damgalanıyordu. Lucassen eşzamanlı olarak ortaya çıkan "Mısırlı" imgesine ve 15. yüzyılda bu kategoriye karşı uygulanan baskıcı politikalara da dikkat çeker.

Zamanla daha esnek bir hale gelen aylak ve Çingene etiketleri görünürlüklerine, hayat tarzlarına, sosyal ve ekonomik işlevselliklerine bağlı olarak farklı insan gruplarını tanımlamak için kullanıldı. Avrupa'daki ekonomik büyümeyle birlikte emek gücüne talebin arttığı 16. yüzyıl bu esnekliğe iyi bir örnek teşkil eder. Mevsimlik emek gücüne ve gezgin esnafa ihtiyaç duyulduğundan, yararlı ve zararlı gezerlik ayrımı giderek yaygınlaştı; böylece göçü sınırlamak ve düzene koymak için yasalar geliştirildi.

Çingenelerin kimlik tanımlamasında damgalamanın rolünü vurgulayan Lucassen vd., bu kategorileştirmedeki değişikliklere de dikkat çeker. 18. yüzyılın sonlarından itibaren milliyetçi fikirlerin yükselmesiyle birlikte etnik unsur güçlendirilirken, sabıkalı aylaklar ve toplumsal olarak dışlanmışlar gibi kategoriler de çok daha kapsayıcı bir etnik etiket altına sokuldu.[29] Çingenelerin ekonomik işlevleri milliyetçi söylemlerde çoğunlukla reddediliyordu. Lucassen vd., devletin oluşum sürecinin sonucunda emek gücünü kontrol etme ve düzene koyma ihtiyacının ortaya çıktığını vurgular. Bu durumun, büyük ölçüde ailelerini yanlarına alan ve (çadır ya da

---

27 McVeigh yerleşikliğe "ırk ya da sınıfa indirgenemeyen [ama] [...] her ikisi tarafından yapılandırılan" bir olgu olarak yaklaşır (20). Göçebelerin özel mülke, özellikle toprak sahipliğine karşı çıktığını söyler. Ayrıca bkz. Leo Lucassen, Wim Willems ve Annemarie Cottaar, der. *Gypsies and Other Itinerant Groups: A Socio-Historical Approach* (New York: St. Martin's Press, 1998).

28 Leo Lucassen, "External Vagrants? State Formation, Migration and Travelling Groups in Western Europe, 1350–1914," *Gypsies and Other Itinerant Groups: A Socio-Historical Approach*, der. Leo Lucassen, Wim Willems ve Annemarie Cottaar (New York: St. Martin's Press, 1998), 55–74.

29 Lucassen, "External Vagrants?", 56.

karavan kullanarak) daha görünür bir gezgin hayat süren göçmenlerle sınırlandıran Çingene sınıfına dahil edilebilecekler için de bazı yansımaları oluyordu.[30]

Aynı şekilde, Çingenelerin varsayımsal kökenleriyle ilgili hikâyeler oryantalist düşünceleri ve duyguları takip ediyordu. Ne var ki birçok Çingene, kimliğini Hint kökenleri ile tanımlamaz; hatta bazıları böyle bir bilgiden haberdar bile değildir. Ama çoğu Çingene aktivist, egzotik öteki imajını körükleyeceği gerçeğine rağmen, Hint kökenini kültürel haklarını talep etmenin bir aracı olarak görür. Bu çalışma, bu tür kimlik politikalarıyla ilişkilenmek yerine, öncelikli olarak toplumlarda Çingeneliğin önemine, Çingenelerin belirli tarihi bağlamlarda nasıl ve neden marjinalleştirildiği sorularına odaklanmaktadır.[31]

Willems ve Lucassen gibi Hint kökeni hikâyesini reddeden Okely de farklı tarihsel kategorizasyonlara ve temsillere dikkat çeker. Avrupa'da Çingenelerin nasıl önce Mısırlı olarak anıldığını, sonra da 19. yüzyılda nasıl Hintli olduklarını ortaya koyar. Dili doğrudan ırk fikriyle birleştirdiği için bu Hint bağlantısının gittikçe yerleştiğini ileri sürer. Hint kökeni hikâyesini de ironik bir şekilde şöyle anlatır:

> Çingenelerin dilleri, gelenekleri ve genetik yapılarıyla kendi içlerine kapalı, "arı" bir topluluk ya da ayrı bir toplum olarak yüzlerce yıl önce Hindistan'da varlık gösterdikleri varsayılır. Ta ki "gizemli bir olay" mitik anayurtlarından ayrılmalarına sebep olana kadar [...] Bu nedenle Gorgio[32] gözlemciye garip gelen herhangi bir gelenek, grup için geçerli olan çağdaş anlamında değil, eski mitik Hint zamanlarından bu yana "varlığını sürdüren hatıralara" ve hatta bugünkü kast sistemine göre açıklanır.[33]

Okely bunun yerine, Çingenelerin marjinalleştirilmesini toplumun gezici gruplara karşı genel tutumuyla açıklar. Modern proletaryanın kökeni konusunda Marx'la aynı fikirdedir ve bazı grupların, zamanında kendilerini Mısırlı olarak adlandıran ya da öyle nitelenen topluluğa katılmış olabileceğini söyler. Bu gruplar tamamen proleterleşmeyip ücretli emek gücünü reddeden ve sonrasında gezgin esnaf, sokak göstericisi, avare ve dilenci olan eski kölelerden ve işçilerden oluşuyordu. Okely, serbest meslek tercihinin ve ücretli emek karşıtlığının Çingenelerin sisteme karşı oldukları fikrini beslediğini kabul eder. Çingeneliğin sembolik anlamda yıkıcı bir

---

30   Lucassen vd., *Gypsies and Other Itinerant Groups*, 7.

31   Agy., 11-12.

32   Willems benzer bir şekilde Çingene tarihine, göç gibi toplumsal bir olgunun daha geniş bir ifadesinde konumlandırılabilecek farklı bir yaklaşım önerir. Bkz. Willems, *In Search of the True Gypsy*, 308-309.

33   Çingene olmayan, Gaco.

var olma hali olarak görüldüğünü söyler.[34] Bu imaj, Çingenelerin marjinalleştirilmesine sebep olmadıysa da buna kesinlikle katkıda bulunmuştur. Bunun dışında, Çingenelerin birlikte yaşadıkları egemen gruplarla aralarındaki kültürel benzerlik son derece ilgi çekicidir: "Göçebelik, serbest meslek, giysiler, dil ve temizlik ritüelleri gibi, gezicilere has kültür ve değerler bazı açılardan ayrımı güçlendirse de bunların hiçbiri yeterli değildir."[35]

Okely'nin Çingenelerin marjinalleştirilmesine dair izahatı, Perlman'ın, marjinallik mitinin kökenlerini Rio de Janeiro'daki kentsel toplum bağlamında bulduğu önemli çalışmasını yankılar. Perlman'ın üzerine çalıştığı grup, farklı değer sistemlerine sahip marjinaller olarak tanımlandırılmasına rağmen, hâkim değerlerle özdeşim kuruyordu.

> [B]urjuvazinin özlemlerine, öncülerin azmine ve yurtseverlerin değerlerine sahipler. Sahip olmadıkları şeyse özlemlerini gerçekleştirme fırsatı. [...] Bu durumdaki sömürülen gruplar marjinal olmak şöyle dursun sisteme son derece entegre haldedir ve sistemin hayati bir parçası olarak işlev görürler. Özetle, entegrasyon her zaman beraberinde karşılıklılık getirmez.[36]

Bu, Çingenelerin belirli hayat tarzları ya da gelenekleri olmadığı anlamına gelmez. Ancak genel kanının aksine, içinde yaşadıkları toplumların sosyoekonomik değerlerinden çoğu zaman o kadar da yalıtılmış değildirler. Türkiye bağlamında göreceğimiz üzere, entegrasyon veya asimilasyon nedeniyle değişime uğrasalar da bir toplumda Çingenelik, büyük ölçüde egemen toplumun onları nasıl etiketleyip damgaladığı ile "Çingenelerin" bu imgeye nasıl tepki verdiğiyle belirlenir. Okely hâkim Çingene imgesi ve Çingenelerin öz temsilleri arasında bir bağlantı kurar: "Çingeneler ve Gorgiolar [Gaco, Çingenelerin Çingene olmayanlar için kullandığı bir terim] arasında kesin bir gerçek/kurgu ayrımı yoktur. Çingeneler Gorgiolara hem Gorgio önyargılarını doğrulayacak hem de söz konusu Çingene sözcüyü koruyacak kategoriler sunacaktır."[37]

Yapısal değişimler ve genel politikalar, belli anlamların hüküm sürmesinde, halkların etiketlenmesi ve kategorileştirilmesinde büyük rol oynar. Ladanyi ve

---

34 Judith Okely, *The Traveller Gypsies* (Cambridge: Cambridge University Press, 1983), 10.

35 Agy., 53.

36 Agy., 67.

37 Janice E. Perlman, *The Myth of Marginality. Urban Poverty and Politics in Rio de Janerio* (Londra: University of California Press, 1976), 243–245. Yoksul insanların Türkiye'deki egemen değerleri nasıl içselleştirdiğini incelemek için bkz. Necmi Erdoğan, "Garibanların Dünyası: Türkiye'de Yoksulların Kültürel Temsilleri Üzerine İlk Notlar", *Toplum ve Bilim* (Yaz 2001), 7-21.

Szelenyi, Çingenelik kategorisinin, Macar kasabası Csenyete'de sosyalizmden pazar ekonomisine doğru gerçekleşen sosyoekonomik dönüşümle nasıl değiştiğini gösterir. Özetle, Çingene olarak adlandırılan halk sosyalist dönemde aşağı sınıf konumundayken pazar ekonomisine geçildiğinde çoğu "sınıf-altı" [metinde aynen] oldu. Sosyalizmden pazar ekonomisine geçişte yalnızca ekonomik koşullar değil, Çingenelerin ve Çingeneliğin algılanışı da değişti. Algıdaki değişimler ve kategorinin içeriğinin yeniden tanımlanması Çingeneliğin ne denli esnek ve bağlamsal olduğunu gösterir.

Peki, "Çingene" etiketine dahil edilen insanların farkı nedir? Bazı insanlar daima Çingeneyken toplumdaki algı ve muameleler mi değişir? Yoksa bu grup, öz tanımların damgalanmayla karıştığı, çok daha interaktif bir yolla mı yaratılır? Lucassen'in Hollanda vakasına yaklaşımı etiketleme ve öz tanımdaki değişiklikleri netleştirme konusunda son derece faydalı: "Benim varsayımıma göre 'Çingeneler'in büyük bir bölümü, 1890'dan sonra bu şekilde etiketlendi. Bugünlerde kendilerini farklı bir grup olarak tanımlamaları yüzyıl önce de durumun böyle olduğu anlamına gelmez."[38]

Lucassen, kimlik saptaması ve etiketlemedeki değişimlerin yanı sıra Çingenelik kategorisinin zaman içerisindeki kullanımlarına da dikkat çeker. Örneğin, Sintiler gibi Çingeneler de Çingene karşıtı politikaların Hollanda'da hız kazandığı 19. yüzyıl ve sonrasında yayılan damgalama ve etiketlemeden önce bu kategoriyle özdeşleşiyordu. Dahası, diğer Çingenelerle aynı muameleyi de görmüyorlardı.

Öte yandan, Ladanyi ve Szelenyi, bazı ailelerin etnik statüsünde değişikliklere işaret eden "yeniden kategorileştirme"yi vurgular.[39] Çalışmayı yürüttükleri kasabada başarılı bir şekilde asimile edilmiş varlıklı aileler artık Çingene olarak görülmezken yoksul ailelerin Çingeneleştirildiğini fark ederler. Yani, etnik kategorileştirme zaman içerisinde değişebiliyordu. Bu da yalnızca kategorilerin esnekliğine değil, Çingenelik örneğinde sınıf ve etnisite arasındaki ilişkinin büyük önem taşıdığına da işaret eder.

Bunun yanı sıra, Çingenelikte Gaco kategorisini incelerken Trubeta'nın Nazi Almanya'sındaki Çingene imgesi üzerine yürüttüğü çalışma da büyük önem taşır. Irkçılığın kendisinin kültürel ve toplumsal özelliklerdeki hiyerarşik farklılıklarla yapılandırıldığını gösterir.[40] Trubeta bu hiyerarşileştirmede, Çingenelere yapılan zu-

---

38 Okely, *The Traveller Gypsies*, 73.

39 Leo Lucassen, "The Power of Definition, Stigmatization, Minorization and Ethnicity Illustrated by the History of Gypsies in the Netherlands." *Netherlands' Journal of Social Sciences* 27, sayı 2 (Ekim 1991), 85.

40 Janos Ladanyi ve Ivan Szelenyi, *Patterns of Exclusion: Constructing Gypsy Ethnicity and the Making of an Underclass in Transitional Societies of Europe* (New York: East European

lümle ilgili ideolojik inşaların ve önyargıların aktarımını vurgular. Naziler Çingeneler hakkındaki mevcut söylemi bir yandan kullanırken bir yandan da değiştirmişlerdir.[41] Nazi yönetimindeki Çingeneler hakkındaki araştırmasında Trubeta "Çingene"nin nasıl öznelerden ayrıştırılmış bir kategori olduğunu açıklığa kavuşturur:

> Kapsamlı bir ayrımcı kategori olan "Çingene," ırkçı stereotiplerde standart olarak görülen bir niteliğe sahiptir: Varlığını, ayrımcılığa uğrayan asıl öz-neden bağımsız olarak sürdürebilir; bu nedenle çeşitli durumlarda *apriori* aşağılayıcı ve ayrımcı bir kavram olarak etkili bir biçimde kullanılabilir. Bu tür bir nitelik genellikle, çağrışım zinciriyle temellendirilen ileri aşamadaki aşağılayıcı stereotipleri bir araya getirir: yerleşik olmayan, düzensiz, gele-neklere uymayan, pis, hastalık bulaştıran, patolojik vb. Çalışamama gibi eksikliklerin atfedilmesi kolonyal dönemden günümüze her türlü tarihsel ırkçılıkta (farklı şekillerde olsa da) görülen art zamanlı bir ırkçı stereoti-pir. Özetle, "sapkın"ların veya başka bir deyişle "ikinci sınıf yabancıların" "medeniyet yoksunlukları"nı yansıtır. Benzer bir şekilde, "yabancılık" ve "suçluluk" arasındaki ilişki son zamanlardaki göç tartışmasında da olduğu gibi tüm tarihsel ırkçı söylemlerde görülür. Ancak suçluluk, patolojik bir imgeyi tamamlayan bir boyuttur.[42]

Monographs, dağıtıcı: Columbia University Press, 2006), 28–29.

41 Heuss, Aydınlanma etrafında oluşan düşüncelerin Almanya'da çalışma ve aylaklığın ifadesinde nasıl bir önem taşıdığını ve Çingene karşıtlığıyla ilişkisini açıklar. Bkz. Herbert Heuss, "Anti-Gypsism Research: The Creation of a New Field of Study," *Scholarship and the Gypsy Struggle; Commitment in Romani Studies*, der. Thomas Acton (Hertfordshire: University of Hertfordshire Press, 2000), 52–69. Çingenelerin çalışma isteksizliği, benim çalışma alanımdaki bazı Gadjoların da sık sık yinelediği yaygın bir önyargı. Okely'nin de dediği gibi bu durum kısmen, bazı Çingeneler için çalışmanın farklı kavramsallaştırılma-sından ileri geliyor olabilir. Formel sektördense genellikle kayıtdışı sektörde çalışmaları da bu önyargıyı beslemektedir. Bu da formel sektörün "gerçek iş" olarak algılanmasından ileri geliyor; halbuki kayıtdışı sektördeki birçok iş daha çok fiziksel ve zihinsel çaba gerektirir, daha az (hatta çoğu örnekte hiç) toplumsal fayda sağlar. Çingenelerin formel bir iş edinme isteksizliği toplumda da kabul görür; Kolukırık'ın çalışmasında yer verdiği üzere bazı Çin-geneler bu duruma değinir. Bkz. Suat Kolukırık, *Dünden Bugüne Çingeneler* (İstanbul: Ozan Yayıncılık, 2009). Ancak, bu önyargının daha önemli bir yönü de Çingenelerin uğradığı ayrımcılığa katkısıdır. Çiçekçiler hakkındaki araştırmam sırasında bazı Çinge-neler bana daha formel bir işi tercih ettiklerini ve bu tür işlere alınmadıklarını söyledi. Formel bir iş bulma zorluğunun temel nedeni yine uğradıkları ayrımcılığın sonuçlarından biri olan düşük eğitim düzeyleridir. Böylece önyargı ve ayrımcılık iç içe geçer.

42 Bir başka önemli paralellik de Yahudiler ve Çingeneler arasında oluşturulmuştur. Yahudiler güçlü, Çingeneler güçsüz görülse de her ikisi de yabancı olarak görülüyordu: "Çingeneler de Yahudiler gibi kültür ve yaşam alanımıza dışarıdan dahil oldu" (Trubeta, "Gypsyness", 499). Dördüncü bölümde saldırıların paralelliği hakkındaki kısımda da görüleceği üzere, önyargı geçişlerini bu çalışma için çok önemli buluyorum.

Özetle, kategoriler illa ki tutarlı değildir; birtakım insanları kategorileştirmede, düzene sokmada, denetim altına almada, bazen uzaklaştırmada, ötekileştirmede, suçlulaştırmada ve şeytanileştirmede işlevseldir. Değiştirilebilir, yeniden tanımlanabilir ve muğlak içeriklere, karşıtlıklara ve çelişkilere rağmen farklı kombinasyonlarda kullanılabilir.

Roman Politikalarındaki Son Tartışmalar

Geçtiğimiz on yıllık dönemlerde "Roma" bir şemsiye terim olarak kabul edilse de bu terimin farklı insan grupları için kullanımı hakkındaki tartışmalar hâlâ devam etmektedir. Yazında ve resmi raporlarda farklı Çingene gruplarına nasıl atıfta bulunulacağı problemlere yol açmıştır. Tanımlar, bölgesel olmayan ulustan ulusal azınlığa ve etnik-sınıfa çeşitlilik gösterir. Birçok bilim insanı ve aktivist, Çingeneleri net bir kategoriye yerleştirmede sorun yaşarken birçok Çingene grup da kendilerini tek bir Roma grubuna ait gibi hissetmemektedir.

Uluslararası Roman Birliği ve Roma Ulusal Kongresi gibi organizasyonlara göre Roma grupları ortak atalar, dil ve kültür dolayısıyla tek bir ulusun parçasıdır. Gruplar arasındaki farklılıklar farklı devletlerin asimilasyon amaçlı politikalarının sonucu olarak ortaya çıkmaktadır. Kimlik politikaları hakkındaki siyasi gündeminin ötesinde,[43] bu iddia gerçeği pek de yansıtmaz, çünkü çoğu Çingene grup bir ortaklık duygusundan yoksundur. Bu durum, ulus-devlet ideolojisini taklit etmeye benzer ve ulusun hayali bir kategori olduğu gerçeğini bir kez daha ironik bir biçimde ortaya koyar.[44] Dahası, bir araç olarak milliyet kategorisinin müzakere edilebilen, yönlendirilebilen ve yapıbozuma uğratılıp yeniden yapılandırılabilen bir olgu olduğunu gösterir. Bir ulusun (ya da en azından etnik grubun) parçası olmanın gereklilik olduğu bir dünyada, ulus aracılığıyla kimliklenmek bazı aktivistler için politik açıdan anlamlıdır.

Çingenelerin azınlık hakları hakkındaki tartışmalar da Çingenelik kategorisi konusunda daha fazla kafa karışıklığına neden olmaktadır.[45] Bu görüşe göre

---

43   Agy., 505.

44   Eleştiri için bkz. Peter Vermeersch, "Ethnic Minority Identity and Movement Politics: The case of the Roma in the Czech Republic and Slovakia," *Ethnic and Racial Studies* 26, sayı 5 (Eylül 2003): 886–889; Thomas Acton ve Nicolae Gheorghe, "Citizens of the World and Nowhere: Minority, Ethnic and Human Rights for Roma During the Last Hurrah of the Nation-State," *Between Past and Future: The Roma of Central and Eastern Europe*, der. Guy Will (Hatfield: University of Hertfordshire, 2001), 54–70.

45   Bkz. Benedict Anderson, *Imagined Communities: Reflections on the Origin and Spread of Nationalism* (Londra; New York: Verso, 1991). [Benedict Anderson. *Hayali Cemaatler*, İng. Çev. İskender Savaşır, İstanbul: Metis Yayınları, 2015.]

insanları Roma olarak tanımlamada ortak bir dil, din, kültür ve milliyetle gelen kapsayıcı hislerin pek de bir önemi yoktur. Ancak ayrımcı uygulamalar ve yoksulluk nedeniyle birçok Roma, bir Roma kimliğindense sosyoekonomik konumunu vurgulamayı seçmektedir. Asimilasyon hedefli ve bütünleştirici politikaların gücü, birlik halindeki bir azınlığın oluşturulmasına engel olarak görülmektedir. Farklı Çingene gruplarının etnik olarak kabul edilip edilmediği ve aynı etnik gruba üye olmalarını gerçekten neyin sağladığı, böyle görülmelerini gerektiren hususlar hakkındaki tartışmayı körükler. Ancak bu tartışma asla neticelendirilemeyecektir, çünkü belli bir etnik gruba ait olmak için gerekenler konusunda uzlaşılmış tek bir tanım yoktur. Yalnızca Çingenelik değil, etnik olmak da zaman ve mekân içerisinde değişen ilişkiler ve sınırlar nedeniyle çelişkili, kafa karıştırıcı ve karmaşık olabilir. Yani, grup oluşumu esasen etnik olmasa da zaman içerisinde etnik ya da bununla ilintili özellikler kazanabilir ya da başlangıçta bu özelliklere sahipken sonrasında etnik özelliğini kaybedebilir.

Dahası, Çingenelik kategorisi, birbirleri arasında algıladıkları farklılıklar ile öznel ve nesnel tanımlar arasındaki uyumsuzluk nedeniyle bu konuya dahil olan birçok insan açısından da sorun yaratabilir. Blasco'nun Jarana'daki Gitanoslar hakkındaki araştırması buna bir örnektir.[46] Diğer ülkelerdeki Gitanos benzeri nüfuslarla benzer özelliklere sahip olmasına rağmen Gitanosların kendilerini geniş Roma kategorisine ait hissetmediklerini belirten Blasco bunu, vatandaşlık nitelikleri ve uyruk gibi, onları harekete geçirebilecek siyasal bir yapının var olmamasıyla açıklamaktadır.[47]

Bu saptama, bu kitapta incelediğim vakayla ilintili ve etnik ya da ulusal bir grubu neyin oluşturduğuna dair daha genel bir soru sorduğundan, yalnızca Çingeneler değil diğer topluluklar ve gruplar için de geçerlidir. Belli bir topluluğa neden ve hangi şartlarla grup deriz?[48] Blasco, Roma siyasetçileri, "Roma"yı, Roma olmayan bir dünyada meşru bir siyasi kategori haline getirmek için Çingene dışı kategorileri kullanmaları sebebiyle ağır bir dille eleştirir. Çingeneler arasında grup oluşumunun farklı bir mantığının ve farklı dinamiklerinin olduğunu söyler. Bir vatanın ya da ortak bir dilin varlığı gibi kategorileri kullanmak birçok Çingene için pek bir anlam ifade etmemektedir.

---

46 Istvan Pogany, "Minority Rights and the Roma of Central and Eastern Europe," *Human Rights Law Review* 6, sayı 1 (2006): 1–25.

47 Paloma Gay Y. Blasco, "Gypsy/Roma Diasporas: A Comparative Perspective," *Social Anthropology* 10, sayı 2 (2002): 173–188.

48 Ayrıca bkz. Zoltan D. Barany, "Ethnic Mobilization without Prerequisites: The East European Gypsies," *World Politics* 54, sayı 3 (Nisan 2002): 277–307.

Jarana'daki Gitanoslara dair araştırma gösteriyor ki Gitanoslar klasik etnik tanımın ötesine geçen kriterlerle özdeşim kurmaktadır. Dahası, kendilerini tanımlamak için "Çingene" terimini kullanırken, aslında birçoğunun haberdar bile olmadığı "Roma" terimini reddetmektedirler.[49] Bu da genel anlamda kabul gören "Roma" teriminin tartışmaya açık olduğunu ve büyük oranda birçok Gitanosun kendisini bir parçası hissetmediği etnik-siyasi bir amaca hizmet ettiğini gösterir.[50]

> Fakat kimlik ve bir aradalık hissi, etraflarında Çingene olmayanların sahip olduğu herhangi bir topluluk anlayışıyla kolaylıkla karşılaştırılabilir değildir: Yalnızca sosyal uyum değil; ülke, tarih ve bir devlete bağlılık da öz kavramsallaştırmalarında bulunmaz. [...] Jarana halkı kendisini geleneksel ve antropolojik anlamda terimleştirilen bir toplumun parçası olarak görmüyor: Bireylerin sahip olduğu ve ölünce terk ettikleri herhangi bir statü yapısı kavramına sahip değiller ve mahalli çıkarların bir grubun tamamını ayakta tutması gerektiğine ya da tutabileceğine dair her türlü kavramı da reddederler.[51]

Bu nokta, klasik anlamda ulusal kimlik ve oluşumunu sorgulamaya dair bir alan oluşturması açısından önem taşır. Ulusal kimlik belirli bağlamlarda önemli olsa da insanlar gündelik hayatlarındaki ilişkilerinde ulusal bağlarını vurgulamak yerine kişisel bağlarına yaslanır. Bu gündelik ilişkiler, etnisite gibi yapısal hiyerarşilerden ve etkilerden muaf değildir. Bununla birlikte yine de müzakereye ve failliğe ve kişisel stratejilere olanak sağlayan yeterli bir alan barındırmaktadırlar. Yani, Çingenelerin özdeşleşme süreçlerini fazlasıyla etkileyenin yalnızca asimilasyon ve entegrasyon politikalarından ibaret olmadığını, aynı zamanda belirli bir sosyo-tarihsel bağlamdaki yerelliklerin ve kişisel deneyimlerin önemiyle de alakalı olduğunu düşünüyorum.

Bununla birlikte, yalıtılmış biçimde yaşamayan Çingene grupları için bütünüyle farklı özdeşleşme ve sosyalleşme biçimlerini beklemek şaşırtıcı olacaktır. Özellikle de Türkiye örneğinde Roma gibi kapsayıcı grup etiketleriyle özdeşim kurmayan birçok Çingene görüyoruz. Avrupa'daki temsillere karşın, Türkiye'deki Çingeneler, Çingene olmayanlarla birçok ortak gelenek ve kültürel paydayı paylaşsa

---

49 Bkz. Rogers Brubaker, *Ethnicity without Groups* (Cambridge, MA: Harvard University Press, 2004).

50 Blasco, "Gypsy/Roma Diasporas," 174–175.

51 Türkiye'de ise "Roman" daha nötr bir terimken kimileri Dom, Lom ya da Mitrip gibi Romanlıkla özdeşleşmeyen diğer grupları da kapsadığı için "Çingene" kelimesini tercih etmektedir (tabii bu grupların bazıları [Mitripler gibi] Çingene terimini bile kabul etmemekte ya da bunu bir ayrımcılık olarak görmektedir. Kimileri ise yalnızca yerel terimleri ya da meslek ya da aile isimleri gibi farklı kriterlere bağlı belirli grup isimlerini kabul ediyor).

da hâlâ farklı görülebilmekte, ulusal kimlik olarak Türklüğün bir parçası kabul edilmeyebilmektedir. Ancak, ulusal kimliğin etkisinin de ötesinde, bir toplumda marjinalleştirilen gruplar tarafından bile (bilinçli ve/veya bilinçdışı) içselleştirilen diğer hâkim söylemlerin gücünü göz önünde bulundurmalıyız. Barth'ın bu konudaki fikirleri bu tür bir içselleştirmeyi ve pratikleri ortaya koyar:

> Gruba özgü değerlere bağlılığı üreten yaptırımlar yalnızca o kimliği paylaşanlar tarafından uygulanmaz. Ayrıca, diğer zorunlu statülerde de bir paralellik görülür: Her iki cinsiyetin feminen bir erkeği aşağılaması ve tüm sınıfların caka satan bir proletaryayı cezalandırması gibi, çok etnikli bir toplumdaki tüm etnik grupların üyeleri de ikilik ve farklılıkları devam ettirecek şekilde davranabilir. Toplumsal kimliklerin bu prensiple düzenlendiği ve tahsis edildiği bir yerde daima etkileşimi kanalize etme ve standartlaştırma eğilimi olacak, etnik çeşitliliği daha geniş ve kapsamlı toplumsal sistemlerde koruyan ve oluşturan sınırlar meydana gelecektir.[52]

İlle de gruba özgü bu değerler elzem olmayabilir, ancak Çingeneler arasında yaygın olarak görülen ekonomik marjinalleştirme çok daha elzemdir. Çingenelerin yoksulluğu ve etnik sınıfa aidiyeti konusundaki tartışma bu marjinalleştirme kavramı üzerinde yükselir. Tüm Çingenelerin yoksul olduğu iddia edilemese de Çingeneliğin sık sık yoksullukla bağdaştırıldığı ve insanları bu pozisyonda tutmak için kullanılabileceği bir gerçektir. Bu nedenle yoksullaşma potansiyeli Çingeneler arasında daha yüksektir. Çingenelerin yoksulluğu Sovyetler Birliği'nin ve Orta ve Doğu Avrupa'daki uydu devletlerinin çöküşünden bu yana daha da görünür durumdadır. Komünist rejim döneminde bir dereceye kadar istihdam edilebilen Çingenelerin kapitalist pazar ekonomisinin zorlu rekabet ortamında işgücüne katılmaları, görece düşük eğitim düzeyleri ve maruz kaldıkları aleni ayrımcılıktan dolayı zor olmuştur.[53]

Dahası, Çingeneler ucuz mal ticareti ve inşaat gibi onlara sosyal güvenlik, sağlık hizmeti, sosyal sigorta ve işsizlik maaşı vb. resmi sosyal yardımları sunmayan kayıtdışı sektörlerdeki işleri tercih etmektedir.[54] Bu nedenle, azınlık haklarının ekonomik çıkarlar ve eşitsizliklerle de ilişkili olan önyargıların ve tektipleştirmelerin üstesinden gelmek açısından yetersiz olduğunu düşünen aktivistler etnik sınıf yaklaşımını tercih etmektedir. Bu da etnik statü yerine yoksulluğa odaklanan politik

---

52 Agy., 178.

53 Fredrik Barth, "Introduction," *Ethnic Groups and Boundaries*, der. Fredrik Barth (Oslo: Universitetsforlaget, 1969), 18. [Fredrik Barth, "Giriş". *Etnik Gruplar ve Sınırları*, İng. çev. Ayhan Kaya ve Seda Gürkan, İstanbul: Bağlam Yayıncılık, 2001.]

54 Bu dönemde ırkçı ve Çingene karşıtı hareketlerdeki artış için bkz. Barany, *The East European Gypsies*, 195–200.

taleplere yol açmaktadır.[55] Ancak kimileri bu yaklaşımı öncelikle Çingenelerin marjinalleştirilmesini üreten tarihsel süreçleri ve milliyetçi önyargıları göz ardı ettiği için eleştirir.[56]

Post-yapısalcı dönemde Ladanyi, Romaların "toplumun geri kalanından ayrılan ve ayrımcılığa uğrayan yeni bir sosyal grup" olarak bir "sınıf-altı"nı oluşturduğunu öne sürer.[57] Sınıf-altı terimi ilk kez İsveçli ekonomist Gunnar Myrdal tarafından 1962'de, "etnik veya ırksal bir damgalanma ve üretim sistemindeki teknolojik devrimlerden ötürü işgücü piyasasında marjinalize edilen proletarya"yla ilintili olarak kullanılmıştır.[58] Ancak, 1980'lerden bu yana Birleşik Devletler'deki Afrika kökenli Amerikalıların incelenmesinde, özellikle "hak etmeyen siyahi yoksullar" hakkındaki kent çalışmalarında sıklıkla kullanılmaktadır. Bu kullanımı eleştiren tarihçi ve sosyologlar, "sınıf-altı" teriminin, siyahilerin marjinaleştirilmesine neden olan dışlama ve ayrımcılık süreçlerinin rahatlıkla ihmal edilmesine yol açtığını vurgulamıştır.[59]

Post-yapısalcı devletler örneğinde Ladanyi, Çingenelerin devletçilik politikası içinde de etnik ayrımcılığa uğradığını ama komünizmin çöküşüyle birlikte "yoksulluğun gittikçe etnikleştirildiğini"[60] ve Çingenelerin dışlanmasının çok daha görünür hale geldiğini söyler. Stewart eksik taraf olarak söz konusu grubu suçlama eğiliminde olan "sınıf-altı" terimine iliştirilen problematik çağrışım ve varsayımlar nedeniyle, Ladanyi'nin bu terimi Çingeneler için kullanmasını eleştirir. Bunun yerine kimin "içeride" kimin "dışarıda" olduğunu belirleyen ve çoğunlukla "sapkın davranışlar ve suçluluk yerine siyasi mücadelelere odaklanan süreğen süreç" olarak "sosyal dışlanma" terimini önerir;[61] Stewart burada dışlanmanın dinamik yönünü vurgular.[62]

55 Ringold vd., *Roma in an Expanding Europe*, 4.
56 Vermeersch, "Ethnic Minority Identity and Movement Politics," 891–892.
57 Örneğin, Thelen, "Roma Policy," 33–34.
58 Janos Ladanyi, "The Hungarian Neoliberal State, Ethnic Classification and the Creation of a Roma Underclass," *Poverty, Ethnicity, and Gender in Eastern Europe During the Market Transition*, der. Rebecca Jean Emigh ve Ivan Szelenyi (Westport: Praeger Publisher, 2000), 71.
59 Loic Wacquant, "Decivilizing and Demonizing: Remaking the Black American Ghetto," *The Sociology of Norbert Elias*, der. Steven Loyal ve Stephen Quilley (Cambridge: Cambridge University Press, 2004), 106.
60 Michael B. Katz, *The Undeserving Poor: From the War on Poverty to the War on Welfare* (New York: Pantheon, 1989).
61 Ladanyi, "The Hungarian Neoliberal State," 68.
62 Michael Stewart, "Deprivation, the Roma and 'the underclass,'" *Postsocialism: Ideals, Ideologies, and Practices in Eurasia*, der. C.M. Hann (Londra; New York: Routledge, 2002), 143.

Ele aldığımız vakada, Türkiye'deki birçok Çingenenin düşük sosyal ve ekonomik statüye sahip olması nedeniyle, görülen özel sosyal dışlanma dinamikleri ve sosyo-tarihsel özgüllükler büyük önem taşımaktadır. Çingenelerin birçoğu eğitimsiz ve işsiz olduğundan, hayat standartları da düşüktür. Kimisi bazen tuvalet ya da su kaynağının olmadığı çok küçük evlerde, çadırlarda veya birkaç aileyle bir arada sığınaklarda yaşamaktadır. Bazıları ise çocuklarını doğru düzgün besleyemez, gün içerisinde ne bulabilirse onunla beslenir. Kayıtdışı ya da merdivenaltı piyasada iş bulduklarındaysa çoğu zaman (hatta hemen her durumda) hayatlarını tehlikeye atan ve onları polis istismarına maruz bırakabilecek zorlu çalışma şartlarıyla karşı karşıya kalmaktadırlar.

Yalnız çalışma hayatlarında değil, özel hayatlarında da sık sık polis güçlerinden, devlet otoritelerinden ve toplumun diğer üyelerinden gelen aşağılanma, mahrum bırakma ve istismar gibi muamelelere maruz kalırlar. Tüm bu deneyimler yoksullukla iç içe girmiş durumdadır. Bu, Çingeneliklerinden dolayı herhangi bir ayrımcılığa maruz kalmadıkları anlamına gelmez. Sınıf ve etnisitenin iç içe geçtiği Çingenelik meselesinde hangi kavramın bir diğerini öncelediğini kestirmek imkânsızdır.[63] Daha çarpıcı olansa bazı Çingenelerin, varlıklı olsalardı Çingene olmayacaklarını iddia etmeleridir. Yani, yaşadıkları ayrımcılık hem alt sınıf olmalarından hem de Çingeneliklerinden kaynaklanmaktadır. Ayrıca, Türkiye'de Çingene kategorisinin inşasının sosyoekonomik tarihi, ulusal kimliğin inşası, etnisite, azınlıkların durumu, sınıf ilişkileri ve yoksulluk gibi daha genel gelişmelerle birlikte hikâyemizin arka planını oluşturmaktadır.

Türkiye'de Çingeneler

Türkiye örneği Çingene kategorisinin esnek, karmaşık, kafa karıştırıcı, muğlak ve eşikte olma durumunu gösterir. Tüm hususlarıyla ve benzerlikleriyle, Çingenelik kategorisinin sağlam temellere dayalı karşılaştırmaya açık bir şekilde anlaşılması açısından bir potansiyele sahiptir. Sosyoekonomik koşullardaki çeşitlilik, ulusal kimliğin tarihsel inşası ve azınlıkların durumu Türkiye'yi ilginç bir "laboratuvar" haline getirir.

---

63 Ladanyi ve Szelenyi tüm sorunsal çağrışımlarıyla "sınıf-altı" terimine tutunmalarına rağmen Çingenelerin etnik olarak inşasındaki değişiklikleri gösteren sonraki çalışmalarında savlarını geliştirdiler. (Ladanyi ve Szelenyi, *Patterns of Exclusion*, 8). "Sınıf-altı" teriminin tüm kullanımlarına şüpheyle yaklaşsam da Ladanyi ve Szelenyi'nin sürece odaklanan yaklaşımlarını ve bu terimi etiketlemek yerine tarihsel bağlamında ve "sosyal dışlamanın tarihsel anlamda belirli bir formu" olarak görmelerini takdir ediyorum (Agy., 10). Böylece Çingenelerle ilişkili olarak farklı dışlama türlerine değinirken kategorinin oluşumundaki değişiklikleri de ortaya koyuyorlar.

İlk olarak, Türkiye'deki çeşitlilik herhangi bir homojen kategorinin aksine, bu kategorideki karmaşıklık ve uyumsuzlukların izini sürmemize olanak sağlar. Daha önce de bahsettiğim gibi, Çingene çalışmaları ve politikaları açısından güçlü bir alan oluşturan Avrupa bağlamı, farklı ülkeler arasındaki ve bu ülkelerin içindeki Çingeneler arasında büyük bir farklılık göstermektedir. Kültürel eğilimler, gelenekler, dil, grup özdeşimleri ve tanımları bütünüyle değişebilir. Bu değişimler farklı politikalara ve sosyoekonomik bağlamlara bağlı olduğu gibi farklı grupların stratejilerine ve tepkilerine de bağlıdır. Türkiye bağlamında Çingenelik kategorisinin muğlaklığı ön plana çıkar. Belirli Çingene topluluklarına mensup bireyler arasında sosyoekonomik olarak ve bu bireylerin Çingene olmayan toplumla sosyal entegrasyon seviyeleri arasında farklılıklar olsa da Türkiye'de Çingeneleri kabaca üç ana gruba ayırabiliriz: Genelde batı bölgelerinde yaşayan Romlar, kuzey ve kuzeydoğuda yaşayan Lomlar ve Güneydoğu ve Doğu'da yaşayan Domlar.[64] Coğrafi farklılıklar dışında, bu kabataslak tipoloji aynı zamanda Çingeneler arasındaki dilsel ve kültürel varyasyonları ayırt etmek için de kullanılabilir. Ana diller Romani, Domari ve Lomavren olmak üzere ayrılsa da yaygınlıkları tartışmaya açıktır.[65] Örneğin, Romani dili Rumeli, Üsküdar ve Van'da konuşulurken genç nüfus arasında pek de yaygın değildir.[66] Dahası, ağız farklılıkları ve özellikle Türkçe, Kürtçe ve Farsça gibi diğer hâkim dillerin etkilerinden ötürü değişime uğrayabilmektedirler.

Özdeşimler ve grup oluşumu her zaman bu mantığı takip etmeyebilir. İnsanlar arasında başka özdeşimlere yol açan başka farklılıklar ve bağlar da vardır. Bu tür alternatif özdeşimleri etkileyen faktörler arasında coğrafi yakınlık ve mesleki uzmanlık da yer alır. Bu nedenle bazı Çingeneler mesleklerine göre sepetçi, çalgıcı ve demirci olarak adlandırılır. Öte yandan, coğrafi yakınlık ve aidiyet hissi, farklı bölgelerde yaşayan Çingeneler yerine aynı bölgede yaşayan diğer insanlarla

---

64 Butler'ın "Merely Cultural"da yaptığı, ayrımcılığı kültürel, sosyoekonomik ve siyasi eşitsizliklerin kesişim noktasında daha geniş bir şekilde anlama çağrısına katılıyorum. Ayrımcılığın telafisi olarak kimliklerin tanınması ve kaynakların yeniden tahsis edilmesi arasındaki karşılıklılığa odaklanmasını da son derece verimli buluyorum. Butler kültürel tanımanın maddi olarak ezme ile bağlantılı olduğunu söyler. İkisini ayırmak mümkün değildir, zira birbirleriyle iç içe geçmişlerdir. Bu bağlamda sosyal dışlamanın belirli grup özdeşimleri ve/veya sınıf eşitsizliklerinde düşük yaşam standartlarıyla karşı karşıya kalan etiketlerin yansımaları olarak etnisite ve yoksullukla birbirine karışan doğası daha açık hale gelir.

65 Rom, Dom ve Lom Çingenelerinden Çingene çalışmalarında ana gruplar olarak bahsedilir. Farklı kültürler, medeniyetleri ve dilsel farklılıkları da Hindistan'dan gerçekleştiği iddia edilen göçlerinin zamanlamasındaki farklılıklarla bağlantılıdır. Bkz. Fraser.

66 Adrian Richard Marsh ve Elin Strand, *Reaching the Romanlar* (İstanbul: International Romani Studies Network (IRSN) Raporu, 2005), 29–30.

özdeşim kurulmasına neden olur. Örneğin, Diyarbakır'daki Domlar kendilerini Kürt topluluğunun bir parçası olarak gördüklerini söylemiştir. Bu durum devletin asimilasyon hedefli politikalarını yansıtmaktan çok, bölgedeki hâkim kültürün etkisine ve bu kültürün ürettiği ortak paydalara işaret eder. Bölgesel yakınlıklar mahallelerin farklı gruplar üretmesine neden olacak kadar etkilidir. Örneğin, İstanbul'un Kuştepe Mahallesi'ndeki bazı Çingenelerin, yakınlardaki Hacı Hüsrev Mahallesi'ndekilerle sıkı ilişkileri bulunmaz.

Öte yandan, sosyoekonomik farklılıklar da çeşitlilik, aidiyet ve özdeşim doğurur. Çingenelerin büyük bir bölümü yoksul olmasına rağmen, çeşitli sınıf konumlarında yer alırlar. "Roman bir çocuk yalnızca Çingene değil, aynı zamanda yoksuldur"[67] gibi açıklamaları yoksulluğun hayatlarındaki önemini ortaya koyar. Birçoğunun yoksul olmasının nedeni yetersiz eğitimleri nedeniyle, yüksek ücretli formel işlere kabul edilme güçlüğü ve sosyal güvenlik sahibi olmamaları olsa da daha varlıklı Çingeneler de mevcuttur.[68] Ancak, bazı araştırmacıların da vurguladığı gibi,[69] Çingeneler topluma dahil olmayı başardıklarında ve Çingene olmayanların içerisinde göreli bir statüye eriştiklerinde çoğunlukla kimliklerini saklamaktadırlar. Bu anlamda bazıları Çingenelik ve Türklük arasındaki sınırı aşıp[70] Türklere karışmaktadır.

Ayrıca, bazı araştırmacılar meslek ve sınıf farklılıklarıyla yakından ilişkili farklı Çingenelik dereceleri olduğunu da gözlemlemiştir.[71] Meslekleri işadamlığından çöp toplayıcılığına uzanan bir çeşitlilik gösterir. Dahası, bazıları çalgıcılık ve demircilik gibi daha "geleneksel" mesleklerde çalışırken, sanayi şehirlerindeki Çingeneler geri

67 Ana Oprisan, "Overview on the Roma in Turkey," *Journal of the Dom Research Center: Kuri 1*, sayı 7 (Sonbahar/Kış 2002). Çevrim içi erişim: http://www.domresearchcenter.com/resources/links/oprisan17.html (Erişim tarihi: 14 Ocak 2014).

68 Emine O. İncirlioğlu, "Şecaat Arzederken Merd: Türkiye'de Çingenelerin Örgütlenme Sorunları." *Türk(iye) Kültürleri*, der. Gönül Pultar ve Tahire Erman (İstanbul: Tetragoni İletişim Hzimetleri, 2005), 186.

69 Örneğin, kendisiyle mülakatım sırasında Erdilek bir Çingenenin devlet memuru olmasını yasaklayan bir kanun olmamasına rağmen bu pozisyonlar için kabul edilmediklerini söyledi. Ancak bu açıklamanın gerçekliği ne kadar etkilediği çok da net değil, zira İncirlioğlu (184) makalesinde Trakya Çingeneleri arasında Çingene devlet memurları olduğundan söz eder. Dahası, Kolukırık Çingenelerin kayıtdışı sektörde çalışma ihtimalinin dışlanmadan dolayı değil, kendi tercihleri doğrultusunda daha yüksek olduğuna değinir. Yine de Çingenelerin tercihlerinin büyük ölçüde dışlayıcı pratikler tarafından belirlendiğini de göz önünde bulundurmak gerek.

70 Marsh ve Strand ve Erdilek mülakatı.

71 Richard Alba ve Victor Nee, *Remaking the American Mainstream: Assimilation and Contemporary Immigration* (Cambridge: Harvard University Press, 2003).

dönüşüm ve çiçekçilik[72] gibi belirli sektörlerde çoğunluğa sahiptir. Bunların yanı sıra dinleri de farklılık gösterir. Çingenelerin çoğu Sünni Müslüman ve bazıları (özellikle de doğudaki şehirlerde ve İstanbul'da yaşayanlar)[73] Alevi, çok azı da Hıristiyandır.

Ayrıca, Çingenelerin öz tanımlamaları belirli bağlamlara bağlıdır. Söz konusu farklılıklar basit bir konuşmada bile ortaya çıkabilir. Yani, bir an Türk olduğunu söyleyen bir Çingene başka bir anda Çingeneliğini vurgulayabilir. Bu durum çelişkili ya da sıra dışı görülmemelidir. Aslında tam da bu, özdeşleşmenin hüküm süren ilişkiler ve bağlamlarla uyum içerisinde esnek ve işlevsel olan farklı konumlandırmalar, temsiller ve öz temsiller aracılığıyla nasıl işlediğidir. Bu nedenle Çingenelerin Doğu Anadolu'da Kürt halkıyla yakın ilişkilerini vurgularken, ülkenin başka bir bölgesinde (ya da aynı bölgede) Türklükle özdeşim kurarak Kürtlerle mesafelerini vurguladıklarını görürüz. Dahası, Türk devletine ve ulusal kimliğine güvenilirliklerini ve milliyetçi duygularını göstererek Kürtlere saldıran Çingeneler de vardır.[74] Marsh'ın da belirttiği gibi, Çingene kimliklerinin büyük çeşitliliği Avrupa'daki Roman hareketi tarafından yayılan homojen bir Roma kimliği fikrine karşıdır.[75]

---

72 İncirlioğlu, "Şecaat Arzederken Merd"de Edirne'de üç Çingene grubuna değinir: asimile olanlar, "makbul Çingeneler" ve yoksullar (184).

73 Mischek tekelci karakterlerini vurgular ama zorlu çalışma koşulları, güç ve sömürüye dayalı tekel kavramıyla çelişen sınırlı kâr marjı ve fırsat alanları nedeniyle bu terimin kullanılması konusunda hemfikir değilim. Udo Mischek, "The Professional Skills of Gypsies in Istanbul," *Journal of the Dom Research Center: Kuri* 1, no 7 (Güz/Kış 2002). Çevrimiçi erişim: http://www.domresearchcenter.com/resources/links/mischek17.html (Erişim tarihi: 14 Ocak 2011). Türkiye'deki Çingene nüfuslar ve özellikle İstanbul'daki çiçekçiler arasındaki saha araştırmam neticesinde onların Mischek'in öne sürdüğü gibi son derece avantajlı konumlarda olmadığını gördüm. Kendilerine sunulan maaşlı işlere kıyasla daha iyi bir konumda olsalar da çalışma şartları son derece zorlayıcı ve birçok örnekte o işi seçmelerinin nedeni tercih şanslarının sınırlı olması. Bu nedenle formel sektörlerden doğrudan ya da dolaylı olarak dışlanmaları, sınırlı derecede asimilasyonları ve yaşam pratiklerine ve çalışma etiğine ilişkin görüşleri onların formel bir iş bulmasını zorlaştırıyor.

74 Adrian Marsh, "Ethnicity and Identity: The Origin of the Gypsies", *We Are Here! Discriminatory Exclusion and Struggle for Rights of Roma in Turkey*, der. Ebru Uzpeder, Savelina Danova/Roussinova, Sevgi Özçelik ve Sinan Gökçen (İstanbul: Mart Matbaacılık, 2008), 19–29.

75 Örneğin, Çingenelerin Tarlabaşı ve Dolapdere'deki Kürtlere saldırması: Haber Vitrini (14 Aralık 2009), "Romanlar Beyoğlunu Karıştıran DTPK'lıları Satırlarla Kovaladı". Çevrim içi erişim: http://www.habervitrini.com/polise_yuh_pkklilari_kovalayan_romanlara_mudahale-435526.html (Erişim tarihi: 14 Ocak 2011). EurActiv (16 Aralık 2009), "Dolapdere'de Çatışan Kürtler ve Romanlar." Çevrimiçi erişim: http://www.euractiv.

Bu tür çoklu ve/veya seçici özdeşimler Bulgar bilim insanları Marushiakova ve Popov'un çalışmalarıyla da desteklenir. Marushiakova ve Popov farklı seviyelerdeki kimlik inşasına şu şekilde değinir:

> [B]irinci düzlem topluluk içi özdeşim, ikinci düzlem diğer toplulukların tanınması ve üçüncü düzlemse milliyete, yani bireyin kendisini belirli bir ulus devletin üyesi olarak görmesine işaret eder. Diğer bir deyişle, Tophane'de yaşayan bir Çingene farklı bağlamlarda kendisini Tophane topluluğunun bir üyesi, İstanbul Çingenesi ya da Türk olarak tanımlayabilir.[76]

Bu noktadan, Türkiye bağlamının Çingeneliğin inşasını etkileyen başka bir özelliğini daha göz önünde bulundurmak için adım atabiliriz; bu da ülkenin bölgesel alanında Çingenelerin tarihsel varlığıdır. Bu, bize ulusal bir kimlik olarak Türklüğün inşası, azınlıkların konumu ve ülkede Çingenelik başlıklarını tartışmadan önce bir arka plan sağlayacaktır.

Cumhuriyet'ten Önce Çingenelere Kısa Bir Bakış

Çingenelerin Türkiye'deki tarihi hakkında var olan araştırmaların sayısının çok az olduğunu belirtmekte fayda vardır. Kökenlerinin Bizans (Doğu Roma) döneminde Atsinganoi veya Athinganoi denilen insan gruplarına dayandığı iddia edilir.[77] Asıl kökeni Frigyalılara dayanan Athinganoi grubu büyücülükle bağdaştırılır. Mısırlılar olarak da adlandırılan grup,[78] Hıristiyan olmayan diğer tüm gruplar gibi, Bizans imparatoruna kelle vergisi ödemek zorundaydı. Fatih Sultan Mehmed'in 1453'te Konstantinopolis'i fethetmesinin ardından Bizans topraklarının da eklenmesiyle birlikte Osmanlı İmparatorluğu'ndaki Çingene nüfusu artmıştır. Çingeneler hakkındaki kanunnameleri takip eden dönemde, bu gruba marjinal bir statü atfedilmiştir.[79] Marjinalleştirilmeleri ve ötekileştirilmelerinin kanıtı kayıtlarda kullanılan "ehl-i fesad" (kötü niyetli insanlar) ifadesinde görülür.[80]

---

com. tr/ab-ve-turkiye/article/dolapderede-carpisan-kurtlerle-romanlar-008116 (Erişim tarihi: 14 Ocak 2011).

76 Marsh, "Ethnicity and Identity."

77 Udo Mischek, "Mahalle Identity Roman (Gypsy) Identity under Urban Conditions," *Gypsies and the Problem of Identities; Contextual, Constructed and Contested*, der. Adrian Marsh ve Elin Strand (İstanbul: İsveç Araştırma Enstitüsü, 2006), 158–159.

78 Adrian Marsh, "A Brief History of Gypsies in Turkey," *We Are Here! Discriminatory Exclusion and Struggle for Rights of Roma in Turkey*, der. Ebru Uzpeder, Savelina Danova/ Roussinova, Sevgi Özçelik ve Sinan Gökçen (İstanbul: Mart Matbaacılık, 2008), 5.

79 Marsh'ın eserinde Soulis'ten bahsedilmektedir. "A Brief History," 7.

80 Çelik, çalışmasında Osmanlı İmparatorluğu'nun 15. ve 16. yüzyıllarından dört kanunnameyi inceler. İlk kanunname Fatih Sultan Mehmed döneminde, diğerleri ise sonraki padişahlar döneminde çıkarılır. Faika Çelik, "Exploring Marginality in the Ottoman

Osmanlı İmparatorluğu'nun hükmü altındaki topraklar arasında 1923'te Türkiye Cumhuriyeti'nin kurulduğu bölge de vardı. İmparatorluktaki toplum yapısı, Cumhuriyet döneminde etkili olacak diğer kategorilerle ilişkili olarak Çingeneliğin tarihsel inşası hakkında bazı ipuçları vermektedir. Genel anlamda Osmanlı yönetimi, Avrupa bağlamına kıyasla egemenliği altındaki Çingenelere karşı daha hoşgörülü olmasıyla ön plana çıkar.[81] Barany bunun yönetim biçimindeki farklılıktan kaynaklandığını belirtir. Lucassen ve Willems[82] Avrupa'daki Çingenelere gösterilen farklı muameleyi açıklamak için Avrupa bağlamında Çingenelerin süregelen damgalanmasında önemli bir rol oynayan yoksul yardımı sisteminin Osmanlı İmparatorluğu'nda var olmayışını vurgular. Birçok Avrupa ülkesindekinin aksine, Osmanlı İmparatorluğu'nda Çingeneler toplum düzenine yönelik büyük bir tehdit olarak görülmüyordu.[83] Osmanlı toplumundaki farklılığın temeli, topluluklar arasındaki sınırları belirleyen temel kriterin din olduğu millet sistemine dayanıyordu. Osmanlı'da Çingeneler, örneğin, Habsburg İmparatorluğu'nda yaşayanlara kıyasla daha iyi bir konumda olsalar da halen ayrımcı pratikler sergileyen farklı muamelelere maruz kalıyorlardı.[84]

Yönetim kademesinde, Çingenelere uygulanan en görünür muamele vergilendirmeydi. Millet sistemi temelde dinsel ayrımlara dayansa da Müslüman Çingeneler farklı muamelelere maruz kalmaktaydı ve imparatorluktaki diğer Müslüman topluluklardan ayrı tutuluyorlardı. İmparatorluktaki sosyokültürel kategoriler farklı tebaalar arasındaki haklar ve hiyerarşilerin daha da ayrışmasına neden oluyordu: "Orduya, yönetici ya da dini elite dahil olan askeri sınıf vergiden muafken reaya sınıfına dahil olan Müslümanlar ve gayrimüslimler vergi ödüyordu; diğer temel karşıtlıklar Müslümanlarla gayrimüslimleri, özgür doğanlarla köleleri, erkeklerle

---

Empire: Gypsies or People of Malice (Ehl-i Fesad) as Viewed by the Ottomans," *European University Institute EUI Working Papers RSCAS*, sayı 39 (2004).

81 Çelik, "Exploring Marginality in the Ottoman Empire," 5.

82 Bkz. Barany, *East European Gypsies* ve Lucassen ve Willems, "The Weakness of Well Ordered Societies."

83 Lucassen ve Willems, "The Weakness of Well Ordered Societies."

84 Araştırmacılar göçebe halkların Osmanlı İmparatorluğu'na yaptığı kabul görmüş katkılara değinmiştir. Dahası, imparatorlukta birçok Çingene yaşamaktaydı ve göçebeler Çingenelerle sınırlı değildi; Yörükler gibi başka gruplar da vardı. Öte yandan Ginio, Osmanlı yönetiminde Çingenelerin damgalanmasında göçebe hayatlarının onaylanmamasını vurgular. Eyal Ginio, "Neither Muslims nor Zimmis: The Gypsies (Roma) in the Ottoman State," *Romani Studies* 5, 14, sayı 2 (2004): 117–144.

kadınları karşı karşıya getiriyordu."[85] Fakat Çingeneler "Müslümanları gayrimüslimlerden ayıran esnek sınırda yaşıyorlardı."[86] Bu nedenle, Çingenelerin bir kısmı Müslüman olmasına rağmen hepsi gayrimüslimlerden toplanan cizye vergisini ödemek zorundaydı. Bu durum Çingenelerin imparatorluk içerisindeki eşikte olma konumlarına dikkat çeker. 19. yüzyıldaki vergi ve nüfus kayıtlarında da diğer Müslüman topluluklardan ayrı olarak kategorileştiriliyorlardı.[87]

Fakat saygı duyulan ve varlıklı Çingeneler de bulunuyordu; hatta bazı Çingene loncaları himayesine teşekkür için padişaha bir saray inşa edebilecek imkânlara dahi sahipti.[88] Bir kısmı çalgıcılık, nalbantlık ve demircilik gibi mesleklerin yanı sıra Çingene sancağı gibi özel statülere de sahipti.[89] Kanuni Sultan Süleyman tarafından getirilen Çingene kanunu[90] vergilendirme ve sancağın yönetimi hakkında kuralları içeriyordu. Bu kanuna göre Çingene sancağının vergilendirme ve bazı cezaları uygulama hakkı vardı.[91] Barany, imparatorluktaki diğer gruplara göre daha aşağı bir konumda olmalarına rağmen, Çingenelerin, kölelik ve şiddetli ayrımcılığa maruz kaldıkları diğer devletlere kıyasla Osmanlı yönetiminde nispeten daha iyi durumda olduğunu belirtir.[92] Yine de, Barany'nin de iddia ettiği üzere, Müslüman Romalar, İslamiyetin gereklerini uygun biçimde yerine getirmedikleri düşünüldüğünden diğer Müslümanlardan daha fazla vergi ödüyordu. Dahası, imparatorluktaki hâkim topluluklar tarafından parazit olarak görülüyorlardı. 17.

---

85 Bazı araştırmacılar etnik anlamda tanımlandıklarını iddia eder. Bkz. Çelik, "Exploring Marginality in the Ottoman Empire."

86 Ginio, "Neither Muslims nor Zimmis," 119. Ginio'nun bulguları Selanik'te 18. yüzyıldaki şeriat kanunu kayıtlarına dayanıyor.

87 Agy., 119.

88 Bkz. Kemal H. Karpat, *Ottoman Population 1830–1914: Demographic and Social Characteristics* (Madison, WI: University of Wisconsin Press, 1985).

89 Haliç'teki Sepetçiler Kasrı, Çingene sepetçi loncasının parasıyla 1643'te inşa edildi. Bkz. Marsh, "A Brief History," 14.

90 Marushiakova ve Popov, *Osmanlı İmparatorluğunda Çingeneler*. Çelik, "Exploring Marginality in the Ottoman Empire"da Çingenelerin imparatorlukta etnisileri üzerinden sınıflandırılması için sancakların kullanılmasına ve mesleklerin toplumsal olarak marjinalleştirilmelerine katkıda bulunduğuna dikkat çeker. Çanakkale'deki Çingeneler de ordudaki konumlarını ve ordunun kendilerini desteklediğini vurguluyor, zira Çingenelerin silah yapımındaki ustalıklarından dolayı Fatih Sultan Mehmed tarafından Çanakkale surlarına yerleştirildiği yaygın bir şekilde dile getirilmektedir.

91 Kanunname-i Kıbtiyan-ı Vilayet-i Rumeli. Bu kanun Çingenelerden vergi toplanmasını düzenlemeyi amaçlar ve Çingene topluluğunu bu amacın gerçekleştirilmesinden sorumlu tutar. Vergilendirmenin göçebeler ve gayrimüslimler için daha yüksek olduğunu gösterir.

92 Marushiakova ve Popov, *Osmanlı İmparatorluğu'nda Çingeneler*, 37–39.

yüzyılda, Çingenelerin ödediği vergileri artıran ve onları yaygın bir şekilde peze-venklik ve fuhuş yapmakla suçlayan bir devlet kampanyasıyla birlikte Çingenelere karşı tutum daha da sertleşmişti.[93] Avrupa'nın Çingeneler hakkındaki Şarkiyatçı fikirlerinin yayılması[94] da bunda etkili olmuştur. Çingeneler Osmanlı'nın son dönemlerinde, özellikle de 1878 sonrası Abdülhamid rejimiyle bazı bağlamlarda giderek medeniyet/barbarlık karşıt ikiliği içerisinde değerlendiriliyordu.[95]

Eş öneme sahip bir başka konu da Cumhuriyet'in temelindeki Türklüğün inşa-sıdır. Ulusal bir kimlik ve vatandaşlık olarak Türklüğün nasıl kurulduğu, azınlık konumlarının nasıl düzenlendiği, Çingenelik ve Çingenelerin bu bağlamlarda nasıl etkileşimlerde bulunduğu, ülkedeki Çingeneliğin daha iyi açıklanması için değerlendirilecek unsurlar arasındadır.

Türklüğün Çokboyutlu İnşası

Türkiye'deki ulusal kimliğin çokboyutlu özellikleri "biz" ve onlar"ın algılanış bi-çimlerinde önemli rol oynamıştır. Türk vatandaşlığı Fransız ve Alman vatandaşlık kavramlarının bir karışımıdır. Ana hatlarıyla Fransız vatandaşlık kavramı bölgesel aidiyeti zorunlu kılar ve devlet ülkesinde doğan insanları (*ius soli*) içerir. Öte yan-dan Alman vatandaşlık anlayışı ise ortak bir kültür ve dili paylaşan insanların kan bağına ve derin tarihsel köklerine (*ius sanguinis*) dayanır.[96] Ahıska vd.,[97] toplumun farklı kesimlerini kapsaması açısından Türk vatandaşlığı kavramındaki bu karışı-

---

93 Barany, Çingene köleliğinin 1348'e uzandığı Moldova ve Eflak'ın Rumen beyliklerini örnek verir. (Barany, *The East European Gypsies*, 85).

94 Agy., 84-85. Altınöz ayrıca Çingenelerin Yörükler gibi başka gruplar tarafından da sal-dırıya uğradığından bahseder. İsmail Altınöz, "XVI. Yüzyılda Osmanlı Devlet Yönetimi İçerisinde Çingeneler," *Yeryüzünün Yabancıları Çingeneler*, der. Suat Kolukırık (İstanbul: Simurg Yayınları, 2008), 18.

95 Konu hakkında daha derinlemesine bir inceleme için bkz. Marsh, "A Brief History," 13–15. Usamma Maksidi, "Ottoman Orientalism," *The American Historical Review* 7, sayı 3 (2002): 768–796 arası sayfalarda Marsh'ın çalışmasına gönderme yapılır.

96 Marsh, Maksidi'ye gönderme yapar. "A Brief History", 15.

97 Bkz. Feyzi Baban, "Community, Citizenship and Identity in Turkey," *Citizenship in a Global World: European Questions and Turkish Experiences*, der. E. Fuat Keyman ve Ahmet İçduygu (Londra ve New York: Routledge, 2005), 52–70. Ayrıca Türkiye'de milliyetçi-liğin iki boyutu hakkındaki argümanları için Bora'ya bakabilirsiniz: biri bölge, vatan ve vatandaşlığa; diğeri ise etnik ve özcü kimliğe dayalı iki farklı milliyetçilik. Tanıl Bora, "İnşa Döneminde Türk Milli Kimliği," *Toplum ve Bilim* 71 (Kış 1996): 168–195. Türkiye'deki farklı milliyetçilikler için ayrıca bkz. Umut Özkırımlı, "Türkiye'de Gayriresmi ve Popüler Milliyetçilik," *Milliyetçilik*, der. Tanıl Bora ve Murat Gültekingil (İstanbul: İletişim Yayın-ları, 2002), Üçüncü baskı, 2008, 911–919. Türk milliyetçiliğinin farklı bağlam ve Türklük müştereklikinde (yeniden) inşası için bkz. Melek Göregenli, "Bir Ayrımcılık İdeolojisi

mın avantajına dikkat çeker. Ancak tanımın ortak bir anlayış ve ulus bütünlüğü eksikliğinden doğan zayıflığını da ortaya koyarlar.

Türklük bağlamında en az üç farklı boyut vardır.[98] Bunlardan biri bölgesel kapsamadır. Bu, ülkede yaşayan tüm insanların Türk vatandaşı olarak görülebileceği varsayımına dayanıyordu. Bu tanıma Kürtler, Türkler, Çingeneler, Rumlar, Ermeniler, Yahudiler ve Lazlar gibi etnik ve dinsel olarak farklı tüm gruplar dahildi. Türklüğün ikinci boyutu dinsel özdeşleşmeyi İslamın yolunda gidenler açısından ele alır. Bu tanıma göre (Sünni mezhepteki) Müslümanlar Türk olarak kabul edilirken gayrimüslimler kabul edilmiyordu. Bu iki boyut, 1920'lerin ilk yıllarındaki mübadelenin ve Lozan Antlaşması sonrası ülkede azınlıkların tanınmasının temelini oluşturuyordu.[99] Mübadele sırasında eski Osmanlı İmparatorluğu'nda yaşayan ve kendilerini Türk olarak tanımlayan Müslümanlar Türkiye Cumhuriyeti'ne kabul edilmiş ve Türklükleri tanınarak onlara vatandaşlık verilmişti. Lozan Antlaşması'na göre ülkedeki azınlıklar din temelinde belirleniyordu; bu da kendilerini kültürel ya da siyasi terimlerle nasıl tanımlarsa tanımlasınlar Ortodoks Hıristiyan Rumların Yunanistan'a gönderilmesi anlamına geliyordu. Türklüğün etnik kökeni merkeze oturtan üçüncü boyutu, Türk etnik kökenine öncelik vermektedir; Türkiye'de vatandaşlık algısında gerçek bir vatandaş olarak tanınıp vatandaşlığın tüm avantajlarından yararlanmak için etnik olarak Türk olmanın önemli bir işlevi vardır.

Türklüğün bu çokboyutluluğu, Türk devleti sınırları içerisinde yaşayan insanların tanınması, salahiyeti ve buna bağlı olarak yaşam alanlarının meşruiyeti konusunda bir muğlaklığa yol açmaktadır. Çokboyutluluk, esnek bir kapsayıcılığa yol açabilirken, pratikte gruplar arasında hiyerarşiye ve etnik köken olarak Türk olmayanların dışlanmasına neden olabilir. Bu üç boyutu zihnimizde vatandaşlığın ifade edilebildiği alanlar olarak canlandırabiliriz. Bir boyuta dayanarak Türk olduğunu öne süren biri, diğer boyutta farklı bir özdeşleşmeyi vurgulayabilir. Aynı şekilde, bir birey bir boyuta göre Türk olarak tanınırken, başka bir boyut ve bağlamda etnik veya dinsel farklılığından ötürü yeterince Türk olarak görülmeyebilir. Örneğin, genelde gayrimüslim azınlıklara karşı kullanılan Kamu Personeli Kanunu resmi vatandaşlar ve Türk etnik kökeninden olanlar arasında ayrımcı bir

---

Olarak Milliyetçilik," *Milli Hallerimiz: Yurttaşlık ve Milliyetçilik: Farkında Mıyız?*, der. Nil Mutluer ve Esra Güçlüer (İstanbul: Helsinki Yurttaşlar Derneği, 2008), 78–83.

98 Meltem Ahıska, Fırat Genç ve Ferhat Kentel, *"Milletin Bölünmez Bütünlüğü" Demokratikleşme Sürecinde Parçalayan Milliyetçilik(ler)* (İstanbul: TESEV Yayınları, 2007).

99 Bkz. Soner Çağaptay, "Türklüğe Geçiş: Modern Türkiye'de Göç ve Din," *Vatandaşlık ve Etnik Çatışma*, der. Haldun Gülalp (İstanbul: Metis Yayınları, 2005), 86–112.

prensibi içerir. Kanuna göre kamu istihdamı Türk vatandaşlarına değil, etnik köken olarak Türk olanlara ayrılmıştı.[100] Yalnızca 1965'teki gözden geçirilmiş versiyonda tüm Türk vatandaşları istihdama dahil edildi.[101] Dahası, Türk soyundan gelmiş olmak da zaman içerisinde farklı anlamlar oluşturabilmektedir. Danış ve Parla'nın yakın zamanda yaptığı bir çalışma Türk kökenli Bulgar ve Iraklı göçmenlerle ilgili politikaların dönüşümünü göç edilen ülkeye bağlı bir "uygunluk hiyerarşisi"yle birlikte göstermiştir. Zaman içerisinde Bulgaristan'dan gelen Türk kökenli göçmenler Türk vatandaşları olarak görülürken Iraklı göçmenler Türk olarak kabul edilmemeye başlandı. Danış ve Parla haklı olarak bu hiyerarşinin esnekliğini, iç ve dış politikanın etkilerini vurgular.[102]

Milliyetçiliklerin anlaşılmasında makro ve mikro düzlemler arasındaki dinamik ilişkiyi göz önünde bulunduran Ahıska vd.[103] milliyetçiliği teorik ve politik boyutlarıyla incelemek için Türkiye'deki farklı insanların bireysel deneyimlerinin izini sürer. Kullandıkları milliyetçilik tanımı da bu çalışmada benimsenen bakış açısı bakımından önemlidir: Bireyler arasındaki ilişkilerin yanı sıra o toplumdaki kültürel ve tarihsel bağlarla şekillenen ortak kodların, mitlerin ve duyguların beslenmesiyle evrimleşen bir ideoloji olan milliyetçilik, aynı zamanda sınıflar arasındaki güç ilişkilerindeki baskın yapıyı ve egemen ideolojiyi veya devlet ve toplum arasındaki ilişkileri de yansıtır.[104]

Bu bakış açısı bireysel deneyimler, hâkim söylemler ve bilişsel durumlar arasındaki alışverişi betimler. Ahıska vd. Türk milliyetçiliğini anlamak için, ulus ve vatandaşlığın farklı inşalarıyla ilintili olarak farklı söylemlerin bir arada var oluşunu vurgular. Ayrıca, ulusun toplumdaki farklı bireyler tarafından ötekileri dışarıda

---

100 Azınlıklar ve milliyetçilik için bkz. Baskın Oran, *Türkiye'de Azınlıklar* (İstanbul: İletişim Yayınları, 2004), 61–63. Tanıl Bora, "Türk Milliyetçiliği ve Azınlıklar," *Milliyetçilik*, der. Tanıl Bora ve Murat Gültekingil, 706–718. Ayrıca bkz. Murat Belge, "Türkiye'de Zenofobi ve Milliyetçilik," agy., 179–193.

101 B. Ali Soner, "Citizenship and the Minority Question in Turkey," *Citizenship in a Global World: European Questions and Turkish Experiences*, der. E. Fuat Keyman ve Ahmet İçduygu (Londra ve New York: Routledge, 2005), 298.

102 Türkiye Cumhuriyeti, 1926 Memurin Kanunu, sayı 788, madde 4, 2016; Türkiye Cumhuriyeti 1965 Devlet Memurları Kanunu, sayı 657, 1965. Kanunun pratikte ilişkileri nasıl etkilediği bilinmese de örnek olayımız üzerinde etkili olma potansiyeline sahiptir.

103 Didem Danış ve Ayşe Parla, "Nafile Soydaşlık: Irak ve Bulgaristan Türkleri Örneğinde Göçmen, Dernek ve Devlet," *Toplum ve Bilim*, sayı 114 (2009): 131–158. Danış ve Parla göçmenler konusunda Türk kökeninin araçsallığını inceler. Bakış açılarını paylaşmakla birlikte Türklüğün belirli zaman ve bağlamda araçsallaştırıldığını değil, bizzat kendisinin bir araç olduğunu düşünüyorum.

104 Ahıska vd., "*Milletin Bölünmez Bütünlüğü.*"

bırakacak biçimde bireysel ölçütlere göre tasavvur edilmesinin yarattığı gerilim alanının varlığından söz ederler. Benzer şekilde, Bora ve Canefe de Cumhuriyet'in kuruluşundan bu yana siyasetteki popülist söylemlerle birlikte Türk milliyetçiliğindeki değişimlerin haritasını çıkarır.

Güvenilir Türkler ve hakiki Müslümanlara yapılan vurgu zaman içerisinde bu söylemlerde farklı nüanslar ve yorumlar kazanmıştır. Türkiye'de 1950'lerin başından bu yana sağcı söylemlerin hâkimiyetindeki popülizm 1960-80 arasındaki dönemde "kültürel ırkçılığı"[105] vurgulayan milliyetçilerle işbirliği yapmaya başlamıştı. 1980'den sonra ise serbest piyasanın değerleriyle uyum sağlayan muhafazakâr-liberal bir karakter kazanan popülizm, İslami muhafazakâr liberallerin desteklediği neoliberalizmi güçlendirdi. Milliyetçi popülizmin geleneksel söylemleri yeni dinamiklere uyum sağlayıp onlarla işbirliği yaparak hayatta kaldı.

Özetleyecek olursak, çokboyutlu ifadelere sahip Türklük, Çingenelerin vatandaş ve Türk olarak tanıma dahil edilmesini sağladı. Çingeneler dinsel geçmişlerinin açık bir şekilde sorgulanmasına rağmen Müslüman olarak dinsel uygunluklarını vurgularlar.[106] Bunula birlikte, Türk olarak tanınmalarını sağlayacak meşru zemin arayışları bağlam ve ilişkilere bağlı olarak çeşitli şekiller alabilir.[107] Vatandaşlık kapsamı içine Türklüğün üstünlüğü de girdiğinden birçok Çingene Türklüğünden emin olduğunu vurgular. Öte yandan, sosyoekonomik bir statü olarak Çingeneliğe de vurgu yaparlar. Yine de Çingenelikle ortaklıkları ve ilişkileri gözlemlenebilir. Ayrıca, ilerleyen bölümlerde de göreceğimiz üzere, yeni dinamikler ve bağlamlarla birlikte özdeşim şekilleri de değişir. Sonraki başlıkta, ilk olarak Çingenelerin nasıl dışlandığını inceleyeceğim. Sonra, bu arka planı göz önünde bulundurarak Türklük ve Çingenelik arasındaki ilişkiyi, Çingeneliğin hem Türk ulusal kimliği hem de kendi azınlık statüleriyle ilintili olarak nasıl inşa edildiğini keşfedeceğiz.

---

105 Agy., 16.

106 Tanıl Bora ve Nergis Canefe, "Türkiye'de Popülist Milliyetçilik," *Modern Türkiye'de Siyasi Düşünce Cilt 4: Milliyetçilik*, der. Tanıl Bora ve Murat Gültekingil (İstanbul: İletişim Yayınları, 2002), 654. Bora ve Canefe de aynı dönemde popülist söylemler kullanan sol hareketin artan hegemonyasına değinmektedir.

107 Bkz. Marsh, "A Brief History." Çingenelerin ırk olarak Türklükten dışlanması için Atsız'ın düşüncelerine bakabilirsiniz. Emre Arslan, "Türkiye'de Irkçılık," *Modern Türkiye'de Siyasi Düşünce Cilt 4: Milliyetçilik*, der. Tanıl Bora ve Murat Gültekingil (İstanbul: İletişim Yayınları, 2002), Üçüncü baskı, 2008, 409–426.

Çingenelerin Dışlanması

1831'deki Osmanlı nüfus sayımına göre,[108] Türkiye'de yaşayan Çingene nüfusuna dair üzerinde en çok mutabakat olan tahmin, 500 bin olsa da bazı uzmanlar[109] bu sayının 2,5 milyon civarında olduğunu söyler. Marsh, 1831'deki nüfus sayımında kadınların ve 15 yaş altında ve 60 yaşın üstündeki erkeklerin yanı sıra Müslüman ve gezgin Çingenelerin yetersiz temsil edildikleri gerekçesiyle anaakım hatalı hesaplamayı eleştirir.[110] Gerek yerleşik gerek gezgin çoğu Çingene, Trakya'da ve Marmara Bölgesi'nin diğer şehirlerinde yaşar.[111] Genellikle kendi mahallelerinde toplumun geri kalanından yalıtılmış bir biçimde yaşarlar. Birçoğu yalnızca Çingene topluluklarıyla birlikte yaşarken, Çingene olmayanlarla kişisel ve mesleki ilişkiler kuranlar da vardır.

Birçok Çingene gerek toplumsal gerek yasal bağlamlarda doğrudan ve dolaylı ayrımcılığa maruz kalır. Genellikle toplumun daha alt sekmelerinde yer aldıklarından, sosyal dışlanmaları yoksulluklarıyla paralellik gösterir.[112] Kürtler gibi Türkiye'de iç düşmanlar olarak görülmeseler de "biz" sınırlarına tamamen dahil olmuş da sayılmazlar. Marsh ve Strand'e göre Türkiye'deki öteki azınlıklarla kıyaslandığında eğitimsizliklerinin ve işsizliklerinin yanı sıra "hastalıkları, konutlarının yoksulluğu ve etnik kökenlerinden ötürü daha şiddetli ayrımcılık olaylarıyla daha sık karşılaşırlar."[113] Ne var ki bu saptama öteki azınlıkların etnisite aracılığıyla dış-

---

108 Meşrulaştırmanın bir başka yolu da Cumhuriyet'in kurucusu Atatürk'ten bahsetmek. Bkz. Kolukırık, *Dünden Bugüne*. Çingenelikle arzulanan mesafe, Çingenelikle yakın olmaktan duyulan hoşnutsuzluk ve Abdalların Türklükle özdeşleşmeleri için bkz. Kolukırık, "Çingene Olduğu Düşünülen Gruplarda Kimlik: Teber (Abdal)", *Kimlikler Lütfen: Türkiye Cumhuriyeti'nde Kültürel Kimlik Arayışı ve Temsili*, der. Gönül Pultar (Ankara: ODTÜ Yayıncılık, 2009), 244–255. Çingeneliğin farklı olma bağlamında incelenmesi, farklılığın ötekileştirmesi ve bunun Çingenelikle özdeşleşmenin yokluğuna etkisi için bkz. Binnaz Toprak, *Türkiye'de Farklı Olmak: Din ve Muhafazakârlık Ekseninde Ötekileştirilenler* (İstanbul: Metis Yayınları, 2009).

109 Marsh, "Ethnicity and Identity," başlıklı makalesinde Karpat'ın, *Ottoman Population* adlı çalışmasına gönderme yapar.

110 20 Ekim 2005'te Ana Oprisan, 5 Ocak 2006'da Neşe Erdilek mülakatım; Marsh ve Strand.

111 Marsh, "Ethnicity and Identity." 21-22.

112 Bkz. Oprisan, "An Overview of the Romanlar in Turkey," *Gypsies and the Problems of Identities*, der. Adrian Marsh ve Elin Strand (İstanbul: Kitap Yayınevi, 2006), 166.

113 Ayrıca bkz. proje raporları: Sosyal ve Kültürel Yaşamı Geliştirme Derneği, *Romanlar ve Sosyal Dışlanma Sorunu: Sosyal Politika, ama Nasıl?* (İstanbul: 2007) ve Avrupa Roman Hakları Merkezi; Helsinki Yurttaşlar Derneği ve Edirne Romanlar Birliği, *We Are Here! Discriminatory Exclusion and Struggle for Rights of Roma in Turkey*, der. Ebru Uzpeder, Sa-

lanmalarının dinamikleri hesaba katılmadığında (örneğin, bazı vakalarda Kürtlere iç düşmanlar olarak davranılır; göç etmeye zorlanır ve farklı şekillerde acı çekerler) sert bir ifadedir.

Ben ve öteki karşıtlığı Türkiye'de sistematik olarak hayata geçirilmiş olmasa da 1923'teki Lozan Antlaşması'na göre din aracılığıyla inşa edilmişti. Antlaşmada yalnızca gayrimüslimler etnisiteye herhangi bir referansta bulunmadan azınlık olarak tanımlanmıştı.[114] Bu nedenle Çingene nüfusunun da dahil olduğu etnik Müslüman azınlıklar resmi olarak bu şekilde tanınmıyordu. Fakat 1934 İskân Kanunu'nda her ne kadar ayrımcı bir biçimde de olsa Çingenelerin farklı bir etnik grup olarak bir nevi tanınmaları söz konusuydu. Bu kanun, "açık bir şekilde 'gezgin Çingeneleri' farklı muameleye tabi tutulacak gruplar arasında sayıyordu."[115] Kanunda Çingenelere karşı yapılan ayrımcılık kendini genel olarak, gezgin Çingene göçmenlerin Türkiye'deki hayatını zorlaştıran hareket yasağıyla gösteriyordu. Söz konusu kanunda da görüldüğü gibi, Çingenelerin hareketliliği ve yaşam tarzları diğer ülkelerdeki örneklerle benzerlik gösterecek biçimde ayrımcılık için bir zemin olarak kullanılmaktadır. İnsan hakları ve Çingene aktivistlerinin süreğen itirazlarının sonuç vermesinden sonra kanun 19 Eylül 2006'da gözden geçirildi ve iskânla ilgili yeni kanun (No. 5543) bu ayrımcı ifadeleri yürürlükten kaldırdı. Yabancıların ülke içindeki yerleşim ve seyahati hakkındaki kanunun 21. maddesinde de Çingenelerden bir kez daha dışarı atılma ihtimali olanlar olarak bahsedilir. Ayrıca, polis talimat kitabında "kurulu bir işi olmayan Çingeneler" şüpheli olarak sınıflandırılmaktadır.[116]

Genellikle kentli yoksulların şehir merkezlerinden uzaklaştırılmasını amaçlayan, gecekondu mahallelerindeki soylulaştırma sürecinin (Kentsel Dönüşüm Projesi) yakın zamandaki etkisiyle Çingenelerin dışlanmasındaki çokboyutluluk bir kez daha

---

velina Danova/Roussinova, Sevgi Özçelik ve Sinan Gökçen (İstanbul: Mart Matbaacılık, 2008).

114 Marsh ve Strand, *Reaching the Romanlar*, 6.

115 Oran, *Türkiye'de Azınlıklar*, 61-63.

116 Kanunun "İskân Mıntıkaları" başlığının 1.ve 4. maddesinde ayrımcı bölümler açıkça görülebilir. 1. madde şöyle der: "Muhacir ve mültecilerle göçebelerin ve gezginci çingenelerin yurt içinde yerleştirilmeleri; Türk kültürüne bağlılık ve nüfus oturuş ve yayılışının düzeltilmesi amacıyla Bakanlar Kurulunca yapılacak programa uygun olarak İçişleri ve Sağlık ve Sosyal Yardım Bakanlıklarınca tertiplenir." 4. madde: "A. Türk kültürüne bağlı olmayanlar; B. Anarşistler; C. Casuslar; Ç. Göçebe Çingeneler ve D. Memleket dışına çıkarılanlar Türkiye'ye muhacir olarak alınmazlar. (Türk İskân Kanunu'nun alıntılandığı şekilde. Tara Bedard, "Roma in Turkey," ERRC, 7 Şubat 2004), 1–2. Çevrim içi erişim: http://www.errc.org/cikk.php?cikk=1345 (Erişim tarihi: 14 Ocak 2011).

görünür hale gelmiştir. Projenin gerçekleştirilmesi sürecinde evlerinin yıkılması ve zorla tahliye edilme gibi durumlarla karşı karşıya kalmaları, Çingenelerin barınma haklarının Türkiye'nin bazı kentlerinde tehdit altında olduğunu göstermektedir. Nihayetinde, hak arayan kurumlar ve bağımsız aktivistlerin protestolarına karşın İstanbul'daki tarihi Çingene mahallesi Sulukule'nin 2006'dan 2009'a kadar süren yıkım süreci yalnızca bir iskân sorununu değil, Çingene kültürü ve tarihinin de tehdit altında olduğunu gözler önüne sermiştir.

Çingenelerin farklı bir grup olarak nasıl muamelelere maruz kaldıkları ve kendilerine atfedilen belirli özellikler vasıtasıyla nasıl dışlandıkları Türkçedeki bazı deyim ve özdeyişlerde de görülebilir. Çingeneler hakkındaki yaygın kanıların büyük bölümü, bazıları Osmanlı döneminden bu yana bile var olan ve yeniden oluşturulan önyargılara, genellemelere ve mistifikasyonlara dayanır. Burada şeytanileştirme ve romantikleştirme söz konusudur, çünkü Çingeneler genellikle ya başıboşluk, hırsızlık ve ahlaksızlık gibi nahoş özelliklerle damgalanır ya da sözde keyifli hayatları nedeniyle kendilerine gıpta edilir. Dahası, Çingenelerin dışlanmasında bu iki durum birbirini güçlendiren niteliktedir.

Türkçede Çingene kelimesinin olumsuz kullanımları bazı dışlayıcı tutumları ortaya çıkarır:

> [B]ir şeyin olması gerektiği gibi yapılmamasına "çingene düğünü"; şiddetli kavgaya "çingene kavgası"; başka borçlarla birlikte üçe katlanan borca "çingene borcu"; yanlış insanların yanlış yerde olmasına veya hazırlıksız bir insanın yapamayacağı bir işe girişmesine "çingene çalar, kürt oynar" denir.[117]

Edebi eserlerde dilenci, terbiyesiz, utanmaz, açgözlü, pezevenk, barbar, cahil, güvenilmez ve Allahsız gibi olumsuz ifadeler sistematik olarak Çingenelere gönderme yapmak için kullanılır.[118] Kolukırık, dilin, giyim tarzının, müziğin ve profesyonel mesleklerin bu tür olumsuz imgelerin biçimlendirilmesinde payı olduğunu söyler. Dahası, Çingeneler "esmer vatandaş" olarak adlandırılır. Bu nedenle bu imgelerin inşasında primordiyal köklere başvurulur. Çingeneler hakkında konuştuğum Çingene olmayan insanlar da "hırsız", "parazit" ve "tembel" gibi benzer olumsuz sıfatları kullanıyorlardı.[119]

---

117 [134/B/a/5]. Anita Danka, "Türkiye'de Roman Hakları ve Hukuki Çerçeve," *We Are Here! Discriminatory Exclusion and Struggle for Rights of Roma in Turkey*, der. Ebru Uzpeder, Savelina Danova/Roussinova, Sevgi Özçelik ve Sinan Gökçen (İstanbul: Mart Matbaacılık, 2008), 45.

118 Ana Oprisan, "An Overview."

119 Suat Kolukırık, "Türk Toplumunda Çingene İmgesi ve Önyargısı," *Sosyoloji Araştırmaları Dergisi* 8, sayı 2 (Güz 2005): 52–71.

Çingenelerin dini ve dinsizliği konusundaki önyargılar da ötekileştirme sürecinde anlam kazanmaktadır. Dindarlıklarından şüphe duyulmakta; bu da 1945 yılında devlet tarafından yürütülen ve Türkiye'deki Çingenelerde dinin olmadığı sonucunu gösteren bir anketle örneklenmektedir.[120] Örneğin, Zonguldak'ta Çingenelerin ölülerini yedikleri gibi yaygın bir söylenti çıkmıştır.[121] Bu söylenti, Çingenelerin, ölüyü gömmeden önce evde bekletip cenaze töreni düzenledikleri geleneksel ritüellerinden kaynaklanır.[122]

Benzer şekilde, bazı hurafeler de Çingenelere atfedilen olumsuz özelliklerin primordiyal açıklamalarını yeniden üretebilir. Bunun bir örneği, Çingenelerin kökeninin Hz. İbrahim döneminde, Çin ve Gane kardeşler arasındaki ensest ilişkiye dayandığı iddiasıdır; bu iddiaya dayandırılarak, ensestin Çingeneler arasında yaygın görüldüğü kabul edilir.[123] Bu hurafe, Çingenelerin Türk toplumunun ötekileri olarak sosyal dışlanmalarına katkıda bulunur. Son olarak, Çingeneler Tanrı'yı bile umursamadan, kendi çıkarlarını kovalamakla suçlanırlar ve onlarla evlenmenin günah olduğu ima edilir.

Özetle, tek tek bireylere karşı sergilenen birtakım kapsayıcı politikalara ve tutumlara rağmen, Çingeneler genellikle primordiyal varsayımlara dayanan birkaç farklı yoldan öteki olarak görülür ve bu ötekileştirme Çingenelerin yaşadığı sosyal dışlanmayı güçlendirir. Lozan Antlaşması'na göre azınlık olarak tanınmasalar da pratikte zaman zaman gayrimüslim olarak algılanmaktadırlar. Bu nedenle hâkim ulusal kimlik onları içermeye ve asimilasyon için bir alan oluşturmaya çalışsa da[124] bu araçsalcı çaba pratikte tam olarak işleyememektedir. Çeşitli dışlama yolları Çingenelerin Türkiye'deki stratejilerini ve özdeşleşmelerini anlamak açısından anlamlıdır.

120 Çingene halkı hakkında gündelik dildeki diğer olumsuz kullanım örnekleri için bkz. Kolukırık, "Türk Toplumunda," 12: "Çingenenin Bismillahından kıl çıkar; Bahçeye erik, kapıya çingen bastırma [. . .]; Çingene çit çit, arkası bit bit."

121 Adrian Richard Marsh ve Elin Strand Marsh, *Proposal for Phase Two of a Study Mapping Roman Communities in Istanbul* (İstanbul: International Romani Studies Network, 2005), 2.

122 Çingenelerin yamyam olduklarına dair inanç, tarihi 18. yüzyıla uzanan bir stereotipe dayanır. Bkz. Willems, *In Search of the True Gypsy*, 25–27.

123 Zonguldak'taki Çingene toplulukları hakkında bir araştırma yapan Özhan Önder'le 27 Nisan 2006'daki mülakatımdan.

124 Kolukırık, "Türk Toplumunda," 11.

Türkiye'deki Çingenelerin Özdeşim Kurmaları

Bazı araştırmacılar Türkiye'deki Çingenelerin özdeşim kurmalarını Avrupa bağlamındaki örneklerinden çok farklı bulur.[125] Türkiye bağlamında birçok Çingene ilk olarak ulusal kimlikle, yani Türklükle özdeşleşir. Bunun sebebi sadece Çingeneliğe dair genellemeler ve ayrımcı pratikler değil, aynı zamanda ulusal ölçekte bu tür kapsayıcı bir özdeşleşme için görece uygun bir açık alanın varlığıdır. Doğu Avrupa ülkelerinin sağcı topluluklarında yaygın olarak görülen Çingene karşıtı tutuma rağmen, Türkiye'de birçok Çingene sağ hareketlerde bile yer bulabilir ve Türk milliyetçisi olabilir.

Yukarıda da bahsedildiği gibi, Türklüğün farklı kapsama düzlemleri Çingenelerin Türk devletine bağlılığını mümkün kılan (ve bunu açıklayan) bir etkendir. Özellikle 1920'lerdeki mübadele sırasında birçok Çingene, Müslümanlıkları onları Türkleştirdiği için ülkede sıcak karşılanmıştır.[126] Dinsel yakınlıklarından ötürü Cumhuriyet'in kuruluşunda yer almışlardır. Ancak, İskân Kanunu'nda da görüldüğü üzere, 1930'larda bazı Çingeneler artık makbul vatandaşlar olarak görülmemektedir.[127]

Toplumda Çingenelere karşı ayrımcı söylem ve pratiklere rağmen Türkiye'deki Çingeneler genelde ayrı bir etnik grup olarak özdeşim kurmada pek istekli değildir.[128] Azınlıklara dair geleneksel algının, azınlıkları düşmanlarla işbirliği etmekten

---

125 Daha detaylı bir inceleme için Alba ve Nee'nin çalışması, asimilasyonu yalnızca azınlığı ve/veya göçmen grubu değil, çoğunluğu da etkileyen iki yönlü bir olgu olarak düşünmek açısından faydalıdır. Türkiye bağlamında bazı bölgelerde (örneğin İzmir, Çanakkale ve Trakya bölgesi), Çingeneliğin etkisi Çingenelerin kültürel ve davranışsal özellikleri açısından son derece görülür haldedir. Marushiakova ve Popov ülkede, çoğunlukla Çingeneler tarafından kutlanan ama birçok bölgede Çingene olmayanların da dahil olduğu Hıdırellez kutlamaları için de böyle bir etkiye dikkat çeker.

126 Örneğin, Elin Strand, "Romanlar and Ethno-Religious Identity in Turkey: A Comparative Perspective," *Gypsies and The Problem of Identities; Contextual, Constructed and Contested*, der. Adrian Marsh ve Elin Strand (İstanbul: İsveç Araştırma Enstitüsü, 2006), 97–104. Ayrıca bkz. Marsh, "Ethnicity and Identity."

127 Bizim örnek olayımızda muhacir Çingeneler 1920'lerin başlarındaki mübadele neticesinde göç eden Çingeneler için bir örnek oluşturacaktır. Kolukırık ayrıca benzer durumdaki bazı Çingenelerin Müslüman ve muhacir kimliklerine yapılan vurguya da değinir. Bkz. Suat Kolukırık, "Madun ve Hâkim: Çingene/Roman Kimliğinin Toplumsal Eleştirisi," *Çingeneler*, der. Suat Kolukırık (İstanbul: Simurg Yayınları, 2007), 43–55

128 Aynı dönemde genellikle Nihal Atsız tarafından savunulan, Çingenelerin ülkeden gönderilmesi argümanı için bkz. Sinan Gökçen ve Sezin Öney, "Türkiye'de Romanlar ve Milliyetçilik," *We Are Here! Discriminatory Exclusion and Struggle for Rights of Roma in Turkey*, der. Ebru Uzpeder, Savelina Danova/Roussinova, Sevgi Özçelik ve Sinan Gökçen (İstanbul: Mart Matbaacılık, 2008), 129–136.

dolayı hain olarak konumlandırma potansiyeli vardır. Türkiye'de yabancı düş-
manlığı ve azınlıklara karşı ayrımcılıkla ilgili tarihsel olaylar (özellikle de Rum ve
Ermenilerin ulusal söylemde olumsuz temsilleri)[129] ve kendi etnik kimliklerini talep
eden diğer azınlıkların (Kürtler gibi) yakın zamandaki konumu Çingenelerin bu
isteksizliğini açıklar niteliktedir. Ayrıca, Türkiye'deki örgütlenmiş nüfuslarının
görece az oluşu, örgütsel engeller ve kaynaklarının yokluğu da önemlidir. Etnik bir
azınlık olarak tanınmak Avrupa bağlamında sosyal entegrasyon ve eşit kaynaklara
erişimin aracı olarak görülse de[130] Türkiyeli Çingeneler farklı bağlamlarda dene-
yimledikleri üzere, Türklüklerini ve devlete bağlılıklarını fazlasıyla vurgulamaya
meyillidirler. Gelgelelim, Türklük farklı anlamlar kazanabilir ve farklı söylemlere
bağlı olarak birbirinden uzaklaşan stratejilere karşılık gelebilir. Türklük, kimileri
için Müslümanlıkken kimileri için ise ülkesine hizmet eden modern ve çalışkan
bir vatandaş olmaktır.

Bir erkek Çingenenin 2006 yılında İkinci Uluslararası Roman Sempozyumu'na
elinde büyük bir Türk bayrağı ve ceketinin yakasında Atatürk'ün resmiyle katılma-
sı[131] Çingenelerin Türklerle özdeşleşmelerinin bir örneğidir. Bu Çingene kendisini
Türk olarak temsil etmiş, maruz kaldığı sosyal dışlamadan yakınmıştır. İncirlioğlu
da Çingenelerle yaptığı mülakatlarda benzer tutumlarla karşılaşmıştır; Çingeneler
bu mülakatlarda "Devletimizden şikâyet etmiyoruz" diyerek Türk devletine, ana-
yasasına, bayrağına, Atatürk ilke ve inkılaplarına bağlılıklarını vurgulamışlardır.[132]
Özellikle genç Çingeneler arasında gittikçe daha fazla karşılaşılan bir durum
da Milliyetçi Hareket Partisi'ni desteklemeleridir; Kürtlere karşı duruşları da[133]

129 Marsh ve Marsh, *Proposal*, 2. Bilgi Üniversitesi Göç Araştırmaları Merkezi yöneticisi Neşe
Erdilek'le 5 Ocak 2006'da gerçekleştirdiğim mülakattan. Ayrıca bkz. Marsh "Ethnicity
and Identity," 19–29.

130 Özellikle 6-7 Eylül 1955'te Rumlara karşı düzenlenen, gayrimüslimlere karşı yapılan pog-
romlar gibi ülkedeki azınlık gruplara karşı şiddetli saldırıları da göz önünde bulundurmak
gerekir. Dahası, 1942'de gayrimüslimleri vuran Varlık Vergisi ve Yahudilere karşı işlenen
Trakya pogromlarından da bahsetmeliyim. Bkz. Dilek Güven, *Cumhuriyet Dönemi Azın-
lık Politikaları ve Stratejileri Bağlamında 6–7 Eylül Olayları* (İstanbul: İletişim Yayınları,
2006); Ayhan Aktar, *Varlık Vergisi ve Türkleştirme Politikaları* (İstanbul: İletişim Yayınları,
2000); Rıfat Bali, *1934 Trakya Olayları* (İstanbul: Kitabevi Yayınları, 2008). 1978'de
Alevilere karşı Kahramanmaraş'taki şiddet saldırıları için bkz. Burak Gürel, "Political Mo-
bilization in Turkey in the 1970s: The Case of the Kahramanmaraş Incidents," (Yüksek
lisans tezi, Boğaziçi Üniversitesi, 2004).

131 Marsh ve Strand, *Reaching the Romanlar*, 13.

132 Ulaşılabilir Yaşam Derneği tarafından 6 Mayıs 2006'da İstanbul'da düzenlendi.

133 İncirlioğlu, "Şecaat Arzederken Merd," 175.

Türklükle özdeşleşmelerinin bir başka örneğidir. Öte yandan, bazı Çingeneler,[134] Çingenelerin Türk olduklarına dair açıklamalarının sosyal dışlanmayla baş etme stratejisinden ibaret olduğunu söyler. Yani bu imgeleme göre Türk olmak vatandaşlık haklarından tam anlamıyla yararlanmalarının tek yoludur.

Bu nedenle Çingenelerin özdeşimi hem hâkim etnik söylemin gücüne hem de Çingenelerin maruz kaldığı sosyal dışlanmanın derecesinin büyüklüğüne ve Türkiye'deki diğer etnisitelerin konumlarına bağlı olabilir. Kolukırık'ın İzmir, Tarlabaşı'ndaki Çingene kimliği ile ilgili çalışmasına göre bu özdeşim en çok "Gacolarla (yani Çingene olmayanlarla) entegre olma ihtiyacı hissedenlerde" gözlemlenmektedir.[135] Bu, yalnızca mantıksal ve ekonomik değil, aynı zamanda sosyal ve psikolojik bir stratejidir.[136]

Türkiye toplumundaki eşitsiz konumları Çingenelerin ifadelerini açıklamaktadır. İçlerinden bazıları "Bana neden Çingene diyorlar? Ben de Türküm. Farklı değilim" diye sorar. Bazıları da onlara farklı bir grup olarak hitap etmenin de kendi içinde ayrımcılık olduğunu belirtir. Bu, vatandaşlıktan ya da insanlıktan ziyade Türklük içerisinde yer alan bir hak arayışıdır. Bu iddia kimi bireyler ya da topluluklar tarafından formülleştirilse de kendi içerisinde Çingenelerin aşağı konumunu olumsuzlamaz. Bu ifadede, Çingeneler, kültürel özellikler ve ahlaki değerler yönünden çoğunlukla olan benzerliklerini vurgulamaktadır.

Türklükle özdeşleşmeyi kabul etmeyip, bunu yalnızca vatandaşlık için şemsiye bir terim olarak kullanmayı seçen ya da karşılaştıkları bağlama veya kişiye göre bu özdeşimi kuran Çingeneler de yok değildir. Bu Çingeneler çoğunlukla kendi grupları içerisinde kendilerini rahat hissederler. Ayrıca, Türklükle özdeşim kurmak Çingenelikle özdeşleşmenin ortadan kalkması anlamına gelmez. Ülkedeki birçok insanda olduğu gibi birçok Çingene için de çoklu özdeşimler son derece normaldir.[137] Bu özdeşim büyük oranda Çingenelerin Gacolara dair söylemlerinde, Çingeneliğe özgü yaşam tarzlarında ve toplumsal dışlanmaya yanıt vermelerinin bir başka biçi-

---

134 Çingene meslektaşlarımın Çingene nüfusu hakkındaki bir projedeki açıklamaları. 3 Nisan 2006'da Çingene halkı devlete sadakatlerinin bir işareti olarak Tarlabaşı'nda Kürtleri dövdü (http://www.nethaber.com/?h=50452?). Ayrıca bkz. Strand, "Romanlar and Ethno-Religious Identity in Turkey," 101.

135 Örneğin Çingene nüfusu hakkındaki bir projeden Çingene bir meslektaşım.

136 Suat Kolukırık, "Perceptions of Identity Amongst the Tarlabaşı Gypsies, Izmir," *Gypsies and the Problem of Identities; Contextual, Constructed and Contested*, der. Adrian Marsh ve Elin Strand (İstanbul: İsveç Araştırma Enstitüsü, 2006), 136.

137 Göçmenleri asimile etmek için farklı stratejiler için bkz. Alba ve Nee, *Remaking the American*.

mi olarak ortaya çıkar. Gacolara dair söylemlerinde genellikle onların iddia edilen burnu havada üsluplarını, bencilliklerini, kabalıklarını, cimriliklerini ve kibirlerini vurgularlar.[138] Öte yandan Çingenelik onlar için olumlu bir şekilde, bu sayılan özelliklerin karşıtlarıyla bağdaştırılmaktadır: "Bir Gaco sizin için yaptığı bir iyiliği daima hatırlatır ama bir Çingene bunu asla yapmaz."[139] Bu örnekte, Çingenelere karşı yapılan ötekileştirmenin benzeri karşı tarafa yapılmaktadır. Hurafeler de Gacoların aşağı konumunu ve Çingenelerin üstünlüğünü simgeleyen bu örnek gibi ters çevrilmiştir: Tanrı, dünyayı yarattıktan sonra insanları yaratmaya karar verir ve hayat hamurunu insan formunda biçimlendirir. Şekillendirdiği hamurları yaratılış fırınına attıktan sonra cennetteki melekleri arasında çözmesi gereken bir sorun çıkar. Ancak geri geldiğinde insanların fazla piştiğini görür; siyahi insanlar bu şekilde yaratılmıştır. İkinci kez denediğinde Tanrı pişirme süresinden emin olamaz ve onları yeterince pişirmeden fırından çıkarır; beyaz insanlar da bu şekilde yaratılır. Üçüncü denemede Tanrı insanları fırından tam zamanında çıkarmak için bir zamanlayıcı yaratır ve Çingeneler böyle yaratılır.[140]

Çingenelerdeki Gaco ve Çingene kategorilerinin temsilinin bir örneği olan bu hurafe, sosyal dışlayıcı pratiklerde gördüğümüz özcü stratejinin benzerine başvurması açısından ilginçtir. Bu nedenle, Gacolara dair söylemde primordiyal bağlar ağır basmaktadır. Bu tür mitlerin hâkim söyleme tepki olduğu da söylenebilir, fakat bu mitlerin temelinde primordiyal bağların bulunduğunu görmek oldukça önemlidir. Çingenelerin yaşam tarzına dair söylemde de benzer imgelerin izi sürülebilir. Çingeneler yaşam tarzlarından bahsederken gezginlik, farklı kültürlere kolayca uyum sağlama, müzik ve dans yetenekleri, hayat dolu olmaları ve rahatlıkları, doğaya yakınlıkları ve renkli kıyafetleri gibi görece daha olumlu özelliklere değinir. Bazıları ayrıca Çingene topluluklarındaki farklı cinsiyet rollerine değinerek anaerkilliğin varlığına dair bir mistifikasyon[141] yaratır. Fakat bu ifadenin gerçek hayatta bir karşılığı yoktur, çünkü Çingene kadınlar da çoğu ataerkil toplumda kadınların deneyimlediğine benzer şekilde baskı görür.[142]

---

138 Bkz. Türkiye'deki Çingenelerin mesleklere, akrabalıklara ve yerelliklere bağlı diğer özdeşleşmeleri.

139 Çingene olarak kabul görme kriterleri de değişebilmektedir, zira bir grupta Roman kabul edilebilen bir kişi başka bir Çingene grupta Gadjo kategorisine dahil olabilir. Bkz. Zerrin Toprak Karaman, "Siyasi ve İdari Yönüyle Romanlar," *Çingeneler*, der. Suat Kolukırık (İstanbul: Simurg Yayınları, 2007), 33–43.

140 Kolukırık, "Perceptions of Identity Amongst the Tarlabaşı Gypsies," 137.

141 6 Haziran 2006'da Bilgi Üniversitesi'nde gösterilen *Uzun Yol* adlı Roman dans belgeselinden.

142 Türkiye'deki Çingene nüfusu hakkındaki bir projede çalışan Çingene bir meslektaşım.

Genetik bağlar da Çingenelerin hayat tarzı söyleminde vurgulanan unsurlardan biridir. "Kanımda var" ifadesi sık sık bir bahane olarak veya bir yeteneği açıklamak için kullanılır. Kolukırık'ın saha araştırmasına katılan Çingenelerden biri "Genlerimizde özgürlük var. Birinin emri altında çalışmayı sevmiyoruz"[143] derken, bazıları da disiplin ve can sıkıntısına tahammülsüzlüklerinden bahseder.[144] Mülakatlarımda da buna benzer ifadeler dile getirildi ama muhtemelen kandan çok kültürle bağ kurulmaktaydı. Bir başka örnekte İstanbul sokaklarında çiçek satan bir Çingene "Gacolar bu işi bizim kadar iyi yapamaz. Çiçeklerin dilinden anlamak lazım" dedi.[145]

Bu örneklerin de gösterdiği üzere özellikle kan ve sabit kültürel özelliklere dayalı primordiyal bağlar vurgulanmaktadır. Öte yandan, örneğin, dil bir gösteren olarak görülmez çünkü Türkiye'deki Çingenelerin çoğu Romani, Domari ve Lomavren Çingene dillerini konuşmaz.[146] Bunun yerine, yaşadıkları yerlerde en yaygın olan Türkçe ve Kürtçe gibi dilleri konuşurlar. Bu nedenle Çingenelikle özdeşleşmede belirli primordiyal bağlar vurgulanırken bazıları neredeyse bütünüyle göz ardı edilir. Buna ek olarak Çingenelikle özdeşleşme ve bir topluluğun içerisinde yer alma bireye kendini daha rahat, salahiyetli ve kabul edilmiş hissettirir.[147]

Çingenelikle özdeşleşme konusunda kayda değer bir başka nokta da yakın zamanda Roman olmak üzerinden yeni bir özdeşim biçiminin ortaya çıkmasıdır. Bu durum, Türkiye'nin Avrupa Birliği'ne katılma sürecinde Avrupa'daki Roma enstitüleri ve Türkiye'deki Çingene kurumları arasındaki gelişen ilişkilerle ilgilidir. Türk ve Avrupalı Çingeneler arasında ortak bir temeli vurgulamayı amaçlayan bu durum araçsal etnik kimliğin bir ifadesi olarak değerlendirilebilir ve her iki taraftaki Çingenelerin konumlarını iyileştirmeye yardımcı olabilir. Bu nedenle, halihazırda var olan ama geniş çaplı bilinmeyen Roman terimi Avrupalı Çingeneler için kullanılan Roma terimine fonetik yakınlığından dolayı Çingene terimine tercih edilmektedir, fakat Roman teriminin seçilme nedenleri yalnızca bu bağlantıya indirgenemez.

---

143 Mülakatlarıma ve kişisel deneyimlerime dayanarak.

144 Kolukırık, *Dünden Bugüne*, 3.

145 Agy., 4.

146 Gül Özateşler, "Gypsies in the Economy of Turkey Through a Focus on Gypsy Flower Sellers on the Streets of Istanbul," Gypsy Lore Society Annual Meeting'de sunulan yayımlanmamış makaleden (Washington: Georgetown University, Eylül 2008). Ayrıca bkz. Selim Sesler'in müzik yeteneği hakkındaki yorumları, Aslı Çakır, "Roman Kitaba Denir, Onun Aslı Çingene," *Milliyet* (6 Mart 2006). Çevrim içi erişim: http:// www.milliyet.com.tr/2006/03/06/pazar/paz02.html (Erişim tarihi: 14 Ocak 2011).

147 Marsh ve Strand, *Reaching the Romanlar*, 29-30.

Elbette Çingeneler Roman terimini kullanarak sosyal dışlanmayla mücadele etmek istediklerini belirtmektedir. Fakat bu mücadele genelde olumsuz ve dışlayıcı ifadelerin uygunluğunu kabul edip "Çingene"yi aşağı bir konuma yerleştirerek işler. Öte yandan, Romanlıkla özdeşleşerek kendilerini bu aşağı konumdan korumaktadırlar. Böylece hâkim önyargıları reddetmezler, fakat kendilerini daha iyi ve "daha saygın"[148] bir konuma yerleştirerek "Çingeneler"i "aşağının aşağısı" konumunda bırakırlar.[149]

Bu özdeşimin Avrupalı Çingenelerle kurulan bağ aracılığıyla işleyen bir diğer araçsal konumu bazı Çingene derneklerinin adının değiştirilmesini açıklar. 2004'te kurulan Edirne Çingene Kültürü Araştırma Derneği daha sonra adını Edirne Roman Kültürü Araştırma, Geliştirme, Yardımlaşma ve Dayanışma Derneği olarak değiştirdi. Yakın zamanda kurulan derneklerin birçoğu "Çingene"den ziyade "Roman" kelimesini kullanmayı tercih etmektedir.[150] Bazı Çingeneler de kendilerini daha önce "Çingene" olarak tanımladıklarını ama yakın zamanda "Roman" kelimesini kullanmaya başladıklarını belirtmektedir.[151]

Avrupalı ve Türkiyeli Çingeneler arasındaki bu bağ, varsayılan ortak geçmişleri, kültürleri ve kan bağları nedeniyle primordiyal bağlar zemininde değerlendirilebilir. Fakat Türkiyeli Çingeneler pratikte dinlerinin ve dillerinin farklılığından ötürü Avrupalı Çingeneleri bir Türkten[152] daha yabancı görür. Bu nedenle Türkiye'deki Çingenelerle Avrupalı Çingeneleri arasında ortak bir zemin bulmak pek de kolay değildir. Çingenelerin finansal ve sosyokültürel konumlarını geliştirmeyi uman bu özdeşleşme de bu nedenle sınırlı ve daha araçsal görünmektedir.

Farklı özdeşleşme düzlemlerini anlamak açısından Türklük, yerellik ve Çingenelik arasındaki yerel ortaklıklar ve etkileşimleri de birbiriyle çok alakalı buluyorum. Aynı bölge ve kültürü paylaşan kolektiviteler ülkedeki birçok insanın özdeşimi açısından önem taşımaktadır. Mischek, Osmanlı'dan miras mahalle toplumsal sisteminin bu anlamda önemli olduğunu söyler. Mahalle sisteminde farklılıkların ve eşitsizliklerin yanı sıra, belirli mahallelere özgü belirli kültürler de sakinlerin aidiyetlerini ve özdeşimlerini etkiler. Belirli bağlamlarda, insanların geliştirdiği en önemli özdeşlik olabilir ve böylelikle diğer özdeşliklerden daha önemlidir:

---

148 Alba ve Nee, *Remaking the American*, etnik girişimcilerin pazardaki bazı boşlukları doldurması için olası sosyoekonomik fırsatları vurgular.

149 Agy., 136.

150 Bu terim alıntıdır; Michael Stewart, *The Time of the Gypsies* (Colorado; Oxford: Westview Press, 1997).

151 Türkiye'de 40'tan fazla Çingene derneği ve iki federasyon bulunmaktadır.

152 Türkiye'deki Çingene nüfusu hakkındaki bir projede çalışan Çingene bir meslektaşım.

"Bu bölgedeki ilişkiler 'dış' dünyaya karşıt olarak paylaşılan bir kimlik yaratır."[153] Çingeneler için bu paylaşılan kimlik de önemli gözükmektedir. Çingene mahalleleri tüm ülke çapında Çingene olmayanların mahallelerinden ayrılırken, bizim vakamızda da görüleceği üzere birçok karışık mahalle de vardır. Buna ek olarak kasaba gibi küçük yerleşim yerlerinde paylaşılan kimlik, vakamızın da göstereceği gibi mekânsal ve bireysel yakınlıklardan ötürü daha güçlü olabilmektedir.

Sonuç olarak, Türkiye'deki Çingenelerin özdeşimleri ülkedeki hâkim özdeşimlerin inşasıyla karşılıklı ilişki içerisinde olan primordiyal ve araçsal bağları takip edebilmektedir. Çingenelerin en baskın ve ulusal kimlik olarak Türklükle karşılıklı etkileşimi, kullandıkları farklı stratejileri ve aidiyetlerini önemli ölçüde etkilemiştir. Buna ek olarak, iç ve dış politikaların etkilerinin yanı sıra yerel müşterekler ve çoklu özdeşimler de dikkate değerdir.

---

153 Strand, "Romanlar and Ethno-Religious Identity in Turkey," 101.

Tarihsel Bağlam: Saldırıların Zamanlaması

> Çingenlere iş vermemeye başladılar; şoförlük. Bu sefer bunlar şoförleri döv-
> meye başladı, ordan çıktı. Esas zaten şoför savaşıdır bu. Şoför savaşı Çingen
> savaşına dönüştü![1]

Bayramiç'te Çingeneliğin önemsizleştiği süreçler olsa da "esas statü" kazandığı ve
bu şekilde etiketlenen insanların daha da Çingeneleştiği anlar da vardı. Bu bağ-
lamlarda damgalama çok daha işlevsel bir hal almaktaydı. Bizim vakamız yalnızca
damgalamanın bir toplumdaki güç ilişkilerini kontrol etmek adına nasıl kullanıla-
bileceğini değil, bu işlevi ne zaman ve nasıl kazandığını da göz önüne sermektedir.

Bu nedenle, bu bölümde 1960'ların sonunda kasabada ilişkileri ters yüz eden, belli
insanları "daha Çingene" yapıp kasaba halkının şiddetli saldırılarının hedefi haline
getiren olayları yeniden kurgulamaya çalışacağım. O dönemde kasabanın içinde
bulunduğu durumun arka planını çizmek, saldırıların dinamiklerini anlamamızı
sağlayacağı için büyük önem taşır. Bireysel seçimler ve deneyimlere göre değişiklik
gösterse de saldırılardan önce kasabadaki genel atmosfer Çingenelere karşı herhangi
bir düşmanca tavır barındırmıyordu. Bu nedenle asıl sorulması gereken soru bu
atmosferde neyin değiştiğidir. Belirli insanlar nasıl oldu da tehdit haline geldi ve
bir "Çingene tehdidi" fikri nasıl oluştu? Bu insanlar kimdi? Neden hedef oldular?

Bu değişim, kısmen ülkedeki daha geniş çaplı gelişmeleri ve eğilimleri takip
eden, kasabadaki Çingene olanlar ve Çingene olmayanlar arasındaki ilişkinin genel
bir dönüşümünden kaynaklanmaktaydı. Bu, Çingeneliğin kendisinde görülen bir
değişim değil, Türklüğün bireyin toplumsal konumunu ve statüsünü iyileştirmek
için kullanıldığı, toplumun genelindeki güç ilişkilerinde görülen bir geçişti. Kasaba
halkının bazı kesimlerinin öncekine göre "daha Çingene" olmasının nedeni buy-
du. Ülkedeki hızlı kentleşmenin etkileri ve buna bağlı sosyoekonomik politikalar
bu dönemin özelliklerini belirlemişti. Bu bölümde, karayolu taşımacılığındaki
gelişmelerin yanı sıra kentsel ve kırsal kesimler arasındaki artan hareketliliğin ve
ticaretin, saldırıları anlamada özel bir önem taşıdığını ileri süreceğim. Bu nedenle

---

1   Mischek, "Mahalle Identity Roman," 157.

ana saldırganların şoförler olması bir tesadüf değildir. Dördüncü bölümde ayrıntılarıyla göreceğimiz üzere, bu saldırıların tetikleyicisi, ana saldırgan ve muhacir "Çingenelerden"[2] eski bir arkadaşı arasındaki bir kamyon ortaklığında yaşanan bir sorundu. Bu nedenle bu bölümde taşımacılık sektöründeki gelişmelere odaklanacağız.

Bayramiç'in Sosyoekonomik Yapısı

Özellikle sanayileşmemiş kasabaların genelde bilim insanları ya da devlet otoritelerinin dikkatini çekmemesi nedeniyle, Bayramiç hakkında ayrıntılı bir veri ya da araştırma bulmak mümkün değildir. Kırsal dünya üzerinde çalışan bilim insanları genelde köylere odaklanır, kentsel mekânlarla ilgilenenler de çalışmalarını şehirlerle sınırlandırır. Kırsal bir Türk kasabası hakkında yayımlanmış ilk sosyolojik çalışma Mübeccel Kıray'ın Ereğli hakkındaki 1964 tarihli araştırmasıdır.[3] "Arada" sayılabilecek ve kentsel-kırsal ikili karşıtlığına uymayan kasabalarsa araştırmacıların dikkatini pek çekememiştir.

Bayramiç kasabasında taşımacılık ve keresteciliğe değinen az sayıda belge, 1968 ve 1973 yıllarının raporları ve kasaba savcısının 1970 yılında gazetelere yaptığı açıklamalar dışında herhangi bir resmi belgeye rastlanmamaktadır.[4] Yıllık raporlar ve akademik araştırmalarda, Devlet İstatistik Enstitüsü'nün sosyoekonomik istatistiklerinde ve köy envanter raporlarında 1960'larda nüfus, karayolu taşımacılığı, kullanılan araçlar ve keresteciklikle ilgili bir kısım bilgi mevcuttur. Bu belgeler bazı yerel gazetelerle birlikte kasabanın sosyoekonomik bağlamına dair bilgilerimizi zenginleştirir. Yine de kasabadaki sosyoekonomik hayatın muhtelif boyutlarını anlamak açısından asıl kaynağı sözlü anlatılar oluşturmaktaydı.

1882 yılında resmi olarak belediye olan Bayramiç, yirmi yıl sonra (1902'de) kasaba merkezi haline geldi. Osmanlı döneminden kalma taşra kasabası, hem çevredeki köyler için bir pazar alanı hem de köy toplulukları ve daha büyük şehirler

---

2   Kasabadan anlatıcım Salih. Anlatıcılar ve hakkındaki bilgiler için Ek 1'deki Tablo A.1'e bakınız. Mülakatlardan yapılan alıntılar yazarın paylaştığı orijinal görüşmelerden Türkçe olarak aktarılmıştır.

3   1920'lerde nüfus mübadelesiyle Yunanistan'dan gelen muhacir Çingeneler.

4   Mübeccel B. Kıray, *Ereğli: Ağır Sanayiden Önce Bir Sahil Kasabası* (Ankara: Devlet Planlama Teşkilatı, 1964). Daha sonraki çalışmalar için bkz. Peter Benedict, Fatma Mansur ve Erol Tümertekin, der. *Turkey: Geographic and Social Perspectives* (Leiden: E.J. Brill, 1974); Peter Benedict, *Ula: An Anatolian Town* (Leiden: E.J. Brill, 1974); Paul J. Magnarella, *Tradition and Change in a Turkish Town* (Rochester: Schenkman Books, 1974); Fatma Mansur, *Bodrum: A Town in the Aegean* (Leiden: E.J. Brill, 1972).

arasında ara bir merkez görevi görüyordu.[5] Siyasi, ekonomik ve kültürel kurumlar kasabanın eşrafı tarafından kontrol ediliyordu; yerel yapı ne kırsal ne de kentseldi. Toplumsal katmanlaşma dört ana sosyal gruptan oluşuyordu: ağalar, esnaflar, tüccarlar ve çiftçiler.

Bayramiç hiçbir zaman önemli bir sosyoekonomik merkez olmasa da çevre köyler için bir bağlantı noktasıydı. Çalışmanın yapıldığı tarihte toplam nüfus 32.314'tür; bunun 11.988'i merkezde, 20.326'sı da köylerde yaşamaktadır. 1970'te bu sayılar sırasıyla 29.513, 5282 ve 24.231'di.[6] Ekonomi büyük oranda tarım ve sınırlı mandıra ürünlerine dayanıyordu. Bugün ana tarım ürünleri buğday, nohut ve bakladır. Helva imalatı ve ormancılık ürünleri de kasaba ekonomisine katkıda bulunmaktadır. Kaz (İda) Dağı'nın eteklerine kurulu köylerin çoğu ormanlarla çevrilidir. Bu nedenle ormancılık insanların hayatında önemli bir yere sahipti. Özellikle de "Tahtacı" olarak bilinen ve Osmanlı döneminde bölgeye getirilen insanların işi ormandan odun toplamaktı.

Taşımacılık türleri zaman içerisinde değişiklik gösterdi. 1960'lardan önce kullanılan sığırların yerini daha sonra kamyonlar aldı; böylece ormanın içlerine girme imkânları da giderek arttı. Bu bölümde de göreceğimiz üzere, 1960'larda taşımacılık sektöründe ve kereste ticaretinde büyük artış görüldü. O vakte kadar taşımacılık ve ticaret genelde kasaba ekonomisi için büyük önem taşıyan meyve ve sebzeye dayanıyordu. Sanayileşme olmamasına rağmen[7] insanlar kırsal kesimlerden kasaba merkezine çekiliyordu.

Bayramiç tarihi boyunca hem iç hem de dış göçe tanıklık etti. Türkiye'nin kuzeybatısında yer alan kasaba, genel iskân politikalarının yanı sıra bireysel hareketlerin de bir sonucu olarak birçok göçmenin yaşadığı bir yer haline geldi. Farklı etnik ve dinsel özdeşimleri olan insanlar kasabada kendilerine yer bulurken camilerin yanı sıra sinagog ve kilise inşa edilmişti.

---

5   Ankara'daki İçişleri Bakanlığı, Ulaştırma Bakanlığı ve Orman ve Su İşleri Bakanlığı'nın; Çanakkale ve Bayramiç'teki yerel yönetimlerin, belediyelerin, ormancılık müdürlüğünün, adliyelerin ve emniyet birimlerinin arşivlerini ziyaret ettim. Çanakkale emniyetine göre bir belgenin maksimum korunma süresi 20 yıldır. Bu süre de departmanlara ve belgenin önemine göre değişiklik gösterebilmektedir. Belediyeler ve yerel yönetimler için ise beş yıldır.

6   Peter Benedict, "The Changing Role of Provincial Towns: A Case Study from Southwestern Turkey," *Turkey: Geographic and Social Perspectives*, der. P. Benedict, F. Mansur ve E. Tümertekin (Leiden: Brill, 1974), 243.

7   Nüfustaki değişimler için sonraki kısımlara bakınız. 1970 yılındaki sayı saldırılardan sonraki döneme ait, çünkü nüfus sayımları yıl sonunda yapılmaktadır. Bu nedenle güze kadar kasabaya dönmeyen Çingeneleri içermiyor.

Bu etnik çeşitliliğin izleri mesleklerde de sürülebilir. 1876 yılından bu yana Rumlar,[8] Yahudiler[9] ve Çingeneler[10] küçük çaplı ticarette, imalatta ve zanaatta etkin rol oynamıştır. 1876 tarihli Cezayir-i Bahr-i Sefid Salnamesi de Çingenelerden bahseder, bu soydan gelenler daha sonra "yerli" Çingene olarak tanınmıştır. Yalnızca erkek nüfusu belirten kayıtlara göre beş mahalledeki 2.549 hanede 6.332 Müslüman erkek, iki mahalledeki 83 hanede 220 Rum erkek ve bir mahalledeki 26 hanede 84 Çingene erkek bulunuyordu ki bu da toplamda sekiz mahallede, 2.658 hanede 6.636 erkek eder.[11] Kasabanın etnik dokusu 1920'lerdeki mübadelede Rumların gitmesiyle büyük oranda değişmiştir.[12] Yahudilerin bir kısmı 1942'de Varlık Vergisi'nden sonra kasabayı terk etmiş; geri kalanların büyük bir bölümü de 1940'ların sonuna doğru, 1948'de kurulan İsrail'e göç etmiştir.[13] Bu durum, yeni gelen göçmenlerin Hıristiyanların ve Yahudilerin yerini almasıyla, kasaba halkının ve ekonomisinin Müslümanlaşmasına yol açmıştır.

Zürcher, Türkiye Cumhuriyeti'nde ekonominin Türkleşmesinden bahsetse de[14] ben Müslümanlaşma terimini daha uygun buluyorum. Mübadelede Bosnalılar, Arnavutlar ve Çingeneler gibi, kendilerini Türk olarak görmeyen (ya da başkaları tarafından Türk olarak görülmeyen) Müslüman nüfuslar da vardı. Kimin Türk olup kimin olmadığı Türkiye'de tartışmalı bir konu olsa da sosyoekonomik ilişkilerde dışlanmanın kendisi kimin gerçek bir Türk sayıldığını ortaya koymaktadır. Muhacir Çingeneler olarak etiketlenen insanlar da 1920'lerin başında Bayramiç'e yerleşti (Kasabaya göçmen akışı için **TABLO 3.1**'e bakınız).

---

8   Meyve ve sebzeler 1980'lerden sonra daha da önem kazandı.

9   Rumlar 1920'lerin başında bölgeden çoktan çıkarıldığı için bugün Bayramiçliler çoğunlukla ticaret ve üretimde Yahudilerin aktif olduğunu hatırlamaktadır. 1870'teki Cezayir-i Bahr-i Sefid Salnamesi'ne göre Bayramiç'teki ilkokullarda 1 gayrimüslim, 56 Müslüman bulunuyordu. 1903 Maarif Salnamesi'ne göre Rumlara ait bir, Müslüman öğrencilere ait iki mektep vardı. Bkz. Cüneyt Baygun ve Ayla Ortaç, der. *Yurt Ansiklopedisi* (İstanbul: Anadolu Yayıncılık, 1981), 1842.

10   1876'daki Cezayir-i Bahr-i Sefid Salnamesi'nde hiçbir Yahudi ya da Ermeninin kaydı bulunmuyordu. Yahudiler daha sonra gelmiş olabilir. Bkz. Rıfat Bali, *1934 Trakya Olayları* (İstanbul: Kitabevi Yayınları, 2008).

11   Baygun ve Ortaç, *Yurt Ansiklopedisi*, 1840.

12   Agy., 1838.

13   Kasabada yalnızca üç Rum kalmıştı.

14   Varlık Vergisi 1942 yılında, İkinci Dünya Savaşı'na katılma ihtimaline karşın para toplama amacıyla varlıklı insanlar için yürürlüğe kondu. Uygulanması sırasında Yahudiler, Rumlar ve Ermeniler gibi gayrimüslimler varlıkları için en yüksek vergiyi ödemek zorunda kaldı. Ayrıca bkz. Bali, *1934 Trakya.*

TABLO 3.1 Bayramiç'teki Göçmenler (1876-1951)

Yıl	Menşe	Yerleşim Yeri	Aile sayısı	Nüfus
1876/1877	Kırım	Bayramiç	5	25
1911	Arnavutluk	Bayramiç	7	19
1925-26	Yunanistan	Bayramiç	97	360
1928-29	Bulgaristan	Bayramiç	1	2
1933	Erzincan	Köyler	3	15
1933-39	Bulgaristan	Köyler	14	46
1933-39	Romanya	Köyler	164	705
1940-51	Bulgaristan	Bayramiç	61	234

Kaynak: Bu veriler 1967 tarihli Çanakkale İl İdaresi Yıllık Raporu'nun 47. sayfasından alınmış ve Mithat Atabay'ın "1950-1951'de Bayramiç'e Gelen Bulgaristan Göçmenleri" çalışmasına göre tekrar düzenlenmiştir. *Bayramiç Sempozyumu 03-05 Ağustos 2007*, der. Osman Demircan, Adnan Çevik ve Murat Ildırır, Çanakkale: Çanakkale Onsekiz Mart Üniversitesi Yayınları, 2007 Temmuz, s. 67-74. 1950-51 yılları arasında 58 aileden toplamda 178 kişilik 47 aile merkezde kalmış, 11 kişilik 3 aile Ağaçköy'e yerleşmiş ve 37 kişilik 8 aile de kasaba dışındaki diğer yerlere gitmiştir.

Dinin yanı sıra politik mensubiyet de gerek Türkiye'deki gerek Bayramiç'teki değişen güç ilişkilerini anlamada önem taşır. Kasabadaki bazı insanlar Demokrat Parti (1950-60)[15] ve onun çoğunlukla tüccarlar, zanaatkârlar ve köylüler tarafından desteklenen halefi Adalet Partisi dönemini (1965-71 yılları arasında tek başına iktidar olmuş, 1971-80 arası ise koalisyonda yer almıştır) eski zengin ailelerin egemenliğinin parçalandığı dönemler olarak yorumlamıştır. Güçlerini toprak sahipliğinden alan elitlerin bir parçası olan bu aileler genelde kurucu parti olan Cumhuriyet Halk Partisi'ni (CHP) destekliyordu. Bu nedenle kimileri güç kaybederken kimileri kasaba ekonomisinde yeni konumlar elde etmişti. Bayramiç'teki değişim, 1960'larda tüm kasabaları bir dereceye kadar etkileyen ülke çapındaki kentleşme sonucunda hız kazandı:

> Kentsel ürün ve hizmetleri satın alan müşterilerin yitirilmesi, bölgesel yol ağlarındaki değişimlere bağlı olarak taşımacılığın merkezi olarak önemini yitirmesi ve çevredeki rakip kent merkezlerinin siyasi ve yönetimsel gölgelemesi, kasabaların istikrarsız ekonomik ve yönetim varlıklarına dönüşmesine neden olan etkenlerden birkaçıdır.[16]

Birçok kasaba sakini saldırıların 1960'ların sonunda görülen bu hızlı modernleşmeden kaynaklandığını söyledi. Bu nedenle hızlı kentleşme ve taşımacılık sektöründeki gelişmelerin kasaba üzerindeki etkisini ve bu gelişmelerin saldırılara

---

15   Bkz. Kemal H. Karpat, *Turkey's Politics: The Transition to a Multi-Party System* (Princeton: Princeton University Press, 1959).

16   Benedict, *Ula*, 250.

müdahil olan insanların dinamikleri, duyguları, fikirleri ve motivasyonlarıyla nasıl ilintili olduğunu daha yakından inceleyeceğiz.

Hızlı Kentleşme ve Ormancılığın Gelişiminin Kasabadaki Etkileri

Bayramiç yöresinin sınırındaki Çanakkale şehri, Türkiye'nin kuzeybatısında bulunan diğer şehirlere kıyasla hızlı kentleşmeyi daha geç deneyimledi.[17] Tarihi bir savaş bölgesinde yer alması ve eskiden askeri bir bölge olması nedeniyle şehrin sanayileşmesi (dönem dönem görülen yoğun milliyetçi hislerle birlikte) daha geç ve kısmi gerçekleşti. Şehrin sanayileşme ve kentleşmede hâlâ geride kaldığı düşünülmektedir. Büyük oranda tarıma yoğunlaşan Bayramiç'in gelişimi de Çanakkale'yle benzerlik gösterir.[18]

Çanakkale ve Bayramiç'te gerçek anlamda hızlı kentleşmenin etkileri 1960'ların sonu ve 1970'lerin başında görülmeye başlandı.[19] Çanakkale'de traktörlerle işlenen arazi sayısı 1967'de büyük bir artış göstererek 1963-70 arası yüzde 446'ya ulaştı.[20] Üretimdeki artış, ticareti canlandırıp yerel piyasayı hareketlendirerek çevre şehirlerle ilişkileri yoğunlaştırdı.

Ancak 1960'ların sonunda Bayramiç pek fazla köylüyü çekmemiş olmasına karşın bu sayı artışa geçmişti. Kasabadaki nüfus sayımında, 1960'ların ikinci yarısından

---

17 Şaban Tezcan, "Çanakkale'de Şehirleşme," *Çanakkale Savaşları Tarihi*, c. 4, der. Mustafa Demir (İstanbul: Değişim Yayınları, 2008), 3333–3367.

18 Ne de olsa bölgenin ekonomisi tarıma bağlıydı. 1973'te nüfusun yüzde 71,4'ü tarım sektöründe çalışıyordu. Çan'daki Kale Seramik Sanayii dışında fabrika ve çalışma alanlarının çoğu gıda sektörüne aitti. Ürünlerin arasında konserve sebze ve meyveler, zeytin ve şarap bulunuyordu. Yine de böylesine sınırlı bir ekonomiye rağmen nispeten daha büyük olan bu çalışma alanlarının hiçbiri Bayramiç'te değildi. 1973'te kasabada yılda 60-75 gün aktif olan ve günde 12 ton üretim yapan yedi peynir mandırası bulunuyordu (Şehirde mandıraların toplam sayısı 116'ydı ve günde toplam 174 ton üretim yapıyorlardı). Bölgede tarım bir aile mesleğiydi ve 51.946 aile tarımla uğraşırken 16.082 aile tarım işçisi olarak çalışıyor ya da bir çiftliği paylaşıyor/kiralıyordu (bkz. Çanakkale Yıllık Şehir Raporu 1973). 2000 yılında çalışan nüfusun kasabadaki sektörlere dağılımı tarımda yüzde 22, üretim sektöründe yüzde 11, ticarette yüzde 19 ve genel hizmette yüzde 27'ydi (Tezcan," Çanakkale'de Şehirleşme", 3333-3367).

19 1965-1970 ve 1970-1975 yılları arasında kırsal alanlardaki nüfus artış oranı düştü ve Çanakkale çevresinde bu oran eksi değerlere geriledi. Fakat ülkede şehirleşme 1950'den sonra hız kazandı. Dahası, 1975'e kadar Çanakkale'nin kent nüfusundaki artış bir anlamda sınırlıydı, çünkü bölgedeki kırsal nüfusun bir kısmı başka yerlerdeki daha büyük şehirlere göç etti (Baygun ve Ortaç, *Yurt Ansiklopedisi*, 1882).

20 Barlas Tolan, *Türkiye'de İller İtibariyle Sosyo-Ekonomik Gelişmişlik Endeksi* (Ankara: T.C. Başbakanlık Devlet Planlama Teşkilatı Müsteşarlığı, SPD Araştırma Şubesi Toplum Yapısı Araştırmaları Birimi, 1972), Tablo G 10.

itibaren kırsaldan kente göçte bir artış görülür. (1967 Çanakkale İl İdaresi Yıllık Raporu'na göre[21] 1965'teki nüfus verilerinde kasaba merkezi nüfusu 4.607'yken köylerde 25.710 kişi yaşıyordu; bu da toplamda 30.317 kişi etmektedir. **TABLO 3.2**'deki verilerle kıyaslayacak olursak kasaba merkezi nüfusunun kasabanın toplam nüfusuna oranı 1960-65 yılları arasında yüzde 14'ten 15'e yükselirken 1965-70 arasında bu oran yüzde 15'ten 18'e çıkıyor.) Tarımsal makineleşme, metalaşma ve tarımsal üretimin ticarileştirilmesi, eğitim tesisleri, yeni imkânlar, işler ve hayat tarzlarıyla gelen yeni bir ekonomik alan vaadi ile beraber şehirlerin çekim güçlerine katkıda bulunuyordu.

TABLO 3.2 1927-70 yılları arasında Bayramiç kasabasındaki nüfus sayımları

Nüfus artışı	1927		1950		1960		1970
	Nüfus	Artış oranı (%) (1927-50)	Nüfus	Artış oranı (%) (1950-60)	Nüfus	Artış oranı (%) (1960-70)	Nüfus
Merkez	2760	7,5	2969	39,6*	4145	27,4	5282**
Köyler	22.181	5,8	23.484	7,7	25.312	-4,2	24.231
Toplam	24.941	6	26.453	11,3	29.457	0,1	29.513
Kent merkezi/ toplam oranı %	11		11		14		18

Kaynak: Nüfus sayımı verileri Baygun ve Ortaç'ın derlediği *Yurt Ansiklopedisi* ve Devlet İstatistik Enstitüsü'nden alınmış, yüzde oranları yazar tarafından hesaplanmıştır. Kasabanın 2000 yılındaki toplam nüfusu 32.314'tü; 11.988'i merkezde, 20.326'sı köylerde yaşıyordu.

*Bu artışı etkileyen 1950-51 yılında Bulgar göçmenlerin gelişi için **TABLO 3.1**'e bakınız.

**Özellikle 1970 sonbaharında kasabaya dönmemiş olan muhacir Çingeneleri bu sayıya dahil edilmemiştir.

1955-60 yılları arasında Bayramiç'e ilk traktör gelmiş ve o tarihten sonra da kasabadaki traktörlerin sayısı hızla artmıştır.[22] Fakat şehirlerle yapılan üretim ve tüketim malları ticareti ancak 1960'ların sonlarına doğru hız kazanabilmiştir. Birçok Bayramiçli meyveden giyime pek çok üründe yaşanan kıtlık dönemini hâlâ hatırlamaktadır. 1970'lerde bu ürünlerin ticaretinde bir artış görülür; bu noktada ürünlerin taşınması konusunda en yakın kasaba Ezine'yle aralarındaki rekabeti hisseden Bayramiçli işadamları taşımacılık sektöründe kullanılmak üzere ortak bir kamyon almak için para toplar.[23]

---

21 Çanakkale Yıllık Şehir Raporu 1967, 39.

22 1968'de 76 traktör vardı, Türkiye Cumhuriyeti, Köy İşleri ve Kooperatifler Bakanlığı, *Köy Envanter Etüdlerine Göre Çanakkale* (Ankara: 1968), 62.

23 Saldırılarda ana rol üstlenen Kadir taşımacılık sektöründe lider konuma geldi.

O dönemde, dağdaki ormanlardan toplanan kereste temel ticaret kaynağıdır. Ülkenin kereste üretim ve tüketimindeki artış düşünülecek olursa bu kârlı bir iş-koluydu. 1960'larda ormancılığın gelişmesine katkıda bulunan birkaç etken vardı. Kentleşme süreci ve şehre yeni gelenler için ev inşa ederken kullanılacak kereste ihtiyacı talebin hızla artmasına neden olsa da uluslararası pazarlarla bağlantılar çok daha önemli hale gelmiştir.[24]

İlk devlet kalkınma planı (1963-67) öncelikle ormancılığı daha verimli hale getirmeyi ve ihracatı artırmayı hedefliyordu. İkinci plan (1968-72) üretimi artırma ihtiyacının üzerinde durdu. 1960-70 yılları arasında yabancı ülkeleri ziyaret eden ormancılık teknisyenlerinin sayısı bir önceki on yıla kıyasla yüzde 64 artmıştı. Ayrıca, birkaç yabancı uzman Türkiye'deki kerestecilik hakkında raporlar ha-zırlamıştır. Nihayetinde Türkiye'deki ormanların düşük kalitede olduğu ve eski potansiyelini kaybettiği söylenmesine rağmen, 1960'ların sonuna gelindiğinde ülke, dünya ticaretine entegre edilebilecek önemli bir kereste kaynağı olarak biliniyordu. Bayramiç de dahil olmak üzere Çanakkale bölgesinde ormanlık alan çok büyük ve önemlidir.[25] Şehirde 26 Ağustos 1967'de kurulan Orman Bölge Müdürlüğü, Bayramiç'i de kapsıyordu.[26] İlin yüzde 53,8'ini ormanlar oluşturmaktaydı. Bayramiç kasabasının ve çevresindeki alanın ise yüzde 60,8'i [27] ormanlıktı ve hemen hemen tüm köyleri kaplıyordu.[28]

---

24 Yücel Çağlar, *Türkiye'de Ormancılık Politikası* (Ankara: Çağ Matbaası, 1979). Çağlar ikinci planlama döneminin hükümetini sert bir dille eleştirir (1967–72). Özellikle 1967'de ormanlık alanların belirlenmesi ve 1970'te ormancılık suçları hakkındaki anayasa değişimine dair tartışmaları kullanarak hükümetin politikalarını ormancılığı yok etmek olarak değerlendirir. Ağaçların kanunsuz kesiminin bu tartışmaların yaşandığı yıllarda arttığını iddia eder. 1968'de toplam 7540 hektarlık ormanlık alan yanmış, bu sayı 1969'da 16.364'e, 1970'te 15.019'a yükselmiştir.

25 1969 yılında ülkedeki 839.89 mil/m³ kerestelik ağaç alanı içerisinde Çanakkale'deki kerestelik ağaç alanı 26.943 mil/m³'ken ülkedeki 18.273.193 alanın 647.619 hektarı ormanla kaplıydı. Tarım Bakanlığı, Orman Genel Müdürlüğü, *Orman Genel Müdürlüğü Çalışmaları* (Ankara: 1969).

26 1967'ye kadar Bayramiç, Balıkesir Ormancılık Müdürlüğü'nün bir parçasıydı.

27 Toplamdaki 118.456,5 hektardan 72.098,5 hektarla. Yasin Karatepe ve Nevzat Gürlevik, "Çanakkale'nin Orman Varlığına İlişkin Ekolojik Yaklaşımlar," *Çanakkale II: Ekonomi ve Sosyo-Kültürü*, der. Ibrahim Güran Yumuşak (Istanbul: İstanbul Büyükşehir Belediyesi Kültür ve Turizm Daire Başkanlığı Kültür Müdürlüğü, Entegra Matbaacılık, 2006), 506.

28 1967 Yıllık Şehir Raporu'na göre Bayramiç'teki ormanlarla kaplı toplam alan 71.321,75 hektardı. 75 köy arasından 30'u ormanın içinde, 42'si sınırındaydı (Köy Envanteri Etüdleri, sayfa 17, Tablo 2b). 1973 yılındaki Çanakkale Yıllık Raporu'nda 75 köyün tamamı ormanlık alanın içerisinde gösteriliyor. Bu nedenle incelemedeki bakış açısı bu iki kaynakta farklılık gösterebilir.

1960'larda Tahtacılar ormanda ağaç keserken yürürlükteki ormancılık standartlarına uyuyorlardı. Köylüler odunları geniş arazilere taşıyıp orada kamyonlara yüklüyor, depolama için Yağcılar köyüne gönderiyorlardı. Ormancılık idaresi yükü buradan alıp müteahhitlere iletiyordu. Bu süreç kasabada rahatlıkla bir tartışmaya yol açabilirdi; ormancı Faruk depo da dahil olmak üzere birçok konu hakkında kavga çıktığını hatırlıyor. Tahtacılarla köylüler, köylülerle taşımacılar ve taşımacıların da kendi arasında olmak üzere odunların taşınması konusundaki rekabet farklı kesimler arasında büyük anlaşmazlıklara yol açıyordu. O dönemde ormancılık birçok köylü ve kasaba sakini için en iyi iş imkânı olduğundan rekabet de büyüktü. Çingenelere yapılan saldırıların ocak ayında başlayıp kasabadaki ormancılık işinin başladığı şubat ayının sonu, mart ayının başında bitmesi bir tesadüf değildi. Dahası, ormancılıktan elde edilen gelir özellikle 1965'ten sonra artmıştı. Fakat altın çağ 1970 yılında yaşandı. Taşımacılar kolektifi de aynı yıl 7 Temmuz'da kuruldu.

1960'ların ikinci yarısında ormancılık yollarının iyileştirilmesi Bayramiç'teki işi zenginleştirdi.[29] 1963-64 yılları arasında buldozerler ormanlara giden yollar açtı. Faruk'un da belirttiği gibi, artık 30 değil, yaklaşık 200 kişi taşımacılık sektöründe çalışıyordu çünkü her bir kamyon için beş kişi gerekiyordu. Yolların ve genel anlamda karayolu taşımacılığının gelişmesi, bu iş için büyük önem taşıyordu. Yollar yalnızca ormanın derinliklerine girişi kolaylaştırıp daha güvenli ve verimli hale getirmekle kalmamış, kırsal ve tarımsal ürünlerin şehirlere taşınması meselesini de çözmüştü. Bu sektöre genel bir bakış, saldırılardan hemen önce ve sonrasındaki gelişmeleri daha iyi anlamamıza yardımcı olacaktır.

Türkiye'de Karayolu Taşımacılığı Sektörünün Gelişmesi

1940 ve 1950 yılları arasında Türkiye'de karayolu taşımacılığı hacim anlamında demiryolu taşımacılığını çoktan geride bırakmıştı.[30] Bu artışın tek sebebi yeni teknolojiler değildi; ülkenin özel sektör, tarımda modernleşme ve dış krediyle ilgili genel politikalarının değişmesinden de kaynaklanıyordu.[31] Özellikle de 1950'lerden

---

29 1973 yılındaki Yıllık Şehir Raporu'na göre inşa edilen orman yolları 1971 yılına kadar Çanakkale sınırlarında 1287+450 km boyunca uzanırken ek olarak 2942+773 km inşa edilmesi planlanıyordu.

30 1950'den 1980'e kadar artan payı görmek için Tablo 3.5'e bakınız. İlhan Tekeli ve Selim İlkin, *Cumhuriyetin Harcı: Modernitenin Altyapısı Oluşurken* (İstanbul: İstanbul Bilgi Üniversitesi Yayınları, 2004).

31 Bu politikanın geçmişi ve çıkarımı için bkz. Tekeli ve İlkin, *Cumhuriyetin Harcı*, 369-370. Karayolları politikasında Amerika'nın etkisi hakkında detaylı bir inceleme için bkz. Robert S. Lehman, "Building Roads and a Highway Administration in Turkey," *Hands Across Frontiers*, der. Howard M. Teaf ve Peter G. Franck (New York: Cornell University

sonra taşımacılık en hızlı gelişen sektör olmaya devam etti.[32] 1951 yılında Karayolları Genel Müdürlüğü kuruldu; 1950-75 yılları arasında otoyolların sayısı gittikçe çoğaldı. Bu da o döneme kadar yalnızca yerel pazarlarda satılabilen bazı ürünlerin taşınmasını sağladı; aynı zamanda kırsal kesimlerde sektörlerin gelişimini ve piyasa ekonomisinin yerleşmesini hızlandırdı.

1948-57 yılları arasında merkezi hükûmet yatırımlarının yarısı iletişim ve ulaşıma ayrılıyordu. 1950'den 1960'a kadar otoyola yapılan yatırım, ulaşım ve iletişime yapılan toplam yatırımın yüzde 57,5'inden yüzde 72,5'ine çıktı.[33] İkinci Beş Yıllık Kalkınma Planı'nda (1968-72), yollara yapılan yatırımlarla ulaşımın geliştirilmesi politikası devam etti (İlk Boğaz Köprüsü de bu dönemde inşa edildi). Bu politikaya düşük ulaşım ücretleri, ehliyet bedeli ve yakıt vergileri eşlik etti.[34] Toplam milli gelirde ulaşımın payı 1938'de yüzde 4'ken 1960'ta yüzde 7,5'e yükseldi,[35] aynı dönemde yolların uzunluğu da arttı (1950'de 47.080 kilometre, 1960'ta 62.542 kilometre ve 1970'te 135.410 kilometre).[36]

1963-77 yılları arasındaki devlet planlaması döneminde politikalar karayolu taşımacılığına odaklanmaya devam etti. Araç sayısı önemli oranda arttı, otoyol sistemi

---

Press, Ithaca, 1955), 363–410. Sayfa 383'te 1946 ve 1953 yılları arasında yol yatırımlarının 12.057.000 dolardan 49.752.000 dolara yükseldiğini görebilirsiniz. Z. Yehuda Hershlag, *Turkey, The Challenge of Growth* (Leiden: E.J. Brill, 1968).

32   Muhteşem Kaynak, "Ulaştırma Sektörü," *Türkiye Ekonomisi "Sektörel Gelişmeler,"* der. Çelik Aruoba ve Cem Alpar (Ankara: Türkiye Ekonomi Kurumu, 1992), 77–88. Kaynak, uluslararası karayolu taşımacılığı için, TIR anlaşmasına dikkat çeker. 1967 yılında yedi uluslararası taşımacılık şirketi Türkiye pazarına girdi; 1969 yılında Dünya Bankası'nın kredileriyle 140 çekici aracın ithal edilmesi şirketlerin sayısını 28'e yükseltti; 1970'te bu sayı 302 makinesiyle 85'e çıktı.

33   Tüm hava şartlarına elverişli yollar 1923'te toplam 4000 kilometre uzunluğundaydı. İkinci Dünya Savaşı öncesinde yolların toplam uzunluğu 36.000 kilometreydi. 1948'den bu yana önemli bir artış görüldü. Tüm hava şartlarına elverişli yollar 1950'de 15.000, 1955'in sonunda 3444, 1965'teyse 29.432 km'ye çıktı. Sert yüzeyli yolların uzunluğu 1950'de 1700 km, 1955'te 3500, 1965'te 10.750 km'ydi.

34   Hershlag, *Turkey*, 236.

35   Muzaffer Sencer, *Türkiye'de Köylülüğün Maddi Temelleri* (İstanbul: Ant Yayınları, Ocak 1971), 69. Endüstri de gelişiyordu. 1950 ve 1959 yılları arasında otomobil talebi Avrupa ve Birleşik Devletler'den yapılan ithalatlarla karşılanıyordu. Türkiye'de montaj endüstrisi 1954 yılında ortaya çıktı. 1955 ve 1964 yılları arasında otomotiv endüstrisinde çalışan şirketlerin sayısı 2'den 12'ye yükseldi. 1964'te yürürlüğe giren bir kanunla montaj endüstrisi üretime yönlendirildi. Tofaş ve Renault gibi otomobil üretiminin temeli 1968 ve 1969 yılında atıldı.

36   İsmet Ergün, *Türkiye Ekonomik Kalkınmasında Ulaştırma Sektörü* (Ankara: Hacettepe Üniversitesi İktisadi ve İdari Bilimler Fakültesi Yayınları, sayı 10, 1985), 81. Bu rakamlar ülke, şehir ve köy yollarının toplamını gösterir.

iyileştirildi, kamyonların kullanımı kırsal kesimlerin ulusal piyasaya entegrasyonuna katkıda bulundu.[37] 1960'larda ürün ve insan taşımacılığında kullanılan kamyon ve minibüslerin sayısı büyük ölçüde arttı (3.3 ve 3.4 numaralı tablolara bakınız).[38]

TABLO 3.3 1950'den 1980'e Türkiye'deki taşımacılığın bütününde karayolu taşımacılığı yüzdeleri

	Karayolu taşımacılığı yüzdesi			
	1950	1960	1970	1980
Ürünler	17	37,8	60,9	85,6
İnsanlar	49	72,9	91,4	96,1

Kaynak: "Ulaştırma Sektörü," 81-82.

TABLO 3.4 1950'den 1970'e Türkiye'deki farklı türde motorlu araçların sayısındaki değişim

Motorlu Araçlar	Yıl		
	1950	1960	1970
Otomobil	13.405	45.767	147.014
Otobüs	3755	10.981	37.581
Kamyon	15.404	57.460	126.817

Kaynak: Türkiye Cumhuriyeti, Cumhuriyet'in 50. Yılında Karayollarımız, Bayındırlık Bakanlığı, Karayolları Müdürlüğü, Yayın No: 213 (Ankara: 1973), 99.

Ayrıca, 1955'ten itibaren ülkenin dört bir yanında karayolu taşımacılığına bağlı organizasyonlar ortaya çıkmaya başlamıştır.[39] Karayollarının gelişimi yolcu ve ürünlerin taşınmasını önemli oranda etkilemişti; fakat bu organizasyonlar yalnızca birkaç araca sahip küçük girişimcilerle çalışmaktaydı. 1960'ların ikinci yarısında yapılan daha iyi yollar bu şirketlerin gelişmesini tetiklerken bir yandan da bu yeni gelişen piyasadaki rekabeti artırdı. Piyasaya giriş engellerinin düşük olması (küçük yatırım ve az kalifiye yönetim becerileri) nedeniyle yıkıcı rekabet bu sektörde sık görülür bir olgu haline geldi.[40]

---

37 John Kolars, "System of Change in Turkish Village Agriculture," *Turkey: Geographic and Social Perspectives*, der. P. Benedict, F. Mansur ve E. Tümertekin (Leiden: Brill, 1974), 222.

38 Dördüncü Beş Yıllık Kalkınma Planı Karayolları Taşıtları İmalat Sanayii Özel İhtisas Komisyonu Raporu, Başbakanlık Devlet Planlama Teşkilatı Yayın no: DPT 1548-OIK 240: Şubat 1977, 18–28.

39 Memduh Yaşa,. *Cumhuriyet Dönemi Türkiye Ekonomisi 1923–1978* (İstanbul: Akbank Kültür Yayını, 1980), sayfa 295'te Tablo 5.

40 Tekeli ve İlkin, *Cumhuriyetin Harcı*, 427.

Taşımacılık hizmetlerinin çeşitliliği ve maliyet yapısındaki farklılıklar taşımacılık şirketleri arasındaki rekabette önemli etkenlerdi.[41] Bu rekabet daha da sertleşirken, sektör yüksek sabit fiyat ve sürekli istikrarsızlıkla nitelenir hale geldi. Bu nedenle 1985'e kadar mal taşımacılığı düzensizdi; Türkiye'de son derece düşük taşıma ücretleri ve araçların aşırı yüklenmesinden kaynaklanan büyük bir rekabete sahipti.[42]

Karayolu taşımacılığının artan önemi ve beraberinde gelen rekabet Benedict'in Ege Bölgesi'nde bir kasaba olan Ula hakkındaki çalışmasında da örneklenir. Benedict, mesleki bir kategori olarak taşımacılık işinin 1950'lerin ortasından 1970'lerin ortasına önemli bir artış yaşadığını gösterir. İkinci Dünya Savaşı'na kadar taşımacılıkta develerin yerini kamyonlar almış, araç sahibi olmak 1970'lerin başında daha yaygın hale gelmiştir. Bayramiç'te olduğu gibi, bu durum yerel düzlemde toplumsal ve ekonomik gerginliklere neden olur: "Araç kâr etmeye başladıktan sonra görülen genel örüntü, mülkiyetin kontrolü için dalavere çevirmektir. Tembellik, sahtekârlık, içkicilik ve genel becerisizliğe dayalı münakaşalar özellikle akraba olan ortaklar arasında düşmanca hisler yaratıyor."[43]

Bizim vakamızda, sektördeki bu rekabetçi ortamın ve kerestecilikteki yeni fırsatların nihayetinde milliyetçi ve ayrımcı söylemlerle ortaya çıkan kavgaları ve hiyerarşileri nasıl kuvvetlendirdiğini göreceğiz. Rekabete bağlı tehdit hisleri ve sosyal ilişkilerdeki daha genel değişimler Çingenelerin zorla yerlerinden edilmesini büyük ölçüde açıklamaktadır. Bayramiç'teki taşımacılık sektörüne daha yakından bir bakış sektördeki yerel dinamiklere dair bir fikir verecektir.

Bayramiç'te Karayolu Taşımacılığının Gelişmesi ve Rekabetin Artması

1950'lerin sonunda kasabada taşımacılık sektöründe çalışan insanlar çoğunlukla, hayatlarını köylü olarak sürdürmelerini sağlayacak mülkiyete sahip olmayanlardı. Bu sektördeki işler pek rağbet görmediği ve emniyetsiz olduğu için birçok muhacirin uyum sağlayabileceği türden ilgi görmeyen mesleklerdendi. Fakat 1960'ların sonunda kırla kent arasındaki ilişkilerin, ormancılık ve sektördeki koşulların değişmesiyle muhacirler birdenbire kendilerini kârlı bir işte çalışırken buldu; taşımacılık ekonomisindeki mesleki konumları, deneyimleri ve ticaretle olan bağları nedeniyle kıskançlık nesnesi haline geldiler.

---

41   Ergün, *Türkiye Ekonomik*, 14.

42   Agy., 96. Sayfa 120'deki tablo, malların farklı şekillerde (karayolu, demiryolu vb.) taşınmasını gösteriyor. Sayfa 122'deki tablo bu sektörle alakalı GPA'yı gösteriyor.

43   Benedict, *Ula*, 144.

TABLO 3.5 Çanakkale'deki toplam yatırımlarda taşımacılık yatırımlarındaki payın artışı, 1968-73

	Yıl					
	1968	1969	1970	1971	1972	1973
Taşımacılık yatırımı	6271	10.931	10.487	5756	6075	12.165
Çanakkale'deki toplam yatırımlar	61.104	69.308,2	64.612	47.922	53.636	60.852
Oran %	10,26	15,77	16,23	12,01	11,32	19,9

Kaynak: 1973 Çanakkale Şehir Yıllığı, 251-256.

O yıllarda taşımacılığa verilen önem bakımından, şehir yönetimindeki yatırımların değeri gelişimi anlamak açısından faydalı olabilir (**TABLO 3.5**'e bakınız).[44] 1968'de Çanakkale'deki toplam yatırımlarda taşımacılık sektörünün payı, **TABLO 3.5**'te de görüldüğü üzere artmaya başlamıştı. 1973'te yaklaşık yüzde 20'yle tarımdan sonra ikinciydi. Aynı yıl şehirde toplam 6348 taşıtın 1079'u ticari ve 72'si resmi kamyonlardı. Kasabadaki taşımacılık sektörü büyük oranda ormancılık aracılığıyla gelişti, çünkü Kaz (İda) Dağı'ndan getirilen ormancılık ürünleri ve bunların taşınması bölgede önemli kaynaklar haline geldi.

1950'lerin başında, İstanbul'dan girişimciler Bayramiç'e gedi; 1950'de büyük bir yangın atlatan Kaz Dağı'ndaki ormandan yararlanmak istiyorlardı. *Sütkardeşler* adlı şirket 15-16 kamyonla gelip kasabadan, yakınlardaki Ezine'den ve Çanakkale şehir merkezinden birkaç şoför tuttu. O yıllarda kasabadaki şoför sayısı çok azdı, çünkü insanların geçen bir arabayı heyecan verici bir olaymış gibi durup izlediği yıllardı. Sürücü ehliyeti almak kasaba halkı için pek de kolay değildi, çünkü çok özel durumlar haricinde Bayramiç'ten hiç çıkmamışlardı. Dağa giden yol da çok tehlikeliydi. 1950'lerde yalnızca birkaç kişi kereste toplamak için ormana gidiyordu ama 1960'larda bu sayı artmaya başladı.

TABLO 3.6 Bayramiç'teki Şoförler Derneği'nde kayıtlı şoförlerin sayısı, 1964-74

	1964	1965	1966	1967	1968	1969	1970	1971	1972	1973	1974
Şoför sayısı	39	50	63	80	100	118	135	149	177	206	238

Kaynak: Bayramiç'teki Şoförler Derneği kayıt defteri.

Başlangıçta, Orman Müdürlüğü kendi kamyonlarını getiriyordu ama sonraları yerli halk da sektöre girmeye başladı. Alıcılar kendi kamyonları ve şoförleriyle geli-

---

44 Bu veri 1973 Çanakkale Yıllık Şehir Raporu'ndan alınmıştır (sayfa 251-256).

yor ya da kasaba halkı arasından birilerini tutuyordu. Çoğunlukla 1964'te kurulan Şoförler Derneği'yle birlikte çalışıyorlardı. 1970 yılında Taşımacılar Kooperatifi'nin kurulmasıyla Orman Müdürlüğü kooperatifle çalışmaya başladı. Kooperatif yalnızca, o sırada çoğunlukla kereste ürünlerinin taşımacılığında çalışanlardan oluşuyordu. Daha sonra ise kamyon sahipleriyle iletişime geçtiler; böylece kamyon sahibi şoförlerle kendisi anlaşıyordu. 1964'te kurulduğunda Şoförler Derneği'nde yalnızca 39 şoför, 4 muavin ve 7 kamyon sahibi vardı (Bkz. **TABLO 3.6**). Aynı yıl kamyon sayısı tahminen 35'ti. Daha sonra bu sayılar hızla artmaya başladı. Şoförlük sektörü son derece kârlı hale geldi; özellikle ailevi desteği ya da tarım ekonomisinde bir dayanağı olmayan insanlar için önemli bir gelir kaynağı oldu.[45]

Kaz Dağı'na giden yollarda kerestelerin taşınması ormancılık komisyonu tarafından yürütülüyordu, fakat 1960'ların sonlarında bile yollar son derece ilkel durumdaydı. "Yalnızca gerekli geçiş iznine sahip ve düşük vitesli araçlar" geçebiliyordu.[46] Araçlar da pek iyi durumda değildi. Ana saldırgan Kadir ve muhacir Dilaver'in 1968'de ortak olup aldıkları Leyland kamyon görece yüksek performansı nedeniyle büyük dikkat çekmişti (1968'de kasabada 43 kamyon vardı).[47]

Mülakatta, o dönemdeki başkan Mustafa (1947 doğumlu) ve 7 Temmuz 1970'te kurulan kooperatiften iki eski şoför o yıllarda ormancılık işinin önemine değinmişti. 1960'ların sonu ve 1970'lerin başında köylerde çalışmaya başlamalarından bu yana sektör gittikçe gelişmekteydi. Bu süreçte kimileri Şoförler Birliği başkanları ve Taşımacılar Kooperatifi arasındaki işbirliği nedeniyle sektörün dışında kaldı. Kuruluşundan bu yana yaklaşık yirmi yıldır Şoförler Derneği'nde çalışan eski yazman Erman da şoförlerin işlerinin 1970'lerin başına kadar ormancılık faaliyetleriyle sınırlı olduğunu belirtiyordu.

Fakat daha sonraları, 1970'lerde kamyonlar dış pazarlara da daha çok entegre olmuştu. Bu süreçte kent ve kır arasında insan ve ürün taşımacılığının artmasıyla giderek yayılan taşımacılık işine girmek daha kârlı görünüyordu. 1970'lerin ilk yıllarında kasabadaki gelişmeler bu sektördeki zorlu rekabeti daha da artırdı. En yakın ilçeyle ürün ve insan taşımacılığına dair yaşanan tartışma da kasabadaki tüccarları kendi şirketlerini kurmaya ikna eden önemli işaretlerden biriydi. Yollar iyileştikçe ilerleyen yıllarda ticaret ve taşımacılık sektörlerinde çalışan insan sayısı da arttı. Bu rekabette, Çingenelere yapılan saldırıda ana saldırganlardan biri olan

---

45 Şoför kavgası ve o günlerde şoför olmakla ilgili Dördüncü Bölüm'e bakınız.

46 John M. Cook, *The Troad: An Archeological and Topographical Study* (Oxford: Clarendon Press, 1973), 305.

47 Çanakkale Köy Envanteri 1968, Tablo 8-a, 28.

Kadir, 1970'lerin sonuna doğru kasabadaki ikinci vergi mükellefi olacak kadar avantajlı bir konuma gelmişti. Bu durum, aynı zamanda taşımacılık sektörüne giren insanların eskiden kasabada statü ve zenginlik kaynağı olan toprak sahiplerine kıyasla artan güçlerinin de bir göstergesidir.

Yukarıda da anlatıldığı gibi, karayolu taşımacılığı Türkiye'nin modernleşme sürecinde ortaya çıkan sosyoekonomik politikaların bir sonucudur. Bu dönüşüm Bayramiç'te benzer biçimde zamanla güç dengesinde bir değişimi beraberinde getirdi. Kırsal ve kentsel pazarların etkileşimine bağlı olarak taşımacılık ve hizmet sektörleri toprak sahipliğine kıyasla daha prestijli hale geldi. Eski elitlerin konumundaki düşüş, hükümetin, ulusun merkezi ve ulusal zenginliğin gerçek ve meşru sahipleri olarak gördüğü sıradan kasaba ve köy halkına odaklanan popülist ideolojisine de uyum sağladı. Ele aldığımız örnekte, eski elitlerin karşı çıkmasına rağmen, kasaba ve köy sakinlerinin Çingenelere saldırmak için benzer milliyetçi duyguları nasıl kullandıklarını göreceğiz. Çingeneleri savunan savcının dövülmesi de bir anlamda eski düzenden duyulan memnuniyetsizliği sembolize etmektedir.

Sonuç olarak, sektörde Çingenelerin istenmeyen olduğu bağlam buydu. Sosyoekonomik ve siyasi alanlardaki dönüşüm, yeni güç ilişkilerini beraberinde getirdi. Kasabadaki Çingenelik, Türklük ve Çingene anlayışı da bu değişimlerin sonucunda değişirken önceden var olan kategorik farklılıklar ve önyargılar da yeniden üretilip güçlendirildi. MüşİL ereklikler ve açık etkileşimler zayıflarken Çingene damgası işlevsel hale geldi. Bayramiç'te deneyimlediğimiz gibi, taşımacılık sektöründeki fırsatların artmasıyla birlikte ortaya çıkan düşmanca duygular ve rekabet, Çingenelik kategorisiyle bir araya gelince bireysel meseleler ulusal anlamlar kazanarak bir Çingene tehdidi oluşturmuştu.

ÜÇÜNCÜ BÖLÜM

Kasabada Çingenelik

"Dışardakiler bize Çingene dese de burda gerçek Roman yok."[1]

Bayramiç'teki Çingeneler üç ana gruba ayrılabilir: sepetçiler, yerliler ve muhacirler. Saldırıların gerçekleştiği dönemde kasabada olmayan sepetçiler yakın zamanda bölgeye yerleşti. Bu nedenle hikâyemizin bir parçası değiller ama yine de kasabadaki Çingenelik algısı açısından önem taşırlar. Sepetçiler göçebelikle özdeşleştirilip "en gerçek Çingeneler" olarak tanımlanmaktadır. Meslekleri sepet örmektir. Önceleri ürettikleri sepetler evlerde, çiftliklerde ve işyerlerinde ürünleri depolamak ve taşımak için kullanılsa da sanayi ürünlerinin gelmesiyle birlikte meslekleri önemini yitirdi. Sepetçiler alt kademe işlerde çalışmaya, kasabada hamallık ve dilencilik yapmaya başladı. Günümüzde, Çingeneler arasındaki en yoksul kesimi oluşturmaktadırlar; yoksullukları ve göçebe geçmişlerinden ötürü hem yerli Çingeneler ve muhacirler hem de diğer kasaba halkı tarafından küçük görülürler. Sepetçilerin bir kısmı Çamlık yakınlarında evlerde yaşarken bazıları hâlâ yerleşik değildir. Sayıları azdır, Bayramiç'te yaşayanların sayısı ise 100'ü geçmez.

Öte yandan, yerli Çingeneler Bayramiç'e ait olarak görülür. Belirli bir mahalleyle ilişkilendirilirler; kasaba halkının büyük bölümü ise kendini en çok onlara yakın hisseder. Yerli Çingeneler arasında dört ana aile vardır: Adalılar, Akkaşlar, Kırkışlar ve Kepekliler. Bayramiç'e ne zaman geldikleri bilinmemektedir ve birçok insan Bayramiç'te uzun bir geçmişleri olduğunu varsaymaktadır. Bazıları, kasabadaki köklerinin oranın en prototipik ve kadim ailelerden biri olan Hadımoğlu ailesi gibi çok eskiye dayandığını söyledi.[2] Fakat bazıları da içlerindeki en büyük ailenin adı Adalılar olduğu için Yunan Adalarından geldiklerini belirtti. Bazı yerli Türklerden bile daha yerli kabul edilmektedir.

Aralarında, özellikle saldırılardan önce Türk kökenlilerle çok yakın olan aileler de vardır. Geleneksel meslekleri demircilik ve çalgıcılıktır. Demircilik seri tüketim ve üretim çağında pek bağlantılı bir iş değildir. Belki de biraz da bu yüzden Türk

---

1 Bayramiç'teki muhacirlerin sık sık söylediği bir söz.
2 Osmanlı kayıtlarındaki varlıkları için İkinci Bölüm'e bakınız.

geleneklerine en bağlı grup olarak görülmektedirler. Dahası, eski demirci ailelerinden bazı kişiler fırınlarda, manavlarda, berberlerde ve kahvehanelerde ufak işlerin yanı sıra mevsimlik işler ve ticarette de çalışır. Öte yandan çalgıcılar mesleklerini devam ettirmektedir. Bu geleneksel meslek, yaşam tarzı, davranış kodu ve tavır nedeniyle Çingene imgesine en yakın çalgıcılar görülür. Çoğunluğu yoksullukla mücadele eden çalgıcılardan birkaçı nispeten varlıklıdır. Bazıları mesleklerini icra edip para kazanmak için mevsimlik olarak kıyı bölgelerine gider.

Çingene çalgıcılar yılda bir-iki kez düzenlenen, bölgedeki insanlar için tarihsel öneme sahip ekonomik ve sosyal buluşmalar olan panayırlara da gider. Bayramiç panayırı yılda iki kez, ağustos ve mayıs aylarında düzenlenir. Çanakkale şehir merkezindeki restoran ve barlarda çalan çalgıcılar da vardır. Fakat düğünlerde canlı müzik çalma geleneği gittikçe azaldığından, çalgıcıların geleneksel pazarları da küçülmektedir. Halihazırda kasabadaki yerli Çingene nüfusu yaklaşık 500'dür[3] ama saldırılardan önce bu sayı 700'e yakın olabilir. Çingenelikleri ile ilgili konuşmak konusunda nispeten daha rahatlardır.

Çingeneler arasındaki son grup muhacirlerdir. 1920'lerin ortasında Yunanistan'dan mübadeleyle gelen bu grup saldırıların asıl hedefiydi. Aralarında hamal, şoför, ev hizmetlisi, küçük işçi, zahireci ve ayakkabı boyacıları bulunuyordu. Bu gruptaki kadınlar ev hizmetlisi ve hizmetçi olarak çalışırken erkekler ufak tefek taşıma işleri ve boyacılık yapar. Ayrıca maliyede çalışan bir memur, hatta postaneden devlet memuru olarak emekli olanlar da vardır. Fakat bu gruptaki birçok insan 1970 yılında kasabayı terk edip bir daha geri dönmedi. Saldırılara maruz kalan asıl ailenin mensupları şimdi Ankara'da yaşarken iki kız kardeş hâlâ kasabada yaşamaktadır. Günümüzde tüm topluluğun Bayramiç'teki nüfusu 100 civarında olsa da 1970'ten önce bu sayının yaklaşık 500 olduğu düşünülmektedir.[4] Bunların pek azı Çingenelikle özdeşleşmektedir, insanlar onları Çingene olarak etiketlediğinde de çabucak gücenmektedir.

Sözlü tarih çalışmalarını yürüttüğüm dönemde hayat hikâyelerine ve yerel tarihe odaklanmama rağmen, kasabadaki Çingeneler arasında hızla Çingeneler hakkında bilgi topladığım haberi yayıldı. Çingenelikle ve saldırılardan önce, saldırılar esnasındaki ve sonrasındaki deneyimleriyle ilgili sorularım Çingeneleri rahatsız etmişti. İlk haftamda, Çingenelerin çoğunlukta olduğu mahallelerdeki atmosfer son derece gergindi. Bir muhacir, Çingenelerin hayat hikâyelerini dinlemek istiyorsam başka bir yere gitmem gerektiğini söyledi. Bu önemli bir açıklamaydı,

---

3   Çingeneler nüfus sayımında bu şekilde ayırt edilemediğinden, sayılar tahminidir.

4   Kasabaya gelen ilk muhacirlerin sayısı için İkinci Bölüm'deki Tablo 3.2'ye bakınız (360).

çünkü kendilerine Çingene denmesinden hiç hoşlanmadıklarını gösteriyordu. Bu tepki yalnızca Çingene ya da Roman terminolojisiyle[5] ilgili de değildi, Çingenelikle ilgili herhangi bir ilişkilendirmeye karşı çıkıyorlardı. Kimileri kendilerini hakarete uğramış hissederken kimileri ise Çingene olmayanların çizdiği Çingene imgesinden ne kadar farklı olduklarını açıklamaktan bıkmıştı. Bu önyargı ve stereotiplere karşı mücadele etme dürtüsü başlangıçta bazı Çingenelerin hoşnutsuzluk duyup ilişkiyi Çingene olan-olmayan ikiliğinde çerçevelemesine neden olmuştu.

Bayramiç'teki irtibat kurduğum ilk Çingene ailesi saldırılarda hedef haline getirilen ve daha sonra Ankara'da ulusal bir televizyon kanalında saygın ve iyi bir müzisyen olarak takdir edilen bir muhacirdi. İlk olarak Bayramiç'teki halasını ziyaret ettim. Çingenelik ve saldırılar hakkında sorular sorduğuma dair dediko-dular birkaç gün içerisinde yayıldı. Birçoğu, özellikle de muhacirler için geçmişleri hakkında benimle konuşmak biraz zaman aldı; bazen saldırıları tümüyle atlıyor ya da hatırlamadıklarını söylüyorlardı.

Kimileri için saldırılar, Çingene olmayanların onlara dair olumsuz algısının bir sembolüydü. Saldırılar kimilerinin Çingeneliğe yakınlığını ve ondan uzaklığını etkileyen en uç deneyimi oluşturmuştu; insanları homojen hale getirip tek bir kategoriye indirgemişti. Bu tür bir ayrımcılığı şiddetle deneyimlemeleri nedeniyle muhacirlerin ve yerli Çingenelerin kolektif deneyimleri olumsuz bir ortaklığa da-yanmıştı. Saldırılar hakkında konuşma yönünde gösterdikleri isteksizlik, alçaltıcı bir konum olarak görülen Çingeneliklerine dair sessizlikleriyle bağlantılıydı. Ancak bir süre sonra buzlar eridi ve varlığım topluluk tarafından kabul gördü. Önemli bir an, muhacir Seyyal'in[6] araştırmama duyduğu güveni ve inancı ifade ettiği *Hıdırellez* kutlamalarında yaşandı (Türk Çingenelerin her yıl baharın gelişini kutladığı 6 Mayıs günü. Balkan ülkelerinde *Ederlezi* olarak bilinir). Balıkesir yakınlarındaki Edremit'te yaşayan Seyyal, saldırıların baş hedeflerinden bir ailenin torunudur. Onun "onay"ıyla birlikte, daha önce hiçbir şey hatırlamadığını iddia eden bazı muhacirler kendi deneyimlerini benimle paylaşmaya başladı. Sonraları, bazı mu-hacirlerle iletişimim giderek kolaylaşırken, ileriki bölümlerde de göreceğimiz üzere, belirli şeylerden bahsetmekten çekinen muhacirler de vardı.

---

5   Balıkesir ve Bursa gibi diğer şehirlerde insanlar Çingene denmesinden hoşlanmaz ve Roman terimini tercih eder. Bu nedenle sahadaki araştırmam sırasında Roman terimini kullansam da teorik düzlemde toplumda daha çok kullanılan Çingene terimini, kuramsal bölümde değindiğim sebepler nedeniyle tercih ediyorum.

6   Anlatıcılar hakkında bilgi almak; toplumdaki bağlarını, yaşlarını, mülakat tarihini ve ek bilgileri okumak için Ek 1'e bakınız.

Bu topluluklar içerisindeki yerli Çingeneler, muhacirler ve farklı aileler arasında anlatı farklılıkları vardı. Hikâyeleri çokça Çingenelikle olan ilişkilerini, Çingeneliği nasıl algıladıklarını, Bayramiç'te nasıl deneyimlediklerini ve nasıl hatırlanmasını istediklerini oluşturuyordu. Bu hikâyeler bana duydukları güvene göre de değişiklik gösteriyordu. Bu nedenle bazıları Çingeneliklerini özgürce ifade etmek yerine ima yoluyla açığa vuruyordu. Diğerleri ise doğrudan bu konuda konuşmaktansa Türklerden "Goray" olarak bahsetmek gibi (kasabada Türkler için kullanılan bir kelime) farklı yollara başvuruyordu.[7] Kimileri Bayramiç'teki son günlerime kadar Çingeneliklerini inkâr ederken kimileri ise Çingeneliklerinden bahsetmekte sorun görmüyordu. Genel olarak yerli Çingeneler Çingeneliklerini vurgulamaya daha yatkın olurken muhacirler bunu inkâr ediyordu.

Önemli bir nokta da tüm anlatılarda Çingenelerin durup dururken ne kadar dürüst, temiz, terbiyeli ve uyumlu olduklarını vurgulamalarıydı. Dahası, "doğal olarak" kötü davranışlı o Çingenelere benzemediklerini öne sürüyorlardı. Egemen Çingene stereotipleri gibi olmadıklarını kanıtlamaya çalışıyorlardı. Genel anlamda, stereotiplere açıkça karşı çıkmamakla beraber kendilerinin farklı olduklarını vurguladılar.[8] Bu da Çingene damgalanmasından kaçmanın ne kadar zor olduğunu göstermektedir. O kategoriye girmekten kendilerini korumayı yeğlediler: "Çingeneye benziyor muyum? "Biri bana Çingene derse utanması gereken odur."

Çingeneler arasında, Çingenelik sosyal bir statü, ekonomik bir konum, bir yaşam tarzı ya da kökenle ilişkili olabilmektedir. Öte yandan Türklerdeki Çingenelik temsillerinde genel eğilim daha çok kökene ve sorgusuz kabul edilen algılara dayanmaktadır. Birçokları kendilerini Çingenelerden gerçekte neyin ayırdığını söyleyemiyordu. Kasabada Çingenelerin kim olduğundan emin olunsa da farklılıklar konusunda bazı kafa karışıklıkları yaşanıyordu. Çingeneliğe dair muğlaklığın yerini bir Çingenenin nasıl ortaya çıkarılacağı konusundaki kesinlik almıştı. Önemli olan soyadları değil, her ailenin kasabadaki kökenine dair bilinen gerçeklerdi. Birçok insanı, onları neyin Çingene yaptığını bile bilmeden aynı Çingenelik kategorisi altında genelleştiriyorlardı. Bu kafa karışıklığının en büyük nedeni, birçok Çingenenin kasabadaki Türklerle benzer hayat tarzları ve gelenekleri benimsemiş olmasıydı. Bunun yanı sıra birçok Türk de Çingeneliğe dair bir kanıt bulamayıp stereotiplere başvurmuştu. Çingenelerle olan yakınlıklarını vurgulayıp Çingene damgasının aslında onlardan pek de farklı olmayan Çingeneleri "ötekileştirdiğini" kabul edenler de vardı.

---

7   Muhacirlerin aksine yerli Çingeneler bu terimi kullanmaktadır.

8   Çingene grupları arasında bu tür suçlamaların işlevi için bkz. Acton, *Gypsy Politics*, özellikle sayfa 80-82.

Çingenelere yakın mesafelerde yaşayan kasaba halkı için Çingene imgesi çok daha karmaşıktı ve genel stereotiplerin çok ötesindeydi. Ne de olsa Türklerle komşu, arkadaş, işçi, hizmetçi, sınıf arkadaşı ya da yalnızca tanış olarak ilişkide olan birçok Çingene de vardı. Bu yakınlık herhangi bir kasaba sakininin kökenini bilmeyi mümkün kılmaktadır. "Kimlerdensiniz?" sorusu kendini tanıtmada kilit önemde bir soru olarak karşımıza çıkar. Bu soru bireyin sosyoekonomik geçmişi için bir rehber vazifesi görürken, aynı zamanda sosyal statüsünün bir göstergesi olur. Bu bilgi toplumsal düzen açısından önemlidir, çünkü insanların kendi konumlarını belirlemesini, birbirleriyle ilişkilerindeki sınırları çizmesini sağlar.

Bir sonraki başlıkta Çingeneliğin bu hiyerarşide nasıl yer aldığını ve Çingene olmanın kasaba sakinlerinin ilişkileri açısından ne anlama geldiğini göreceğiz. Bu bölümde fiziksel görünüm, ikamet ve mesleğe ait sınırlar, davranışlara ve ahlaki değerlere yapılan göndermeler gibi belirleyici özellikleri inceleyeceğim. Saldırıların izlerini sürmeye başlayacağız ve saldırılara odaklanacağımız bir sonraki bölüme hazırlanacağız. Sabit Çingene damgası ile ilişkilerde, algılarda gerçekleşen tarihsel değişimler arasındaki gerilimi gözler önüne sereceğiz. Birçok kişi saldırılardan önceki ve sonraki iyi ilişkileri vurgularken, damgalanma özellikle saldırılarla ilişkili kalmaktadır. Kafa karışıklığı anları da damganın günümüz bağlamında daha az işlevsel hale geldiğini gösterir çünkü nostalji, kafa karışıklığı ve kategorilerin sorgulanması bugünkü ilişkilere dair anlatılarda daha büyük bir rol oynar.

Toplumsal Düzen: İlişkiler, Hiyerarşiler ve Ayrımcılık

Günümüzde aralarında Çingenelerin ve Türklerin de bulunduğu birçok Bayramiçli, saldırıların öncesinde ve sonrasında görülen eşitliğe vurgu yapıp ayrımcılık olmadığını söyledi. Anlatılarında tarihsel bir dayanışma kendini gösteriyordu. Farklılıklar ve Çingene damgası yalnızca saldırılarla ilgili hikâyelere saklanırken, geçmiş deneyimler, kültürel yakınlık ve ortak yöre aracılığıyla oluşan müştereklik vurgulanıyordu. Benzerliklere yapılan vurgu ve Çingenelere "bizim Çingenelerimiz" olarak değer verilmesi, bugünkü şartlar altında damgalamayı önemsiz gibi göstermektedir.

Birçok kasaba sakini Çingenelerle olan ilişkilerini, özellikle de Çanakkale'dekilere kıyasla yakın olarak tanımladı. "Çingenelerimiz çok iyidir", "Çanakkale'dekilere benzemezler", "Biz kaynaştık" gibi ifadeler sıradan anlatılara birer örnektir. İyi komşuluk hatıraları nostaljik bir tonlamayla şekilleniyordu. Eski güzel günlerdeki iyi ilişkilerin anlatısına kasabada köylü göçünün sonucu olarak ortaya çıkan mevcut ilişkiler, insanlar arasındaki mesafe ve dayanışmanın azalmasına dair anlatı eşlik etti. Genellikle saldırılardan önce herhangi bir ayrımcılıktan söz etmediler. "Saldırılar birdenbire oldu." "Daha önce herhangi bir hoşnutsuzluk ya da ayrımcılık yoktu." "Hep birlikte mutlu mesut yaşıyorduk." Benzer anlatılar Tepecik Mahallesi'nin Türk sakinlerinden biri olan, Necla'nın annesi Ayfer'den geldi. Ayfer 50 yıldan uzun bir süredir Tepecik Mahallesi'nde yaşayan yerli Çingene komşularıyla ilişkisini anlattı:

> A senin benim gibi komşuduk; çok iyilerdir ["Müslümanlar" diye ekliyor Necla]. Abdestli namazlı, onlar karışmazdı öyle şeye. Daha hâlâ da oturuyo bak evlerinde. Onlar Türk-Çingene diye ayrılmazlar.

Benzer bir şekilde, eski Türk komşulardan Münevver de saldırılardan önce ilişkilerinin ne kadar iyi olduğunu ve saldırılar sırasındaki gerilimin ilişkilerini nasıl değiştirdiğini ifade etti:

> İlişkiler önceden iyiydi. Mesela Türkler onların düğününe giderdi. Diyelim ki konuştuğunuz, arkadaş olduğunuz biri var. Siz gidersiniz, onlar evinize gelir. [Ama olay olduğunda] kapı komşumuzla bile yabancılaştık.

Aynı şekilde, 1944-48 yılları arasında belediye başkanlığı yapan, Demokrat Parti'nin kasabadaki kurucularından birinin iyi eğitim almış kızı Canan da bugün köylülerle dolu kasabadaki koşulların tersine muhacirlerle olan müşterekliği vurguladı:

> [Muhacir hizmetçi] 14 yaşında, düşünebiliyo musun? Babası Arap Emin, [kızı] babama teslim ediyo, burda başlıyo işe. Her şeyi, öyle derim ben, yerlilerden bi biz kaldık. Hakkatten hep köylü doldu ortalık. [Çingenelere karşı] hiç ayrım yok. Ne demek ya, burda doğmuşlar büyümüşler hep. Bir tane hırsızlıkları duyulmamıştır. Ben evimi teslim ederim. Hiç.

Canan köylülere kıyasla muhacirlerle bir müşterekilik kurup güvenilirliklerini vurguladı. Köylülerin gericiliğinden ve nüfusça fazla oluşlarının kasabada yarattığı dejenerasyondan bahseden Canan'ın anlatısında modernleşme söylemi ağır basıyordu. 1950'lerden 1970'lere kadar olan dönem modern olarak anılıyor, kasaba halkının hareket etme yeteneğinin artışına ve özellikle "daha Batılı görünümleri"yle kadınlara dikkat çekiliyordu. Kadınların kamusal alandaki varlıkları sinemaya gitmek de dahil olmak üzere, kentsel kültür ve yaşam tarzlarıyla daha yoğun bir etkileşimin parçasıydı. Modernleşme ve Batılılaşma söylemi modern ulus-devlette egemen ideolojinin önemli bir unsuru olduğundan, özellikle orta ve üst sınıf kasaba sakinleri o dönemi nostaljiyle anıyordu. Çingenelerin tepkilerinde de göreceğimiz üzere, muhacirler de bu söylemi sık sık kullanıyordu.

Komşular hakkındaki anlatılar genelde çok samimiydi. Türklerin çoğu Çingene komşularının hayat dolu olduklarını ve iyi ilişkiler kurduklarını teslim ediyordu. Bunlar çoğunlukla ortak yaşadıkları mahallede aşağı yukarı benzer ekonomik kesimlerdeki Çingeneler ve Türkler arasında kurulan ilişkilerdi.[9] Bu insanların bazıları saldırılardan sonra bu samimi ilişkileri devam ettirmedi. Komşulardan kimisi saldırılar nedeniyle taşındı, kimisi vefat etti, Türk anlatıcılardan bazılarıysa Çingene mahallelerini terk etti. Çingene komşularının saldırılar sırasında zorla yerlerinden edilmelerinden mutsuz olan birçok insan vardı. Çingeneler de onları koruyan çeşitli Türk komşularından bahsetti ki bunları saldırılarla ilgili bir sonraki bölümde ayrıntılı bir şekilde inceleyeceğim.

Birçok Türk bazı Çingene ailelerini örnek olarak gösterip ne denli dürüst olduklarından ve toplumda nasıl kabul gördüklerinden bahsetti.[10] Yerli Çingeneler arasında en yüksek oranda entegre olan ve Çingenelikle Türklük arasındaki sınırı geçen kesim demircilerdir. Şengül'ün ailesi bu bahsedilen aileler arasında en çok bahsedildi. Bazı yerli demirci Çingeneler "Çingene gibi olmamaları"yla tanınıyordu. Şengül'ün eşi Selahattin terzilik yapıyor ve birçok Türk tarafından saygın ve renkli bir kişilik olarak görülüyordu. Geleneksel Çingene mesleklerinden biriyle uğraşmıyordu ve "kendilerini Çingene olarak görmüyor ya da onlar gibi davranmıyorlardı." Ekonomik durumları da nispeten daha iyiydi ve Çingene olmayan bir mahallede yaşıyorlardı. Bazı Türk ailelerle çok iyi ilişkileri vardı; çeşitli arkadaşlıklar ve iş ortaklıkları geliştirmişlerdi.

Evlerinde Çingene kadınlar çalıştıran varlıklı aileler Çingenelerin ne kadar samimi ve güvenilir çalışanlar olduklarını söylüyordu. Helvacılardan Hale, yerli Çingene hizmetçisi ve dadısından şu şekilde bahsetti:

> Ümmühan abla onlardan çok ayrıydı yani. Annenler belki anneannenler falan bilirler Ümmühan ablaları. Adalılardandı.[11] O bizim mahallede büyümüş. Bi cami vardı ya o caminin oradaymış evleri. Çok iyi bi insan, çok dürüst, şimdi öldü oğlu var, torunları falan var. Dilaver esas onlar çıkarttı olayı. [Ümmühan'ın oğlu] Dilaver'in kızınlan evli. En küçük kız. Ama onu [gelin olarak] hiç istemediydi Ümmühan abla.

Hale'nin ailesi Ümmühan Abla'yı korumuş ve onu saldırılardan sonra da çalıştırmaya devam etmiş olsa da Hale onu diğer Çingenelerden ayırıyordu. Buradaki

---

9   Kasabadaki mahalle yerleşiminin belirli ekonomik farklılıklar anlamına gelmediğini ama yine de alt ve orta sınıf toplulukları bir araya getiren çeşitli segmentleri devam ettirdiğini belirtmek gerek. Bu nedenle bir mahallede bir öğretmen, bir demirci, bir çiftçi ve bir işadamı birlikte yaşayabilir. Sınıf farklılıkları kent hayatına ve sınıf farklılıklarının, rekabetin ve tüketimin arasındaki bağların genişlediği 1980'ler sonrasına kıyasla o denli gözle görülür değildi.

10   Richard Alba ve Victor Nee, *Remaking the American Mainstream: Assimilation and Contemporary Immigration* (Cambridge: Harvard University Press, 2003).

11   En önemli yerli Çingene ailesi.

"Çingene ama iyi" yaklaşımı, insanlar tarafından Çingeneleri korumanın ve niha-yet kendilerini savunmanın meşru zemini olarak ortaya çıkmaktadır. İnsanlar bir Çingeneyi değil, yalnızca "Çingene olan ama Çingeneye benzemeyenler"i koruyordu. Yani Çingenelik kategorisi, yalnızca istisna olan ve Çingene olarak görülmeyenlerle ve diğer Çingenelerin damgalanmasıyla var olmaya devam etmektedir.

Ancak bazıları saldırılardan önceki sınırlı ilişkileri de hatırlıyordu ve bu sınırlı-lık içerisinde kendilerinin kurduğu yakın ilişkilerden de bahsettiler. Eşi otomobil tamirhanesinde bir Çingene çalıştıran ve yerli Çingenelerden Berber Hikmet'in yakın arkadaşı olan Hülya'nın bazı Çingenelerle yakın ilişkileri vardı. Hülya, Çingenelerle kurduğu yakınlığın boyutunu şu şekilde tanımlıyordu:

> Öyle onlara giden olmazdı çok çok fazla, herkes kendi tarafıyla yani ne bileyim ben. Biz sadece Meliha ablaya gider gelirdik. O da kayınvalidemden dolayı, onlar böyle çok samimi. A bizim aşağıda vardı, büyükannen çok iyi bilir. Ha Şengül ablalarla falan gider gelirdik. [Ebeveynleri yalnızca birkaç Çingenenin yaşadığı bir mahallede yaşıyordu] onlar mahallemizin komşuları. Onlar da bak Çingeneydi öyle ama. Çok komşuyduk böyle. Çok samimiydik.

Bunun ötesinde, insanların ilişkilerindeki belirli sorunları dile getiriş biçimleri, anekdotları, konuşma şekilleri, algıları ve çekincelerinin tamamı gündelik ilişkileri etkileyen esnek bir ayrımcılık düzeyini ortaya koyuyordu. Saldırılar sırasında daha da büyüyen göreceli toplumsal mesafe varlığını sürdürüyordu.

Toplumsal Mesafe, Hiyerarşiler ve Gündelik Ayrımcılık

Kasabada Çingenelerin Türklerle eşit olduğunu ve Türklerin saldırılardan önce asla ayrımcılık yapmadığını söyleyenlerin yanı sıra Çingenelerin daima ikinci sınıf vatandaş sayıldığını dile getirenler de vardı. Eniştem Mahmut'un bana anlattığı hikâye, saldırılardan önceki şahsi bir anekdotla ayrımcılık düzeyini gözler önüne sermesi nedeniyle çok sarsıcıydı:

> Babacın İsmet, restoranındaki malları taşıtmak için Çingenlerle çalışırdı. Biz pikniğe giderken de hizmet etsin diye birini tutardı. Piknik yolunda Çingen sepeti taşıyarak arkamızdan gelirdi. Babacın İsmet'in o Çingeneyi aşağılamasını hatırlarım. Biz hepimiz o birkaç metre uzaktayken oturup içiyorduk. Babacın İsmet bağırdı: "Orda durma. Rüzgâra karşı duruyorsun, Çingene kokun bana geliyo!"

Birçok kişi Çingenelere karşı hissettikleri olumsuz duyguları şu veya bu şekilde açığa çıkarıyordu. Kimi, anlattığı öykülerde Çingeneleri yok sayıyordu. Kimi de hiç önemli bulmadığı için onlardan bahsetmek bile istemiyordu. Bazısı "Çingene" sözcüğü bir küfürmüş gibi, fısıldayarak söylüyordu. Bazısı da çoğunluk toplumundan dışlanan yoksul ve marjinalleştirilmiş insanlar olarak onlara acıyordu. Tavırları Çingenelerin deneyimleyebileceği ayrımcılığın izlerini açığa çıkarıyordu.

Öte yandan Çingeneler ayrımcılıktan rahatlıkla bahsetmiyordu. Birincil yaklaşımları bir tür beyandı: "Burada ayrımcılık yok." Fakat konuşmamız sırasında, ayrımcı tavırlara, sınırlara ve davranışlara değiniyorlardı. Aşağıda da inceleneceği üzere, sınırlı ilişkilere ve gruplar arası evliliğe dair tabulara işaret ediliyordu. Ayrıca birçok Çingene, Çingeneler ve Türkler arasındaki sınırı doğrudan ve dolaylı olarak "biz" ve "onlar" olarak vurguluyordu. Roman[12] kelimesine ve onlara bu şekilde seslenen insanlara verdikleri tepki kasabada bu terimin aşağılayıcı kullanımları konusunda ne hissettiklerini ortaya koymaktadır. Çingenelik hakkında konuşmayı istememeleri de korkudan kaynaklanmaktaydı. Dahası, kimisi "Bazı durumlarda sizinle iyi olabilirler ama sinirlenirlerse çok sert oluyorlar" diyerek Türklere güvensizliğini ortaya koyuyordu. Kasabanın öteki mahallelerine taşınmak ve gece sokağa çıkmak konusunda da isteksizdiler.[13]

Yerli Çingenelerden Fazıl, ayrımcılığın farklı boyutlarını kabul ediyordu. İnsanlar arasında ayrımcılık olduğunu ama bunun etnisiteden değil, davranış biçimlerinden kaynaklandığını öne sürüyordu. Gerçekten de davranışsal ayrıştırma ırkçılığın en sık görülen meşrulaştırma biçimlerinden biridir ve birçok örnekte ayrımcılık kimi özellikleri var olan damgalarla ilişkilendirerek yapılır.[14]

Davranışsal farklılaşmanın doğrudan kimlik tanımlarına dayanması şart değildir; simgelere de dayanabilir. Ayrıca bireysel farklılıklar yerine, konuşma, yürüme ve davranış biçimleri gibi takdir edilen tarzlar, tavırlar ve ahlaki değerler, o topluluğa özgü ortak nitelikler olarak görülür. Bu nedenle, örneğin belirli bir yürüyüş ya da davranış biçimi daha üstün algılanırken diğerleri uygunsuz bulunabilir. İlerleyen kısımlarda da göreceğimiz üzere Çingeneler gevşek, çok rahat ve umursamaz insanlar olarak değerlendirilir. Bourdieu'cü anlamda bu ayrım insanların daha yüksek statülü gruplara girmesini engellemekte, aynı zamanda bireyleri toplumsal hareketlilik, daha iyi yaşam koşulları ve hatta sınırları geçip egemen grubun bir parçası olarak yeniden tanımlanma vaatleriyle disipline etmektedir.[15]

---

12 Çingenelerin Çingenelik temsilleri hakkındaki bölüme bakınız.

13 Bkz. Meral'in, ahlak kısmında alıntıladığım, Türklerin güvenilmezliklerini ve ahlaksızlıklarını ve oğlunun gece geç saatte dışarıda olmasından duyduğu korkuyu dile getirdiği anlatısı.

14 Bkz. Birinci Bölüm.

15 Sübjektif inanç yapılarının toplumsal hareketlilik ve değişim olarak incelenmesi için bkz. Michael A. Hogg ve Dominic Abrams, *Social Identification: A Social Psychology of Intergroup Relations and Group Processes* (Londra; New York: Routledge Press, 1988).

İstanbul'da sokak çiçekçiliği yapan bir Çingene kadın, bir iş stratejisi olarak müşterileriyle konuşurken şivesini nasıl değiştirdiğini benzer bir şekilde anlatmıştı. Yine İstanbul'da, Kürt bir taksi şoförü şivesinin ayrımcılığa yol açmayacağı bir durumda olduğunu anladığında hemen Kürt şivesine geçtiğini söyledi. Öte yandan, Diyarbakır'daki Çingeneler de Kürtler tarafından nasıl ayrımcılığa uğradıklarından bahsettiler. Mülakat yaptığım bir Kürt, Çingenelerin yürüyüş, konuşma ve giyinme biçimlerinin ayrımcılığın nedeni haline getirildiğini söyledi. Kasabada Çingeneler sorulduğunda insanlar fiziksel görünüm ve davranıştan da bahsettiler. Benzer bir şekilde Fazıl da diğer Çingenelerden farklı olduğu gerekçesiyle insanların ona nasıl davrandığını anlattı: "[Çoğunluk] Adabı muaşeret kurallarına uyan bir insana daha farklı bakıyo tabi. Giyim kuşam olsun. Konuşma tarzın olsun."

Fazıl, Türklerin muhacirlerle aralarına daha fazla mesafe koyduğunu da belirtti. Eski mahallelerinde yerli Çingeneler "goray"larla kaynaşırken muhacirlerle o kadar kolay kaynaşamıyordu. Ayrımcılığa uğramanın kendisi aşağı olmanın işareti ve bu nedenle saklanması gereken bir şey haline gelmektedir. Nihayet, deneyimin kendisi utanılması gereken bir şey olur. Bu durum, marjinalleştiren ve ayrımcılık yapandansa buna maruz kalanı suçlayan egemen ideolojiyle bağlantılıdır: Ayrımcılığa uğruyorsan sende bir hata var demektir.[16] Fazıl'a göre saldırılar sırasında "kurunun yanında yaş da yandı." Bir sonraki bölümde göreceğimiz üzere, Fazıl "gerçek dışlananlar"la birlikte yerli Çingenelerin de ayrımcı bir davranışa maruz kaldığını söyledi.

Saldırıların zamanlaması da günümüz deneyimi için bir referans noktası haline gelir. O döneme kıyasla toplum Çingenelere karşı ayrımcılıktan arınmış kabul edilir: "Ayrımcılık daha önce önemliydi ama artık hiç yok." Mesiye benzer bir şekilde gündelik ayrımcılık olduğunu düşünmüyor ancak ayrımcılığı 1970'te yaşadıkları fiziksel şiddetle hayalinde canlandırabiliyordu: "[Çingenelere karşı] Irk ayrımı yaptırmışlar. Allah-u teala din ayrımı yaptırmış, ırk ayrımı yaptırmamış. Irk ayrımı yapılır mı hiç. İnsanlar namazında niyazında. Dilaverler diyolar burda bi. O Dilaverlerle birileri arasında kavga çıkmış."

Günümüz ilişkilerinden bahsederken bir Çingenenin neden belediye üyesi olmayacağını anlatan Solmaz, ülkede yakın zamanda görülen Çingene hareketinden de bahsediyordu:

> [Türkler] Çingeneleri [evlerine] almazlar zaten. Çingenleri sevmezler. O zamanlar [saldırılar sırasında] düşmanlık vardı. [...] Ama şimdi Çingeneyi türlü şekle soktular, Roman dediler. İşte bazı film artistleri "Romanım ben"

---

16 Birinci Bölüm'deki sınıf altı söylemiyle ilgili kısma ve bu bölümdeki hak etmeyen yoksullar kısmına bakınız.

dedi, biraz şirin gelmeye başladılar. Hiç kimse bizim Türk milletinden Çingeneye oturmağa gitmez. Mesafe bırakılır yani. [Çingeneler] Evimize temizliğe gelirler konuşurlar "Merhaba, merhaba. Nassın, iyi misin?" diye. Ama sosyal hayata geçtiği zaman o zaman mesafe başlar. Eskiden beri var.

Bu anlatıların da gösterdiği gibi, ayrımcılık yalnızca saldırıların gerçekleştiği zamanla sınırlı değildir. Bu mesafe önceden de vardı, hâlâ çeşitli biçimlerde varlığını sürdürmektedir. Saldırılardan önceki döneme kıyasla, mesafe artmış görünmektedir. Ancak son zamanlarda gelen köylüler (çoğu Yörük denilen dağ köylüleri) ve ülkenin meşru ötekileri olan Kürtler[17] gibi kasabada yerel âdetler ve geleneklerle uyumsuz görülen farklı gruplar Çingenelere dair algılanan farklılığı değiştirmiştir. Bu bağlamda daha yerli görülen Çingeneler bazı kasaba sakinleri tarafından kabul görmüştür. Yine de mevcut toplumsal mesafe iki önemli şekilde karşımıza çıkmaktadır: Bir yandan Çingenelerle ilişkiler sınırlanırken diğer yandan gruplar arası evlilik tabusu varlığını sürdürmektedir.

Sınırlı İlişkiler

Çingenelerle yakın ilişkiler kurduğunu söyleyen Türkler bile ilişkilerinin samimiyetini belli bir düzeyde tutmaya çalışıyordu. Birçoğu gruplar arası evlilik hariç olmak koşuluyla son derece yakın ilişkiler kurabiliyordu. Birlikte iş yapabilir, arkadaş olabilir ya da birbirlerinin evini ziyaret edebilirlerdi ama gruplar arası evlilik kesinlikle uzak bir senaryoydu. Daha sınırlı ilişkileri olan diğerleri içinse ziyaret etmek ve ortak bir alanı paylaşmak halihazırda bir meseleydi. Özetle, samimi ilişkiler örneğinde bile Çingenelikle aralarında daima bir sınır vardı.

Öte yandan, bu samimi ilişkilere genelde saldırılardan önceki dönemden söz edildiğinde değiniliyordu. Çingeneler ve Türkler saldırılardan sonra ilişkilerinin asla eskisi gibi olmadığını iddia ediyordu. Bugün görece iyi olsalar da genel atmosfer yakın ilişkileri neredeyse imkânsız hale getirmişti. Çingene topluluklarının artık daha içe kapanık olması kasabanın Çingene olmayan sakinleriyle kurdukları eski ilişkileri değiştirmişti. Ancak, yerli Çingeneler ve daha kısa bir süre önce göç etmiş köylüler arasında bazı yakın temaslar bulunmaktadır.

Geçmişte, samimi ilişkiler ve bireysel deneyimler Çingenelerin olumsuz algısının ötesine geçebilirdi. En azından komşu ve toplumun etkin üyeleri olarak kabul görüyorlardı. Saldırılar yalnızca Çingenelere haddini bildirmekle kalmadı, Çingeneler ve Çingene olmayanlar arasındaki açık ilişkileri de çok zorlaştırdı. Yine de saldırılardan önce bile olumsuz algıların ilişki düzeylerini etkilediğini vurgu-

---

17   Saldırılarla ilgili olarak bir sonraki bölümde Kürtlerle paralellikler göreceğiz.

lamak gerek.[18] Ayrıca, sınıf farklılıkları da önem taşıyordu. Örneğin, alt-orta sınıf ya da alt sınıftaki insanlar mekânsal ve ekonomik yakınlıklarından ötürü komşu olarak Çingenelerle yakın ilişkiler kurmaya daha yatkındı. Çingeneler daima alt sınıflara mensup değildi, orta sınıfta da yer aldıkları oluyordu. Öte yandan, varlıklı insanlar iyi ilişkiler kuruyordu ama bu ilişkiler, samimiyete rağmen daha hiyerarşikti (işveren-çalışan). Çingeneler kişisel bağlantılar haricinde düğünler ve kamusal tanışıklık vasıtasıyla da birçok insanla ilişki kuruyordu.

Eski komşuların birçok ifadesi Çingenelerle birçok sınırı esnetilebilen ilişkilere girebildiklerini gösterirken, Solmaz'ın anlatısında da gördüğümüz üzere, diğer birçok Türk için, onları toplumun bir parçası olarak görece kabullenmelerine rağmen bu sınır belirliyordu:

> [Saldırılardan] önce [Çingenler] çok haşır neşirdi. Bayramiç'in insanı gibi yani. Ama noluyo, nasıl tarif edeyim sana. Mesela sizin aile bizim aile, birbirimize gelir ziyaret ederiz, yeriz içeriz. [Çingenelerle] o yoktu.

Nedenini sorduğumda cevap bir o kadar doğrudan ve ironikti: "Çingeneler de ondan canım!" Yine de Çingenelere yapılan ayrımcılık özne ve bağlamla ilintiliydi. Çoğu Çingene için en iyi durum bir iş sahibi olup Çingene olmayan dünyayla sınırlı sosyal ilişkiler içerisinde olmaktı. Bu sınırlar yakın ilişkilerde bile varlığını sürdürüyordu. 1955'ten 1985'e, otuz yıl boyunca muhacirlerin çoğunlukta olduğu Muradiye Mahallesi'nde yaşayan Hülya, kendini Çingenelere karşı nasıl hem yakın hem de mesafeli hissettiğini anlatıyordu. Evlerinin eşiği onlar için önemli bir sınır teşkil ediyordu: "Onlar [eşi ve yerli Çingene Fazıl'ın erkek kardeşi] yakındı; berberdi ya o. Dışarıda eşimle arkadaştılar. Biz hiç eşiyle evimize gidip gelmezdik. Hayır hayır. Hiç hiç."

Yakınlığa değinse de Hülya birbirlerini asla ziyaret etmediklerini açıkça belirtiyordu. Herhangi bir huzursuzluk olmadığı sürece herkes birbiriyle konuşuyordu ama birbirinin evini ziyaret etmek daha ileri bir yakınlık seviyesiydi. Yalnızca birkaç kişi Çingenelerin evini ziyaret ediyordu; o da ara sıra ve bir amaç içindi. Hülya'ya Çingeneleri neden ziyaret etmediğini sorduğumda, çok yakın olduğu ve ziyaret ettiği birkaç Çingeneden bahsetti.[19] Yani hâlâ istisnalar söz konusuydu. Bazı insanlar

---

18 Çingenelerin damgalanmasının yalnızca Çingeneleri değil, onlara yakın duran insanları da etkilediğini unutmamak gerekir. Bu durum özellikle saldırılardan sonra Çingenelere iş veren veya onları koruyan Türklere karşı davranışlarda daha da belirgin hale geldi. Çingenelerle yakınlık hâlâ kolay ifade edilebilen bir şey değil. Bu nedenle insanların damgalamadan kaçınmak için Çingenelerle aralarındaki mesafeyi vurgulamaya meyilli olduğu hatırda tutulmalıdır.

19 Bu bölümde, Hülya'nın, iyi ilişkilerden bahsettiği anlatısına bakınız.

için sınırlar, komşulukla birlikte gelen samimi ilişkiler nedeniyle esnekti. Yine de Hülya gibi birçok insan Çingenelerle olan görece yakınlıklarına rağmen onlarla aralarındaki sınırları da vurguluyordu. Necla saldırılardan bir süre sonra kimlerin evlerini terk ettiğini bilmediklerini itiraf etti, çünkü aynı mahallede yaşamalarına rağmen saldırılar süresince mesafelerini korumuşlardı:

> Aynı mahalledeyiz de gene de böyle sınır var yani. Kendi sokağımız burası, eskiden her yere öyle çok gidilmezdi, kapı önlerinde oturursun edersin ama hatırlayamıyorum yani. Çok sık görüştüğümüz şeyler olmadığı için. Bi tek Seylan Abla'ya Ayla Abla'ya giderdik, öyle kendi [Türk] komşularımız gibi [onların evine] gidilmez. Bi doğumları olur gidersin mesela komşuluk görevini yapmak için.

Hülya ve Necla'nın anlatılarına benzer şekilde, bu genel eğilimde istisnalar da mevcuttu. Türkler düzenli ziyarette bulunmasalar da ölüm, doğum ve düğün gibi özel günlerde ve kutlamalarda Çingene komşularını ziyaret ediyorlardı. Bütün bunlara rağmen, Türkiye'nin diğer yerlerinde olduğu gibi, Bayramiç'te de Çingenelere karşı doğallaştırılmış bir mesafe vardı. Kişisel bağlar egemen algıyı aşıp Çingeneler ve Çingene olmayanlar arasındaki sınırı belirsizleştirse de egemen algı hâlâ birçok insanın neden mesafelerini koruduklarını açıklar. Çingenelerle olan ilişkilerini ülke çapında Çingenelere karşı var olan olumsuz söylemle bağlantılı bir şekilde açıklarken Solmaz'ın anlatısı toplumsal mesafe konusunda benzer bir bakış açısını ortaya koyar:

> Onlar kendi içerisinde, kendi mahallesinde yaşıyorlar. Mesela Sulukule'de nasıl yaşıyolar. Sulukule'deki bir insanı sen ziyarete gider misin öyle? Eğlenmeye gidersin, evine oturmaya gitmezsin. Bi Çingenenin evine oturmaya hâlâ gidemezsin. Var gene var. [...] Hâlâ ne bir Roman'ın evine gidebiliriz ne de onlarla arkadaş olabiliriz.

Bu tür tavırlar Türkiye'de büyük kabul gördüğünden, Solmaz kendisiyle aynı fikirde olmamı bekliyordu, çünkü genelde Çingeneler, Çingene olmayanların gitmeye cesaret edemeyeceği ya da gitmek istemeyeceği ayrılmış mekânlarda yaşıyordu. Dahası, saldırılar sırasında da sıkça görüldüğü üzere, terör estirme ya da Çingenelerle ilişki kurmada baskın yollardan sapma Türkleri kırılgan bir pozisyonda, Çingenelere yakın bir yerde konumlandırabilirdi. İnsanlar Jim Crow çağında[20] Amerika'nın güney eyaletlerinde "Zenci âşığı" olmakla suçlanmaya benzer biçimde kurban olmaktan korkuyordu. İleride de göreceğimiz üzere, benzer bir tepki saldırılar sırasında Çingeneleri savunan savcı hakkındaki dedikodular yüzünden

---

20 İngiliz komedyen Thomas Rice'ın 1828'de yarattığı Jim Crow, türlü aşağılamalara maruz kalan bir Zenci karakteridir. Beyazların siyahlara bakışını anlatan bu karakter, Amerika'da ırk ayrımcılığını anlatan yasalar ve 1877-1950 arası dönem Jim Crow'un adıyla anılmaktadır.

de ortaya çıkmıştı. Yani Çingenelere yakın durmak ve Çingeneliği kabul etmek kişinin sosyal statüsü için aşağılayıcı olabiliyordu.

Dahası, Çingene olmak bireyin kasabada iş sahibi olma şansını da azaltıyordu. Bazı işkollarında Çingene olmayanlarla birlikte çalışsalar da saldırılardan önce de ayrımcılık vardı; hatta bu, saldırılar sırasında ve saldırıların hemen sonrasında Çingenelere karşı bir boykota ve Çingeneleri çalıştıran Çingene olmayan işverenlere yönelik şiddet tehditlerine dönüştü. Bu dönem kimileri için en az üç ay sürerken kimileri için yıllarca devam etti. Bu dönemde bazı insanlar belirli sektörlerde çalışmaktan vazgeçip geri çekildi. Diğerleriyse kasabada herhangi bir iş yapmayı bıraktı ya da kasabayı temelli terk etti. Solmaz saldırılardan önceki dönem hakkında konuşurken, işyerinde kurulan sosyal ilişkilerin son derece sınırlı olmasına rağmen çalışma hayatında bazılarının Çingeneleri hoş gördüğünü söylüyordu:

> [1970'ten önce] şoförlük yaparlardı, benim arabamda da çalışırlardı. Ödeme zamanı geldiğinde maaşını alıp giderdi. O kadar. Evlerine gitmezlerdi. Çingene canım, adı Çingene. [...] Şöyleydi: Herkes onları işe almazdı. Şoförlük yaparlardı ama kamyonda çalışamazlardı. Bazıları onları kabul etmezdi. "Boş versene" derlerdi "Çingene şoför alır mıyım ben!"

Şoförler arasındaki bu durum belirli hiyerarşilere ve ayrımcılığa yol açmış olabilir, çünkü bazı işverenler Çingene şoförlerle çalışmak istemiyordu. Çingenelere karşı önyargılı olan bazı aileler de onları evlerine almıyordu. Solmaz'ın eşi Ayten de ayrımcılığa ve ayrımcılığın iş bulmadaki etkilerine değiniyordu. İnsanların Çingenelere karşı besledikleri tiksintiyi ve onları işe alma isteksizliklerini şu şekilde tanımlıyordu: "Temizliğe giden çoktur mesela Çingenelerden ama [Çingene olmayan] her kadın evine almaz. 'Ben Çingenenin ellediğini elime mi alcam!' der. Öyle kadınlar çıkar."

Bu tür bir ayrımcılık Çingeneleri iş dünyasında açık bir şekilde damgalar ve kısıtlar. Kirlilik hakkındaki kısımda da incelendiği üzere, birçok kişi kirlilik ve tehlike inançlarından ötürü Çingenelerle arasına mesafe koymakta ve onlarla fiziksel temasta bulunmaktan kaçınmaktadır. Bu ayrımcı uygulamalar ve tavırların yanı sıra Çingenelerle evlenmek de kasabadaki Çingene olmayan nüfus arasında bir tabudur.

Çingenelerle Evlilik

Çingeneler ve Çingene olmayanlar arasında evlilik, Çingenelerin kirliliğine dair hurafelerden ötürü Çingene olmayanların büyük bölümü, özellikle de daha eski nesiller için düşünülemez bir durumdur.[21] Kimileri bunu bir kâbus ya da ailelerine gelen bir lanet olarak görür. Çocuğu bir Çingeneyle kaçan ebeveynler için üzülürler. Hatta birçoğu "Çocuğunun bir Çingeneyle evlenmesini neden istemezsin?"

---

21 Çingeneliğin tanımlanmasında temizlik ve dinle alakalı kısımlara bakınız.

ve "Neden gruplar arası evlilik onaylanmıyor?" gibi sorularla kendini hakarete uğramış hisseder. Bazı Çingenelerin tanımlanmasındaki muğlaklık da insanların bir Çingeneyle evlenmesi için sebep oluşturabilir. Bu tür durumlarda insanlar eşin bir Çingene olduğunun ayırdına varmaz.

Eski nesil bu konuda daha katı davranırken yeni nesil, aileler arasında töre ve yaşam tarzları konusunda görülen farklılıklara değindi. Diğer kasabalara ve şehirlere taşınan Çingenelerden bazıları gruplar arası evlilik de dahil olmak üzere çeşitli yollarla daha fazla entegrasyon imkânına sahip oldu. Bayramiç'teki gruplar arası evlilik 1960'lara ve öncesine kıyasla artsa da yine de çok az (yüzde 5'ten az) ve çoğunlukla 1980'lerden sonra kasabaya yerleşen köylülerle gerçekleşti. Ne de olsa sonradan gelenler de bazı kasaba sakinleri tarafından hor görülüyor, dolayısıyla hiyerarşik olarak Bayramiç'teki Çingenelere yakın bir seviyede kabul ediliyordu. Kasabada yerli olmak, Çingene olmamak ve Bayramiç'in dışından olmak arasındaki fark son derece çarpıcıdır, çünkü bir önceki bölümdeki anlatılarda gördüğümüz gibi, bazı kasaba sakinleri Çingeneleri genelde "bizden biri" olarak görür.

Kasabada bulunduğum günlerde Çingene bir kuaför kız ve kitapçıda çalışan Çingene olmayan bir erkek evlendi. Çocuğun Bayramiç'teki en eski ailelerden biri olan ailesi Çingene olduğu için kızı istemiyordu. Bu olay Türkler arasında tartışılıyordu. Hülya'nın kızı Melis de onlardan biriydi:

> Önyargı var. Bi de aileler ters düşüyo; hadi onlar anlaşıyodur da. Onlar [evlenenler] ikisi de [Çingene] oldu mu birbirinin dilinden anlıyolar ama öbür türlü [biri Çingene, diğeri değil] olmuyo. Fark var yani. Örf ve âdetlerini bilmiyorum ama en azından rahatlıkları insanı rahatsız eder yani, o kadar rahat olmaları.

Yukarıda da belirtildiği üzere, eski nesilden biri gruplar arası evliliğe çok daha soğuk bakmaktadır. Çingenelerin kirliliğiyle ilgili batıl inançtan bahsettikten sonra Muhtar Kemal Çingenelerle evlenmeye dair önyargının ne kadar güçlü olduğunu örneklendirdi. Müslüman olmayan bir yabancı bile bir Çingeneye tercih edilebiliyordu:

> [Çingeneyle evlenmek] ters geliyo yani bazı bizim Türk kesimlerine [...] Sebebini açıklaması çok zor. Belki bi yabancıyla evlense yadırganmaz ama bunlarla [Çingenelerle] evlenince yadırganıyo işte. Kültürümüzden gelen bir şey, ters geliyo. Aynı durumda sen nasıl karşılarsın? Biz öyle karşılayamıyoz işte. Sebebini sorarsan açıklaması zor.

Bir Çingeneyle evlenmek kasabadaki farklı nesillerden Türklerin, batıl inançlardan davranışların ve hareket tarzının uyumsuzluğu gibi rasyonelleştirilmiş açıklamalara uzanan farklı bakış açılarıyla vurguladıkları bir tabuydu. Sonuç olarak, Çingene ve Bayramiç'in yerlisi Türkler arasında evlilik pek sık görülmezken, bir Çingene ve kasabaya sonradan gelen bir köylü ya da yerli etnik Türklerle eşit görülmeyen diğer topluluklardan biriyle evlenmek mümkün olabilir.

İlginçtir ki (tüm gruplardan) birçok Çingene için gruplar arası evlilik bir başarı hikâyesi demektir.[22] Eş olarak seçilmek onlar için önem teşkil eder. Topluma ve Türklerin normlarına iyi entegre olmaları, Türkler tarafından kabul gördükleri anlamına gelir. Yerli bir Çingene çalgıcıyla Kuşadası'ndan Çingene olmayan öğretmen bir kızın düğünleri uyuşabilmenin kanıtı olarak görülüyordu. Yerli Çingeneler bu evlilikten gurur duyuyordu.

Kasabadaki muhacirlerle yerli Çingeneler arasındaki evlilik genç nesil arasında artarken Türklerle durum öyle değildi, çünkü muhacirler köylüleri ve bazı yerli Çingeneleri kendi açık fikirli ve modern dünya görüşleriyle uyumsuz oldukları gerekçesiyle hor görüyordu. Özellikle de kadınlarını sıkı bir kontrol altında tutmaları ve cinsiyetçi bir işbölümü yapıyor olmaları muhacirler tarafından çağdışı görülüyordu.[23] Çingeneler, gruplar arası evlilik konusunda büyük ölçüde ayrımcılıktan bahsetseler de daha genel bir soruya verdikleri bir yanıtta kasabada ayrımcılık yaşamadıklarını söylediler. Örneğin, Cevza'nın kızı Şükufe, Çingene olmayan eşiyle (aynı mahalleden Bosnalı bir göçmen) evliliğinden bir zafer olarak bahsediyordu: "Daha önce kimse başaramadı ama ben başaracağım dedim. Ve başardım da. Romanlığı kabul etmiyorum. Etmem, niye edeyim?"

Özetle, güç yapısının önemli bir unsuru olarak saldırılar esnasında etkin hale getirilse de kasabadaki hiyerarşilerin sadece Türklüğe bağlı olmadığını görüyoruz. Ancak bu bölümde yerli Çingenelerin tepkilerinde de göreceğimiz gibi yerellik, yerel değerleri bilmek, uygunluk ve kurallara uymak da göze çarpan unsurlardır. Bir sonraki bölümde Çingeneleri saptamak için kullanılan kriterleri, bunların toplumdaki hiyerarşik ilişkileri ve kontrolü devam ettirmek konusundaki işlevlerini daha yakından inceleyeceğiz. Ait oldukları kategorilere otomatik olarak sabitlenmedikleri için insanları Çingene olarak tanımlamanın ve etiketlemenin kafa karışıklığına yol açtığını göreceğiz.

---

22 Türkler ve Çingeneler arasındaki sınırları geçişsiz olarak gören yerli Çingene anlatıcım Fazıl dışında durum böyleydi. Fazıl'a göre Çingene olan ve olmayan iki insan kültürel sebeplerden dolayı evlenmemeli ancak kimileri bu tabuya karşı koyabilir.

23 Nüfus Mübadelesi ve Çingenelerin Tepkilerinin Meşru Sebepleri hakkındaki kısma bakınız.

Çingeneleri Tanımlama Sorunu

Türkler kasabadaki Çingeneleri tanımlamak ve saptamak için farklı özellikleri dikkate almaktadır. Bu kısımda ana kriterler olan fiziksel özellikleri, oturdukları yerler ve meslekleri, tavır ve tutumlarla ahlaki değerleri inceleyeceğim. Çingene kategorisi aynı kalsa da her bir özellik kafa karışıklığına yol açabilir. Bu da hiyerarşileri ve toplumsal düzeni koruma isteğinin yanı sıra kasabadaki değişen dinamiklerin etkilerini de gözler önüne serer.

Fiziksel Özellikler

Bayramiç'te birçok kasaba sakini ("koyu tenli" olmanın önemli bir belirteç olduğu) fiziksel özelliklere bakarak kimin Çingene olduğunu söyleyebileceğini iddia ediyordu. Buna ek olarak kıyafet kodları, konuşma ve yürüme biçimleri de kimin Çingene olduğunu anlamak için başvurdukları fiziksel işaretler arasındaydı. Fakat bazı kasaba sakinleri de özellikle Çingeneler kimliklerini sakladıklarında kimin Çingene olduğunu söylemenin zor olduğunu belirtiyordu. Gerçekten de insanlar, Çingeneler arasındaki muhtelif fiziksel farklılıklara rağmen genel özellikleri arıyordu. Farklılıklarsa kuralın birer istisnası olarak görülüyor ve bazıları "beyaz Çingene" gibi ifadeler kullanıyordu.

Çingeneler genelde koyu cilt rengi ve saçla özdeşleştiriliyordu. İroniktir ki tenleri Türklerinkinden daha koyu renkli olduğu için damgalanan ve çoğunluğu oluşturan Kürtlerin yaşadığı Diyarbakır'da mülakat yaptığım bir Kürt, bana Çingeneleri koyu renkli tenlerinden ayırt edebildiklerini söyledi. Ayrıca, Diyarbakır'daki bir Dom Çingene koyu tenlilik fikrini reddediyordu. Kendisinin gözleri ve teni koyu renkli olmasına rağmen oğlunun saçları sarı, gözleri mavi, teni beyazdı; bu nedenle stereotipe hiç uymuyordu. Aktarıcı, daha açık tenli olanların en azından sokaktaki gündelik ayrımcılıklardan kurtulabileceğini belirtiyordu.

Koyu renkli cildin yanı sıra yalnızca kasaba sakinlerinin kolayca saptayabileceği ancak dışarıdan gelen bir yabancının göremeyeceği bazı ufak farklılıklar da vardır. Hülya ve kızı kasabadaki Çingenelerin burun (yassı) ve gözleri (torbalı) açısından daha farklı yüz özelliklerine sahip olduğunu belirtti. Ancak diğer yerlerde bir Çingeneyi ayırt edemeyeceklerini de itiraf ettiler. Örneğin, Antalya'da yerel halk farklı etnisiteler arasındaki farklılıkları görebilirken Hülya ve kızı bunu yapamıyordu. Benzer şekilde, otobüs terminalinde beklerken Bayramiç'in yerlisi olan annem yalnızca dış görünüşüne bakarak bir adamın Çingeneliğini anlayabiliyordu.

Tepecik Mahallesi'nde Çingene komşularıyla yaşayan ve ortaokulda Çingene öğrencilere ders veren bir Türk anlatıcı Necla da görülebilir farklılıklara değiniyordu. Çingenelerin gözlerinin, özellikle gözlerindeki beyazlığın farklı olduğunu belirtiyordu. Ancak, bu tür nüansların gerçek farkları yansıttığını varsaysak bile benim için tamamen görünmezdi. Kasabadaki Çingeneler arasında farklı fiziksel özelliklere sahip pek çok insan vardı. Üstelik, bir kısmı koyu tenliyken benden daha açık tenli olanları da pek çoktu.

Yani Çingeneliğin belirleyici bir imleyeni olmasa da koyu tenlilik hiyerarşileştirmede, ötekileştirmede ve damgalamada önemi bir rol oynar. Çingeneler çoğunlukla daha koyu tenli insanlar olarak tanımlanır ve bazı durumlarda tenlerinin rengi onları saptamak için kullanılır. Saldırılar sırasında kimileri Türklerden "beyazlar" Çingenelerden "siyahlar" olarak bahsediyordu.[24] Koyu renkli ten fikri o kadar güçlü olabilmektedir ki Çingeneler de bunu kolayca içselleştirir. Kasabanın yerli Çingenelerinden Ezgi'yle yaptığım konuşma da bu tür bir algıyı örneklendiriyordu. Ezgi, beyaz tenli olmanın güzel olduğunu düşünüyordu; bazı Çingeneleri anlatmak için koyu ten tanımlamasını birkaç kez kullanmıştı. Dahası, ölen eşinin fotoğrafını gösterdiğinde eşinin yakışıklı olduğunu söyledim ve bana "Hayır, esmerdi," dedi. Ten rengiyle ilintili olumsuz ilişkilendirmelerin egemen söylemin ne denli önemli bir parçası olduğunu ve Çingenelerin kendi algılarını nasıl etkilediğini görüyoruz.

Öte yandan, Çingenelerde güzellik Türkler tarafından bir istisna olarak görülür: "Görsen Çingene olduğunu anlamazsın." Bu, Hülya'nın saygın bir Türkle (1975 ve 1977 yılları arasında Adalet Partisi'nden bir dışişleri bakanının oğlu) evlenmeyi başaran Çingene bir kızın güzelliğinden bahsederken kullandığı cümleydi. Kızın, beyaz teni ve açık mavi gözleriyle ünlü film yıldızı Fatma Girik gibi çok güzel olduğunu söyledi.

Yani, koyu tenle ilişkilendirmenin[25] kendisi çirkinlik gibi olumsuz çağrışımlarla birlikte ayrımcı olabilir. Daha açık tenli Çingenelerin Türklüğe daha yakın olduğu düşünülür. İsmail, muhacirler konusundaki kafa karışıklığını şöyle ifade etti:

> Anne Çingene, baba Türk olabilir. 60-70 yıl önce evlenmiş olabilirler. Çocuklarının Çingene olduğunu anlayamazsınız. Koyu renkli gözleri, saçları yok. [Çocuklar] bizim gibi beyaz tenli, renkli gözlü. Sana bir Çingene kızı göstereyim, anlayamazsın bile. Soyunun bir yanı Türkmüş.

24 Lucassen ayrıca 19. yüzyılda Alman polis günlüklerinde koyu ten renginin bir Çingeneyi saptamak için yaygın bir şekilde kullanıldığını söyler. Bkz. Leo Lucassen, "'Harmful Tramps': Police Professionalization and Gypsies in Germany, 1700–1945", *Gypsies and Other Itinerant Groups*, der. Leo Lucassen, Wim Willems ve Annemarie Cottaar (Londra: MacMillan Press Ltd, 1998), 82.

25 Bkz. Anne McClintock, *Imperial Leather: Race, Gender, and Sexuality in the Colonial Contest* (New York: Routledge, 1995).

Bazı Türkler fiziksel özelliklerin yanı sıra dış görünüş, hareket ve yürüyüş tarzlarının da ayırt edilebilir farklılıklar olduğunu söyledi. Kasabada insanlar artık etnik farklılıkları belirlemek için kıyafet kodunu kullanmasa da bu kod bu tür ayrımcılıkta büyük önem taşıyordu. Bu unsur Sünni çoğunluktan farklı görülen Türkmenler (bölgede yaşayan Alevi Müslümanlara verilen isim) için önemli bir fark yaratıyordu. Türkmenler kasabada en farklı ve tecrit edilmiş topluluk olarak algılanıyordu. Öte yandan Çingeneler çoğunluğun normlarına uyum sağlamada daima daha açık olmuştu.

Hülya'nın kızı Melis, görünüşlerinden, sokaktaki hareketlerinden, yürüyüşlerinden ve konuşmalarından Çingeneleri nasıl tanıyabileceğini anlatırken bir yandan istisnalar olduğunu da kabul ediyordu:

> İşte böyle yolda falan çok rahat yürürler, öyle bağara bağara konuşurlar. İşte onlar h'leri falan söyleyemiyolar ya. Oralardan anlıyosun zaten. Bi de biraz giyim tarzları falan. Saçlarını falan çok abartı boyatırlar. Ama herkes değil tabii öyle yaptıranlar da var. Giyimleri, yürüyüşleri çok rahat. Ordan biliyon zaten. Konuşmaları zaten çok ele veriyo kendilerini. İşte bazıları ayırt edilmiyo. [...] Giyimleri, konuşmaları falan çok ayırt ediliyolar ama bazıları belli etmiyo.

Necla, Çingenelerin fiziksel özelliklerini yaşayış, hareket ve sosyal normları algılayışlarına bağlıyordu: "Yürüyüşleri görünüşleri rahat." Ona göre Çingenelerin en önemli özelliği dışa dönüklükleri, yazısız kuralları ve kodları yok saymalarıydı:

> Belli olur yani. Onların böyle dışa açık olmaları, kural tanımamaları onları belli eder. Kural tanımamaları derken yasalara değil de görgü kuralları. Mesela sokakta yüksek sesle konuşulmaz di mi veya büyüklerine saygı... Saygılısı çok saygılıdır ama... "Küfre girmez" derler ama onlara azıcık dokunsan laf bilmezler [kötü kelimeler kullanırlar].

Öte yandan kasabadaki Çingeneler de Türkler de kimin Çingene olduğunu ayırt etmenin kolay olmadığını belirtti. Türkler bazı Çingenelerin Türk gibi göründüğünü, çünkü Çingeneler gibi görünmediklerini, giyinmediklerini, konuşmadıklarını ya da davranmadıklarını "ama içlerinde yine de Çingene olduklarını" iddia ediyordu. Son zamanlardaki örneklerden biri olarak da Çingeneye hiç benzemeyen Çingene bir gençle evlenen Türk bir kızdan bahsettiler. Yine de kızın ailesine acıyorlardı.

Özetle, Çingeneler arasındaki yaygın kanı, kabul görmek ve etnik sınırları aşmak için "Türk gibi görünme"nin daha uygun olduğudur. Ancak Türk gibi görünmek Çingene olmayanların algısında yeterli değildir. Algılar ille de fiziksel özelliklerle değil, kasabadaki Çingeneleri saptamak ve bu sayede toplumsal düzeni korumak için kullanılan diğer özelliklerle de bağlantılıdır. Yaşam alanlarına ve mesleklere ait sınırlar inceleyeceğimiz bir sonraki konu.

Yaşam Alanlarına ve Mesleklere Ait Sınırlar

Kasabada Çingenelerin yaşadığı iki ana mahalle vardır: Muradiye ve Tepecik. Muradiye muhacirlerin mahallesi olarak bilinir ve Tepecik'e çıkan iki sokaktan oluşur. Mahalle, saldırılardan bu yana daha karma bir hale gelse de, burada bir arada yaşayan Türkler ve Çingeneler hep olmuştur. Fakat Tepecik Mahallesi'nde yalnızca Çingenelerin yaşadığı daha ayrı bir kısım da vardır. Çalgıcı ailelerin çoğunlukta olduğu bu kısımda 20-30 hane bulunmaktadır.

Son derece merkezi konumdaki bu mahalleler kasaba merkezine oldukça yakın konumdadır. Ana şehir yolunu kasaba merkezine bağlayan ana caddeye bağlanan kollarda yer alır. Bu yol Tepecik Mahallesi'nden geçerek Muradiye Mahallesi'ni kasabanın ilk ortaokuluyla ve lisesiyle bağlar. Dahası, Tepecik'in üst kısmı, kasabanın birçok yerli Çingene ve Türkün bir arada yaşadığı tarihi merkezini oluşturur. Özellikle 1980'lerden sonra artan köylü göçleri için bu mahallelerin etrafında yeni yerleşim yerleri inşa edilerek kasaba genişletilmiştir. Yani bazı çingeneler bu mahallelerin toplumsal anlamda ayrışmış kısımlarında yaşasa da Çingene mahallelerinin merkezden uzak olduğu söylenemez.

Çingenelerin öteki mahallelerde yaşamaları az görülen bir durumdur. Yukarıda bahsedilen mahallelere yakın olan Çamlık'ta yaşayan birkaç sepetçi vardır; kimileri çadırda yaşamakta ve Bayramiç'e ait olarak görülmemektedir. Geçtiğimiz birkaç on yılda yerleşik hayata geçseler de bazıları bahar gelişiyle birlikte yine gezginliğe başlarlar. Yerli Çingeneler ve muhacirler de dahil, kasabadaki herkes onları hor görür. Bu Çingenelerin damgalandığı ve ayrımcılığa uğradığı gerçeği, bir zamanlar birçok muhacirin yaşadığı Muradiye Mahallesi'nde yaşamış olan Meliha'nın sözlerine de yansıdı. Sepetçileri şu şekilde tanımladı Meliha:

> "Mart içeri Çingen dışarı," derlerdi kendileri de. Ondan sonra çadırını alır, çoluğunu çocuğunu alır, çay büklerine giderler, çadırını kurarlar oraya. Böyle yaşarlar. Sepet örer, satarlar. Dilenirler, yavrum. Köylülerden her bişeyleri isterler. Ne kazanırlarsa onlarındır işte.

Fakat Bayramiç'te yerli Çingeneler, muhacirler ve Türkler uzun yıllardır komşu olarak bir arada yaşadı. Kasaba merkezinin küçük olması nedeniyle birçok Çingene ve Türk farklı biçimlerde etkileşimde bulundu. Geçmişte nüfusun az, coğrafi yakınlığın fazla olması nedeniyle yakın temas kaçınılmazdı. Birçok kişi birbirini tanıyordu. Çocuklar okula birlikte gidiyor, sınıf arkadaşı olarak da iyi kötü yakın bir ilişki kuruyordu.

Buna ek olarak, yerlilik de Çingeneler arasında bir hiyerarşileştirme unsurudur. Gerçek yerliler az çok meşru bir statüye sahip olurken, sepetçiler yerliliğin bir parçası olarak bile görülmez. Yalnızca yerli Çingeneler en olumlu itibara sahiptirler ve yerli olarak görülmeyen muhacirlere göre çok daha iyi durumdadırlar. Yerli Çingeneler de yerli köklerini vurgulayarak kendilerini muhacirlerden ayırır. Öte yandan, muhacirler kendilerini modern, medeni ve toplumsal terbiyeye sahip olarak görür, yerli Çingeneleri küçümserler. Bu stratejilerin ayrımcılığa karşı Çingeneler tarafından nasıl kullanıldığına daha yakından bakacağız. Eski Belediye Başkanı Solmaz'ın anlatısı, Türklerin bakış açısından yerli Çingeneler ve muhacirler arasında yerliliğin önemini daha iyi anlamamıza yardımcı olacak:

> Muhacirler de burdadır da yerliler daha eski. Muhacirlerin geldikleri tarih belli. Yerliler devamlı burda. Yerliler de, bir hakiki yerliler var bir sonradan gelen yerliler var. Adalılar. Adalı sülalesi zannedersem sonradan gelme. Ama onlar nerden geldi bilmiyorum. Ama esas yerliler vardır, onlar kim dersen mesela Küçük İzzet-Büyük İzzet, onların çocuklarının uzantısı kim dersen çalgıcı Alaaddin'i bilmiyo musun? Klarnetçi Alaaddin. Onun sülalesi bir, ondan sonra Semerci Musa vardı burda, o da Adalılardan. O da yerli. Onların sülalesi... Beyazdır onların sülalesi. O anlatmaz, saklamaya çalışır, Çingen yerine koymaz kendisini de ondan.

Yerli Çingenelerle, özellikle de demirci aileleriyle eski bağlar ve ortak ilişkilere dair daha birçok anlatı vardır. Komşuları Ayfer yerli Çingeneleri kendilerine nasıl daha yakın gördüklerini anlatıyordu:

> A senin benim gibi komşuduk. Çok iyilerdir [iyi Müslümandırlar]. Abdestli namazlı… Onlar karışmazdı öyle şeye. Daha hâlâ da oturuyo bak evlerinde. Onlar Türk-Çingene diye ayrılmazlar.

Ancak bazı kişilerden bahsederken Ayfer de dahil birçok Türk kimin yerli kimin muhacir olduğu konusunda kafa karışıklığı yaşıyordu. Çingeneler de kendi aralarında yerlilik ve kasabaya yerleşme tarihine dayanarak bazı ayrımlar yapıyordu. Türkler için bu kıstaslarsa Çingenelerin topluma uyum düzeyi, Türklerle yakınlıkları ve Türk davranış kodlarına ve hayat tarzına uyumlarını içeriyordu. Bazı Türklerin farklılık konusunda kafa karışıklığı yaşamasının nedeni de budur; zira muhacirlerin içerisinde Çingenelik ve Türklük arasındaki hiyerarşiyi kabul edip toplumsal ve ekonomik güç mücadelelerine girerek bu hiyerarşiyi ihlal etmeyen ve bu sebepten ötürü yerli olarak görülenler de vardır. Artık kasabanın yerlisi olan diğer bazı muhacirleri, kasabaya sonradan yerleşen köylülerle kıyaslayarak ele alınca, yerellik kavramını, sosyal hiyerarşilerle bağlantılı olan, çok katmanlı ve bağlamsal kullanımı içinde görürüz.

Fatıma yerlilik, kasabaya geliş tarihi, meslek ve dışlanma düzeyi bağlamlarını biraraya getirerek Çingeneler arasındaki farklılıklara değindi:

> Yerli Çingene deriz biz, onlar vardı. Yerli Çingenelerimiz. Onlar abdestli namazlı. Mesela aşağıda bi sizin eski evlerin karşısında dükkânları vardı, nalbant dükkânı. Nal yaparlardı bizim çocukluğumuzda. Onlar da Çingeneydi ama yerli Çingene denir onlara. Bunlar sonradan gelmiş, bunlara muhacir derler, alışveriş bile yapmazlardı onlarla. [...] Şehrin dışına karşılamaya çıkmış "göçmenler geliyo, göçmenler geliyo" diye. Bi de baktıktı diyo "aman hepsi kara bacaklı Çingene" diyo Fadime Teyze. Çitakoğlu getirmiş. Kara olduklarından tam Çingeneye benziyolarmış. [...] Mubadele muhaciri derdi babam. Şey yapılmış... Burdakileri götürmüşler, ordan gelmişler. [...] İnsanlar kasabanın girişine karşılamaya gittiklerinde, anlatırdı, "Bi baktık, aman Allahım! Hepsi kara bacaklı Çingen." Diğerleri geldiğinde işte. Onları öyle gördüklerinde şaşırmışlar nasıl muhacir bunlar diye. Selanik Çingeneleri denir onlara.

Yerlilik dışında mesleki uzmanlık da Çingenelerin toplumsal konumlarında etkili bir unsurdu. Yerli Çingeneler geleneksel anlamda Çingene meslekleri olarak kabul edilen işleri devam ettiriyorlardı. Karaahmet, Çingeneleri mesleklerine göre ayırıyordu: sepetçi, demirci/davulcu Çingeneler:

> Sepetçi Çingenesi çadırda durur, bunlar [yerli Çingeneler] evlerde durur. Sanatkâr derler. Kendileri müzisyen derler. Ötekiler dilenir, burlara, evlere falan gelirler. Onlar çadırcılar. Sepet örerler, sepet satarlar. Kasnak yaparlardı eskiden. Ayriyeten demirci Çingenesi vardır. Çapa yaparlar, nacak yaparlar. Şurda Bayramlar vardır bizim. Onlar da Çingene ama onlar demirci Çingenesi.

Yerli Çingeneler arasında bölge halkına en çok entegre olanlar ve en fazla kabul görenler demircilerdir. Eskiye dayanan geçmişleri ve Türklerle iyi ilişkileri nedeniyle yerli Türk kültürüne yakınlıklarıyla bilinirler. Demirciler, demirin birçok insan tarafından kullanıldığı 1970'lere kadar olan dönemde ekonomik olarak işlevsel bir rol oynuyordu. Kadınlar pazarlarda sebze satarken, bazı yerli Çingeneler de geçici işlerde çalışmak üzere çiftliklere giderdi. Terzilik, berberlik ve fırıncılık gibi farklı mesleklerde çalışan birkaç kişi de vardı.

Birçok yerli Çingene düğünlerde çalgıcılık yapıyordu. 1970'ten önce Çingene çalgıcıların olmadığı bir düğün düşünülemezdi. Kasabadaki düğünlerin yanı sıra köylere de gittiklerinden, bu meslek sayesinde birçok insanla etkileşime girmişlerdi.[26] 1970'ten önce muhacir kadınlar da kına gecelerinde kadınları eğlendirirdi. Bu nedenle müzisyenler kasabadaki ve çevre köylerdeki birçok kişiyi tanırdı.

---

26   Türk bir anlatıcı saldırıların tam tarihini unutamıyordu, çünkü aynı yıl evlenmişti ve Çingenelerin düğününde çalmasına izin verilmemişti. Bu nedenle düğünleri pek de güzel

Yerli Çingeneler arasında müzisyenler artık "daha Çingene" kabul edilmektedir. Bu stereotiplere "Çalgıcı demek Çingene olmak demek değil!" şeklinde tepki vermektedirler. Muradiye Mahallesi'nde oturan İsmail, Çingenelerden bahsederken çoğunlukla çalgıcılardan söz ediyor, düğünlerde kolay para kazandıklarını vurguluyordu. Çalgıcılara kıyasla muhacirlerin daha Türk olduğunu dile getiriyordu:

> Bunlar [muhacirler] bakla ve badem, yapağı, kurban derisi, balmumu alırdı; burdan bunu toptancıya götürürdü. Bi takım aileler de hamallık yapıyo. Şimdi arabalarıyla çalgıcıları düğüne götürüyo. Getir götürle para kazanıyo. [...] Muhacir işte, Türklük bulaşanlar. Yani çalgı çalmayıp da geçimini başka yerlerden bulanlar.

Muhacirler geçimlerini geleneksel Çingene meslekleriyle kazanmadıklarından, içlerinden bazıları anaakım bir hayat tarzı ve mesleği olan "normal vatandaş" olduklarını belirtip yerli Çingenelerle aralarındaki farkı vurguladı. Anlatıcıların tepkileri göz önünde tutulduğunda meselenin bu gruplar içerisinde de tartışmalı olduğu görülebilir. Daha önce de değinildiği gibi, muhacirler hamallık, şoförlük ve ticaret piyasasında ufak işler yaparak ekonomiye dahil oluyordu. Helvacı aileler için helva yapımına yardımcı olan birkaç kişi vardı; bazı erkekler de benzincide, restoran ve fırınlarda çalışıyordu. Muhacir kadınlarının çoğu bakıcı ve hizmetçi olarak çalışıyordu.[27] Bu kadınlar bu ailelerle yakın ilişkiler kuruyordu; hatta kimisi ailenin bir parçası olarak görülüyordu. Ancak, saldırılar hakkındaki bir sonraki bölümde de göreceğimiz üzere, Türkler taşımacılık sektörünün önemiyle birlikte muhacirlerin artan sosyal ve ekonomik güçlerini bir sınır ihlali olarak yorumladı. Bu nedenle saldırıların olduğu dönemde şoför muhacirler "daha Çingene" haline geldi. Edindikleri güç, toplumsal düzeni olduğu haliyle tutan sınırlara bir tehdit olarak görüldü. Saldırıları incelerken bu mesleki hiyerarşi ve sınırlara bir kez daha değineceğiz.

Ahlaki Değerler ve Din

Çingenelerin farklı değerlere sahip olduğu söylenir; din hakkındaki fikirlerle doğrudan bağlantılı bir algıdır bu. Türkiye tarihinde din, azınlıkların saptanması için bir referans noktası olarak yapılandırıldığı için Çingenelerin de dinlerine ve dindarlıklarına ilişkin önyargının önemli bir rolü vardır.[28] 1945'te hükümet tara-

---

geçmemişti.

27 Evlerde su olmadığından çeşmelerden su taşıyıp evi temizler, tüccarlar, devlet memurları ve küçük işadamlarının çocuklarına bakarlardı.

28 Bu algı yalnızca Türkiye örneğine özgü değildir. Bkz. Leo Lucassen ve Wim Willems, "The Church of Knowledge: Representation of Gypsies in Encyclopedias," *Gypsies and Other Itinerant Groups: A Socio-Historical Approach*, der. Leo Lucassen, Wim Willems ve Annemarie Cottaar (New York: St. Martin's Press, 1998), 45.

fından yapılan ve Türkiye'deki Çingenelerin dinsizliğine işaret eden anketin de gösterdiği gibi Çingenelerin dinle olan bağları şüphe uyandırmaktadır.[29] Bu durum Çingenelerin gelenekleri ve pratikleri hakkında birçok batıl inanca da yol açar. Örneğin, "Çingenenin yönettiği namazın [Allah tarafından] kabul edilmeyeceği"ne dair genel bir deyiş de bulunmaktadır.

Stereotipleri kuvvetlendiren birçok başka batıl inanç da vardır. Çingenelerin Hz. İbrahim döneminde Çin ve Gane adlı iki kardeş arasındaki ensest bir ilişki sonucu ortaya çıktığı ve bu nedenle Çingeneler arasında ensestin yaygın olduğu inancı buna bir örnektir.[30] Bu düşünce, Çingenelerin toplumsal olarak dışlanmalarına katkıda bulunurken insanların Çingenelerin cinselliğini neden ahlaksız ve sapkın gördüğünü de açıklar. Bunun yanı sıra dini bilgileri ile Tanrı'yı bile umursamayan bencillikleri hakkındaki hurafeler ve Çingenelerle evlenmenin bir tür günah olduğunun ima edilmesi de son derece yaygındır.

Bayramiç'te Çingenelerin İslama karşı tutumları hakkındaki şüphe birçokları tarafından paylaşılır ve gerçek olarak kabul edilir. Bu bağlamda aşağılayıcı birçok kullanım ortaya çıkarken, kimileri Çingenelerin dinsel pratikleri yerine getirmekteki yetersizlikleriyle dalga geçmektedir. Kimileri için Çingenelerin dinsel uygunsuzluğu su götürmez bir gerçektir ve bunu da Çingenelerin farklı olduğu iddiasını pekiştirmek ve ayrımcılığa uğrama nedenlerine dair argümanlarını desteklemek için kullanmaktadırlar. Bu şüphe batıl inançlarla da desteklenir. Fitnat'ın beyanı buna bir örnektir:

> Müslüman olur mu kızım, Çingen o. Hinçi birinde bi kadıncağız var gelir bazı, bohçacı. Ben de namaz kılıyom. Bize dedi görmüşlüğümüz yok dedi, bize böyle bilsek biz de konuşsak dedi. Bunlar Çingenler. Nasıl biliyon mu? Bi yer varmış, oraya bişey yapcaklarmış emme, köprü mü yapcaklarmış, yoksa bişey yapcaklarmış, bir türlü temel tutmuyomuş. Temeli yapıyolarmış, yıkılıyomuş. Sonra demişler ki bu iki gardeş şey yaparsa karı koca olursa bu yapar. Hani o zaman tutulcak bu temel. Bu sefer demişler ki Türklerden kimse yapmamış onu. Yapmayınca Çingeneden yapmış. Ondan Çingenler; hiç onların yeri yurdu yok. Onlar iki kardeş karı koca oluyolar ve temel tutmuş de onlan bi gelenekleri yok. Bilmiyolar, yani.

Bu basmakalıp yargı, Çingeneleri yalnızca ahlaksız ve Türklerden farklı değil, toplumun da bir parçası olarak konumlandırması açısından önem taşır. Bu, toplumu işler durumda tutan ama aynı zamanda toplumsal düzenin devamlılığı için

---

29 Adrian Richard Marsh ve Elin Strand Marsh, *Proposal for Phase Two of a Study Mapping Roman Communities in Istanbul* (İstanbul: International Romani Studies Network, 2005), 2.

30 Suat Kolukırık, "Türk Toplumunda Çingene İmgesi ve Önyargısı," *Sosyoloji Araştırmaları Dergisi* 8, sayı 2 (Güz 2005): 11.

edindikleri roller nedeniyle lanetlenmiş bir konumdur. Toplum için çalışırlar ama bu da onları aynı zamanda farklı ve ahlaksız kılar. Ancak yine de bir bütün olarak toplumdaki yerleri ve işlevleri kabul görür. Konuşmamızın ilerleyen kısımlarında Fitnat, Çingeneleri topluma hizmet etmeleri ve ikincil konumlarını kabullenmeleri gereken bir parça olarak gördüğü algısını ortaya serdi. Fitnat'a göre Çingeneler kasabada kabul görüyordu ama geleneksel mesleklerine devam etmektense yeni meslekler edinerek sosyal sınırları aşmışlardı.[31]

Çingenelerin gerçek Müslümanlar olmadığı şüphesi daima vardı. İslamın dini geleneklerini izlemelerine rağmen bazı Türkler onların samimi olmadığını düşünüyordu. Yine de kimi Türkler yerli Çingenelerin dini gayretlerini takdir edip farklı ibadetlerine hoşgörü göstermektedir:

> Onların ne abdesi var ne namazı var ne bi… Ama yerli Çingenler bak oruç da tutar, namaz da gıla. Teravi de gılar o yerliler. Sonra gelen şeyler bile, sonradan gelenler bile onlar bile yapıyolar şimdi. Yapim diye kimisi merak ediyo. Namaz kılıyo.

Bir başka anlatı da Çingenelerin özünden gelen uygunsuzluğa işaret ederek, Müslüman olarak kabul edilemeyeceklerini söylüyordu. Dahası, dindarlıkları hakkındaki şüpheler dini uygunsuzlukları nedeniyle Sünni mezhepten ayrıştırılan Aleviler hakkındaki argümanlarla paralellik gösteriyordu. Salih'in ifadesiyle: "Çingenenin bi defa kitabı bile yok, bilmiyon mu sen. Çingenenin namazı bile kıyılmaz. Eskiden Alevilere kaçanlar olurdu."

Bu şüphe gelenekleri ve karakterlerinin özüyle eklemlenir. Hıdırellez kutlamaları hakkında konuşurken Meliha, Çingenelerin dinsel aktivitelerinin samimiyetini sorguladı ve gelenekleri hakkında son derece olumsuz konuştu:

> Onların gelenekleri e tabii onların kendi huylarına göre. Sabah oldu mu erkenden sabah ezanından sonra çaya giderler. Eskiden böyle çırayla giderler. Orda mal isterlermiş çayın kenarında, çiçek toplarlar, bilmiyom namaz kıldık derlerdi ama nerde kılcaklar namaz. Ev yaparlardı böyle daştan evimiz olsun diye. Hıdırellez sabahı. Ben de takılırdım "Her sabah gitsenize siz böyle" derdim, "Bizim âdetimiz öyle" derlerdi. [...] İşte âdetleri öyle türlü türlü onların.

Burada Meliha geleneklerinin çeşitliliğine değinip onların geleneklerinin meşru gelenek, toplumsal normlar, davranışlar ve dinsel uygunluğun temel taşları olan Türklerin gelenekleriyle yakın görülmemesi gerektiği konusunda uyarıda bulun-

---

31   Dördüncü Bölüm'deki Şoför Kavgası kısmına bakınız.

du.[32] Çingenelerin yaşam tarzları, davranışları ve dini uygulamaları konusunda Türklerden ne kadar farklı olduklarından ve bu farklılığın özellikle de saldırılardan önceki dönemde Türkleri ne kadar rahatsız ettiğinden söz etti:

> İşte aynı bizim gibi giyinirlerdi işte ama şımarıklıkları üstlerindedi yani. Bi ara şımardı onlar çok. Yani çok içerlerdi bi de. Davul çalarlardı, rahatsız ederlerdi insanları mahallede. E biz de Türkleriz yani, namaz kılarız, Kuran okuruz. Rahatımız olmadı yani onlardan.

Meliha, Çingeneleri ahlaki kodları bozmakla suçlayarak saldırıların onların suçu olduğunu iddia ediyor gibiydi; Türkleri hiçe saydıklarını ve kışkırttıklarını söylüyordu. Özellikle kendisine göre, saldırıları meşrulaştıran öğeyi, dine karşı tavırlarını vurgulayarak Çingenelerin ne kadar uyumsuz olduklarını kanıtlamaya çalıştı. Çingenelerin namaz kılıp kılmadığını sorduğumda "Hayır" dedi ama sonra kendisini düzeltti: "Daha sonra, bizden görerek kılmaya başladılar."

Ancak, Meliha'nın da iddia ettiği üzere, özellikle de yerli Çingenelerin eski nesilleri inançlı Müslümanlardı. Hatta Meliha'nın çocukluk arkadaşı olan yerli bir Çingene kadın hafız da vardı. Anneannemin ölümünde geldiği gibi Türklerin evine hafızlığa giden Mesiye Teyze, Türkler ve Çingeneler arasındaki ayrılığı değil dini birlikteliği vurgulardı. Aynı şekilde, birçok Çingene de tıpkı Türkler gibi Müslüman olduklarını ama Türklerin kendilerine bu şekilde davranmadığını vurguladı.

Bu inançlar öylesine güçlüydü ki kasaba halkı bunları açıklamak şöyle dursun bir insanın bunları neden sorguladığına anlam veremiyordu. Bu nedenle dinsel ayrımcılık meşrulaştırma yöntemi olarak kullanılıyordu. "Onun dini farklı. Kızı bir Çingeneye verir miydin?" ya da "Sen de öyle yapmazdın, çünkü toplum böyle kabul etmiş."

Bu durum, Çingenelik hakkındaki olumsuz inanışların toplumsal bağlamda sorgusuz sualsiz nasıl kabul edildiğini gösterir. Somut bir cevap vermek yerine, bu inanışların toplum tarafından benimsenmesinden bahsettiler. İnsanlar Çingenelikle ilişkilendirilme korkularından ötürü Çingenelerle yakın görülme fikrinden bile hoşlanmıyordu. Din hakkındaki argümanlar Çingenelerin damgalanmasının toplumda yaygın olan bir başka yönüyle de paralellik gösterir: Dinsel yan anlamları olsa da bununla sınırlı olmayan kirlilik konusu. Ahlak, davranış ve konuşma tarzı,

---

32 Bu tür bir algının açıklayıcı aracı olarak damgalamanın gücü için. Bauman'a göre: "Damga kültürün dönüşüm kapasitesi sınırlarını çizer. Harici işaretler gizlenebilir ama yok edilemez. İşaretler ve içsel hakikat arasındaki bağ reddedilebilir ama yok edilemez." Zygmunt Bauman, *Modernity and Ambivalence* (Cambridge: Polity Press, 1993), 68 [Zygmunt Bauman, *Modernite ve Müphemlik*, İng. çev. İsmail Türkmen, İstanbul: Ayrıntı Yayınları, Nisan 2003]. Örneğimizin de gösterdiği üzere bazı insanlar kendi imge ve pratiğine göre Çingenelik kategorisine dahil olmasalar da damgadan kurtulamamaktadırlar.

fiziksel hijyen ve hastalıklara yakınlık Çingenelerin kirliliğiyle ilişkilendirilen konular arasındadır.

Çingenelerin Kirliliği

İnsanlar ve davranışlar saflık ve kirlilikle ilişkilendirilir. Temizlikle ilgili farklı kavramlara ve pratiklere sahip insanların yanı sıra özcü değerleri paylaşan insanlar da vardır. İnsanları kirli olarak etiketlemek hiyerarşileri güçlendirir ve bu sayede, her an değişebilecek, geçici bir durumu tasvir etmek yerine, özcü kavramlara dayanmak ayrımcı kriterleri artırıcı rol oynar.

Çingenelerin kirli oldukları görüşü yaygındır; yalnızca Türkiye'de değil, diğer yerlerdeki damgalanmalara da katkıda bulunur. Kişisel bir deneyimimin, Çingenelerin kirlilikle bağlantıları algısını anlamamıza yardımcı olacağı kanısındayım. Kitabım üzerinde çalışırken ebeveynlerimin komşusu olan bir aile çalışmama ilgi gösterdi.[33] Ailenin annesi, Ege bölgesindeki birçok Çingenenin yaşadığı yer olarak bilinen Bergama'dandı ve Çingenelere karşı çok önyargılıydı. Bu o kadar da sıra dışı bir durum değildir, zira Türkiye'nin doğusundan batısına, eğitimlisinden okuma yazma bilmeyenine birçok kişi bu grup hakkında olumsuz görüşlere sahiptir. Fakat söz konusu komşunun tutumu bu düşüncenin bilinçdışında nasıl oluştuğunu ortaya çıkardı. Önce bir Çingenenin evinde yemek yerse iğreneceğini söyledi. Sonra bir komşusu onu davet ettiği için ne kadar şanslı olduğunu ama bu teklifi kabul edemediğini söyledi. Daha sonra bu komşunun Çingene olduğunu öğrendiğinde Tanrı'ya şükrettiğini anlattı, çünkü aksi takdirde midesi bulanırmış.[34] Benzer bir örnek de Diyarbakır'dan geliyor. Dom Çingenelerinden birçok kişi Kürtlerin, Çingenelerin sık gittikleri kahvehanelere gitmekten kaçındıklarını söyledi. Hatta kahvehanelerden birinde bazı Kürtler, Domların varlığından şikâyetçi olduklarını kahvehane sahibine söyleyip onların içtikleri bardakların ayrı tutulmasını talep etmiş.[35]

Bayramiç'teki deneyimim, Çingenelerin kirliliği damgasının ne kadar güçlü olduğunu göstermesi açısından trajikti. Çingeneler bu görüşlerin son derece farkındadır. Bu nedenle, yemeklerini yemeniz, onlarla aynı tabağı kullanmanız ya da ikram ettikleri çayı içmeniz onları küçük görüp görmediğinizi ortaya koyduğundan,

---

33 Türk bir kadın, Kürt eşi ve 26 yaşındaki kızlarının ilgisini çekmişti.

34 Fakat kızı annesini uyarmıştı: "Babam Kürt olduğu için o [komşu] da bize karşı benzer önyargılara sahip olabilir." Ancak annesi elinde olmadığını açıkladı fakat tüm Çingeneler ortadan kaybolsa umursamayacağını ve neden Çingenelerle ilgilendiğimi anlamadığını ekledi.

35 Mayıs 2007'deki araştırmam, "Promoting Romani Rights in Turkey" ortak projesi, ED-ROM, ERRC ve Helsinki Yurttaşlar Derneği.

Çingeneler için büyük önem taşır. Topluluk içerisindeki iletişiminizi ve benimsen-menizi de kolaylaştırır. Bayramiç'te de Çingeneler tavır ve davranışlarıma dikkat ettiler, yemeklerinden yiyip kendilerine iyi davranmamı takdir ettiler.

Bununla yakından ilintili bir başka trajik deneyim, yerli Çingenelerden bir ka-dının evinde gerçekleşti. Ezgi dedikodulara, insanların ve topluluğun hayatındaki değişikliklere hızlı erişimi nedeniyle topluluğun "gazete"si olarak tanınıyordu. Birkaç ziyaretten sonra yakınlaştık, bana kendi deneyimlerini ve insanların sırlarını anlata-cak kadar güven duydu. Sıradan bir ziyaret için evine gittiğimde yemek yapıyordu. Evi çok küçüktü; iki odası ve girişte bir mutfağı vardı. Ezgi zaman zaman sebze alacak parayı bulmakta zorlanıyordu; o gün bakla pişiriyordu. Bana yemeğinden ikram etti, iki farklı kaşıkla aynı tabaktan yedik. Yemeğimiz bittiğinde, kendisinden iğrenmediğim için bana teşekkür etti. Bunu düşünmek bile beni utandırmıştı. Bu sebepten birine teşekkür etmenin doğru olmadığını, benimle yemeğini paylaştığı için benim ona teşekkür etmem gerektiğini söyledim. Misafirperverliği için min-nettarlık beklemek yerine onu olduğu gibi kabul ettiğim için rahatlamıştı. Bu his büyük oranda sosyoekonomik ve tarihsel konumlar, ilişkiler ve belki de kişisel deneyimlerden ileri geliyordu. Bu hikâye, bir Çingenenin Çingenelerin genellikle karşı karşıya kaldığı durumlarda deneyimleyebileceği damgalanmayı çok daha iyi anlamamı sağladı. Kasabadaki bazı Türklerin anlatıları da Ezgi'nin bana neden teşekkür ettiğini, Çingenelerin temizlik kavramı bağlamında nasıl damgalandığını daha da iyi örneklendirecek.

Kasabadaki temizlik kavramını anlamak için Douglas'ın saflık ve tehlike hakkındaki çalışmasının yardımcı olacağını düşünüyorum. Douglas kirliliğin bir toplumdaki bireyleri denetleyip toplumsal düzene ulaşmak için nasıl kullanıldığını inceler. Özellikle tehlikenin beklendiği yer olan toplumun kıyıları kırılgandır. Bu nedenle Douglas marjinal grupların tehlikeli ve kirli olarak konumlandırıldığını belirtir:

> Kirli bir birey daima kusurludur. Uygunsuz bir duruma sebebiyet vermiş ya da geçilmemesi gereken bir çizgiyi geçmiştir; bu yer değiştirme ise birileri için tehlike oluşturur. Büyücülük ve cadılığın aksine kirlilik oluşturmak insanların hayvanlarla paylaştığı bir istidattır, zira kirlilik her zaman insan-lar tarafından oluşturulmaz. Kirlilik kasten de yaratılabilir. Ancak burada niyetin sonuçla bir ilişkisi yoktur; kasıtsız yaratılmış olma olasılığı daha yüksektir.[36]

---

36 Mary Douglas, *Purity and Danger: An Analysis of Concepts of Pollution and Taboo* (Londra: Routledge ve K. Paul, 1966), 140.

Stallybrass ve White da burjuva toplumunda bireyin [yeniden] inşasını kirlilikle ilişkilendirir. Toplumda kişilerin kirliliğe karşı duruşu hiyerarşik olarak kurgulanmıştır. Böylelikle toplumun daha alt katmanlarını işgal edenler kirlilik ve murdarlığa yakın konumlandırılır: "Burjuva özne, "hakir", kirli, iğrenç, gürültücü ve etrafına pislik saçan olarak damgaladığı şeyin sürekli dışlanması aracılığıyla kendini tekrar, tekrar tanımladı. Dışlamanın kendisi de burjuva öznenin kimliğinin yapısal öğelerinden biridir. Aşağıdakiler olumsuzlama ve iğrenme işaretleri altında içselleştirilir."⊠

Benzer bir biçimde kasabadaki Çingeneler de kirlilik ve tehlikeyle ilişkilendirilmektedir. Kasabadaki bazı Türklerin, Çingenelerle yiyeceklerini paylaşmalarına rağmen, onların taşıdığı kirlilik konusunda güçlü bir inanç da vardır. Solmaz'ın yerli eczacıda çalışan bir Çingene hakkında anlattığı hikâye bunu çok iyi örnekler:

Deli Arif'in babası vardı Arap... İri yarı bir insandır, bi elleri var, benim ellerimin iki misli kadar. Eller böyle havada gezer. Hakiki Arap yani, zebani.[37] Onun kaldırdığı yükü kimse kaldıramazdı hammalların içinde. O gençken de böyleymiş. Böyle babam anlatırdı. Biz delikanlıyken imrenirdik ona. Yanakları kıpkırmızı. Siyah yani esmerdi. O kırmızıyla siyah karışımı bir renk olurmuş böyle. O zamanın Bayramiç'in eczacısı evlatlık değil de bunu yanına çalıştırmacı alıyor. Buna ayak işlerini... Eczacı ya Bayramiç'te bi tane eczacı var. Güçlü kuvvetli görünce bunu ayak şeyi olarak evlatlık gibi almış onu. Ne yerse onu yediriyomuş. Eve sokuyomuş, evde yiyomuş. Yani kendi hayatı nasıl, ne yiyosa Arap'a da aynısını veriyomuş. Ama Arap'ın gençliği... Şimdi iri yarı ve güçlü kuvvetli ve yaşantısı nasıl biliyo musun, fakir tabii ne de olsa hammal. Kahvelerden ya da fırınlardan bayat ekmek alırmış, onu öyle yermiş. Su istediği zaman foseptik boruları falan yok, sular dışarı akarlardı. O lağım sularından değil de, dışarı akan sulardan, yani evden bi su çıkıyo ama ne suyu çamaşır suyu olsun, bişey yıkıyo çıkıyo, o sulardan içermiş suyu, çeşmeye falan gitmezmişti. Evinin önünden su akıyo ya birisi hemen ordan eğiliverir içermişti. Ama ne sıhhat diyo babam. Sonra eczacı evlatlık almış, Arap gün geçtikçe erimeye başlamış. Gün geçtikçe erimeye başlamış. O heybetten bişey kalmamış. Böyle, sallanmaya başlamış. Ölüyomuş, bırak şunu ya yedirme buna bişey. Ondan sonra azat etmiş adam,

---

37 Peter Stallybrass ve Allon White, *The Politics and Poetics of Transgression* (New York: Cornell University Press, 1986), 191. Stallybrass ve White bu ilişkide tiksinme ve arzu hislerinin birbirleriyle bağlantılı olduğuna dikkat çeker. Bu bağlantı Çingenelerin romantikleştirilme ve olumsuz imge yükleme gibi iki farklı yolla ötekileştirilmeleriyle daha iyi anlaşılabilir (ayrıca bkz. David Mayall, *Gypsy Identities 1500–2000: From Egipcyans and Moon-men to the Ethnic Romany* [Londra ve New York: Routledge Taylor & Francis Group, 2004], 14–18).

tekrar bu eski hayatına dönmüş, gene orlardan su içmiş, işte çöplüklerden ekmek toplamış. Sonra yine zebani gibi olmuş.

Solmaz'ın hikâyesinde Arap'ın şeytanileştirilmesi göze çarpar; hikâyenin ikili yapısı toplumun onlara karşı tavrını meşrulaştırır. Domuzların kirli ruhlar ve adab-ı muaşeretin ihlali ile ilişkilendirilerek nasıl şeytanileştirildiğini inceleyen Stallybrass ve White, bu durumun "günah keçisi gruplar ve şeytanileştirilmiş Ötekiler"le yakınlığına dikkat çeker.[38] Bu türden bir temsil, bu grupların aşağı konumda sınıflandırılmasına katkıda bulunur. Wacquant da toplumsal konumların, ayrımcı ve aşağılayıcı söylemlerin meşrulaştırılmasında ve devlet politikalarında şeytanileştirmenin ve ona eşlik eden Afroamerikanların barbarlaştırılmalarının sembolik rolünü inceler.[39] Ötekinin şeytanileştirilmesi sıra dışı uygulamalara, politikalara ve söylemlere başvurmak için meşru bir zemin olarak kullanılır.[40]

Bu temsil, insanlık dışı olan ama diğer insanların aksine bu konumdan hoşnut Çingene imgesini yaratan bir efsanedir adeta. Bu uygunsuz hayat en az iki önemli mesaj verir: Birincisi, Çingenelerin ikincil konumlarından memnun oldukları ve kendi dünyalarında yaşadıkları. Yoksulluktan mustarip olsalar da, hak ettikleri ve onlara en uygun yaşam budur. Böylece Çingenelerin yoksulluğu da doğallaştırılır. İçinde bulundukları kötü yaşam koşullarından dolayı onlar için acı duyulmasına bile fırsat vermez; hatta "bizim" gibi olmadıkları için böyle bir hayatın onlara daha uygun olduğunu söyler. Bu nedenle bir Çingeneyi değiştirmeye çalışmanın anlamı yoktur. Bu da Türklerin vicdanını rahatlatmaktadır. Bu efsanenin ikinci mesajı da Çingeneler ve Türkler arasındaki sınırı, Çingenelerle ilişkilendirilen kirliliğe odaklanarak güçlendirmesidir. Bu nedenle, efsane Çingeneler ve Çingene olmayanlar arasında özcü bir karşıtlık oluşturur. Her iki kategori de diğerini dışarıda bırakır.

Çingenelik ve Türklük arasındaki bu ikilik, onlarla birlikte yemekten imtina etmek ve yemeklerinin pis olduğu anlayışı gibi, Çingenelere karşı takınılan ayrımcı tutumlarda vurgulanır. Çingenelerle komşu ve arkadaş olan Meliha'nın Çingene evlerinde yiyip yememe açmazı buna bir örnektir. Meliha kimi zaman etnik sınırları aşıp toplumsal mesafeyi büyük oranda azaltıyor, kimi zaman da Çingenelik hakkında yereldeki olumsuz inanışları yeniden üretiyordu. Saldırılardan önce Mesiye ile arkadaş olduklarını söyledi: "Önceleri iyiydi ama sonradan şımardılar."

---

38 Koyu ten hakkında aşağılayıcı kullanımlar için "Fiziksel Özellikler" başlıklı bir önceki kısma bakınız.

39 Stallybrass ve White, *The Politics*, 53.

40 Loic Wacquant, "Decivilizing and Demonizing: Remaking the Black American Ghetto," *The Sociology of Norbert Elias*, der. Steven Loyal ve Stephen Quilley (Cambridge: Cambridge University Press, 2004), 95–121.

Bazı Çingenelerle çok yakın ilişkilerde bulunduğunu da ekledi: "Yan komşumdular yavrum." Yakınlıkları için bahane sunarken bir yandan da bu yakın temasların kaçınılmaz olduğunu anlatıyordu. Sonra, Çingenelerin evine gittiği için insanların ona nasıl tepki verdiğini anlattı:

> Bi keresinde onlarda yediğimde biri bana "kusucaksın" dedi "orda yediğini". Kızım bak dedim "E emme onlar da insan ya" dedim, "çok yakın komşum" dedim. Sonra sizlerden iyi olmasın yidirmeyi içirmeyi çok severler onlar. Haa. "Kusman lazım yediğini" dedi. "Onlarda abdest yok namaz yok" dedi. Emme nimet, olur mu, Allah'ın nimeti.

Kirlilikle ilişkilendirme bireyin dışlanmasında büyük önem taşır, zira yalnızca o kişiyi ya da topluluğu değil, onlarla temasta bulunanları da lanetler. Kirlilik bulaşır ve damgalamanın merkezinde yer alır. Bizim bağlamımızda birini Çingeneleştirebilir; örneğin, Çingenelerle çok yakın olan biri ahlaki ve fiziksel kirlilik açısından Çingeneleşir. Kasabada Meliha gibi birçok Türk, Çingenelerle yakınlıklarını açık etme konusunda isteksizdi. Ancak, saldırılardan önce, birçok Türk bazı yerli Çingenelerle çok iyi arkadaştı. Bu yakınlık bir dereceye kadar kaçınılmazdı. Çingeneler Çingene olmayanlarla çalışıyordu; bir arada yaşıyor, okula birlikte gidiyorlardı. Hatta bazıları iyi komşu ve arkadaş olmuşlardı. Fakat bazı Çingeneler yakın görüldüklerinde bir dereceye kadar Çingeneliklerini kaybederler, onlar için "pek Çingene gibi değil" denirdi. Aksi takdirde, Çingenelerle yakın olan kişi ve aile açısından "Çingene gibi olma" tehlikesi vardı. Bu nedenle kasabadaki bazı insanlar Çingenelerle yakınlıklarını açıklamak konusunda tereddüt ettiler. Çingenelerle fazla yakınlaştığı için damgalanma korkusu kasabadaki batıl inançlarla vurgulanır. En bilindik batıl inançlar şu şekildedir: "Çingeneyle evlenen kişi afedersin cunip olduğu vakit, kadınla erkek birleştiği vakit, ayağının altına tuğla koycaksın, yo kiremit koycaksın o eriyinceye kadar su dökceksin cuniplik çıkmaz derler."

Kasabanın yaşlıları arasında oldukça yaygın olan bu ifade Çingenelerin kirliliğinin bir kanıtı olarak görülür. Dahası, bu kirliliğin Çingenelerle herhangi bir cinsel temasta bulunan Çingene olmayanlara bulaştığına da inanılmaktadır. Bu batıl inanç insanların Çingenelerle evlenmekten neden kaçındıklarını açıklamak için kullanılır. Bunların yaşlılar üzerinde daha etkili olduğunu belirtmek gerek. Genç nesil daha çok, bir Çingeneyle evlenmeyi engelleyen maddi farklılıklar ve kültürel sınırlardan bahsetmektedir.

Öte yandan, Türk kızlarını tavlamaya çalışmakla suçlanan Çingeneler hakkındaki dedikodular saldırıları tetiklemiş, birçok Türk ve bazı yerli Çingeneler tarafından saldırıların asıl nedeni olarak kabul edilmiştir. Kirliliği sınırların korunması ve kadınların denetimiyle birlikte inceleyecek olursak dedikoduların etkisini daha iyi anlayabiliriz. Douglas kirlilik ve tehlike hakkındaki görüşlerin cinsellikle ilişkili olmaları sebebiyle cinsiyetleştirildiğini ifade eder ve Hint kast sistemi hakkındaki çalışmasında kadın bedeni, cinsellik ve saflığın önemini belirtir.[41] Birçok erkek egemen toplumda kadın bedeni ve cinsellik toplumsal düzen ve onur adına erkekler tarafından kontrol edilir. Yuval Davis kadınların ve bedenlerinin milliyetçi söylemlere nasıl dahil olduğunu gösterir.[42] Kadın bedeni yalnızca kocaya ya da aileye değil, ulusa da ait bir mülk olarak temsil edilir. Nagel'ın da belirttiği gibi, "Kadınların saflığı kusursuz olmalı; bu nedenle milliyetçiler genelde kendi kadınlarının cinselliği ve cinsel davranışına özel ilgi gösterirler."[43] Nagel, kadını ve kadın bedenini denetim altında tutmanın, kadınların "ailenin ve ulusal onurun kadınlarda cisimleştiği; onların utancının ailenin, ulusun ve erkeğin utancı olduğu" yönündeki gelenekçi düşünceden kaynaklandığını söyler.[44]

Buna ek olarak, Çingenelerin etraflarına pislik saçtıkları düşüncesi, saldırılarda etkin bir şekilde kullanıldı. Çingenelere karşı sınırın sürekliliği ve Türklük alanının korunması düşüncesi Çingenelerin ekonomik ve sosyal rekabetten çıkarılması çabasıyla bir araya geldi. Çingenelerin taşımacılık sektöründe ilerlemesi Türk ekonomik ve toplumsal alanının tehlikeli istilası olarak gösterildi; Çingenelerin kirliliğine dair, sosyo-tarihsel bir biçimde yapılandırılmış korkuyu tetikledi. Sosyoekonomik alanlarda ve topluluğun kadınları üzerinde denetimi kaybetme korkusu bazı Çingenelerin sosyal sistemde yukarı hareketine tepki olarak kullanıldı. Bireylerin Çingenelikleri vurgulandı, bu bağlamda diğerlerini kirlettikleri iddia edildi.

Bu, aynı zamanda bazı insanların Çingenelerin çektikleri acılardan dolayı suçluluk duymamalarının da nedenidir. Ortaçağlarda çeşitli infaz ve pogromları inceleyen Moore bu suçluluk yokluğunu diğer insanları ahlaki açıdan kirli ve dinsel sapkınlar olarak damgalamanın bir sonucu olarak açıklar. Moore'un, vic-

---

41 Ayrıca Çingene ve Yahudilerin Nazi söyleminde insandışılaştırılması için Bauman, *Modernity*, 46'ya bakınız.

42 Grosz ayrıca vücut sıvıları ve kirlilikle bağlantıları arasında cinsiyetçi bir hiyerarşi olduğunu söyler. Elizabeth Grosz, *Volatile Bodies: Toward a Corporeal Feminism* (Bloomington; Indianapolis: Indiana University Press., 1994), 203.

43 Nira Yuval-Davis, *Gender and Nation* (Londra: Sage Publications, 1997). Türk bağlamının özellikleri ve gerek devlet prosedürleri gerek toplumsal pratiklerde kadın bedeni ve cinselliği üzerindeki kontrolü için bkz. Gül Özateşler, "The Changed Perception of the Concept of Virginity Between Two Generations of Women in Turkey," (Yüksek lisans tezi, Central European University, 2005).

44 Joane Nagel, "Masculinity and Nationalism: Gender and Sexuality in the Making of Nations," *Ethnic and Racial Studies* 21, sayı 2 (Mart 1998): 242–251, 244.

dan yokluğunu ötekinin kirleticiliğiyle ilişkilendirişi bazı saldırganların hislerini anlamamıza yardımcı olur:

> Kirletici düşman bir tanım gerektirir, zira bazı bireylerin şeytaniliği mevcut toplumsal düzeni tehdit eder. İnsandışılaştırma ve şeytanileştirme en barbar ve tiksindirici acımasızlıklarla pişmanlık veya suçluluğu azaltmaya, hatta birçok vakada olduğu üzere, tamamen ortadan kaldırmaya yarar.[45] Bu nedenle bireyin kendisini kirlilikten kurtarma güdüsü ya da kirlenme korkusu şiddetli isyanlarda önemli rol oynar. Potansiyel olarak topluma zarar verebilecek bir tehdit korkusunu güçlendirir.[46]

Çingene Adabı

Çingenelerin farklı değerlerinin kanıtı, davranış farklılıkları ve terbiye kurallarına uyumsuzluklarına değinilerek temsil edilir. Bu farklılık marjinalleşmelerini ve uygunsuz davranışlarını vurgularken kullanılan kamusal/özel ikiliğini anlamada büyük önem taşır.

Türkiye'deki birçok kişi Çingenelerin uygun toplumsal davranışlara uyum sağlayamamasını Çingeneliklerinin en belirgin özelliği olarak görür. Bu durum, toplumsal hayattan dışlanmalarında bahane olarak kullanılır. Toplumsal hayatta uygun davranış biçimleri modern olma düşüncesiyle de yakından ilişkilidir.

> Aile, arkadaşlık ve birinci dereceden manalı çevrenin "kişisel", duygusal açıdan yoğun ve mahrem alanı ve piyasa ve resmi kurumların gayri şahsi ve ciddi bir şekilde araçsal alanı arasındaki zıtlık modern hayatın en büyük zıtlıklarından biri olarak oldukça yaygın bir şekilde deneyimlenir. Kanıt olarak yalnızca popüler kültürün varlığını göstermek yeterlidir. Ama tarihsel anlamda bu iki kutup birlikte, büyük oranda birbirleriyle diyalektik bir gerilim içerisinde oluşurlar. İkisi arasındaki ayrımın keskinliği ise modernitenin en tanımlayıcı özelliklerinden biridir.[47]

Benzer bir ifadede, Çingeneler özel ve kamusal arasındaki sınıra saygı duyamayan ve bu sınırı sürdüremeyen kişiler olarak çizilir.[48] Ancak bu sınır, Sullivan'ın da iddia ettiği gibi, toplumdaki güç ilişkilerini temsil eder: "Toplumdaki kamusal ve özel

---

45 Nagel, "Masculinity and Natinalism," 244.

46 Barrington Jr. Moore, *Moral Purity and Persecution in History* (Princeton; New Jersey: Princeton University Press. 2000), 57.

47 Moore, *Moral Purity*, sayfa 51, 55'te gönderme yapılan Natalie Zemon Davis, "The Rites of Religious Violence in Sixteenth-Century France," *The Massacre of St. Bartholomew: Reappraisals and Documents*, der. Alfred Soman (Lahey: Martinus Nijhoff, 1974), 203–242.

48 Jeff Weintraub, "The Public/Private Distinction", *Public and Private in Thought and Practice: Perspectives on a Ground Dichotomy*, der. Jeff Weintraub ve Krishan Kumar (Chicago: The University of Chicago Press, 1997), 21.

hayatın sınırla belirlenmesi, özünde, özellikle cinsiyet, ırk ve sınıf alanlarındaki güç ilişkilerini yansıtan ve pekiştiren siyasi bir süreçtir."[49]

Ayrıca, kamusal olan aktif vatandaşlık algılarına bağlantırıldığında kamusal alanda normları ihlal ettiği düşünülen insanların vatandaşlığa uygun olmadıkları düşünülebilir.[50] Bu da belirli kamusal davranışlarının Çingeneleri çoğunluğun gözünde vatandaşlıktan çıkardığı anlamına gelir. Özel/kamusal ikiliğini sürdüremedikleri yönünde yapılan bu vurgunun Çingenelerin siyasi, toplumsal, ekonomik ve kamusal alandan dışlanmalarını güçlendirdiğini düşünüyorum.

Birçok Türk, Çingeneler için özel ve kamusal alan arasındaki belirsiz sınırlardan bahsetti. Bazı Çingenelerin toplum içindeki davranışları gerçekten de bazı Türklerinkinden farklıydı; örneğin toplum içinde kavga etmek, diğer insanların önünde küfür etmek gibi… Çingene olmayanların bir kısmı bunu alay ya da yıkıcılık olarak görmese bile görgüsüzlük olarak değerlendirmektedir. Bu hareketlerin öngörülememesi de onlar açısından özellikle tehdit oluşturmaktadır. Saldırıların yeniden inşasında da göreceğimiz üzere, Çingenelerin toplumsal sözleşmelere uymayan ve herkesin önünde birbiriyle kavga eden bir topluluk olarak temsili Çingene tehdidinin oluşumuna büyük katkıda bulunmuştur. Melis, Çingenelerin başıbozuk davranışlarını şu şekilde tanımladı:

> Kapılarını, pencerelerini hiç kapamazlar. Perdelerini falan hiç kapatmazlar. Tanrı bizi korusun. Kusura kalma ama karılarıyla kocalarıyla oynaştıklarını bile görebilirdin. Onlar geniş insanlar, hiç bişeyden utanmazlar, sıkılmazlar. Ne sıkılırlar, ne sözlerini sakınırlar. Ayıp mı değil mi bakmazlar. Yani küfrederler. Çok rahattırlar.

Bazı noktaları vurgulamaya devam etti: "Perdeleri yoktur, yalnızca pencere. Özellikle yazın pencerelerini bile kapamazlar. Çocuklarına bağırıp küfür ederler. Hemen kavga çıkarırlar, sonra da hiçbir şey olmamış gibi barışırlar."

Çingeneler arasında ev ziyaretlerinin pek yaygın olmadığını da ekledi. Ya evlerinin önünde otururlar ya da iştedirler. Sokakta oturmak da sınıfsal konumlarıyla ilintilidir ve Bayramiç'te çoğu mahallede pek sık görülmez. Daha varlıklı insanlar

---

49 Toplumsal sınırların nasıl eşitsizlik oluşturduğunu görmek için bkz. Susan Moller Okin, "The Public/Private Dichotomy", *Contemporary Political Theory*, der. Colin Farrelly (Londra: Sage Publications, 2004), 181–185.

50 Suad Joseph, "The Public/Private-The Imagined Boundary in the Imagined Nation/State/ Community: Lebanese Case," *Feminist Review*, sayı 57 (Güz 1997), sayfa 75'te alıntılanan Donna Sullivan, "The Public Private Distinction in International Human Rights Law," *Women's Rights Human Rights: International Feminist Perspectives*, der. Julie Peters ve Andrea Wolper (New York: Routledge Press, 1995), 128.

uygunsuz olarak nitelendirse de sokakta oturmak bazı mahallelerde (anneanne ve dedemin mahallesi gibi) sık sık görülebilen bir durumdur. Yaz aylarında Türk kadınlar evlerinin ya da komşularının evlerinin önünde oturup gelip geçeni izleyip sohbet eder. Bu da onlar için evlerinin yakınlarında kamusal bir alan oluşturur. Özel konulardan, mahalledeki ve kasabadaki olaylardan konuşurlar; dedikodu ve haber alışverişi için uygun bir ortam oluşur. Bu da özel ve kamusal alanlar ve onların kullanımlarına ilişkin bir başka anlayışı ortaya koyar.

Kamusal-özel ikiliği üzerinden Çingenelerde utanma duygusunun olmadığı düşünülür. Toplumun geneliyle değil, Çingenelerle ilişkilendirilen uygunsuz davranışlar arasında belirli hareketler, abartı, argo kullanımı ve gösteriş yapmak yer alır.

> Onların yaşantılarını pek tasvip etmez bizim toplumumuz. Şimdi her evde bi araba var kızım. Burda köylünün yok. Belki köylünün tarlası çapası vardır ama onlar bi de bulduğu zaman çok gezerler, yaşantıyı çok sever onlar. Mesela burdan bakkala bile arabayla geliyolar. Birisi motor alsın hepsi alır, birisi bisiklet alsın hepsi alır. Birisi evine tavuk götürsün, bütün o mahalle tavuk götürürler evlerine. Bi de böyle gösterir de gider birbirlerine. Cahil kesim birbirlerine nispet yaparlar. Öyle bi toplum Roman toplumu.

Muhacir mahallesi sakinlerinden İsmail, Çingenelerin Türk devletine bağlılığının da farkındaydı; birçok Çingene bıkıp usanmadan bunu vurgulardı. Onları Türk olarak tanımladı ama davranışlarını da eleştirdi:

> Bizim gibi milliyetçidirler. Türkler gibi bayraklarını severler, asker uğurlarlar… Ama abartırlar, şımarırlar biraz. Mesela Hıdırellez'i daha neşeli kutlarlar. "Hıdırellez'i böyle kutlamak istiyorum" der gibi yaparlar. İnsanların onları ve âdetlerini sevmelerini isterler.[51]

Ortaokulda öğretmenlik yapan, yerli Çingenelerin ve Türklerin bir arada yaşadığı mahallede oturan Necla da Çingenelerin kutlama biçimleri hakkında yorum yaptı. Aşağıda bu farklılık hakkındaki hislerini anlatmaktadır:

> Mesela bi Hıdırellez şenlikleri olur burda, gideriz. Annannenler, annenler hepsi gideriz. Panayır yerinde salıncak kurulur, yemek yenir, eğlenilir filan ama onlar sazlı sözlü giderler, kuzular keserler. Herkes kurabiye, börek, Hıdırellez pilavı yapıp gider ama onların saltanatı o gün çok farklıdır, yemekleri içkileri bilmemneleri. Hatta birini bak hiç unutmam, artık herkes

---

51 Bkz. Jan Turowski, "The Dichotomy of 'Private' and 'Public' as a Theoretical Framework for the Analysis for Social Reality," *Private and Public: Social Interventions in Modern Societies*, der. Leon Dyczewski, John Kromkowski ve Paul Peachey (Washington: Paideia Press and the Council for Research in Values and Philosophy, 1994), sayfa 8'de değindiği Bahrdt.

yedi içti, onlar içkilerini içiyolar. Biz evimize geliyoz. Kalkıvermiş adam kafayı da bulmuş. "He he Hıdırellez dediğin böyle olur." Hiç unutmam onu. [Gülüşmeler] Böyle işte duygularını çok açık yaşayan insanlar. Hissettiklerini ortada yaşayan insanlardı onlar. Bizlerde genelde öyle bişey olmaz. Biz üzüntümüzü de sevincimizi de çılgınca yaşamayız, biraz daha sınırlandırırız aslında onlar daha güzel ama…

Bütün Çingeneler Hıdırellez'i önemli bir gün olarak görür, kutlamalar için hazırlık yapar. Bu yüzden kendi âdetlerince kutladıklarında mutlu olurlar. Kasabadaki Türkler de kutlar ama Çingeneler kadar coşkulu değillerdir. Necla, Çingenelerin duygularını açıkça ifade ettiğini söylerken kendi duygularını ifade etmekte zorlandığını fark etti. Ona göre Çingenelerin asıl umursamadığı şey toplumsal baskıydı; herkesin içinde kuralları ihlal ediyorlar, böylece toplumun saygın bir üyesi olmayı umursamıyorlardı. Çingeneler arasındaki farklılıklara ve çoğunluğa göre davranmaya çalışan Çingenelerin varlığına rağmen birçok Çingenenin bu kuralları umursamıyor gözükmesi toplumdaki halihazırdaki aşağı konumlarından kaynaklanıyor olabilir.

Necla ve annesi Çingenelerin Türklere uyum sağlama gayretlerini de vurguladı ama yine de sapkın davranışlarıyla kendilerini açığa vuruyorlardı:

> Ama onlar da bir [annesi: Türkten ayrılmazlardı] ayrılmazlardı da gene de Çingenelerde kural dışı, kendini gösterme motifi daha fazla sanki. Onlar böyle küçücük meseleyi büyük bir mesele gibi… Hani olayları çok büyütürler, sineye çekme olayı yoktur onlarda. Onlar her şeyleri açıkta, öyle insanlardı. Bana öyle geliyo, psikolojik olarak yani onlar hep kendini ön plana çıkarmak. Mesela eskiden böyle her mevsim her şey bulunmazdı mayıs geldiği zaman Hıdırellez zamanı filan biber domates tek tük gelir. Poşet de yok o zamanlar; bizim çocukluğumuzda kâğıttan poşet yaparlar, onun içine koyarlar. Altında ne olursa olsun üstte domates, salatalık… Artık o turfanda ya büyük bir onurdur, kimseler alamaz onlar alır. "İşte biraz domates aldım." Onlarda yani böyle dışarı açık, daha bi ne denir nasıl tarif edilir o duygu, ben öyle diyom kendini gösterme.

Çingenelerin bu kendini gösterme tavrından sık sık söz edildi. Örneğin, Bayramiç'te birçok Çingenenin kısa mesafeler için bile kullandığı motosikleti vardır. Bu tür gösterişçi tüketim Bayramiç'e has değildir. Romanya'da yaşayan Bojas Çingeneleri de gösterişli detaylara sahip saray gibi evlerde yaşamalarıyla ünlüdür. Hollanda'da Roma ve Sinti Derneği uzmanları araba alma konusunda da benzer bir tavra değinir. Bazı kültürlerde Çingeneler ayrıca göz alıcı düğünleriyle de bilinir. O halde Çingenelerin toplumdaki konumlarını sergilemelerinde belirli bir sebep var mı?

"Grotesk" terimi gösterişin ne anlama geldiğini fark etmemize yardımcı olacak. Stallybrass ve White ihlal alanlarını keşiflerinde, Bahtin'in klasik ve grotesk terminolojisini üst ve alt kültür karşılaştırması için kullanır: "Burada 'grotesk' olan tam da dışlayabilme kapasitesi nedeniyle üstte, içeride ve merkezde olarak konumlandırılan klasik bir bedenin bakış açısına göre, marjinal, altta ve dışarıda olanı niteler."[52]

Stallybrass ve White, "Groteskin şartları ve neyin üst neyin alt olduğunu çoktan belirlemiş egemen bir ideolojinin bir eleştirisi olarak işlemeye meyilli" olduğunu iddia eder.[53] Grotesk, kategoriler arasındaki sınırları manipüle eden bir performanstır; kabul edilen davranış biçimleriyle alay eder. Karşıtlıkların sabitliğini eleştirir: "İkinci modelde[54] grotesk, bir melezleştirme süreciyle ya da özellikle üst ve alt gibi ikili karşıtlıkları birbirine karıştırarak oluşturulur. Genellikle uyumsuz olarak algılanan unsurların bu heteredoks karışımı her türlü sabit ikili karşıtlığı yerinden oynatır."[55]

Abartı Çingeneler arasında sık görülür. Marjinalleştirilmiş bir grubun üyeleri olmaları nedeniyle abartı, dışlanmış konumlarına bir tepki olarak ve böylelikle uygun davranma ve ılımlı olmaya dair toplumsal terbiyenin göz ardı edilmesiyle ortaya çıkar. Çoğu Çingene ılımlı olmayı reddeder; bu durum riske atılacak toplumsal bir konumlarının olmayışıyla açıklanabilir. Kimileri için uygunsuz davranış ve abartı, güç ilişkilerini alt üst etmeye yöneliktir, zira Çingene olmayanlarla imtina edişlerinden dolayı dalga geçmek için kullanılır.[56]

Gösterişçi tavırlar dışında Çingeneler müsriflik ve kayıtsızlıkla da ilişkilendirilir. "Günü kurtarırlar. Beğendikleri bir şey olursa da hemen alırlar." Zenginlere özgü görülebilecek özgürce para harcama özelliği, zenginler yaptığında normal olarak algılanmaktadır. Modern kapitalist anlayışın klasik mantığına göre, rahat bir hayat sürmenin öncülü, ancak çalışmak ve yatırım ve/veya zor zamanlar için para biriktirmektir. Fakat günü kurtarmak, Çingenelerin marjinal konumuyla

---

52 Belediyenin kutlamalarını desteklediğini ve Türklerin de bu kutlamaları bir festivalmiş gibi izlemeye geldiğini söyledi. Solmaz'ın dediğine göre belediye başkanı da kasabadaki diğer saygın insanlarla birlikte kutlamaları ziyaret ediyordu: "Bayramiç'teki herkes Roman mahallesinde bir eğlence var deyip gelirdi. İnsanları eğlendirmeyi bilirlerdi."

53 Stallybrass ve White, *The Politics*, 23.

54 Agy., 43.

55 Bahtin'in iki "grotesk" modelini görmek için bkz. Stallybrass ve White, *The Politics*. İlk modelde özetle Öteki'ni temsil etmektedir. Ben burada yukarıda da detaylı anlatıldığı biçimde, egemen kültürde Öteki'nin oluşturulmasını sorgulayan ve eleştiren ikinci grotesk modelini kullandım.

56 Agy., 44.

ilintilidir. Birçok Çingene para biriktirmez fakat çoğunun biriktirecek kadar çok değil ancak hayatta kalacak kadar parası olduğunu da göz önünde bulundurmak gerekir. "[Paraları olduğunda] aynı anda kıyma, balık ve ciğer alırlar. Paraları olmadığında da böyle endişelenirler [gülüşmeler]."

Söz konusu tüketim ve planlama olduğunda, Çingenelerin sorumluluk almaması kapitalist sistemin ve beraberinde gelen alt sınıf pozisyonunun (sembolik) bir reddi olarak yorumlanabilir. Ancak gösterişçi tüketimleri ve tavırları kapitalist (sınıfsal) hiyerarşinin bir içselleştirmesi olarak da yorumlanabilir. Abartılı tavırları ironik olarak görülebilir; aslında bir parçası oldukları kapitalist tüketim toplumunun temel değerlerine karşı çıkmaktansa bu değerleri yeniden üretmektedirler.

Toplumsal ve ekonomik sınırların sembolik olumsuzlanması, Çingenelerin "günü kurtararak" yaşadığı fikrinde kendine yer bulur. Kapitalist çalışma etiğine göre tembellik ve boş zamanlardan keyif almak üretim araçlarına sahip olanlar içindir.[57] Bazı Çingenelerin tüketim şablonları daha üst sınıftakilerle benzerlik gösterir ama Çingeneler bu tür bir yaşam tarzını karşılayabilecek kadar zengin değildir. Sınırları ihlal ederken sergiledikleri tavırlar onları hak etmeyen yoksullar olarak konumlandırmak için kullanılır.[58] Paralarını mantıklı bir şekilde harcamak varken lüks ürünler satın alan yoksul ve sorumsuz insanlar olarak görülürler. Ebe olarak çalışan teyzem, konser bileti alabilmek için ocağını satan bir Çingeneden bahsetmişti. Sözü edilen Çingene, daha sonra bir ocak alabilirdi ama konserde yaşayacağı deneyim yalnızca o gün yaşayabileceği bir şey olabilirdi. Bu mantık, tutumlu bir hayat tarzı normunu ihlal ediyordu.

Kasabada Çingenelerin damgalanması ve damgalanmaya karşılık verme stratejileri zaman içerisinde değişime uğradı. Önceki kısımlarda da açıklandığı üzere, kimin daha Türk ya da daha Çingene olduğu fikirleri de değişti. Saldırılar sırasında en Çingene gibi görünen muhacirler artık çok daha az Çingene olarak algılanmaya başlamıştır. Ayrıca, bazı insanlar onları kendileri gibi yaşayıp, diğer insanlara kıyasla Türklere daha iyi uyum sağladıkları için takdir eder. Öte yandan toplumsal

---

57 Stallybrass ve White, *The Politic*'te şeytanileştirme, tersyüz etme ve melezleme gibi kültürel sınıflandırmaların manipüle edilmesini ele alır.

58 Bkz. Paul Lafargue, *The Right to be Lazy* (Saint Pélagie Hapishanesi: Charles Kerr ve Co., Co-operative, 1883). Çevrimiçi erişim: http://www.marxists.org/archive/lafargue/1883/lazy/ [5 Ocak 2011]. [Paul Lafargue, *Tembellik Hakkı*, İng. çev. İhya Kahraman, İstanbul: Ayrıntı Yayınları, 2015.] Ayrıca bkz. Edgardo Dieleke, "Genealogies and Inquiries Into Laziness From Macunamia", *Ellipsis* 5 (2007). Çevrim içi erişim: http://www.ellipsis-apsa.com/Volume_5-Dieleke.html [14 Ocak 2011] ve Bertrand Russell, *In Praise of Idleness and Other Essays* (Londra: George Allen and Unwin, 1935) [Bertrand Russell, *Aylaklığa Övgü*, İng. çev. Mete Ergin, İstanbul: Cem Yayınevi, Ekim 2004].

ve ekonomik anlamda en etkin grup olan çalgıcılar artık "daha Çingene" olarak görülür. Toplumdaki ekonomik işlevleri, teknoloji ve geleneksel düğün törenlerindeki değişimler nedeniyle azalmıştır.

Kasabadaki Çingenelik üzerine olumsuz söylemdeki en ilginç değişim, temsillerinin toplumun dezavantajlı üyelerinden hak etmeyen insanlara dönüşmesiydi. Örneğin, Çingenelerin doğaları gereği kirli ve ahlaksız olduğu suçlamaları eskiden çok daha güçlüydü. Bugün suçlamalar hâlâ etkili olsa da, mevcut damgalama benzer algıları içerse de vurgu çok daha farklıdır. Mevcut damgalamada yeni olan, Çingenelerin sosyal devlet sistemini kötüye kullanmalarına odaklanılmasıdır. Bu söylemde Çingeneler bedavacı ve yoksullar için oluşturulan sosyal devlet sistemini sömüren kişiler olarak tasvir edilir. Bu söylem 1980'ler ve sonrasında ortaya çıkan neoliberal ideolojiyle de paralellik gösterir.

Muradiye Mahallesi'nde 1959 doğumlu öğretmen İsmail, Çingeneleri şu sözlerle tasvir etti:

> İyidir ama yani biraz bunlar fakirliğin verdiği yaşam tarzı olarak biraz dağınık insanlardır yani, pistir. Mesela çocukları fazladır bizlerden [Türklerden]. Öyle bir uyumsuzluk sayılıyosa bilmiyom yani. Ha bakabiliyosan on tane yap bişey değil de öyle sağlıklı koşullarda yaşıyosa. Bi de halk bunları şeyden sevmez, bu kişiler ağır koşullarda çalışmıya alışmamışlardır. Hep böyle bunların yaptıkları işler ne diyeyim sana çalgı, bunlar biliyosun müzisyenlikle geçinirler, burda bi dizi ahlaklılar da, Ezine'ye git bak sokağa çıkamazsın. Büyükleri söyler, kapkaççılık yaparlar. Burda ben bu yaşıma geldim bunların bi tanesinin hırsızlık yaptığını görmedim daha, o işleri yapmazlar. Bunlar böyle işte, halkın tepkisini o topluyo yani hep bedavadan iş. Burda AKP'liler göreve geldiğinden beri bu vatandaşlara erzak gibi yardımlar boşlamadan veriliyo, buradaki bazı insanların da bu tepkisini çekiyo yani. Niye çekiyo, o adam akşama kadar tarlada çalışıyo, evine belki bi çuval kömür götürebiliyo. Burdan traktörle bi çuval kömür gidiyo bunlara, yardım fakir fukara fonundan karşılanıyor. Aslında o evlerin durumu iyi yani çalışabilir; evde üç tane 20-25 yaşında insan var. Adamlar karısıyla beraber köylü insana tarlaya baklaya gidiyosa o insan da çalışması gerekir diye düşünüyo. Onun için tepkililer yani. Sonra bunların hepsine [Çingenelere] devlet yeşil kart vermiş. O gidiyo istediğini alabiliyo hastaneden. Onlar biraz da şuursuz, yani yalan söylüyo benim malım yok. Olmayabilir de ama o ondan faydalanma yoluna gitmiş. O yüzden halk ona tepkili.

Bu temsil kirlilik ve ahlaksızlıktan sorumsuzluk, tembellik ve başıboşluğa uzanan birçok farklı unsuru içerir. Ancak asıl vurgu devletin sosyal yardım sisteminin suiistimal edilmesine ilişkindir. Yardım paketlerinin dağıtımından sorumlu Muhtar Kemal, sosyal güvenlik fonu aracılığıyla devlet yardımından faydalanan

"Çingenelerin Çingene gibi davranmalarından" şikâyet ederken bu görüşe başvurdu. Muhtar Kemal, Çingenelerin çalışacak kadar sağlıklı olmalarına rağmen para istediklerini söyledi. Birkaç dakika sonraysa düğünlerde para almalarının artık çok daha zor olduğunu belirtti ama "o kadar da fakir olmadıkları" konusunda ısrarcıydı.

İsmail, Çingenelerin, herhangi bir sosyal güvenlik sisteminde hak sahibi olmayan ve aylık geliri net asgari ücretin üçte birinin altında olan yoksullara sağlık sigortası sağlamada devlet yardımı güvencesi vermeyi hedefleyen[59] Yeşil Kart sistemini nasıl suiistimal ettiklerini ve dolandırıcılıkla sistemden hak etmedikleri desteği aldıklarını anlatmayı sürdürdü:

> [Devlet görevlileri] çok inceliyolar. Bunlarda [Çingenlerde] [mülk] varsa bile başkasının üstüne geçiriyo. Ben bi olaya şahit oldum, çalgıcı bi adam, araba almış, arabayı Ezine'de bi kardeşi var onun üstüne geçirdi. Sordum ben abi bana yeşil kart vermezler yoksa dedi. [...] Yani bu toplumun, halkın tepkisini çeker. Güzel düğünler olur, mesela burdaki en garibanı 200-300 milyon para koyar cebine. Buradan geçer adam et alır, tavuk alır, kıyma alır, balık alır, aynı gün, aynı gün yapar bunları. Böyle... Sonra insanlar bi de bugün bulduğunu bugün harcamaya çalışır. Bi de yaşantıyı çok severler.

Bazı Çingenelerin tüketim konusundaki tutumu, özel mülkiyetin değerini ve buna bağlı olarak yaygın toplumsal ve ekonomik hiyerarşileri yok saymak olarak yorumlanabilir. Bazı Çingeneler için bu tutum, Çingenelik ve yoksulluk arasındaki ilişkiyi kırmanın bir yoludur. Örneğin, Meral'in oğlu havalı kıyafetleriyle mahalledeki diğerlerinden farklı olmakla gurur duyuyordu. Birçok Çingenenin alamayacağı markaların pahalı giysilerini giyiyordu. Diğerlerinden farklı olduğunu belirtmek için buna sık sık vurgu yapıyordu. Bu semboller sistemde önemli olduğundan, bunu Türk toplumuna daha yakın olmanın bir yolu olarak görüyordu.[60]

Tüm bu temsillere rağmen kasabadaki Çingenelerin, farklı değer sistemlerine sahip ya da yalnızca yoksul insanlar mı oldukları sorusu hâlâ cevapsızdır. Birçok kişi için Çingenelerin davranışları Necla'nın da belirttiği gibi, egemen toplumun normlarına karşı açık bir direniş göstergesidir: "Hâlâ sıra dışı, ilginç insanlar. Yani... [durup düşünüyor] Kural tanımıyorlar dense daha doğru olur." Belirli bir aileden bahsederken Necla'nın annesi şöyle dedi: "Hiçbiri farklı değil, hepsi yerli gibi." Necla'nın yorumuna güldüler: "Ama evlerinde de davul zurnaları var." Yani,

---

59 Aylaklık ve ahlaki aşağılamalarla yoksulların hiyerarşileştirilmesi için bkz. Sarah Jordan, "From Grotesque Bodies to Useful Hands. Idleness, Industry and the Laboring Class," *Eighteenth Century Life* 25 (Güz 2001), 62–79.

60 Yeşil Kart sistemi hakkında detaylı bilgi için bkz. Asena Günal, *Health and Citizenship in Republican Turkey: An Analysis of the Socialization of Health Services in Republican Historical Context* (Doktora tezi, Boğaziçi Üniversitesi, 2008).

görgü kuralları ve ahlaki değerler olmasa da fiziksel görünüm ya da meslekler, bireyi Çingene yapabilir. Ancak bu konuda kafa karışıklıkları ve istisnalar hâlâ mevcuttur.

Ahlaksızlık ve terbiyesizlik suçlaması bazı Çingene anlatıcılarım tarafından reddedildi. Televizyondaki evlilik programlarından örnekler vererek Türklerin ikiyüzlülüğüne ve ahlaksızlığına değindiler. Muhacir Rana'nın anlatısı suçluluk mevzuunu tartışarak bunu açığa çıkarıyordu:

> İnan bak kızım yani gücüne gitmesin, hırsızlık Türklerde, bak fakirlerde [Çingenelerden bahsediyor] bişey yok, orospuluk olan. Geçenlerde neler duyuldu. Karıları kendi [müşteri] buluyo kızlarına kendileri buluyomuş. Karakol bilir bizi. Ne hırsızlığınız var diyo ne orospuluğunuz var ne bişeyiniz. Aç otururuz bu akşam, hiç sesimiz çıkmaz. Zaten öyle çocuklarımız bişey yapsa biz burda duramayız yavrum. Biz iyiliğimizle duruyoruz burda yavrum. Öyle derim Hüsmen'e [oğlu]; "Hüsmen saat 12 oldu mu evine gel."

Ayrıca, Çingeneler arasında, özellikle topluluğun kadınları konusunda bazı katı ahlak kuralları vardır. Muhacirlerde dul bir kadın genç olsa da tekrar evlenemez. Türkiye'deki erkek egemen normlardan etkilenmeyen Çingene kızları temsiline karşın, bazı yerli Çingene kızlar erkek kardeşlerine kıyasla sınırlı hareket alanından ve deneyimledikleri baskıdan şikâyet ettiler. Dahası, gözlemlediğim kadarıyla, muhacir ailelerdeki kızlar da ülkedeki çoğu kadın için geçerli olan cinsiyetçi işbölümüne göre davranıyordu. Öte yandan, kasabadaki yerli Çingene ailelerinden birine gelin giden bir kadın geldiği yer olan Lapseki'den farklı olarak, Bayramiç'teki yerli Çingeneler arasında gelinlerin karşılaştığı katı cinsiyet eşitsizliğinden bahsetti. Dahası, ona göre, muhacirler arasında cinsiyet eşitsizliği çok daha az göze çarpıyordu.

Özetle, Çingenelerin birçok değeri ve adabı Türklerinkinden pek de farklı değildir. Bazı davranışları, tavırları, hareketleri ve yaşayışları farklı olsa da kasaba halkının bir kısmı bunları asli farklılıklar olarak algılamaktadır. Bu bölümde anlattığım gibi, bu algıların bir kısmı Çingenelerin, marjinal konumlarına katkıda bulunan sosyoekonomik sistemin değerlerine ne kadar uyum sağladıklarıyla ilişkilidir. Bu bölümün geri kalanında Çingenelerin bu farklı damgalama türlerine verdikleri tepkileri inceleyeceğim; bu da Çingenelik ve Türklük arasındaki karşılıklı etkileşimi daha iyi anlamamızı sağlayacaktır.

"Çingeneler"in Çingenelik Temsilleri

Devecioğlu, romanında bir Çingene kadınının Çingene kimliğiyle çatışmalı ilişkisini ele alır. Hikâyeye şöyle başlar: "Bu bir Çingene'nin öyküsü; ömrü boyunca kendi kimliğinden göçmeye çalışmış bir Çingene'nin."[61] Bu durum yalnızca bu romandaki karaktere özgü değildir. Birçok Çingene, Türkiye'deki Çingene etiketinden kaçmayı diler. Bu, Çingeneliklerine iliştirilen egemen olumsuz çağrışımlarla yakından ilişkilidir. Bu durum, üyelerinin büyük ayrımcılığa uğradığı ve kimliklerini saklayan Burakumin topluluğunun Japonya'daki stratejisiyle benzerlik gösterir.[62]

Bu tutum kasabadaki muhacirler arasında da oldukça yaygındır. Kendilerini Çingene olarak algılamazlar, zira bu, Çingeneliğe dair hâkim söylemde inşa edilmiştir. Ayrıca, birçoğu yerli Çingenelerle ya da sepetçi Çingenelerle de özdeşleşmez. Saldırılar da Çingeneliklerinin algılanış biçimini etkilemiş olabilir. En genç nesil arasında Çingeneliğin sakınılması gereken bir şey olmasının muhtemel sebebi saldırıların, Çingeneliğin Çingenelere saldırmak için meşru bir temel oluşturduğunu göstermesidir. İronik bir şekilde, bu durum aynı ailede bile çelişkili durumlara ve anlatılara yol açtı. Büyükanne "Romanız biz" derken torunu buna şiddetle karşı çıkıp bu şekilde görülmeyi reddediyor. Daha ilginci ise Çingene kimliğiyle olan çatışmalı ilişkinin, öz temsillerin zaman içerisinde değişmesinde ya da bir konuşmanın farklı evrelerinde gözlemlenebilir olmasıdır. Örneğin, bazı muhacirler Çingeneliklerini, kasabadan ayrılacağım zamana kadar reddettiler. Diğerleriyse doğrudan sorulduğunda reddediyor ama gündelik bir konuşmada Çingeneliklerinden bahsediyorlardı.

Beni toplulukla tanıştıran muhacir anlatıcım Seyyal, Çingenelerin bir kısmı için saldırının, insanların onları Çingenelikle ilişkili aşağılayıcı konumda algılayışını simgelediğini söyledi. Böylece, saldırılar konusundaki sessizlikleri dezavantajlı konumlarından duydukları utançla açıklanıyordu. Öte yandan Seyyal, Çingenelikleriyle çatışan ilişkilerini ortaya koyan açıklamalarda da bulundu. Önce Çingene nüfusunun heterojenliğinden bahsetti; kimileri "soylu", kimileri sıradan yoksullardı. Örnek olarak eşini gösterdi; o kadar saygındı ki kimse Çingene olduğuna inanmıyordu. Çingenelerin bu şekilde ayrıştırılması öncelikle güçlü özcü hiyerarşilere dayanır. Dahası, bu ayrım Çingenelik hakkındaki hâkim olumsuz söylemi de olumsuzlamıyordu. Bunun yerine, Çingenelerin aynı şekilde aşağıda olduğu fikrini yeniden üretiyordu, zira "soylu" terimi hâkim Türk etnik kimliğine yakın olma halini ima ediyordu. Ayrıca, karşı bir argüman için de açık kapı bırakıyordu, çünkü "Çingene gibi görünüyorsan saygın olamazdın."

Yunan-Makedon bir kasabada Yunanlık hakkındaki çalışmasında, Karakasidou benzer çatışmalı anlatılarla dolu deneyiminden bahseder: "Assiros köylülerinin bana

---

61 Bir bireyin deneyimlediği engeller ve yetersizliği telafi etmede modanın kullanımı için bkz. Georg Simmel, "Modanın Felsefesi," *Modern Kültürde Çatışma*, çev. Tanıl Bora, Utku Özmakas vd. (İstanbul: İletişim Yayınları, 2003), 103–134, özellikle 120–121.

62 Ayşegül Devecioğlu, *Ağlayan Dağ Susan Nehir* (İstanbul: Metis Yayınları, 2007), 19.

sunduğu efsaneler, bazen kökenlerine dair belirli konularda çelişkili versiyonlar barındırsa da Yunan mirasına ve Büyük İskender'e kadar uzanan soya yapılan vurgu tüm efsanelerin tutarlı ve ortak temasıydı."[63]

Karakasidou'nun anlattıkları, muhacirlerin kendilerini Türklükle özdeşleştirmeye çalıştığı vakamızla benzerlik gösterir. Muhacirler, Türklüğe paralel hâkim algılara göre oluşturulan benzer kriterlere değinerek Türklüklerini vurguladı; bu vurguda Atatürk, geçmiş mübadele deneyimleri ve modern vatandaş olmaları önemli yer tutuyordu. Seyyal, sohbetimizin ilerleyen aşamalarında kimliklerin esnekliğini ve bağlamsallığını ortaya koydu:

> Aslında biz Selanik'ten gelmeyiz. O zamanlar, Atatürk "Siz [Yunanlar] benim Türklerime dokunamazsınız" demiş. Bu yüzden dedelerimiz gemilerle gelmiş. Bu yüzden biz aslında Türküz ama buraya gelince bizim adımızı buna [Çingeneye] çıkarmışlar.[64]

Mübadeleyle bağlantılı bir geçmiş, Türklüklerinin bir kanıtı olması açısından muhacirler için önem taşır; Türkiye Cumhuriyeti'nin kurucusunun onları Türk kategorisi altında davet etmiş olması, Türk olarak kabul görmek için onlara güçlü bir argüman sağlar.[65]

Çamlık'taki Hıdırellez kutlamaları sırasında bir grup muhacir kadınla sohbetimize devam ederken başka bir gruptan olan ve dans eden yerli Çingene kadın bağırmaya başladı: "Çok yaşasın Çingeneler! Bu insanlar ölmez, Çingeneler ölmez!" Grubumuzdan muhacir bir kadın, küçümseyici bir ifadeyle beni bilgilendirdi: "Bak, yerliler bunlar." Daha sonra Seyyal davranışsal kodlar bakımından aralarındaki farklılıkları açıkladı: "Mesela hayatım boyunca böyle dans etmedim." Ancak onlar arasında olmaktan, bu canlılık ve samimiyetten ötürü Çingeneliğin bir parçası olmaktan da memnun gibiydi: "Bak mesela, para versen böyle eğlence bulamazsın."

Özdeşleşmeler ve temsiller özellikle muhacirler için büyük oranda değişim gösterir. Şimdi, Çingenelik ve Türklük arasındaki ilişki için kullanılan diğer dinamikleri inceleyeceğim. Bu da bireyin nasıl ve ne zaman Çingeneliğe daha yakın durduğunu, bireyin ne şekillerde Çingenelikle özdeşleştiğini ve bu iki kategorinin insanların algısında nasıl ve neden yer değiştirebilir olduğunu ortaya koyacak.

---

63 Tom Gill, *Men of Uncertainity: The Social Organization of Day Laborers in Contemporary Japan* (New York: State University of New York Press, 2001).

64 Anastasia N. Karakasidou, *Fields of Wheat, Hills of Blood: Passages to Nationhood in Greek Macedonia, 1870–1990* (Chicago: University of Chicago Press, 1997), 32.

65 Yine Boşnak olan bir başka anlatıcı, kasabada kendilerine bu ismin takıldığını ama Tekirdağ'daki akrabalarına Boşnak denmediğini ve onların Türk olarak kabul edildiklerini söyledi.

Çingeneliğin Olumsuzluğu

Kasabadaki bir Çingenenin ilk öz temsili, hâkim Çingene kategorilerinde bahsedilen Çingeneler gibi olmadıklarını kanıtlama isteğiyle motive edilmişti. Marjinal konumlarını reddetmek gibi eylemlerle bu stereotiplere açıkça karşı çıkmıyorlardı. Bunun yerine, kendi Çingeneliklerini vurgulasalar bile normalde bir Çingene olarak anlaşılandan ne kadar farklı olduklarının altını çizdiler. Zira, bu durum Çingenelik kategorisinin aşağılayıcı doğasının ne kadar güçlü ve bundan uzaklaşmanın ne kadar zor olduğunu gösterir. Birçok Çingene kendini bu konuma düşmekten korumaya çalışmaktadır. Bu da Çingenelerin farklı Çingenelik tanımlarını etkilemektedir.

Kendi Topluluğunu Çingeneliğe Dair Hâkim Algılardan Ayırmak

Çingeneliğin damgalanmasının etkileri, farklılıkların temsilinde ortaya çıkar. Yerliler arasında Çingenelere özgü mesleklerle tanınan çok fazla çalgıcı olmasına rağmen muhacir Çingeneler geleneksel olarak Çingenelerle ilişkilendirilen meslekleri icra etmez. Bu nedenle muhacirlerin bir kısmı bu mesleklerle uğraşmayıp Türklerinkilere benzer yaşam tarzları ve meslekler edinerek Çingenelikle aralarındaki mesafeyi vurgular. Öte yandan, bazı yerli Çingeneler de Bayramiç'teki köklü geçmişlerini kasabadaki Türklere yakınlıklarının bir kanıtı olarak gösterir. Bu gruplar içerisinde bu konu uzun süredir tartışılmıştır. Etiketlemenin damgasına, göçebe bir yaşam tarzına ve farklı bir dile sahip olmamalarına, yaşam tarzlarına ve geleneklerine Çingeneliğe dair farklı özdeşleşmelerde ve temsillerde değinilir.

Yukarıda da bahsedildiği gibi, yerli Çingeneler muhacirlere kıyasla Çingeneliklerinden daha rahat bahsediyor, muhacirler ise kendileri için bu bir tabu olduğundan Türklüklerini vurguluyordu. Muhacir anlatıcım Mahir, "Roman" kelimesinin aşağılayıcı kullanımını vurguladı. Kelimenin ayrımcılıkla bağlantısından ve toplumda Çingenelere ayrılan aşağı statüden şikâyet etti. Yani insanların onlar için Roman ya da Çingene kelimelerini kullanmasını onur kırıcı buluyordu:

> Ne demek bu Roman ne demek yani benim buna aklım ermiyo. Yani Çingene anlamında kullanıyo. Şimdi şöyle bişey oluyo. Roman deyince bir grup toplumdan dışarı itiliyo. Roman deyince var ya dünyanın en adi şeyi. Her ırktan terbiyesiz insan var.

Şükufe de aile içinde kullanmalarına rağmen bu kelimeyi benzer bir şekilde algılıyordu. Kelimeyi doğrudan doğruya reddetti:

> Ben Romanlığı kabul etmem. Neden edeyim? Benim annem babam Selanik'ten gelmiş. Burdaki insanlar bize bunu yapıştırmış. [...] Sen bu kelimeyi bana söylüyosan ben değil sen utanmalısın. Ben değil. Ben utan-

mam. Kendini düşürüyosun. Ben utanmam, Romanlığı da kabul etmem. Çingenece bilmem, başka bi dil bilmem, Türkçe biliyom. Budur yani.

Şükufe üç ve yedi yaşlarındaki çocuklarıyla Çingenelik hakkında konuşmaktan kaçınıyordu. 82 yaşındaki büyükannesi Kısmet tartışmaya dahil olduğunda Çingeneliğe dair anlatılarındaki, algılarındaki ve tutumlarındaki öznellikler ortaya çıktı. Şükufe kendinden son derece emin konuşurken büyükannesi "Nedenmiş? Ben Romanım, neden saklayayım?" dedi. Yani aynı ailede bile Çingene olmaya dair farklı tutumlar görülüyordu. Şükufe'nin tepkisi aynı zamanda, Çingene olmayan bir aileye gelin gitmesinden ve kelimenin küçültücü kullanımları nedeniyle Çingenelikle arasına mesafe koymak istemesinden kaynaklanıyor gibiydi. Kendileri ve bu kelimeyle etiketlenen diğer insanlar arasındaki farkları özellikle vurguladı.

Öte yandan farklı bir dil konuşulmaması Türklüğün bir kanıtı olarak görülüyordu. Ne yerli Çingeneler ne de muhacirler Romanes konuşuyordu.[66] Konuşup konuşmadıkları sorulduğunda bile alınıyorlardı. Ancak bazı sepetçilerin konuştuğunu belirttiler. Şükufe dil konusuna vurgu yaptı:

> Dilim yok; kabul etmem ben bunu. Eşim de bana diyemez ki sen de Romansın diyemez. Bilerek aldı. Hakkı yok. Canım onlar da Roman olarak biliyo bizi. E sonuçta ben söylerim eşime Boşnak derim, Boşnak. O da bana muhacir derse diyebilir. Ama Roman diyemez.

Şükufe'nin anlatımında da görüldüğü üzere, Roma dilini konuşmak aşağı bir kriterdir, çünkü genelde gezgin Çingenelerin kendi dillerini konuştuğu varsayımı söz konusudur. Dahası, Çingene diline sahip çıkmak Türklükten dışlanmak için de bir sebep olarak kullanılabilir. Bu da meslektaşım Jan Grill'in Slovakya Çingeneleri arasında gözlemlediği örnekle paralellik gösterir. Bazı Çingeneler dili konuşmadıklarında kendilerinden daha az Çingene olarak bahseder. Muhacir Rana da Roman dili ve bu dili konuşan insanlar hakkındaki görüşünü belirtirken benzer bir tepki verdi: "Ha onlar [sepetçiler] bilir işte. Onlar konuşuyo öyle gala gula gala gula. Onlar bilir onlar, biz bilmeyiz öyle."

Yani dili konuşmak kişiyi daha Çingene yapıyordu. Muhacirler gibi yerli Çingene Ezgi Abla da farklı bir dil konuşmaktan alt kesim Çingenelerin bir özelliği olarak bahsetti:

> Biz öyle dil bilmeyiz kızım asla. Biz bilmeyiz öyle. Dilimiz hayatta yoktur bizim. Bak suya pani derlermiş hakkatten. Bişeye bişey derlermiş bilmem

---

66   Muhacirlerin Türklüğü hakkındaki anlatılar için mübadele hikâyeleri hakkındaki bölüme bakınız.

ben. Yanımda patara kütere konuşuyolar. Bazı buraya bişiler satmaya getiri-
yolar da. [Muhacirler de] bilmez.

Yakın olduğum, yerli bir Çingene baba ve muhacir bir anneden oluşan karma
bir aile bile Romani konuşup konuşmadıklarını sorduğumda alınganlık gösterdi.
Ayrı bir dile sahip olmaktan kaçınmak ve bunun sonucunda ortaya çıkan endişe,
milliyetçi Türk bağlamında ve Kürt dilinin bastırılmasını düşününce anlaşılır
hale gelir. Dahası, "Vatandaş, Türkçe konuş"[67] gibi kampanyalar da güvenilir
vatandaşların yalnızca Türkçe konuştuğu mesajını vermiştir.

Çingeneliğin bir başka önemli kriteri de gezginliktir.[68] Birçok Çingene için
yerleşik bir hayat sürmek Çingene gibi olmamanın bir kanıtıdır. Kasabadaki
Çingeneleri gezginlerle karıştırmamalarını salık veren birçok Türk için de önemli
bir kriter buydu: "Bizim Çingenelerimiz yerli." 1934 tarihli İskân Kanunu'nun da
gösterdiği üzere, yerleşiklik Çingenelerin içerilmesi için önemli bir koşul. Şükufe,
Çingenelik ve gezginlik arasındaki bağlantıyı vurguladı. Aynı zamanda Türk
olmanın getirdiği diğer söylem ve şartlara da temas ediyordu. Hatta anlatısında
din ve laiklik hakkında yakın zamanda ortaya çıkan tartışmaların izlerini bile
görüyoruz:

> Onların yeri yurdu var mı, onlar geziyo. Ama benim yerim yurdum belli
> yani. Evim de var. Kabul etmem; Türkoğlu Türküm. Aynı bayrağın altında
> yaşıyorum, aynı suyu içiyorum. Aynı camiye gidiyorum, aynı gömülüyo-
> rum. Şimdi soruyosun bana Türkmenlerin mezarı ayrı. Onlar ırk ayrımı
> yapıyolar ama ben ırk ayrımı yapmıyorum. Peygamberim aynı, Hazreti
> Muhammed. Onlar [Türkmenler] Ali'ye tapıyolar. Ali'ye tapıyo diye onları
> da dışlayamazsın. Dinde ayrım olmaz. Politikayla dini karıştırmıcaksın. Bu
> böyledir yani.

Yerleşik bir hayatın yanı sıra Türklerle uyumlu anaakım yaşam tarzı, sosyoeko-
nomik konum ve gelenekler de Çingene olarak görülmemek için önemli görülen
unsurlardır. Muhacirler arasında Mahir'in oğlu Alper bu yoruma katkıda bulunu-
yor, dolayısıyla kendi ailesi için "Çingene" tabirini reddediyordu. Babası Bursa'da
PTT'de çalışmış bir devlet memurudur ve ailesindeki diğer birkaç kişi de memur
olarak çalışmaktadır. Çingene karşıtı söylemde kullanılan normallik ve marjinallik
söylemleri de Alper'in anlatısında etkin rol oynar:

> Ya burda görürsün bak. Yaşayış tarzı olarak. Mesela bizim şu karşıdaki
> insanlarımız [çalgıcılık yapan yerli Çingenelerden bahsediyor] yaşayışları

---

67 Batı Anadolu'daki bazı Çingeneler tarafından kullanılan ve Avrupa'da konuşulanın bir
lehçesi olan Çingene dili.
68 "Vatandaş, Türkçe Konuş." 1950'lerde çoğunlukla gayrimüslimleri hedef alan kampanya.

bambaşka. İstanbul'dakiler aynı bunlarla bir, aynı keza. İşte Romanlık bundan [bu yaşayıştan] geliyo. Şimdi sen normal bir vatandaşsın, senin yaşayış şeklin başka. Mesela memursun, bunların gibi bir yaşantın yok, sana kimse diyemez Roman diye.

Yukarıdaki cümlelerden anlaşıldığı üzere Alper "Roman" kelimesini bir hakaret olarak görür. Çingenelikle arasındaki mesafeyi kanıtlamak içinse ailesini normallik ve uygun bir yaşam tarzı sınırları içerisinde konumlandırır. Benzer bir ifadeyle sepetçiler, Çingeneliğin en alt seviyesine yerleştirilir. Alper'in anlatısının da gösterdiği üzere, birçok yerli Çingene ve muhacir, hâkim ayrımcı söylemi kendi farklılıklarını göstermek için kullanır:

> Bak mesela bizim [evimizin] karşımızda Sepetçiler oturuyo. Onlara çilingir ["hırsız" anlamında] derler, bilirsin. Mesela biz kendi halimizde yaşayan bir insanız. Şimdi ben onlarla bir miyim? İnsan birdir ama yaşayış biçimi, kültür farkı var yani. Ben şimdi kendimi onlarla bir tutamam. Onların yaşayış biçimleri ayrıdır. Yani ne bileyim ağızlarında olsun, yaşantılarında olsun bizde o yoktur. Şimdi sen kendini onlarla bir tutabilir misin? İnsan insandır da. Sana da sorsalar "Onlarla oturuyosun, sen onlardan mısın?" [diye], "Hayır, onlardan değilim" [dersin]. Ama insan olarak değer veririm, yaşantı olarak ayırırım. Budur yani. Demek istediğimi anladın mı yani? Onların bohçacı gibi hayatları vardır, kaynaşmaları vardır, ateş yakarlar, yemeklerini yaparlar. Toplanırlar ederler, kavga yaparlar açarlar teybi başlarlar oynamaya. Bende o yoktur. Yani demek istediğim bu.

Çoğunluğu göçebe Çingenelerden oluşan ve kültürleri, tavırları ve ekonomik durumları nedeniyle medenileşmemiş görülen sepetçilerle aynı etiket altına konduklarında alınırlar. Yerli Çingeneler de onları küçük görür. Birçok Çingenede görülen bir durumdur bu. Anlatılarında da görüldüğü üzere, Alper yalnızca sepetçiler hakkındaki stereotipler aracılığıyla Çingeneler hakkındaki hâkim önyargıları tekrarlıyor ve kendini gerek bu özelliklerden gerekse Çingenelikten ayırıyordu. Böylece bazı yerli Çingeneler ve muhacirler de Çingene olmayan kimi insanların onlar için kullandığı stereotipleri yeniden üretmektedirler.

Yerli Çingeneler İçin Yerelliğin Önemi

Yerellik Çanakkale'deki Çingeneler söz konusu olduğunda önemli bir kavramdır, yerleşik yaşam tarzlarını ve bölgedeki köklü geçmişlerini vurgular. Çingeneler Çanakkale'deki geçmişlerini Fatih Sultan Mehmed zamanında İstanbul'un fethinde (1453) yer alan atalarıyla meşrulaştırır. Bayramiç'te de yerellik kişinin meşru konumuna işaret eder. Kasabaya diğer ülkelerden, şehirlerden ve köylerden daha sonra gelenler söz konusu olduğunda, kişinin kasabada bulunma ve kasaba topluluğunun bir üyesi olma hakkını oluşturmada yerellik söylemi devreye girer. Çingeneler arasında yerellik çoğunlukla kendilerini gezgin sepetçilerden ve mübadeleyle gelen muhacirlerden ayırmak için kullanılır.

Karakasidou, 1920'lerde Türkiye ve Yunanistan arasındaki mübadele sırasında "dopyi" (yerli) kelimesinin Yunan Makedonya'sında kullanılmaya başlandığını belirtir.[69] İskânın, kimlik algılarının yeniden tanımlanmasına ve göçmenler hoş karşılanmazken, "yerli" ve "yöreye özgü" gibi yeni toplumsal kategorilerin ortaya çıkmasına katkıda bulunduğunu söyler. Bayramiç bağlamında bazı Çingenelerin muhacirlere kıyasla yerli olarak tanımlanması kimlik ve kategorileştirmelerin benzer bir şekilde yeniden tanımlanmalarına işaret eder. "[Y]erli kökene dair ifadeler, sık sık çeşitliliğe değinen belirli unsurları ya da özellikle bir kısmın saflığını ve diğerlerinin farklılığını içeriyordu."[70]

Yael Navaro-Yaşın'ın İslam'ın tarihsel konumuyla bağlantılı olarak belirttiği üzere, Türk bağlamında yerellik farklı yan anlamlara da sahiptir.[71] Cumhuriyet'in ilanından sonra görülen Batılılaşma ve modernleşme projesi yerli kültüre karşı durma olarak algılandı. Navaro-Yaşın'ın ifadesi, muhacirler tarafından üzerinde durulan modern Türklük ve birçok yerli Çingene arasında gelenekler ve İslam'la bağlantılı görülen yerellik arasındaki zıtlığı yansıtır. Sonraki kısımda da anlatılacağı üzere, muhacirler daima Atatürk'le bağlantılarını ve modern vatandaş olduklarını [kimisi Avrupa'daki kökenlerinden ötürü Anadolu'daki Türklerden daha modern olduğuna inanıyor] vurgulamaktadır. Kemalizm anlayışları, kadınlar hakkındaki modern görüşleri, eğitim seviyeleri ve devlet kurumlarındaki işleriyle gurur duyarlar. Öte yandan, birçok yerli Çingene için din ve kasabadaki köklü geçmişleri Türklerle olan yakınlıklarını simgeler.[72] Muhacirlerin vatandaşlık hakları ve görevlerine odaklanmalarından farklı olarak kendilerinin dinsel aktivitelerini vurgularlar.[73]

Yerli Çingene Ezgi, Türklerle olan gelenek ortaklığını vurguladı. Yemek pişirme ve düğün törenleri birbirine benziyordu. Tabii ki Çingeneler daha gösterişli törenlere sahipti, daha çok para harcıyordu ve müzisyen olmaya daha yatkındı ama bunlar "küçük" farklılıklar olarak görülüyordu. Topluluğun ve o ailenin

---

69 Birinci Bölüm'e bakınız.

70 Karakasidou, *Fields of Wheat, Hills of Blood,* 152.

71 Agy., 36.

72 Yael Navaro-Yaşın, "Historical Construction of Local Culture: Gender and Identity in the Politics of Secularism versus Islam," *Istanbul between the Global and the Local,* der. Çağlar Keyder (Boston: Rowman and Littlefield Publishers, 1999), 59–76.

73 Yerlilerin ve Türklerin muhacirlere kıyasla Türk normlarına daha uygun davrandığı ve daha iyi Müslümanlar olduğu düşünülen yerli Çingeneler hakkındaki anlatıları için dinle ilgili kısma bakınız.

zenginliğini gösterdiğinden, düğün törenleriyle gurur duyuyorlardı. Bu nedenle toplulukta birçok çalgıcı olmasına rağmen, düğün için diğer şehirlerden çalgıcı getirenler vardı [Ailelerden biri Ankara'dan getirtmişti]. Zenginliklerini ve güçlerini göstererek yaşamayı seviyor, düğünlerinin bereketi aracılığıyla çocuklarına ne kadar iyi baktıklarını göstermek istiyorlardı. Yerli Çingeneler ve Türkler Hıdırellez'i de benzer şekilde kutluyordu. Öte yandan, muhacirlere kıyasla yerlilerin dinsel karakteri de vurgulandı: "Bizimkiler [yerli Çingeneler] kalkarlar sabah abdesini alır, çaya giderler; su doldururlar, sen ne istiyosun. Mesela Hızır Aleyhisselam'dan ister, döner gelirsin. Ama onlar [muhacirler] [kapının önüne] çiçek takarlar, gülerler oynarlar, ateş yakarlar."

Buna ek olarak, yerli Çingeneler geleneklere muhacirlerden daha çok değinir. Türklerle ortak noktalarından, onlarla yakınlıklarından bahsederler. Ancak farklılıklarını vurgulamaktan da kaçınmazlar. Kimisi Türklük ve Çingenelik arasındaki sınırlara dikkat çeker. Kimisi, muhacirlerin aksine, Türkler için "goray" kelimesini bile kullanır. Muhacirlere kıyasla yerli Çingeneler Türklerle farklılıklarını reddetmez. Tarihsel bağlamda da Çingene mesleklerine sahip çıkıp Türklerle belirli sınırlar içerisinde bağ kuranlar onlardır. Van Arkel'in "etiketli etkileşimler" dediğine son derece benzer biçimde hiyerarşileri tanırlar: Atanan rollere, Çingenelik ve Türklük arasındaki egemen güç hiyerarşisine uygun davranırlar. Yine de tarihsel bağlamda yerli Çingeneler kasabada kendilerine meşru bir yer edinme anlamında başarılı olmuştur.[74] Onlardan sonra gelen göçmenlerin aksine, bölgedeki köklü geçmişlerine dayanarak hak iddia ederler. Bayramiç'i memleketleri olarak görmeleri o toplumun ve bölgenin bir parçası olarak tanınmalarını sağlamıştır. Yerli Çingene Mesiye'nin de söylediği gibi, bu şekilde tanınmaları saldırılar sırasında daha ileri gidilmesini önlemiş, kendi ailesi gibi bazı ailelerin rahat bırakılmasını sağlamıştı. Mesiye evinin penceresi önünde tartışan saldırganların sözlerini hatırlıyordu: "Bu insanlara dokunmayın. Burada sekiz bin yıllık geçmişleri var. Adalılardan kimseye dokunulmayacak."

Buna ek olarak, artan Kürt göçünün yanı sıra özellikle 1980'lerden sonra diğer köylerden de göçler yoğunlaşınca muhacirler yeni gelenlere kıyasla kasabada çok daha uzun bir süredir yaşadıkları gerekçesiyle bir dereceye kadar haklar talep edebildi. Dahası, bu yeni gelenler kasabanın davranışsal kodları ve normlarına muhacirlerden çok daha az uyum sağlamıştı. Böylece, yerli köklerinin altını çizerek

---

74 Aynı bayrak altında yaşayıp aynı dili konuşacaklarını ve çocuklarını askere gönderecekle-rini iddia etmektedirler.

köylülerle aralarındaki farklılığı vurgulayabildiler. Bir sonraki kısımda muhacirlerin kasabadaki yerlerini nasıl meşrulaştırmaya çalıştıklarını inceleyeceğiz.

Mübadele ve Meşruiyet Temeli

Yerli Çingeneler için uzun süredir Bayramiç'te yaşıyor olmak, meşru bir talep öne sürmek için yeterliydi. Ancak muhacirlerin 1925-26 yıllarında mübadeleyle Selanik'ten gelip Atatürk'ün emriyle ülkeye kabul edilmeleri, Türklüklerinin tanınması, muhacirlerin kasabadaki varlıkları ve Türklüğe yakınlıkları anlamında meşru bir temel oluşturmuştur. Bu söylemde devlet otoritesi ve tanınma kilit önemde olsa da Atatürk ve onunla ilgili her şey geleneksel Türk siyasal ve toplumsal söyleminde sorgulanmaz bir meşruluk kazandığından, Atatürk figürü bu anlatılarda önemli bir sembolik güç olarak ortaya çıkar. Bu da kasabadaki muhacirlerin varlığına karşı çıkanların bir anlamda Atatürk'ü eleştirdiğini ima eder. Böylece mübadele hakkındaki söylemler ve Atatürk'e yapılan referanslar damgalamaya karşı önemli birer silah haline gelir. Sonuç olarak, muhacirlerin tamamı anlatılarında Atatürk'ün onları Türkiye'ye nasıl getirdiğini belirtirken kimileri de bir zamanlar Atatürk'le komşu olduklarını söyleyerek kişisel ilişkilere ve ortak bir vatana vurgu yaptı. Atalarıyla ilgili anlatılarında Cevza, Atatürk'ün onları nasıl kurtardığını anlatmaya başladı:

> E gâvurlar onlara [atalarına] da dünyayı yapmışlar ya orda [Yunanistan'da]. Onlara da [kötülük] yapmışlar. Dayımlar varmış. Meydan dayağı atmış gâvurlar. Atatürk demiş ki... Annem söylüyor, çişimizi yapıyoduk böyle salardık korkudan. "Siz" demişler [Yunanlar] "bayramda tak tak silah atılacaksınız" demişler. Atatürk'ten bir emir gelmiş. "Benim Türküme bir zarar yaparsanız, bu çizmeleri bana giydirmeyin, size sildiririm" demiş. "Bu akşam gemi gelecek, o gemiye benim Türklerimin hepsi binecek" demiş.

Cevza'nın annesi Atatürk'ten "bizim" olarak bahsederek gerek ona gerekse onun değerlerine yakınlıklarını belirtti: "Babam 'Atatürk'ümüz bizi kurtardı' derdi... Bir gün sonra öldürülecekken, Atatürk 'Türklerime dokunmayın' demiş."

Öte yandan Berrin, muhacirleri Atatürk'ün komşuları ve tanıdıkları olarak vurguladı: "Atatürk de çocukken o mahallede otururmuştu. Daha yukarlarda otururmuş. Burdan şey vardı, öldü yaşlı adam. O da çocukmuştu. [Dediğine göre] Atatürk hiç eğilmemiş çocukken bile. Ama tabii onlar daha aşağıda oturuyolarmış."

Kolukırık'ın Selanik'ten İzmir'in Bornova ilçesine gelen Çingenelerin göç deneyimleri ve hatıraları hakkındaki çalışmasında da karşılaştığı üzere, Selanik'ten göçen Çingeneler, Atatürk'ten sık sık bahsetmektedir.[75] İzmir'deki muhacir Çingenelerle mülakatlarda görülen temalar arasında Atatürk'e minnet ("Onun sayesinde hayatta

---

75 Alba ve Nee, *Remaking the American Mainstream.*

kaldık."), onları Türkiye'ye getirme kararı ("Atatürk bizi buraya getirdi.") ve onları tanıması ("Bizi buraya Atatürk çağırdı.") yer alıyor. Kolukırık, Atatürk'e yapılan bu referansları psikolojik açıdan "kendisini bir güç figürü aracılığıyla konumlandırmak" olarak açıklar.

Yine de bu referansları anlamak için Atatürk etrafında oluşan tarihsel ve sosyopolitik inşaları ve söylemleri incelemeliyiz. Atatürk, tarihte sıradan bir iktidar figürü olarak anlatılmamıştır; laiklerden köktencilere, solculardan sağcılara farklı bakış açılarına sahip birçok kişi, konum ve argümanlarını Atatürk'e yaptığı referanslarla güvence altına almıştır. Kendilerini yalnızca güçlü bir figür aracılığıyla desteklemekle kalmayıp, Atatürk'ün tarihsel olarak inşa edilmiş sorgulanamaz konumunu da tanımaktadırlar. Muhacirler içinse bu, Türklük için meşru bir temel oluşturur.

Birçok muhacire göre serbest görüşlere dayanan aile ilişkileri ve göreceli cinsiyet eşitliği sayesinde daha modern oluşları onları yerli Çingenelerden ayırmaktadır. Bu da modernleşme projesine bağlılıklarını vurgular ve onları Kemalist düşünceye bağlı iyi ve modern vatandaşlar haline getirir. Türkiye Cumhuriyeti'nin kuruluşundan sonra yeni devlet ve kadın ve din alanlarındaki Kemalist ideoloji, modernleşmeyi Türklükle ilişkilendirmiştir. Böylece "modern kadın" imgesi kuruluş dönemi ve mirası için önemli bir sembol haline gelmiştir. Cevza, cinsiyet rolleri, Avrupalı kökenleri ve dolayısıyla Batılılaşma ve modernleşme fikri arasındaki uyuma değinerek yerli Çingenelerle farklarını vurguladı:

> Ama bizim kültürümüz daha bi başkadır, açık görüşlüyüz. Daha kültürlüyüz daha böyle bakımlıyız. Onlar [yerli Çingeneler] hemen gelin bi kahve yapçak sabah böyle gelcek. Konuşmaları bile değişiktir onların. Ne de olsa yerlisi buranın. Biz muhacir, herhalde Avrupalıyız. Avrupa görmüşüz.

Dahası, muhacir kadınların ev dışında çalışması, ev dışında çalışmayı uygunsuz bulan yerli Çingene kadınlara kıyasla sosyoekonomik güçlerini ve modern cinsiyet rollerini gösterir. Yine de özellikle genç nesilden bazı yerli Çingene kadınlar bakıcılık ve gündelikçilik gibi benzer işlerde çalışmak isteseler de genelde bu iş ağına katılamamaktadırlar. Bu meslek cinsiyet dinamikleri dışında Türklerin, muhacirleri evlerine kabul ederek onların ahlaki değerleri ve davranışlarının yanı sıra güvenilirliklerini de tanıdıkları anlamına gelmektedir. Bu nedenle muhacir kadınlar için meslekleri, toplumun daha geniş kesimlerine açılan bir kapı ve kasabadaki sosyoekonomik hayatın üyesi olarak kabul edilmeleri anlamına gelmektedir.

Ancak, bu sosyoekonomik uyum ve muhacirlerin Türk, modern vatandaş ve çalışan olarak meşruluğu, saldırılar tarafından bozulmuştur. Toplumdaki meşru konumlarının reddedilmesi onlar için travmatik bir deneyim olmuş, yeterince

Türk olmadıkları şoku üzerlerinde büyük bir etki bırakmıştır. Rana saldırıların yol açtığı bu ihlale şöyle değindi:

> Biz dedik "Muhaciriz, Atatürk çocuğuyuz". "Hayır, değilsiniz!" dedi Rıfkı [saldırganlardan biri]. Biz de "Atatürk'ün komşusuyuz, senin böyle mi yapman lazım bize! Atatürk çocuklarıyız" dedik. Kızım nasıl oldular biliyo musun, böyle asker gibi. Burdan Çamlık'a kadar. Ne o taşlamalar. Kapı pencere hiç kalmadı yavrum.

Muhacirlerin Atatürk referansları, insanların ülkede milliyetçi söylem dışında güvenli bir statü bulamamalarıyla da ilişkilidir. Irkçılığa ve Çingenelere yönelik ayrımcılığa karşı kendi başına alternatif bir argümanın var olmadığını ortaya koymaktadır. Trajik olansa muhacirlerin bu Kemalist argümanları kullanarak kurban statülerini güçlendirmeleridir.

Çingenelerin Eşikte Olma Halleri

Saldırıların arifesinde bazı kasaba sakinleri için önemli olan ve tehdit oluşturan şey, kendileri ve Çingene dedikleri belirli nüfus arasındaki sınırların yok olmasıydı. Birçok köylünün ve Bayramiçlinin sosyal ve ekonomik dönüşümün etkilerinin hayatlarındaki yansımasını, toplumdaki statülerini kaybetme korkusunu ve iş dünyasındaki yeni kriterlere uyum sağlama endişesini hissettikleri bir dönemdi. Başka bir deyişle, büyük şehirle ilişkileri yoğunlaştıran modernleşme, taşımacılığın yayılması ve yeni teknolojilerle ilişkili olarak ekonomide yeni pozisyonların açılması bu yeni yaşam tarzına uyum sağlamak zorunda kalan birçok aile için sosyal bir güvensizlik hissi yaratmıştı.

Peki, Türklerin korumak ve devam ettirmek istediği sınırlar konusunda Çingenelerin konumu neydi? Gördüğümüz gibi, yaygın anlayış içerisinde Çingenelik kategorisi Türkiye'de belirsiz bir konuma sahiptir. Birçok kişi Çingenelerin kim olduğu konusunda kafa karışıklığı yaşamaktadır. Çingenelik kimileri için farklı bir ırk, kimileri için de yalnızca farklı bir yaşam tarzı ve toplumun parçalarından biri olmak demektir; bazı Türkler ise Çingenelerin yalnızca geçinmek için mücadele veren yoksullar olduğunu düşünmektedir. Bu belirsiz ifadeler bazı insanların Çingeneleri Türk olarak adlandırıp adlandırmama konusunda neden kafa karışıklığı yaşadıklarını açıklamaktadır. Ne de olsa Türkiye Cumhuriyeti'nin kuruluşundan sonra birçok göçmen aynı dinden oldukları için Türk olarak tanınmıştır.[76] Birçok Çingene de kendini Türk olarak görür.[77] Birçok

76 Suat Kolukırık, *Dünden Bugüne Çingeneler* (İstanbul: Ozan Yayıncılık, 2009).

77 Mevcut ekonomik ve siyasi bağlamda Türk olarak kabul edilmenin değişen kriterleri için bkz. Didem Danış ve Ayşe Parla, "Nafile Soydaşlık: Irak ve Bulgaristan Türkleri

kişinin gözünde bir dereceye kadar Türktürler elbette, ama diğerleri için eninde sonunda ötekidirler.

Bu belirsizlik bazı Çingenelerin benlik tasarımlarına dair anlatılarında da görünür hale gelir. Kendilerine Türk dedikten birkaç dakika sonra bazı Bayramiçlilerden "o Türkler" şeklinde bahsetmeye başlayabilmektedirler. Kendilerini bir parçası olarak gördükleri Türklüğün, kasaba halkının Türklük anlayışından farklı olduğu ortadadır. Daha geniş egemen kültürle bir dereceye kadar ortaklık geliştirip kendilerini bunun bir parçası olarak tanımaktadırlar. Ancak bu dahil olma halinin kısmi olduğunun, kirlilik, çirkinlik, ahlaksızlık ve suçluluk gibi küçültücü sıfatlarla ilişkilendirilerek farklı görüldüklerinin de farkındalar.[78] Birçoğu için Çingenelik, ayrımcılığı paylaştıkları ve dış dünyada baş etmek zorunda kaldıkları önyargılara rağmen birlikte özgür hissedebildikleri diğer Çingenelerle özdeşleşme kurmanın bir yoludur. Böylece bir dereceye kadar Çingene, başka bir dereceye kadar da Türk olabilmektedirler.

Bu belirsizlik birkaç şekilde gösterilir. Bunlardan biri ulusal kimlik olarak Türklüğün üç düzeyde oluşturulmasıdır.[79] Bu düzeyler, farklı boyutlardaki insanları içerir. Bu, Türklük kategorisinin sınırlarını bulanıklaştırabilir ama aynı zamanda farklı içerme ve dışlama stratejileri için kullanılabilecek esnekliği de sağlar. Ayrıca, aynı kategoride yer alan insanlar arasındaki hiyerarşiyi ortaya koyar. Çingeneler dil, din ve bölgesel bağlar anlamında Türk olarak kabul edilebilir. Azınlık olarak söz edilen başka topluluklara karşın,[80] birçok Çingene farklı bir dil, din ya da kültür iddiasında bulunmaz. Ancak, 1934 tarihli İskân Kanunu'nda da belirtildiği üzere gezgin Çingeneler, Türk olarak kabul edilememektedir. Ayrıca Çingeneler marjinal insanlar olarak görülmektedir. Bayramiç'te de gördüğümüz üzere, dinsel uygunlukları daima sorgulanmaktadır. Böylece Türk olmak ve olmamak arasında belirsiz bir konuma yerleştirilmektedirler. Bu belirsizlik de konumlarını tanımlamanın zorluğunu gösteren eşikte olma hallerini ortaya koyar.[81]

Bayramiç'te bir topluluk olarak yerli Çingeneler Türklere yakın dursalar da onlardan farklıdırlar. Birçoğu ekonomik hayatta daha çok fırsata ve toplumsal hayatta

---

Örneğinde Göçmen, Dernek ve Devlet." *Toplum ve Bilim*, sayı 114 (2009): 131–158.

78 Çingene-Dom halkının Kürt aşiretlerinden birine mensup oldukları da Diyarbakır'da tartışmalı bir konudur. Bu nedenle hem Çingene hem Kürtler.

79 Çingenelik ayrıca bu tür diğer aşağılayıcı kullanımları da somutlaştıran anahtar bir kelime olarak da kullanılmaktadır.

80 Birinci Bölüm'de Türklük ve Türklüğün üç düzlemi hakkındaki kısma bakınız.

81 Rumlar, Yahudiler, Ermeniler ve Kürtler gibi gerek dini gerek etnik olarak azınlık görülenler.

daha fazla statüye sahip olan Türklerle aralarındaki sınırları reddetmemiştir. "Türk gibi" ve "gerçek Türklere" kıyasla daha alt sosyoekonomik statülerde kalmışlardır. Ancak yerli Çingeneler arasında da iş hayatında berber dükkânı işletmek ya da iyi bir çalgıcı olarak tanınmak gibi daha iyi durumda olanlar da vardır. Bir anlamda eşikte olma konumlarını kabullenmişlerdir, çünkü sosyal ve sınıfsal alanlarda "Türklere göre daha aşağı bir konumda olduklarını birçoğu biliyordu."

Öte yandan muhacirler problematik olanlardır, çünkü ikincil konumlarını kabul etmemişlerdir. Atalarının Türk devleti ve onun saygıdeğer kurucusu Atatürk tarafından Türk olarak tanınmasından yola çıkarak, kendilerine Türk gibi davranılması gerektiğini vurguluyorlardı. Ancak yerli Çingeneler ve Türkler arasındaki konumları yaşadıkları arada kalmışlığı göstermektedir. 1960'larda kazandıkları sosyoekonomik güçle birlikte muhacirler sınırları belirsizleştirmek ve hatta değiştirmek, dolayısıyla eşikte olma konumlarından kaçmak için mücadele ediyordu.

Birçok şeyin yanı sıra bu durum Çingenelerin Türklere ait sosyoekonomik fırsatlardan faydalanmaları demektir. Muhacirlerin Türk kadınlarına uygunsuz davrandığı ve namuslarını tehdit ettikleri dedikoduları metaforik anlamda Türklerin alanını istila ettikleri anlamına gelmektedir. Bir sonraki bölümde bu süreçte muhacirler etrafında Çingene tehdidin nasıl oluşturulduğunu göreceğiz.

DÖRDÜNCÜ BÖLÜM

Saldırıların Anlatısı

Harp zamanı gibiydi. Herkes divan altına girdi, bunlar yaşandı yani. Biz sadece camdan baktık. Karanlık her taraf, kaçsan nereye kaçıcan. Ama tek ümit, çare kaçmak. Evde kalıp ölmektense kaçıcan.[1]

Bayrak ellerinde. Dağ Başını Duman Almış. Marşlan yürüdüler. Ah bak halen aklıma gelince tüylerime bak nasıl oluyo. [...] Acayip bir sesti ya, korkmamak mümkün değil yani. Gökyüzünden uçak geçer ya öyle oldu. Ama Allah'ımıza şükür olsun [kurtulduk]…[2]

1960'ların sonu ve 1970'lerin başında Bayramiç'te yaşayanlar Çingenelere düzenlenen saldırıları büyük bir şiddet dönemi olarak hatırlamaktadır. Kasabadaki evlerine saldırılmış, kimisi dayak yemiş ve bunun neticesinde yüzlerce kişi kasabayı terk etmiştir. Saldırganlar köylüler ve kasaba sakinleridir; aralarında saldırıya uğrayanların arkadaşları ve komşuları da vardır; hedefleri ise "Çingenelerdir."

Aynı grup belediye binasında kasaba savcısını da öldüresiye dövmüştü. "Çingeneler" yakındaki kasabalara ve büyük şehirlere giderken savcı başka bir yere nakledilmişti. Akrabalık ve topluluk bağlarına, kasabadaki kabul görme düzeylerine, mülk sahipliğine, birikimlere ve göç ettikleri yerlerde hayatta kalma becerisine bağlı olarak birkaç aydan birkaç yıla uzanan bir süre kasabadan uzaklaşmaları gerekmişti. Bir süre sonra kimisi kasabaya döndüğü halde, bir kısmı asla dönmemişti.

Kasabanın bütününde, saldırıların en sık anılan sebebi okul kızlarına laf atmak ve hamamlarda kadınlara bakmakla suçlanan bazı Çingenelerin ahlaksızlığı ve kötü davranışlarıydı. Sık sık kullanılan tabirse "şımardıklarıydı" ki bu da kasabanın ekonomisindeki artan güçlerinin bir sonucu olarak ortaya çıkan kötü davranışlarına işaret ediyordu. Ancak bu, neredeyse Çingene olmayan herkesin ve yerli olarak görülen birkaç Çingenenin ilk anlatısının yüzeydeki hikâyesidir. Ana hedef olan muhacir Çingeneler başka sebeplerden bahsetmekte, büyük oranda kasabadaki sos-

---

1   Çingenelerin eşikte olma konumu için Birinci Bölüm'e bakınız. Kirlilik ve eşikte olma arasındaki ilişki için bkz. Douglas, *Purity and Danger*.

2   Yerli Çingene Fazıl.

yoekonomik çıkar çatışmasına değinmektedir. İlk (ahlaksızlık) anlatısını vurgulayan Çingene olmayanların büyük bir bölümü, hikâyenin bu kısmını bilmemekte ya da doğru düzgün hatırlayamamaktadır. Yalnızca bunu bilen, hatırlayan ve bu konu hakkında az da olsa konuşan birkaç kişi Çingenelerin anlatısını desteklemektedir. Ancak Çingene olmayanlardan bu konuyu konuşmak isteyenlerin sayısı pek fazla değildi. Yani en iyi ihtimalle bu seçenek, Çingene olmayan yalnızca birkaç kişinin kabul ettiği ikinci bir anlatıdır.

Savcı Rahmi Özel'in o dönemde gazetede yayımlanan sözleri, muhacir Çingenelerin anlatısını doğrular; bu ifade saldırıları resmi ağızdan anlatan tek yazılı kaynaktır.[3] Savcı, saldırıların yerliler ve Kıpti adı verilen, yaklaşık elli yıl önce Muradiye Mahallesi'ne taşınan Çingeneler arasında bir kamyonla ilgili kişisel çıkarlardan tetiklendiğini belirtmiştir.[4] İlk saldırı 18 Ocak 1970'te muhacir Çingenelere karşı yapılmış, 38 haneye zarar verilmesiyle sonuçlanmıştır. Son olay, asıl faillerden biri olduğu için Çanakkale'deki muhacir Çingeneler tarafından yaralanan şoför Hasan Erken'in[5] sağlık durumunun kritik olduğuna dair bilgilerin yayılmasından sonra, 22 Şubat'ta gerçekleşmiştir. Daha sonra, savcıya göre, en az üç bin kişi alenen devlet otoritesini hiçe sayarak ellerinde bayraklarla sokaklarda yürümeye başlamıştı. İnsanlar Çingenelerin yaşadığı mahallelere de açılan ana caddedeki kasaba pazarının girişinde yer alan belediye binasının dışında toplanmıştı. Savcı kalabalığı durdurmaya çalışırken 30-40 kişilik bir grup kendisine saldırıp öldüresiye dövmüştü.

Öte yandan, savcının doğru zamanda ve ölçüde önlem almamakla eleştirdiği Çanakkale Valisi Cemal Tantancı[6] kendisiyle yaptığım mülakatta suçlunun Çingeneler olduğunu söyledi. Bayramiçli olduğumu öğrendiğinde söylediği ilk şey "Sizinkiler Çingene olaylarını yaptı" idi. Olumsuz Çingene imgesini paylaşıyor ve Çingenelerin ahlaksız hareketleri hikâyesini tekrarlıyordu: "Çingeneler kasabadaki her kadının çamaşırını bildiğini söyledi; olayları tetikleyen de bu oldu." Vali, olayları duyduğunda bizzat kasabaya gidip savcıyı kurtardığını söyledi. Ancak "lanet olasıca

---

3   Yerli Çingene Sebiye.

4   "Bayramiç Savcısı Vilayeti Suçladı," *Milliyet*, 27 Şubat 1970, 4.

5   Muhacirlerin oturduğu yer olarak bilinen Muradiye Mahallesi ve çoğunlukla yerli Çingenelerin yaşadığı Tepecik yan yana konumlanmıştır. Bir sonraki mahalleye geçmek için tek yapmanız gereken 100 metre boyunca bir sokağı takip etmektir. Dahası, bu iki mahalle son zamanlarda resmi kayıtlarda tek bir mahalle olarak kayıt edilmiş: Tepecik. Ancak insanlar ikisini hâlâ farklı mahalleler olarak anmaktadırlar. Mekânsal farklılıkların kasabada farklı algılandığını ve yüz metrelik bir mesafenin Bayramiçlilerin gözünde büyük bir fark yaratabileceğini unutmamak gerekir.

6   Diğer görüşmeci ve bahsi geçen isimlerde olduğu gibi isim değiştirilmiştir.

savcı" daha sonra kendisini suçlamıştı. Olaydan bir şakaymışçasına bahsetti, hatta Çingeneleri savcıyı dövmekle suçladı.

Kasaba halkı olaylardan birkaç şekilde söz etti. Kimisi "Çingene olayları" ve/ veya "Çingene taşlaması" olarak değindi; kimileri, özellikle Çingene denilenler ise, "kırım" kelimesini kullandı.[7] Bazıları bunun aslında bir "şoför kavgası" olduğunu ama nihayetinde "Çingenelere karşı kavga"ya dönüştüğünü söyledi. Olayların tasviri, anlatıcıların olayları temsiliyle yakından bağlıydı ve faillerin bakış açısına, bilgisine ve bu bilgiyi ilgili aktörler etrafında açıklama niyetine ve neyi ana tetikleyici olarak gördüklerine göre farklılık gösterdi.

Bayramiçlilerin deneyimlediği şiddet ve korkunun izleri anlatıcıların o döneme dair temsillerinde önemli bir rol oynar. Çelişkili hikâyelerinin yanı sıra konuşma konusundaki gönüllülükleri ve sessiz kalma korkuları son derece aydınlatıcıdır. Öte yandan hikâyeleri geçmişe ve bugüne dair sosyo-tarihsel göndermelerle son derece karmaşık olabilmektedir; ayrıca kasaba ekonomisinin dönüşümündeki bireysel deneyimlerine de bağlıdır. Bu şiddetin insanların hayatındaki ve kasaba tarihindeki anlamı neydi ve ele aldığımız genel bağlamla nasıl bağdaştırılmıştı?

Saldırıların yaşandığı dönemde Çingeneliğin içeriği, Türk ve Çingene olmanın anlamı önceki herhangi bir döneme kıyasla çok daha önemli hale gelmişti. İnsanlar "biz" ve "onlar"ın ne olduğunu ayırmak için bu kategoriler doğrultusunda hareket etmeye eskisinden çok daha fazla zorlanmaktaydı. Tam o anda ne olduğuna, saldırıların nasıl tetiklendiğine, nasıl meşrulaştırılıp hayata geçirildiğine, hangi fail konumunda kimin eyleme geçtiğine ve insanların olayları nasıl hatırladığına bu bölümde değinilecek. Gerçekleşen olaylar, failleri, nasıl başarılı oldukları, dolaşıma sokulan söylemleri ve insanların olan biteni nasıl anladıkları ve nasıl hatırladıkları bu bölümde gün yüzüne çıkarılacak.

1970 yılında kasabadaki saldırılara dair anlatılarda iki ana hikâyeyi inceleyeceğim. Bu hikâyeler gerek gerçek olaylarla gerekse insanların algılarıyla ilişkilidir; bu bakımdan her iki açı da anlam taşımaktadır. Bu unsurları birbirinden ayrı görmemeliyiz, çünkü bunların kombinasyonu ve etkileşimi sosyo-tarihsel gerçeklikleri ortaya koymaktadır. Ayrıca, her ikisi de farklı yönleri, bakış açılarını ve hatıraları detaylandırmamıza yardımcı olacaktır. "Şoför kavgası" olarak adlandırılan ilk hikâye bir dereceye kadar olayların altında yatan nedenleri ve yapısal etkenlerle ilişkili bireysel çıkarları ortaya koymaktadır. Öte yandan "Çingene olayları" olarak

---

7   27 Nisan 2009'da İstanbul, Karaköy'de 1967-71 yılları arasında görev alan o dönemki il valisiyle mülakatımdan. Valinin ismi, bu araştırmada mülakat yapılan diğer tüm isimler gibi müsteardır.

adlandırılan hikâye ise Çingene damgasının ve kalabalığın motivasyonunun etkisini anlamak açısından önem taşır.[8]

Muhacir Çingeneler ve yerli Çingenelerin çoğunun aksine, kasabada çok az insan olayları Şoför Kavgası hikâyesi üzerinden hatırlamaktadır. Çingenelerin hafızalarında yer etmiş olan bu hikâye, aynı zamanda saldırılara da bir açıklama getirmektedir. Bu hikâye ekonomik dönüşüm, artan rekabet ve çatışma arasındaki ilişkiye dair bir bakış açısı sağlamaktadır. Saldırılar muhacir Çingenelerin taşımacılık sektöründe artan güçleri ve prestijleriyle birlikte sosyal statüleri değişen bazı insanların endişe ve hırslarını gün yüzüne çıkarmıştır. Bu hikâye, eski elitlere ve güç sahiplerine karşı daha genel bir başkaldırıyla ve ortaya çıkan yeni potansiyel fırsatlardan faydalanma mücadelesiyle birlikte değerlendirilmelidir. Kategorilerin, işlevlerinin ve Türklük ile Çingenelik arasındaki sınırların değişimi bu ışıkta değerlendirilmelidir. Çingenelerin fiziki değil ama ekonomik hareketlilikleri ciddi bir tehlike olarak görülmekteydi; şiddetli saldırılar da Çingeneleri toplumun sosyoekonomik hiyerarşisinde ve "düzen"inde hak ettiği yerlere yerleştirme amaçlı gerçekleşmişti.[9]

Birçok Çingene bu hikâyeyi gerçekleştiği anla sınırlı anlık bir olay olarak tasvir etti. Derinlikli konuşmalar ve heyecan anları, yaşadıkları ayrımcılığı ve saldırıların

8   Saldırılar Çingeneler arasında kırım olarak tasvir edildi. Kasabadaki saldırılar sırasında can kaybı olmasa da Türkçede bu terim cinayet anlamını da taşır. Çingene halk bu terimi saldırıların kendileri açısından ne anlam ifade ettiğini yansıtmak için kullanır, zira saldırılar yalnızca evlerine değil, kasabadaki varlıklarına karşı da düzenlenmiştir. Özellikle kasabadaki Çingeneler tarafından kullanılan bu kelime, onların duygularının ve saldırıların üzerlerinde bıraktığı etkinin güçlü bir temsilidir. Kasabadaki Çingene olmayan nüfus saldırılar için daha nötr bir kelime olan "olaylar"ı tercih etmektedir. Terminolojideki bu farkın temsil açısından son derece ilgi çekici olduğuna inanıyorum.

9   Bosna-Hersek ve Hırvatistan'daki savaştan sonra farklı topluluklar arasındaki hatırlama, yorum ve temsil farklılıkları için bkz. Dinka Corkalo, Dean Ajdukovic, Harvey M. Weinstein, Eric Stover, Dino Djipa ve Miklos Biro, "Neighbors Again? Intercommunity Relations after Ethnic Cleansing," *My Neighbor, My Enemy: Justice and Community in the Aftermath of Mass Atrocity*, der. Eric Strover ve Harvey M. Weinstein (Cambridge: Cambridge University Press, 2004), 143–161. Örneğin Corkalo vd., "Neighbors Again," 157. 1994'teki şiddet olaylarından sonra Tutsi ve Hutu toplulukları arasındaki farklı duygular ve anlatım şekilleri için bkz. Timothy Longman ve Theoneste Rutagengwa, "Memory, Identity, and Community in Rwanda," *My Neighbor, My Enemy: Justice and Community in the Aftermath of Mass Atrocity*, der. Eric Strover ve Harvey M. Weinstein (Cambridge: Cambridge University Press, 2004), 162–182. "Gerçeklik ve etnik filtreden geçmiş gerçeklik arasındaki ayrım" vasıtasıyla farklı anlatımlar hakkında değerli bir yorum için bkz. Walker Connor, "A Few Cautionary Notes in Ethnonational Conflicts," *Facing Ethnic Conflicts*, der. Andreas Wimmer, Richard J. Goldstone, Donald L. Horowitz, Ulrike Joraz ve Conrad Schetter (Oxford: Rowman and Littlefield Publishers, 2004), 32.

ırkçı doğasını vurgulasa da çoğu zaman bu tür ifadelerden kaçındılar. Bunu dile getirmekten kaçınmaları, başka sebeplerin yanı sıra kendilerini ötekileştirilmiş Çingenelik konumuna getirme isteksizliklerini de göstermektedir. Ayrımcılığın yapısal bir olgu olduğunu kabul etmek saldırılardan sonra kasabaya geri dönmeyi zorlaştırmakla kalmayacak, aynı zamanda Çingene olmayanlarla mevcut ilişkilerini de karmaşıklaştıracaktı. Ancak kimileri için haksızlığa uğramış olma hissi, çektikleri acıların izleri ve ayrımcılığın gerek açık gerek saklı yönleri ilk günkü canlılığını korumaktadır.

Anlatılarda bazı insanların Çingeneliği, edindikleri sosyoekonomik güç ve statü edindikleri için tehdit olarak algılanmaya başlandıklarından, vurgulanmış; yeniden keşfedilmiş, yeniden üretilmiş ve hatırlanmıştır. Yeni stereotipler ve önyargılar tarihsel olanların yerini almak üzere yeniden üretilmiştir; bu da insanları Çingenelere karşı harekete geçiren Çingene tehdidini güçlendirmiş, saldırıları bir dereceye kadar meşrulaştırmıştır. Çingenelerin sözde ahlaksız hareketleri ve istismarlarının yanı sıra, Çingene olmayanların Çingeneler tarafından yıldırılması, kurbanlaştırılması Çingene tehdidinin tasavvurunu desteklemek için kullanılmıştır.

"Çingene olayları" hikâyesi Çingeneliğe dair stereotipleri ve önyargıları ortaya koyar. Anlatılar Çingene tehdidi, Çingenelerin ahlaksızlığı ve güvenilmezliği ve son olarak da takındıkları uygunsuz davranışlara odaklanacak; kasabadaki Çingenelik ve Türklüğe dair tarihsel, kapsamlı ve yeni söylemlerin etkisini gösterecektir. Çıkarlarla ilgili bireysel kavgaların Çingenelik ve Türklük arasında bir çatışmaya nasıl dönüştürüldüğünü anlamamıza yardımcı olacaktır. Ayrıca hikâyenin bu versiyonu, yalnızca Çingeneleri suçlu göstererek saldırıların meşrulaştırılmasına ve bunların bir tür kaçınılmaz meşru müdafaa olduğu temsiline olanak sağlamıştır. Çingeneliği, onların güvenilmezliklerini ve Türklüğe uyumsuzluklarını vurgulayan bu hikâyenin işlevselliği dikkate alındığında, Bayramiç'te hakim olan hikaye buydu.

Bu versiyonda sosyoekonomik nedenlerden ve bireysel çıkarlardan bahsedilmez, hikâye Çingene tehdidiyle sınırlı kalır. Onların bakış açısına göre, saldırılar şımaran Çingenelere toplumsal düzendeki ikincil konumlarını hatırlatmak için gerekliydi; bu durum, birçoğunun saldırıları "Çingene olayları" olarak hatırlamasını ve temsil etmesini açıklamaktadır. Bu sayede suçluluk hissinden kurtulup vicdanlarını rahatlatırken, bir yandan da Türk olmanın katışıksız imgesini ve "bölgedeki işgalcilere" karşı duran atalarının şanlı hikâyelerinde olduğu gibi bunun için mücadele ettikleri algısını güçlendirmektedirler.

Ayrıca, net ve çizgisel anlatılar yerine geçişmeler, boşluklar ve tutarsızlıklarla dolu anlatılar göreceğiz. Belirli grupların ve insanların (muhacirler, yerli Çingeneler, saldırganlar ve koruyucular gibi) anlatılarında bazı eğilimler gözlemlenebilmesine ve benim bir dereceye kadar grup düzeyinde genellememe rağmen, birbirinden farklı hikâyelerin varlığını göz ardı etmemeliyiz. Örneğin, failler hikâyelerini genelde "Çingene olayları" versiyonu etrafında oluştursa da suçluluk duyan bazı insanlar saldırılara dahil olan bireysel çıkarları vurguladı. Benzer biçimde, neredeyse tüm muhacir Çingeneler olayı "şoför kavgası" olarak vurgulasa da yerli Çingenelerin bazılarında hikâye bir bakış açısından diğerine geçiş yapmakta, kimileri muhacir Çingenelerini de suçlamaktadır. Çingene tehdidine dair bir anlatı, Çingenelerle iyi ilişkiler anlatısına, kasabadaki Çingenelerin Çingene olmayanlarla yakın ilişkiler kurduklarına, ülkedeki egemen Çingene imgesinden nasıl farklı olduklarına ve saldırıların haksızlığına dair söylemlere dönüşmektedir. Bu kaymalar ve anlatıcıların görünüşte tutarsız hikâyeleri kendi kişisel ilişkilerinden, birey ve grup çıkarlarından, ortak hatırlama ve unutma yollarından, belirli anlatıcıların akılcılaştırmalarından ve duygulanımlarından, kendi konum ve deneyimlerinden ve kendilerini sorgulama isteklerinden etkilenmektedir.

Vakamızda, anlatılar ötesinde sessizlik ve konuşma korkusu oldukça yoğundu. İnsanlar belirli konular ve insanlar hakkında sessizliklerini korudu. Bu sessizlik çoğu zaman kasaba halkı arasında belirli konuların konuşulmasına dair tabuya işaret ediyordu. Bu nedenle, sonraki kısımlarda da göreceğimiz gibi, sessizlik ve korku, yasaklı bölgeleri ve takdir edilen söylemleri ortaya koymaktadır.

Suskunluk ve Konuşma Korkusu

> Söylemez bizim halkımız. Öyle insan. Olayın içindedir söylemez, üstüme bişey sıçrar diye korkar.[10]

Suskunluk insanların belirli olaylar, insanlar ve meselelerle nasıl ilişki kurduğuna dair ipuçları verir.[11] Yalnızca anlatılar değil, suskunluklar da bu nedenle önem taşır. İnsanların neyi söyleyip neyi söylemek istemediklerini, nerede konuşmayı bıraktıklarını, nerelerde konuşmaya tereddüt ettiklerini ya da onları hangi konuların isteksizleştirdiğini gösterir; ilişkiler, konumlar, anılar ve temsilleri keşfetmek istediğimizde birçok şeyi ortaya koyar.

Kasabada insanlar bazı konular hakkında suskunluklarını bozmazken, bazı konularda son derece konuşkandılar. Bu vakayı araştırırken kasaba halkının sessizliği

---

10   "Toplumsal düzen" arayışında şiddet kullanımı için bkz. Werner Bergmann, "Exclusionary Riots: Some Theoretical Considerations", *Exclusionary Violence*, der. Christhard Hoffmann, Werner Bergmann ve Helmut Walser Smith (Michigan: The University of Michigan Press, 2002), 161–185.

11   Hüseyin Kiltaş, saldırılarda etkin bir fail ve şoför.

tavırlarını, tepkilerini, duygularını, geçmişteki ve bugünkü ilişkilerini anlamam açısından önemliydi. Öncelikle kasabadaki "iç meseleler" hakkında konuşmanın hiç de kolay olmadığını belirtmeliyim. Az çok Bayramiç'ten biri sayıldığım için insanlarla konuşurken bir avantaja sahiptim. İnsanların bir yabancıyla konuşma konusundaki isteksizlikleri öylesine belirgindi ki bazıları hiçbir şey anlatmadı; kasabayla bir bağım olduğunu öğrenene kadar, yaşananları hatırlamadıklarını ya da bilmediklerini söylediler. Yine de insanlar diğer Bayramiçliler arasında kimin suçlu olduğuna dair konuşmamaları gerektiğini hissediyorlardı. Yan komşumuz büyük dedem hakkında bir hikâye anlatarak beni doğrudan uyardı. Büyük dedemin kendisine ölüm döşeğinde şu nasihatı verdiğini iddia etti: "Komşularının sırlarını asla açık etme." Böylece komşu, büyük dedemden aldığı nasihatı benim vakama uyarladı: "Bu kasabada birçok sır öğreneceksin ama bu sırları bu kasabadan asla çıkarmamalısın." Ahlak dersi veriyor gibiydi ama aslında bu nasihat insanların, mevcut güç ilişkilerini tehdit edebilecek bir yabancı olduğumu düşündüklerinde benimle saldırıların detayı gibi belirli konular hakkında neden konuşmadıklarına dair ipuçları veriyordu. İnsanlar öncelikle ucu kendilerine de dokunabilecek bir sorun yaratma olasılığından dolayı isteksiz davranıyorlardı. Saldırılardan sorumlu kişilerin kim olduğunu bilmelerine rağmen sessiz kalıyorlardı. Muhtemel sonuçlar onları korkutuyordu ve saldırganlara eleştirel yaklaşanları koruyacak etkili ve meşru bir mekanizma olarak kanunlara güvenmiyorlardı.

Bir anlamda, saldırılar sırasında failler devletin geçmişte Rum komşularına takındığı tutumu az çok taklit ediyordu.[12] Ayrıca, saldırılar Türklük ve Çingenelikle ilgili devlet kaynaklı ideolojiler ve kategorilerle ilintiliydi ki bu da devlet kurumlarının neden engelleyici önlemler almadığını[13] ya da olaylardan sonra suçluları neden cezalandırmadığını kısmen açıklamaktadır.

Devlet ve halk arasında bir çizgi çekmenin zorluğunu yalnızca devlet organlarının ve görevlilerinin Çingeneler etrafında oluşturduğu politikalar, söylemler ve damgalamada değil,[14] devlet temsilcilerinin saldırılarda fail olarak bilfiil yer

---

12 Şiddet deneyimlerinde sessizliğin önemi için bkz. Sabine Behrenbeck, "Between Pain and Silence: Remembering the Victims of Violence in Germany after 1949," *Life after Death: Approaches to a Cultural and Social History of Europe During the 1940s and 1950s,* der. Richard Bessel ve Dirk Schumann (Cambridge: Cambridge University Press, 2003), 37–64. Ayrıca bkz. Francesca Declich, "When Silence Makes History: Gender and Memories of War Violence from Somalia," *Anthropology of Violence and Conflict*, der. Bettina E. Schmidt ve Ingo W. Schroder (New York: Routledge, 2001), 161–175.

13 Rumlarla var olan paralelliklerle ilgili bölüme bakınız.

14 Savcı, Çanakkale Valiliği'ni zamanında eyleme geçmemekle eleştirmişti. Ancak dönemin valisi Cemal Tantancı kendisine bu konuda yönelttiğim soruya karşılık suçlamaları kabul

almasında da görüyoruz. Polislerin kötü davranışlarının yanı sıra birçok Çingene, Çanakkale milletvekili Rafet Sezgin'i ve dönemin başbakanı Süleyman Demirel'i suçladı. Devletin temsilcileri olarak onları vatandaşlık haklarını çiğnemekle ve Türklüklerini görmezden gelmekle suçladılar. Bu nedenle devletin kasabadaki en üst düzey temsilcilerinden biri olan savcının dövülmesi de dahil olmak üzere, saldırılar devlet içerisindeki heterojenliği ve farklı devlet söylemleri ve güç sahipleri arasındaki çelişkiyi ortaya koymaktadır.

Bayramiçlilerin olup biteni açıkça eleştirmekten kaçınmasının bir başka nedeni de sosyal dışlanma korkusudur. Ne de olsa Bayramiç, gerek coğrafi gerek sosyal anlamda nispeten küçük bir yerdir ve "kimin ne dediği" hızla yayılmaktadır. Kimileri, söylediklerini diğerleri öğreneceği için benimle konuşmak konusunda çekimser davranıyordu. Ayrıca, eşikte olma konumum da kafa karıştırıcıydı. Hayatımın yalnızca ilk altı yılında Bayramiç'te yaşamıştım; sonrasında da kasabayla olan ilişkilerim, 2001 yılında anneannem ölene kadar anneannem ve dedeme yaptığım ziyaretlerle sınırlı kalmıştı. Bu nedenle bir yerli olarak Bayramiçlilerle çok sınırlı ilişkilerim vardı. Kimi beni bizzat tanıyordu kimi ise hiç görmemişti ya da benimle çocukluğumda tanışmıştı. Bu durum beni pekâlâ bir yabancı olarak da gösterebilirdi. Bu nedenle bu eşikte olma konumum hem avantaj hem de dezavantaj yaratıyordu. Onlardan biri olarak kabul edilmemi, dolayısıyla insanların bana güvenmesini kolaylaştırıyor, Bayramiç'in sırlarını bir yabancıya anlattıkları hissini bastırıyordu. Ancak bu güven bir dereceye kadar var olabiliyordu, zira vaka hakkında anlattıklarını diğerlerine söyleyeceğim korkusu daima vardı. Bu noktada bir yabancı olarak sınırlı ilişkim olumlu bir sonuç da doğurabiliyordu. İnsanlara, bana anlattıklarından başkalarına bahsetmeyeceğim konusunda güvence verdim. Diğer insanların temsillerini sorduklarında onlara bırakın benimle paylaştıkları sırları, herhangi bir detay dahi vermedim. Böylece gerçekten de güvenilir biri olduğum fikri kasabada yayıldı. Bazı insanların bana ilk konuşmamızda bahsetmedikleri daha ileri hikâyeleri, detayları ve sırları anlatmaya neden istekli hale geldiklerini bu itibar açıklar.

Aynı zamanda anlatıcıların temsillerinin beni görüş biçimlerine göre nasıl değiştiğini anlamaya çalıştım. Örneğin, insanlar beni bir yabancı olarak görüp görmemelerine bağlı olarak tümüyle farklı bir hikâye anlatıyordu. Hikâyelerini anlatmalarına izin verdim. Ancak, konuşma uzadığında, kasabayla kişisel bağlarımı açıkladığımda daha detaylı ya da olayın diğer kısımlarını da kapsayan başka bir hikâye anlattılar. Benzer bir şekilde, kimileri vakayla ilgili daha fazla şey bildiğimi

---

etmedi. Saldırılar ya da düzeltme yolları konusunda herhangi bir sorumluluk almadığını açıklayarak bunların "basit olaylar" olduğunu vurguladı. Düzeltme yollarını sorduğumdaysa bunu saçma buldu.

fark ettiğinde meseleye farklı boyutlar kazandıran bir hikâye de anlattı. Dolayısıyla, bazı insanlar hikâyenin bir kısmını saklamaya ya da söylememeye meyilliydi. Suskunluk ve konuşmaya isteksiz oluşları, saldırıların ana faillerinin potansiyel olarak ortaya çıkarabileceği soruna dair önceden de var olan, süreğen korkularıyla ilişkiliydi.[15] Bu korku Bayramiçlilerin saldırılar sırasındaki ve sonrasındaki deneyimlerine dayanıyordu. 1923 doğumlu Aydın ana faillerin saldırılar sırasındaki gücünden bahsetti: "O zamanlar onlar burda esas kural koyucuydu. Ne isteseler yaparlardı. Onların karşısına kimse dikilemezdi."

Ana faillerin birçoğu ölmüş olsa da birkaçı hâlâ hayattaydı. Ana fail Kadir ve muavini Hasan, Bayramiçliler için korkutucu figürlerdi. Kasabanın zorbalarıydılar. İnsanlara karşı durma cesaretleri ve fiziksel şiddet kullanma meyilleri insanları konuşmaya isteksiz hale getiriyordu. Her ikisi de eski şofördü. Hasan hâlâ Bayramiç'te, Kadir ise yakınlardaki Balıkesir'de yaşıyor. Hasan'la konuşma girişimlerim başarılı olmadı;[16] muhtemelen başının derde gireceğini düşündüğünden benimle konuşmadı. Öte yandan Kadir geçmişte ve bugün kasabada sahip olduğu güçten ve konumundan bahsetti.[17] Söylediğine göre, saldırıların olduğu dönemde o kadar güçlüymüş ki bazı durumlarda kasabadaki jandarmalar bile onu desteklemiş. Saldırılar sırasında, kasabanın başı olarak olaya müdahalede bulunması gerektiğini hissetmiş:

> Biz o zaman Bayramiç'in başı olduğumuzdan herkes bize geldi. "Bu Çingen çocukları, mesela Dilaver'in oğlanları [Fikret'in erkek kardeşleri] kızları rahatsız ediyo" dedi. Bana böyle dediler. Ben de "Ne yaparsanız yapın ama önleminizi alın" dedim. "Ben arkanızdayım, düşerseniz tutarım" dedim.

Ana faillere karşı hissedilen korku insanların saldırıların gerçek şiddetine dair deneyimleriyle güçlendi. Çingenelere karşı takınılan tavır, saldırganların kontrol edilemez şiddeti, Çingeneleri himaye edenlere, işe alanlara yöneltilen tehditler

---

15 Ayrıca ülkede Çingenelerin damgalanması için Birinci Bölüm'e bakınız.

16 Jan T. Gross, *Neighbours: The Destruction of the Jewish Community in Jedwabne, Poland, 1941*'de (Londra: Arrow Books, 2003) özellikle Polonya'nın Jedwabne kasabasında Yahudileri koruyanlar tarafından hissedilen benzer bir korkuya değinir. Küçük bir kasabadaki komşular arasında yaşanan şiddet konusunda benzer bir vaka için de Gross'un çalışmasına göz atabilirsiniz. Ayrıca böylesi şiddet vakalarında yıldırmanın gücü için bkz. van Arkel, *The Drawing*. Sonuç bölümünde Gross ve van Arkel'in değindiği noktalar üzerinde daha çok duracağım.

17 Hasan yoksul bir aileden geliyordu; şimdiyse 70'lerinin sonlarında. Şoförlük sektörüne çok erken yaşlarda, İzmir ve Çanakkale arasındaki otobüs seferlerinde muavin olarak girdi. Saldırıların gerçekleştiği yıllarda Kadir'in yardımcısıydı. Daha sonra Kadir'in minibüslerinde onun için çalışmaya başladı. Kendisine boş bir kültablası getirmeyen birini öldürmesine sebep olan akıl almaz asabiyetiyle anılan korkutucu bir kabadayı olarak bilinmektedir.

son derece korkutucuydu ve saldırganların istedikleri gibi davranmasına yol açtı. Şiddete karşı çıkan insanların suskunluğu acizliklerini, korkularını ve zayıflıklarını temsil ediyordu.

Suskunluk, Konuşmanın Vereceği Acı ve Tarih Algısı

Gerek Çingenelerin gerek Çingene olmayanların kasaba tarihine dair genel algısına Çingenelere yapılan saldırılar dahil edilmemektedir. Tarih anlayışları resmi tarihyazımıyla paralel gitmektedir. Bu nedenle, kasabanın tarihini sorduğumda beni Bayramiç'in kuruluşu, örenyerleri, Yunan işgali ve güçlü ailelerin tarihleri gibi resmi tarih anlayışını güçlendirecek muhtemel kaynaklara yönlendirmeye çalıştılar. Ancak kendilerinin ya da diğerlerinin hayatlarını tarihin bir parçası olarak görmüyorlardı. Bu nedenle birçok anlatıcı tarihsel bir şey bilmediklerini ya da beni bilgilendirecek kadar bilgili olmadıklarını iddia etti. Ancak kasabada gerçekleşen toplumsal olayları sorduğumda Çingeneler de Çingene olmayanlar da saldırılardan ya akıllarına ilk ve tek gelen olay olarak ya da en önemli olaylardan biri olarak söz etti. Dolayısıyla onları kendi hikâyelerinin de tarihsel anlamda değerli olabileceğine ikna etmem gerekiyordu ama bu, kimileri için kolay değildi.

Başlangıçta bu tür bir araştırmanın ve kendi deneyimleri hakkında sorular sorulmasının tarihsel olaylarla ne gibi bir ilgisi olduğunu anlayamadılar. Hatta başlarına gelen şeyin tarihsel olduğunu bile düşünmüyorlardı, çünkü tarih onlar için uzak geçmişten, kasabanın eski varlıklı ailelerinden ve kalıntılardan ibaretti. Bazı Çingeneler tarih ve talip kelimeleri arasındaki ses benzerliğiyle oynayarak tarih fikriyle dalga bile geçti. Hıdırellez kutlamaları sırasında "Tarih mi arıyorsun? Sana bir talip bulalım" diyerek benimle şakalaştılar.

Kasabaya ilk geldiğimde birçok Çingene saldırılardan bahsetmek konusunda çok isteksizdi. O zamanı hatırlamadıklarını söylediler; hatta bazıları bu durumdan dolayı gergindi. Hayat hikâyelerini dinlemek ve yerel tarih hakkında sorular sormak istesem de "kırım"la ilgili araştırma yaptığım haberleri kasabada hızlıca yayıldı. Sanırım bunun nedeni yalnızca o yıllara odaklanmam değil, aynı zamanda meselenin onların dikkatini daha fazla çekmesiydi.

Yerli tarih bilgisine sahip herhangi bir yerliye kasabadaki önemli olayları sorduğumda, saldırılar kasaba tarihinde önemli bir yer tutuyordu. Bunun tek nedeni büyük çaplı bir olay olması değildi; insanlar aradaki bağlantıyı hatırlamasa da saldırılarla ilintili olayların öneminden de kaynaklanıyordu. Bu anlamda savcının dövülmesi, olayların hatırlanmasını etkilemişti. Kimileri, özellikle Çingene olmayanlar bunu "Çingene olayları"yla bağlantısız olarak hatırlıyordu.

Öte yandan, Çingenelerin doğrudan sorulduğunda hakkında konuşmaya isteksiz oldukları olaylar gündelik konuşmaların bir parçası haline gelebiliyordu. Örneğin, bir bakkalın adresini sorduğumda genç bir Çingene çocuk benimle konuşmaya başladı. İzmir'den geldiğimi söylediğimde amcalarının da orada oturduğunu, "kırım"dan sonra taşındıklarını söyledi. Bazılarıysa bana güvendiğinde bu konudan ara sıra bahsediyordu. Ancak Sebiye'nin anlatısının da gösterdiği üzere, kimileri konuşmak konusunda hep isteksizdi: "Hatırlıyorum, her şeyi hatırlıyorum ama anlatamam."

Konuşmak istemeyenler de vardı. Rahatsız oldular; o dönemi tekrar yaşıyormuş gibi hissettiler. Kendilerini hakarete ve ihanete uğramış hissediyorlardı. Muhacir Çingenelerden Necmi neden sessiz kalmak istediğine dair duygularını anlattı. O sırada askerde olduğu ve ailesini destekleyemediği için kendini suçlu hissettiğini söyledi. Ailesi taşlanıp acı çekerken kendisinin rahat yatağında uyuduğunu düşünmüş. Bu nedenle o dönem hakkında konuşmak yetersizliğin ve güçsüzlüğün yanı sıra acı gibi hisleri de hatırlamasına neden oluyordu:

> Sen o konuyu açtığında, benim yaramı açıyosun. Bu yüzden insanlar anlatmak istemez. Zaten ne fark yaratcak? Büyük saldırıydı. İnsanlar hatırlamak bile istemiyor, zihninde tutmak istemiyor. İnsanlar en acı hatıralarını anlatmak istemez. Ben onları anlatıp o anları tazelemek istemem. Ben onu çok acı yaşadım. Onu bir daha anlatırsam benim yaram deşilmiş olur. Ama çok derin şeyler yaşadık. Ben ailemi bırakıp askere gittim. Burda kalanların hayat şartını bıraktım da gittim ben. Herkes ev ararken ben koğuşları buldum. Nasıl para kazanılır, nasıl geçincez ben bunu bilemedim iki sene. Çünkü devlet beni askere aldı; bana ekmeğimi, sigaramı içiyosam verdi. Ama burdaki bıraktığım ailem noldu, ben bunu hiç bilemedim. Ve çok büyük acıdır. Sonra sen kırım yapıyosun. Sen bir bayrak altında yaşayan, bir camiye giden, bir mezara gömülen insanları katletmeye çalışıyosun. Bunun meselesi nedir, bunu anlatsınlar bana yapanlar. Ondan sonra ben geleyim konuşayım. Sen o adama git, benim ne koşulum var anlat, ona tırıs gelir, duygulanmaz bile; bin kişiden on kişi çıkar belki ama [...] Yapanlar da çocuğuna zafer kazanmış gibi anlatıyor. Zafer gibi görürse ben o çocuğu karşıma alıp anlatmam bile Sen bir kitap yaz, bunu okuyacak yine de on beş kişi çıkacak."

Necmi'nin sessiz kalmasının bir diğer nedeni de konuşmanın kimseye fayda sağlamayacağına inanmasıydı; Çingene olmayan Bayramiçlilerin umurunda değildi; Çingenelere nasıl acılar çektirdiklerini anlamaya da niyetleri yoktu. Duyarlı birkaç insan dışında, Çingeneleri dinlemiyorlardı bile. Necmi insanların sessizliğinin yalnızca korkudan değil, utanç duygusundan da kaynaklandığını söyledi. Birçok Çingene o saldırılar sırasında hakarete uğradığını hissetmişti, o zamanları yeniden hatırlamak istemiyordu. Kimileri için o dönemin getirdiği acı öylesine güçlüydü ki bunu başkalarıyla paylaşmakta çok zorlanıyorlardı.

Necmi'nin anlatısı, yaşadıkları saldırılar ve ülkedeki insanların genel tavrı hakkındaki samimi duygularını dışavurması açısından da son derece ilginçti. Benim açımdan, bu anlatı Türkiye toplumunda ve başka yerlerde insanların hayatlarının benzer biçimde ihlalini ve eşitsizlikleri inceleyen çalışmaların gerekliliğini gösteriyor. Ancak Necmi bu tür bir çalışmanın değerinin bilinmesi konusunda haklı olarak kötümserdi. Kimilerinin acıları, üzüntüleri şiddet, korku ve adaletsizlikle birlikte başkalarının zafer hikâyelerinin arkasında kalabiliyor. Necmi'ye göre saldırılar kanalıyla korku, utanç, muazzam bir acı ve suçlu bir vicdan kasaba Çingenelerinin omuzlarına yüklenmişti.

Saldırıların Aktarımı

Bayramiçlilerin saldırıya dair anlatılarına yansıyan üç ana anlatı kolu vardır: ulusal anlatı, yerel anlatı ve kişisel deneyimlere dayalı anlatı.[18] Bu kategorileştirmede kolların birbirini dışladığı düşünülmemelidir; bu üç kol kesinlikle birbiriyle ilişkilidir. Birçok bağlamda örtüşüp bir araya gelirler. İnsanların yerel bağlamlarını kavramsallaştırma biçimleri, bireysel ve yerel deneyimler dolayımıyla ulusal bağlama nasıl atıfta bulundukları, kendi deneyimlerini ulusal ve yerel egemen anlatılar aracılığıyla nasıl algıladıkları çok önemlidir. Ancak analitik anlamda bu ayrışma, anlatılardaki farklı bakış açılarının, değişimlerin ve tezatların yanı sıra özellikle milliyetçilik ve onun yerel ifadeleri gibi örtüşen belirli söylemleri anlamamıza yardımcı olacaktır. Bu anlatılar arasındaki hiyerarşik farkları ve insanların bu hiyerarşiler üzerinden tarihi nasıl algıladıklarını anlamak da önemlidir. Geçmişi yalnızca resmi ve ulusal tarih olarak görmek yerine, aynı zamanda yeniden inşa etmenin ve müzakerenin tek meşru yolu olarak kabul etmek gerekir. Karakasidou bu tarihi "[anlatıcıların] okulda öğrendikleri genel ulusal tarihten oluşan" bir anlatı olarak tanımlar:[19]

> Assiriotesler [Karakasidou'nun araştırmasındaki Rum kasaba halkı] tarihten bahsettiklerinde onlara genç yaştan itibaren okul ve kilisede öğretilen ulus anlatılarını hatırladılar. Bu sözlü metinler Türk yönetiminden gelen baskıya, Bulgarların Rum topraklarını ele geçirme çabalarına, komünist yıkıcılara

---

18   Kadir'in hayat hikâyesi için Ek 2'ye bakınız.

19   Anastasia N. Karakasidou, *Fields of Wheat, Hills of Blood: Passages to Nationhood in Greek Macedonia, 1870–1990* (Chicago: University Of Chicago Press, 1997) Yunan Makedonya'sındaki bir kasabadaki yerli halkla yaptığı çalışmada tarihsel anlatıların farklı katmanlarını inceledi. Anlatıları kendi sahamdaki anlatılar hakkındaki bakış açılarımla kuvvetli bir paralellik gösteriyor. Karakasidou'nun, kavramsallaştırmaları ve ifadeleri küçük farklılıklarla da olsa benim düşüncelerimle kesişmektedir. Bu nedenle farklı anlatı kanallarını incelediğim bu bölümde Karakasidou'nun sahada topladığı hikâyelerle kendiminkileri harmanladım.

karşı mücadelelere ve benzerlerine göndermede bulunarak, ulusal tarihte dönemselleştirildiği haliyle aynı kutsallaştırılmış ve homojenleştirilmiş gelenekleri takip eder.[20]

Karakasidou'nun deneyiminde de olduğu gibi, Bayramiç'te de tarihle ilgilendiğimi öğrenenlerin birçoğu, Çanakkale savaşlarından söz ederek kasabanın ve şehrin ulusal tarihteki yerini tekrarladı. Daha kapsamlı bir bağlama iliştirdikleri yerel tarihi, ulusal anlamda tarihselleştirilmiş bu bölgenin bir parçası olarak görmekteydiler. Kasabanın sosyoekonomik-kültürel tarihini sorduğumda bana Hadımoğlu ailesinden ya da antik dönemlerden kalma eski kalıntılardan bahsettiler. Egemen tarihyazımının tanımladığı tarihi alan sınırlarına sahip çıktılar. Dahası, bireysel deneyimleri egemen söylemlerle, özellikle ulusal aidiyetle ilgili olanlarla iç içe geçmişti. Bu nedenle Rum imgesi, ulusal tarihte ve egemen anlayışta yer aldığı haliyle Türklük, Türk olmamak ve Çingenelik bireysel anlatılarında da görülebilir.

İkinci anlatı kolunu şekillendiren, yerel olaylar ve yerel tarihin nasıl anlamlandırıldığıdır. Yukarıda da belirtildiği gibi bu anlatının bir kısmı, (geçmişin kalıntıları, varlıklı aileler, savaş deneyimleri, Yunan zamanı gibi) tarihe neyin dahil edilebileceği anlayışında bile ilk anlatı koluna doğrudan bağlıdır. Kasabada gerçekleşen sosyoekonomik olaylardan tarihin bir parçası olarak bahsetmek kolay değildi. Bayramiçlilerin kendilerini tarihle ilintili görmedikleri gerçeği ulusal/resmi tarihyazımının insanların tarih anlayışı üzerindeki etkisinin önemli bir göstergesidir. Bu mantıkla, Bayramiçliler kasabalarını Çanakkale savaşlarının görkemli hikâyeleri dışında, sosyoekonomik ve siyasi anlamda herhangi önemli bir olayın olmadığı ufak bir yerleşim yeri olarak canlandırıyordu.[21] Birçok Bayramiçli, kasabayı Çanakkale savaşlarının gerçekleştiği tüm bölgeyle ilişkili düşünüyor, bu görkemli kurucuların torunları olmakla gurur duyuyordu. Elbette bu anlatılar bölge hakkındaki ulusal söylemle ve bölgenin ülke tarihine dahil edilmesiyle paralellik gösterir. Çanakkale savaşları hakkında yazılmış birçok eser var olmasına rağmen bölgedeki sosyoekonomik ve siyasi hayatı inceleyen, yerel tarihle ilgili tek bir çalışma bile yoktur.[22]

Ancak ikinci kol yerel olaylarla ilgili anlatıları da kapsamaktadır. Bir yabancının bu anlatıları dinlemesi hiç de kolay değildir, çünkü bunlar iç meseleler olarak görülür. Benim gibi eşikte konumundaki biriyle bu hikâyeler paylaşılabildi, çünkü bilgiye

---

20 Karakasidou, *Fields of Wheat, Hills of Blood*, 231.

21 Agy., 231.

22 Güler ayrıca Çanakkale'deki tarihin inşasında savaş hakkındaki ulusal tarihyazımının gücüne değinir. Bkz. E. Zeynep. Güler, "Çanakkale'den Savaş Dışı Anılar," *Kuşaklar, Deneyimler, Tanıklıklar: Türkiye'de Sözlü Tarih Çalışmaları Konferansı*, der. Aynur İlyasoğlu ve Gülay Karacan (İstanbul: Tarih Vakfı, 2006), 173.

erişim hakkımı kabul ediyorlar ve beni "bölgenin bir çocuğu" olarak görüyorlardı. Fakat bu düzeyde, normallik ve ahlak algısı, dünyaya bakış ve anlamlandırma biçimi egemen algılarla iç içedir ve bu algılar aracılığıyla temsil edilir. Söz konusu vakada Çingenelerin suçluluğu ve ahlaksızlığı hakkındaki egemen anlatılar, Bayramiçlilerin Çingenelere karşı birleşmesi ve saldırıları meşrulaştırma biçimleri Çingeneliğe ve Türklüğe yönelik genel algıya, ahlak ve saflık gibi diğer bağlantılı kategorilere yerleşmişti. Yalnızca milliyetçi beyanlar değil, normlar hakkındaki egemen söylem de kasaba halkı tarafından toplum dışına itilmemek için davranma, yaşama ve dünyayı tam anlamıyla algılama kılavuzu değilse bile bir referans noktası olarak kullanılabilir. Dolayısıyla kasaba halkı vakamızdaki anlatılarda Çingeneliğe dair yerel ve ulusal söyleme ve önyargılara dayanmaktadır. Ancak komşuluk ilişkilerine, ahlaklı bir insan olmaya dair egemen anlayış ve Çingenelerle Çingene olmayanların ortak yerel deneyimleri de bu söylemle kesişmektedir. Bu kesişim noktasında Bayramiçlilerin değişken anlatıları ve çelişkileri ortaya çıkar.

Son olarak, üçüncü kol insanların bireysel gündelik deneyimleri olarak gördükleri anlatılardan oluşmaktadır. Tabii bu anlatıların bazıları ilk iki kolu takip edebilir; boşluklar ve çelişkilerle bir arada varlıklarını sürdürürler. Kimileri gündelik referanslar ve insanlar arasındaki kişisel ilişkilerle açık bir şekilde çelişen hikâyeler anlatmaktadır. Bayramiçliler kendilerini olduğu gibi bunu da tarihin bir parçası olarak algılamazlar. Karakasidou, çalışma sahasında benzer tepkiler belirir:

> Sıradan kişisel tarihlerin ve aile tarihlerinin… yerel anlatıları köylüler tarafından anlamayı öğrendikleri "tarih" olarak görülmüyordu. Bunun yerine, bu tür beyanlar, yerleşik (ve hegemonik) ulusal kanon tarafından tarif edilen tarihsel kayıtla büyük ölçüde ilgisiz olan kişisel deneyimlerin hatırlanması olarak görülüyordu.[23]

Bu aynı zamanda, bazılarının kesinlikle ifşa etmek istemediği bir alandır. Kimileri açık bir şekilde egemen yerel anlatı çerçevesinde kalıp bireysel deneyimlerini yalnızca egemen hikâyeyi destekleyen detaylar olarak kullanır. Kimileri ise kişisel bilgi ve deneyimleri gerçek bir hikâyenin başlangıcını belirlemek için kullanmaktadır (örneğin, "Tamam, insanlar böyle dedi ama aslında şunlar oldu…"). Bu anlatıların bazıları samimi kişisel alanı temsil eder.[24] Hikâyenin kolayca gün yüzüne çıkarmak istemedikleri en gizli kısmı burasıdır. İnsanlar deneyimler ve

---

23 Arkeolojik yönlere odaklansa da kasabanın sosyoekonomik atmosferine dair ipuçları da sağlayan, Bayramiç hakkındaki tek çalışma için bkz. Cevat Başaran, *Geçmişten Günümüze Bayramiç: Tarihi, Coğrafyası ve Arkeolojisi* (Ankara: T.C. Kültür Bakanlığı Milli Kütüphane Basımevi, 2002).

24 Karakasidou, *Fields of Wheat, Hills of Blood*, 232.

duygular aracılığıyla yerel bir sırrı açık ettiklerini, kasabanın belirli bir olay hakkındaki yerel söylemine ve bunun topluluk olarak belirli bir biçimde hatırlanmasına ihanet ettiklerini hissedebilirler.[25]

Bu tür bir anlatı hayat hikâyelerini, insanların bireysel vakalar ve ilişkiler hakkındaki duygularını kapsar. Örneğin, ilk anlatıda olaylardan bahsederken olumsuz Çingene imgesi yeniden üretilebilir. Ne var ki, kişinin Çingene olan biriyle girdiği ilişki ve kişisel deneyimleri üzerinden, aralarında dayanışma ve ortaklıklar kurulmasına imkan veren başka bir hikaye yazılır. Olaylara dair bu anlatılar, kasabadaki birtakım insanların çıkarlarını, (Çingeneleri saklayıp koruyan bazı Çingene olmayanlar da dahil) Çingeneler ve Çingene olmayanlar arasındaki yakın etkileşimleri, acı, pişmanlık ve korku duygularını yansıtmaktadır. Kimileri için kişisel deneyim anlatısı, anlayış biçimlerine ve temsillerine egemen olur, böylelikle ana anlatıları konumuna gelir. Kimileri için yerel egemen anlatıdan sonra gelir. Geri kalanlar için ise olaylarla ilgili bireysel deneyimler edinmediklerinden ya da bu deneyimler egemen yerel söylem tarafından bastırıldığından bu anlatı ortaya herhangi bir şey açığa çıkarmaz.

Çingenelerin zorla yerlerinden edilmesine dair iki ana anlatı (yukarıda da belirtildiği üzere "Çingene olayları" ve "şoför kavgası") bu üç kolun filtresinden geçip ortaya çıkar. İlki, suçu kasabadaki bazı Çingenelerin ahlaksızlıklarına ve uygunsuz davranışlarına yükleyerek saldırıları meşrulaştırmaktadır. Ülkedeki ve kasabadaki egemen ahlak, Türklük ve Çingenelik kategorisinin olumsuz imgesine dayanmaktadır. Öte yandan ikinci anlatı çoğunlukla kişisel deneyimler aracılığıyla ortaya çıkar; bize kişisel çıkarlar, ekonomik rekabet ve ülkedeki sosyoekonomik dönüşümle paralel olarak kasabada değişen ilişkilere dair bir içgörü sağlar. Birçok Bayramiçli ilk hikâyeyi anlatmaktadır; bu, kasabadaki mevcut güç ilişkilerini doğruladığından, pek şaşılacak bir durum değildir. Suskunluk ve korkuyla ilgili başlıkta incelendiği gibi, Bayramiçliler hikâyenin bazı kısımları hakkında konuşmak konusunda isteksiz olduklarından bazıları hikâyenin bu yönlerini asla öğrenememektedir. Dolayısıyla, bu hikâye egemen hikâye olarak görülür, çoğunlukla Türkler, hatta bazı yerli Çingeneler tarafından yeniden üretilir. Öte yandan ikinci hikâye bazı anlatıcıların ağzında tali bir yer bulmaktadır. Bazıları bunu yalnızca bireysel deneyimleri ve bilgileri aracılığıyla açığa vurur. Yalnızca muhacir Çingeneler, bazı yerli Çingeneler ve Çingenelerin zorla yerlerinden edilmelerini adaletsiz bulduklarını açıkça ifade eden birkaç Türk arasında ana hikâye konumunda yer alır.[26]

---

25 Tabii baskın olanı kişisel olandan kolaylıkla ayıramamız bir sorun teşkil eder ama bu anlatılar deneyim ve egemen söylem arasında bir boşluk ve/veya çatışma olduğunu ortaya koyar.

26 Kasabada sessizlik ve korku hakkındaki kısma bakınız.

Aşağıda, insanların, zorla yerlerinden edilmelerini ve saldırıları bu iki hikâye aracılığıyla nasıl temsil ettiklerini göstereceğim. "Çingene olayları" başlığı altındaki anlatılarla ilk önce, Bayramiçlilerin saldırganları meşrulaştırarak, dönemin olayları etrafında meşrulaştırılmış söylemleri yeniden üreterek zorla yerinden etmeye nasıl değindiklerini anlatacağım.[27] Bu hikâyede açıklamaların ahlaki yönlerine, Çingene stereotipi aracılığıyla Çingene tehdidinin inşasına, saldırılardaki bütüne yayılan şiddete, milliyetçilik ve benzer yerel vakalarla karşılaştırmalara ve devletin rolü hakkındaki düşüncelere yer vereceğim. İkinci olarak, kasabadaki ekonomik rekabet ve çıkarlarla bağlantılı kişisel ilişkileri ve deneyimleri zorla yerinden etmenin tetikleyici faktörleri olarak ortaya koyan "şoför kavgası" anlatılarına yer vereceğim.

Çingene Olayları

Türklerin saldırıların nedeni olarak en çok dile getirdikleri olay bazı Çingene erkeklerinin Türk kızlarına karşı ahlaksız davranışlarıydı. Çingene erkeklerin ortaokula giden Türk kızlarını baştan çıkarmaya çalıştığı ya da en azından uygunsuz davrandıkları iddia ediliyordu. Birçok Türk için Türk halkının ahlaki değerlerine bir saldırı olarak görülen bu davranış, Çingenelerin gerçek doğasını gösteriyordu ve bunu intikam almak için meşru bir sebep olarak görmüşlerdi. Tekrar tekrar kullanılan "Şımardılar" ibaresi artan sosyoekonomik güçle birlikte Çingenelerin değişen davranışlarına atıfta bulunmakta, böylece Türk kızlarına karşı "ahlaksızca" davranma cesaretini nereden bulduklarını açıklamaktadır. Birçok Türkün hissettiği bir tehdidi ifşa eden hikâyeler, Çingeneler hakkında olumsuz imgeler ve sözler içermekte ve saldırıların olumlu sonuçlarını vurgulamaktadır; bu da Çingenelerin bir daha asla aynı şekilde davranmayacağının garantilenmesidir.

"Çingene olayları" anlatısı suçu büyük ölçüde Çingenelerin üstüne atar. Egemen fikir onların uygunsuz davrandığı ve kasaba halkının bu davranışları düzelttiği yönündedir. Uygunsuz davranışlara ve ahlaksız hareketlere yapılan vurgu, şiddet saldırılarını meşrulaştırmıştır. Belki bunu tüm Çingeneler hak etmemişti ama Çingenelere kasabanın toplumsal hiyerarşisindeki yerlerini göstermek için kaçınılmaz bir çözümdü. "Kurunun yanında yaşın da yanması" engellenemezdi.[28] Bu anlatıda Çingenelerin toplumsal düzene karşı tehdit olarak temsil edilmesi önemli bir yere sahiptir.

---

27 Haksızlık olduğunu ifade eden ama Çingenelerin zorla yerlerinden edilmesinin altında yatan sebepleri bilmeyen bazı Türkler de var. Bu nedenle bu olayı "İnsanlar bazı Çingenelerin hatasını hepsine mal etti" şeklinde tasvir etmektedirler.

28 Dışlayıcı şiddet ve koşulları için bkz. Bergmann, "Exclusionary Riots": "Bir topluluktaki etnik bir azınlığa yapılan kolektif saldırı kültürel olarak meşrulaştırılmalı ve hazırlanmalıdır, çünkü (özellikle güvenliğin sağlandığı toplumlarda) topluluk hayatının ve gücün devlet tekelinin temel normlarını ihlal eder." (172).

Milliyetçi hisler saldırılarda çokça kullanıldı, suiistimal edildi. Saldırılar sırasında marşlara ve bayraklara yer verildi; Çingenelere milli düşmanlarmış ve "biz" varlığına birer tehditmişçesine saldırıldı. Dolayısıyla, kasabadaki Türklük ve Çingenelik birer zıtlık olarak konumlandırıldı. Kişisel ilişkiler bastırıldı ve Çingene olduğu söylenen insanlar düşman ve tehlikeli öteki olarak etiketlendi. Bu, Rumlar ve Kürtlerle yaşanan benzer vakalarla paralelliklere de imkan tanıyordu. Muhacir Çingeneler, diğer olaylardan bahsetmeyip sadece Türklüklerinin kanıtı olarak gördükleri atalarının Yunanistan'dan çıkarılmasından bahsedip yerlerinden edilmelerini devletin Türklüklerini tanımasının çiğnenmesi olarak görürken; Çingene olmayanlar için ise bu saldırılar potansiyel herhangi bir düşmana tepkidir. Çingene olmayanlar ülkeyi koruyormuşçasına, davranışlarını Türklüklerini (ve beraberinde gelen haklarını ve imtiyazlarını) koruma yolu olarak yorumlamaktadırlar. Birinci Dünya Savaşı'nda Yunan ordusunun tarafında oldukları düşünüldüğü için düşmanca davranılan Rum komşular hakkındaki eski anılar, cezalandırılmaları, öldürülmeleri ve sürülmeleri bazı Bayramiçliler tarafından benzer bir olay olarak hatırlandı. Ancak birçoğu "Çingene olayları" ile 1991 yılında Kürtlerin atılması arasında bağlantı kurdu.

Ne de olsa homojenleştirme, genelleme ve Çingene kategorisinin tehdit fikirleri ve hisleriyle ilişkili bir biçimde yeniden üretimi ve Çingenelerin Türklerin ahlakına ve huzurlu hayatlarına birer tehdit olarak konumlandırılması etkiliydi; genel bir destek gördü ve kasabada Çingenelere karşı milliyetçi söylemleri ve olumsuz hisleri ateşledi. Bu argümanı kasabada tarihsel olarak inşa edilen Çingenelik damgasıyla temellendirdiler. Ülkedeki ve kasabadaki yeni fırsatlar ve sosyoekonomik dönüşüm nedeniyle çatışan çıkarlar anında damgalamanın gücü, daha önceden kurulan yakın ilişkilere ve Çingenelik kategorisinin ötesine uzanan müştereklikilere rağmen işlevsel hale geldi. Ne dereceye kadar "biz" oldukları daima şüpheli bulunan ve tartışılan Çingeneler 1970 yılında kesinlikle "biz"den değildi.

Çingene Tehdidi

"Öteki"nin tehditkâr bir özne olarak algılanması saldırıların meşrulaştırılmasında önem taşıyordu.[29] Çingene tehdidinin altını çizen bir takım yönler vardı. O dönemdeki uygunsuz davranışlarının neticesinde Çingeneleri etiketlemek için olumsuz ifadeler kullanmak son derece yaygındı. Diğer yerlerdeki Çingene mahallelerinin olumsuz algısı anlatıcılara fikirlerini kuvvetlendirmeleri için argüman sağlıyordu. Şeytani imge ve Çingenelere saldırmadıkları takdirde Çingene olmayanların da

---

29 Suçlularla yakınlaşırlarsa masum insanların da zarar göreceğini anlatan ve saldırılar için sık kullanılan bir söz.

tehlikede oldukları fikri de önemli motivasyonlardı.[30] Hoyrat Çingene temsili Çingene olmayanların kurban olduğu fikrini güçlendirip saldırıları kasabayı kurtarmak için kaçınılmaz bir yöntem olarak konumlandırdı. Kasaba ve çevresinde, saldırılar, Bayramiçlilerin dayanışmalarına ve düzensizliğe karşı hoşgörüsüzlüklerine vurgu yaparak kahramanca bir algı bile yarattı.

Kasabanın şimdiki Belediye Başkanı İlker Tortor olayların neden ve nasıl gerçekleştiğini anlattı. Anlatısına Çingenelere dair açgözlü ve sahtekâr imgesi egemendi. Saldırılara dair hikâyesi edepsizlik eden Çingeneler algısını takip ediyordu. Çingeneleri kasaba halkının iyi niyetini suiistimal eden, kasabanın güvenilmez insanları olarak tasvir etti:

> Bizim ortaokulumuz vardı. [Esmer] vatandaşlar dediğimiz Çingenelerin mahallesinden geçiyorsun, laf atıyorlar. Eskiden. Yapacağı köylüler satar. Ceviz badem. [Çingeneler] noksan tartarlardı alırken. 20 kilo tartmış 15 kilo tartıyo, zorla alıyo, istersen verme bir de sopa yiyosun. Bunlar birikim, birike birike toplumda. [Muhacir Çingene] Yaşar Abi'nin at arabası var. Onun arabasını taşköprüden atıyolar defalarca. Taşköprüden. Halk o kadar kızmış ki. O zaman biz odunu eşekle alırdık. [Odunu] alan [Çingenelere saldırmak için] Tepecik'e çıkmış. Önüne kim gelirse gelsin haklı haksız. O evlerin çatılarını çiğnediler. Biri omuzuna çıkıyor, onlar çıkarıveriyor. Kiremitleri atıyolarmış.

Bu anlatıya göre Çingenelerin uygunsuz davranışı saldırılarla cezalandırılıp düzeltilmişti. 2003'teki Belediye Başkanı Solmaz da Çingenelerin kızlara laf atmakla kalmadığını, bazı Çingene hamalların dükkânlardan ve taşıdıkları yüklerden çalmaya başladıklarını belirtti. Ayrıca, Çingene olmayanların, kendi mahallele-

---

30 Bergmann, "Exclusionary Riots" adlı, güç yaklaşımını takip ettiği çalışmasında Yahudi tehdidinin inşasına dikkat çeker. Bu yaklaşıma göre kolektif şiddetin ortaya çıkması için çatışan çıkarlar ve bireysel sürtüşmelerin kolektif bir biçimde etnik düşmanlıklara dönüştürülmesi şarttır: "Dışlayıcı şiddete katılan biri haksızlık, ayrımcılık ya da saldırganlık kurbanı olarak bir dost-düşman şeması içerisinde eyleme geçer ve belirli koşullar altında şiddetli toplumsal denetim yöntemleriyle tepki verir." (166). Bu bağlamda, farklı insan grupları arasındaki güç dengesindeki değişiklikler son derece önemli olsa da kolektif şiddet oluşturmak için bunların tehditkâr bir senaryoya dönüştürülmesi gerekir (167). Meşrulaştırma noktası için ayrıca bkz. 172. Jedwabne adlı Polonya kasabasındaki Yahudilerin şeytanileştirilmesi için bkz. Gross, *Neighbours*. Hindistan'daki Hint-Müsüman çatışmalarında tehdit temsilinin önemi için bkz. Stanley J. Tambiah, *Leveling Crowds: Ethnonationalist Conflicts and Collective Violence in South Asia* (Londra: University of California Press, 1996). Özellikle son on yıllarda Batı Avrupa'daki Batılı olmayan göçmenlere karşı tehdit oluşturulması için bkz. Leo Lucassen, *The Immigrant Threat: The Integration of Old and New Migrants in Western Europe since 1850* (Urbana ve Chicago: University of Illinois Press, 2005).

rinden geçmelerine izin vermiyorlardı. Solmaz, insanların Çingene korkusunu şu şekilde anlattı:

> Kabadayı olunca kalabalıklaştılar. Şimdi sen yalnızsın napıcan. Bunlarla baş edemiyosun, dayak yiyosun. Mesela uçurtma uçuruyosun. Çingenenin bitanesi cırt kesiverir. Ağlaya ağlaya eve gidersin. Gördüm yaşadım ben bunları. Gelir böyle şak jiletle kesiverir, naparsın bişey yapamazsın. Bunlar biraz daha kuvvetli de oluyolar hammal olduklarından. E azınlık zaten birliktir. Biz gidiyoz. E babamız da çekiniyo onlardan. Herkes böyle içine atıyo. […] Kime şikâyet etcen.

Solmaz, Çingeneleri suçlulaştırarak Çingene olmayanları masum, Çingeneleri ise eğlencesine kötü şeyler yapan kişiler olarak temsil etmektedir. Bu temsilde Çingeneler Çingene olmayanlara sebepsiz yere saldırmıştır. Çingene olmayan birçok kişi benzer şekilde olaylardan önce Çingenelerin saldırganlığına değindi. Çingenelerin, Çingene olmayanları rahatsız edip onlara saldırdıklarını söylediler; Çingenelere karşı duyulan yaygın korkudan bahsettiler. Solmaz Çingenelerin hâkimiyet isteğini açıkladı:

> Meyhanelerde içerken hadise çıkarır bunlar. Hadise çıkarcaklar ya. Bayramiç'e hâkim olmaya çalıştılar. Haraç kesmeye başladılar. "Ismarla bakalım" diyo, dağıtıveriyo. "Bi şişe şarap söyle bakalım bana" diyo. Sadece çocuklar değil büyükler de başladılar. Mesela Muradiye Mahallesi'nden geçerken laf atıyolar. Gözün hangi sahada olursa olsun bunlar hâkimiyet kurmaya çalıştılar. İşte bunların elebaşları var.

Şoförler Odası Başkanı Nıtkı, Bayramiçlilerin kurban konumlarını doğruladı. Kendisi ayrıca Cumhuriyet Halk Partisi adayı olarak önümüzdeki seçimlere katılmayı düşünen aktif bir siyasi figür. Saldırılar sırasında failler arasında yer alıyordu. Olaylar başladığında 20 yaşındaydı; saldırıların baş figürleriyle aynı sektörde, muavin olarak çalışıyordu. Saldırılar sırasında Çingenelerin evlerini taşlayanlar arasındaydı. Çingenelerin kendilerini ne kadar korkuttuğunu anlattı:

> Biz Çingenelerden dolayı sokaktan geçemezdik çarşamba günleri. Onlar yollara çıkar, hayvanlarla ilgili semerdi bilmem neydi o zamanlar onlar yapardı. Biz de geçerken istersen bi bas, ne bileyim onların malına zarar ver ya da yakınından geç rüzgârın çarpsın, hemen döverlerdi bizi. Milletin canına tak dedi. İşte ne bileyim. Sonra bizim kızlarımıza laf atıldı. […] Sen kenarda gidiyosun. Bi vurur nerden geldiğini anlamazsın. Yaşarlar vardı. Onların sözü daha çok geçerdi. Biz onları gördük mü kaçacak delik arardık. 16 yaşında falandım. Burdan bayrak çektiler, belediyenin önünden. Sevindim yani, üzülcem yerde sevindim. Neden, çok bizim canımızı yakardı. Savcı da ordaydı. Tepecik'e doğru gittik. [Çingenelerin kasabanın saygın kadınlarına karşı "şoke edici" ahlâksız tavırlarından bahsetmeye devam etti] Bunlar

söylenmez yani. Doktor Mustafa'nın hanımı. Kötü kötü sarkıntılıklar. Sözle de başka şeylerle de.

Üstelik Solmaz, olayları başlatma sorumluluğunu Çingenelere yükledi; Çingene olmayanlar kendilerini savunmak zorunda kalmışlardı:

> Bunlar başlattılar. Birileri başlatırsa büyür. Başlatmadan nasıl büyücek. Öbürkülerin [diğer Çingenelerin] de hoşuna gitmeye başladı. Hâkimiyet güzel bişey, olmaz mı canım. Onlar da [diğerleri de] ona [şef olarak gördükleri ve ana faille kamyon ortaklığına giren muhacir Çingene Dilaver'den bahsediyor] katılmaya başladı.[31] Şimdi bunlar bir bütün olmaya başladılar. Klarnetçilerin, yani bu müzisyenlerin içinde de var hatalı insanlar, demagoji uygulayan, baskı uygulayan insanlar var onların içinde de. Ve bi an geldi, Bayramiç'teki bazı insanlar sokağa çıkamaz oldular. Tabii canım ondan sordum sana. [Çingeneler] acaba "Biz yaptık, bizim kabahatimiz var mı yok mu?" diye söylediler mi diye sordum sana.

Bu anlatıda Solmaz, Çingene olmayanları, hâkimiyet kurmak isteyen Çingenelerin kurbanı olarak resmetti. Bu beyanda olaylar saldırgan Çingenelere karşı bir isyandı. Dahası, hâkimiyet hikâyesi Türklerin kasabada güç kaybetmeleri konusunda ne hissettiklerini ortaya koymaktadır. Bu hikâye birçoğunun gözünde risk altında olan kasabadaki gücün yeniden tanımlanması mücadelesiyle de örtüşür. Türkler ve Çingeneler arasındaki hiyerarşiler güçlü olduğundan, Çingeneler hâkimiyet kurmaya çalışmış olsun ya da olmasın bu hiyerarşiyi görmezden gelen bazı Çingenelerin bile normları ihlal ettiği düşünülebilirdi. Çingene tehdidi gerçekçi olmayan ve uç yollarla da inşa edildi. Bazı insanlar Çingenelerin kasabayı ele geçirdiği dedikodularından bahsetti.[32] Komşulardan Meliha, Çingenelerin kasabaya karşı gerçek bir tehdit oluşturduğuna dair baskın duyguları resmeden benzer bir anlatı sundu:

> İşte bu Çingeneler nefret ettirdi yani milleti. Çok kalabalıktı onlar. Bayramiç'i nerdeyse alcaklardı hemen hemen. Bayramiç'i alcaklardı. Onları [Çingeneleri] kırdı onlar [saldırılardaki halk], millet de [onlardan] kurtuldu, hinçi hiç böyle şey yapmazlar yani sesleri mıkları çıkmaz. İyi oldu bi yönden de çok iyi oldu, çoluk çocuk gidemiyodu. Lise yoktu eskiden ortaokul vardı orda Çamlık'ta, ordan giderlerdi işte. Âlem de laf söyletir mi çocuğuna kızım.

Ayrıca, yeni belediye başkanı kasabanın Çingenelerini diğer kasaba ve şehirlerdekilerle karşılaştırırken rahatlama hissini açığa vurdu, saldırıların olumlu sonuçlarına

---

31 Irkçı şiddete dahil olan faillerin kendilerini kurban olarak göstermesi hakkında bkz. Larry Ray, David Smith ve Liz Wastell, "Understanding Racial Violence," *The Meanings of Violence*, der. Elizabeth A. Stanko (Londra; New York: Routledge: 2003), 112–130.

32 Şoför kavgası hikâyesnde bu ailenin ilişkisi olayların akışıyla birlikte daha ayrıntılı bir şekilde açıklanacaktır.

değindi. Yüksek suç oranına sahip tehlikeli bir yer olarak bilinen Çanakkale'deki Çingene mahallesi Fevzipaşa'dan söz etti. Belediye başkanı bu önceki saldırıların etkileriyle kasabadaki değişimi ve kasaba halkının Çingenelere karşı tavırlarını vurguladı: "Uslandılar." O sırada Çingene şoförlerle birlikte çalışan faillerden şoför Selim saldırıların olumlu etkilerinden ve Çingeneler üzerindeki dönüştürücü gücünden benzer şekilde benzetti:

> Dönünce bişey yapmadılar artık ama kedi gibi oldu hepsi, pustu, hizaya geldiler. Kavga çok büyük çünkü. Sonunda evin var, barkın var, işin var; bi anda seni burdan terk ettiriyolar. Sıkıştırıyolar, başka yerde yaşamak kolay mı. Uslandılar artık.

Selim, Çanakkale'deki mahalle ile de benzer kıyaslamalar yaptı. Saldırılar gerçekleşmeseydi kasabadaki Çingenelerin, Çanakkale'deki Fevzipaşa Mahallesi'nde yaşayan ve sorun çıkardıkları düşünülenler gibi olacaklarını iddia etti. Yani, Çingene tehdidi yalnızca o dönemle sınırlı değildir; daima kontrol altında tutulan ama bazen insanların müdahalesini gerektiren tekerrür halindeki bir olgu olarak temsil edilir: "Onlar da öyle [Fevzipaşa'daki durumdan bahsediyor] olacaktı. Çok şımardılar. İnsanları yavaş yavaş sinirlendirdiler."

Dehşet saçan Çingene imgesi ve onlardan duyulan korku kasaba halkı arasında "ortak düşman"a karşı bir birliktelik kanalı açtı. Bu nedenle saldırılar, saldırı sırasında kullanılan bayrak ve marş gibi milliyetçi semboller nedeniyle kahramanca ve milliyetçi bir karaktere büründü.[33] Halen bir Çingene mahallesinde yaşayan ama Çingene olmayan kasaba sakinlerinden İsmail, Bayramiçlilerin böylesi bir tehlikeye karşı dayanışmalarını vurguladı. İsmail'in anlatısı, savcının Çingeneleştirilmesi açısından önem taşımaktadır. İsmail savcının "taraf tutması"nı onu bir Çingene olarak resmederek açıkladı:

> Bizim olaylar çok önemlidir. Bi olay çıkıyo, karakola havale oluyo. Savcı salıveriyo, tutuklamıyo. [Çingeneler] her akşam bi olay yapıyolar. Ufak tefek hırsızlık, röntgen, sözle rahatsız etme... Ticaretle uğraşanlar az tartardı, kandırırlardı. Savcı onları salıverirdi. "Savcı Çingeneymiş" diye söz dolanmaya başladı. "Savcı bi Çingene kadınla berabermiş" diye dedikodu çıktı. Savcıyı tuttular, silahını çıkardı […] Bayramiç'te olaylar hemen ateş alıverir, Bayramiç insanı sosyal bi olayda hemen birlik oluverir.

Öte yandan, saldırıların kahramanca boyutu askerlik görevi nedeniyle o sırada kasabada olamadığı için pişmanlığını dile getiren bir şoförün ifadesinde açıkça görülüyordu. Sözü edilen aktarıcı, Çingene şoförlerle çalışmıştı; o sırada kasabada

---

33 Benzer şiddet olaylarında dedikodu son derece güçlü bir üreteçtir. Ayrıca bkz. Tambiah, *Leveling Crowds*, 53; Bergmann, "Exclusionary Riots," 173; Gross, *Neighbours*, 122–125.

olsaydı Çingene olmayan kalabalığa saldıracağını söyledi. Babası büyük gayret gösterdiği durumdan onu haberdar etmişti: "Taş atmaktan kolum ağrıdı." Bu ifade, insanların aşırı öfkesini, bu şiddetli saldırıları kahramanca eylemlermiş gibi algıladıklarını gösterir. "Temizlik" gibi kelimelerin seçilmesi de oldukça çarpıcıydı: "'Bayramiç'i Çingenelerden temizleyelim' dediler."

"Şımardılar" ifadesi de özellikle Çingenelerin insanlara karşı ahlaksız davranışları ve tavırlarından bahsedilirken sıkça kullanıldı. Ancak, bazen aynı insanlar tarafından etkinleştirilen ikinci bir anlatı türü de bulunmaktadır. Beni kendilerine daha yakın hissettiklerinde hikâyenin derinliklerine indiler, vicdanlarını yokladılar ve hikâyenin diğer taraflarını göstermeye çalıştılar ya da hikâyenin bir kısmını bildiğimi fark ettiklerinde kimileri bu eylemlerin haksızlığından bahsederken kimileri de olayları motive edici etmen olarak ekonomik çıkarların etkisinden bahsetti. Devamında Çingenelerin uygunsuz davranışları anlatısı iyi huylu Çingeneler anlatısıyla bir araya geldi.

Buradaki bir başka mesele de kasabadaki birçok kişinin olaylar için herhangi birini suçlama konusunda pek de hevesli olmamasıdır. Olayları Çingenelerin uygunsuz davranışlarını vurgulayarak açıklamak, ırkçılık ve ayrımcılık suçlamalarını engellemek için iyi bir yol gibi görünüyordu. Ancak kişisel örnekler istediğimde, daha da ironik olanı ana figürlerin ekonomik çıkarları ve şiddetli davranışlarından bahsettiğimde, birçoğu, önceki anlatılarıyla aralarına mesafe koymaya çalıştı. Kimileri sanki kendilerini saldırıların ayrımcı doğasını itiraf etmek için kendi kendilerine dayattıkları inkârdan kurtarmış gibi rahatlamış görünüyordu; kasaba halkından birçok kişinin vurguladığı, bugünlerde Çingenelerin bir tehdit olmaması ile ilgili kişisel ilgilerini açığa vurarak birdenbire yeni bir hikâyeye başladılar; hatta kimileri geçmişte böyle bir tehdidin olup olmadığını bile sorguladı. Sonrasında birçoğu Çingenelere karşı gösterilen adaletsiz şiddeti, bazı Bayramiçlilerin Çingeneleri zorla yerlerinden ederek elde ettiği ekonomik kazançları ve daha fazlasını itiraf etti.[34] Bu yeni hikâye ikinci anlatı türüyle temsil edilir.

---

34 Bu bölümde milliyetçilikle ilgili kısma bakınız. Bayrak taşımak, yürüyüş yapmak ve marş söylemek benzer bir şiddet olayında son derece göze çarpan unsurlardır. Tambiah, Hindistan'daki Hint ve Müslümanlar arasındaki çatışmaları incelediği çalışmasında ritüellerin önemine de değinir: "Göstericilerin yüksek sesli müzik eşliğinde, amblemler, bayraklar, heykeller ve hakaretler ve övünçlerle süslü pankartlarla dolu yürüyüş alayının kargaşasında önemli bir rol söz konusudur. Bu tür gösterilerin zamanlaması ve sunumu dinsel ve sivil festivaller ve hatıra ayinlerinin kavimlerinin yanı sıra kamusal kültürün diğer sunumlarıyla da yakından ilgilidir. Bu törenler insanları kamu desteği ve eylemi için harekete geçirir. Sokaklarda yürüyüp sivil ve dinsel binaları ve anıtları geçmek, meydanlarda ve parklarda bir araya gelip kümelenmek toplumsal mevcudiyetin ve bir kısmı 'düşmana' ait mekânın

Kimsenin ölmemesine rağmen, insanların yaşadığı korku ve deneyimlenen şiddetin boyutu Çingene olan ya da olmayan birçok insanı derinden etkiledi. Muhacir Çingeneler saldırıların iki dalgasında en büyük fiziksel şiddete maruz kalanlardı. Yerli Çingenelerin de hedef alındığı ikinci dalgada ana failler Çingeneleri himaye eden Çingene olmayanları da tehdit ettiler. Ayrıca, kasabada o sırada görülen şiddetten etkilenmeyen kimse kalmamıştı.

Şiddetin ve Korkunun Boyutu

Olaylardaki şiddete iki şekilde yaklaşılabilir: fiziksel şiddet ve sembolik şiddet.[35] İnsanlar dayağın yanı sıra evlerinin taşlanması ve evlerine zarar verilmesiyle tam anlamıyla fiziksel şiddetle karşılaştılar. Kimse ölmemişti ama failler birini pekâlâ öldürebilirdi ve şiddetli davranışlarının etkilerini umursamıyor gibiydiler. Çingeneler hayatlarını kaybetme korkusuyla kasabayı terk etti. Son olarak, Çingeneler onlara faillerin Çingene kadınları kaçırıp tecavüz edeceğinin de söylendiğini belirtti. Failler Çingeneleri kötü gösterirken aynı zamanda kasaba halkının bilişsel dünyasını da Çingeneleri işe alanları korkutarak ve Çingeneliği Türklükle karşı karşıya getirerek söylentiler ve dedikodular aracılığıyla etkilemeye çalıştılar.

Muhacirler ve Yerli Çingeneler

Kasabadaki Çingenelere karşı ayrımcılık saldırılar sırasında son derece yaygındı. Aşağılandılar ve büyük ölçüde "ötekileştirildiler." Çalışacak hatta alışveriş çıkacak durumda bile değildiler. Çingenelere iş veren veya onları himaye eden insanlar da tehdit edildi; bu, bizi Van Arkel'in kuramsal modelinde azınlık gruplarına yönelik şiddet taşkınlığını açıklamak için kullandığı "ayrımcılık için terör estirmek" tanımına götürür. Bazı dükkânlar Çingenelere mal bile satmazken çoğu Çingene temel ihtiyaçları için merkeze gidemeyecek kadar korkuyordu. Gece gündüz evlerinde saklanırken, bazı komşular onlara haber ve yiyecek getiriyordu. Saldırılar sırasında failler marş söyleyip milli bayrağı sallayarak milliyetçi sembollerle de insanları yıldırdı. Dolayısıyla, kasabadaki Çingeneler daha önce her ne kadar bir parçası olduklarını hissetseler de sembolik olarak ulusal ve yerel toplumdan dışlandı.

Yaşadıkları korku çok büyüktü. Hayatları, çocukları ve onurları için hissettikleri korkuyu anlattılar. Kendilerini korumak için nasıl gruplaştıklarını hatırladılar; sözlü saldırılar, mimikler, metaforlar ve fiziksel şiddetin onları ne kadar korkuttuğunu anlattılar. Bazen bu korku yalnızca olaylar hakkında konuşmadaki

---

ve bölgenin yeniden kontrol altına alınmasının kamusal dışavurumudur.[...]" (Tambiah, *Leveling Crowds*, 53)

35 Bu kısım Şoför Kavgası kısmındaki anlatılarla daha da netleştirilecektir.

isteksizlikleri ve daha fazla şiddet görme ihtimalinin getirdiği endişeyle kendini belli ediyordu.

Buna ek olarak, o sırada hamile olan bazı kadınlar düşük yapmaktan, erken doğumdan ya da doğumla alakalı komplikasyonlardan ne kadar korktuklarını hatırladı. Bu da olayların tam tarihini hatırlamalarına yardımcı oldu. "Didem hamileydi, [başka bir kadına] sen de hamileydin. Ayy, kadın hamile haliyle divanın altına saklandı." Ya da "ikincide çok kan kaybettim." Bazı kadınların anlatılarında faillerden gelen tehdit çocuklarını kaybetme korkusuyla bağlantılanıyordu. Sebiye saldırıların şiddetini, olayları yeniden yaşıyormuşçasına heyecan ve korkuyla anlatanlardan biriydi:

> [Yeğenine] sen bebeksin bak taş burda [bebeğe çok yakın bir yeri göstererek] bebek burda. Sen bebeksin, taş bak burda [hemen dibini gösteriyor; o kadar heyecanlı ki anın etkisini anlatmak için aynı cümleyi tekrar ediyor]. Bak Allah melakesinle ne kadar korumuş. Annem oraya çekilmiş Rıfkı'lar oraya çekilmiş. Orta yerde kundağınlan benim bebek kalmış. Biri dedi ki "Aa bebeği alsanıza" dedi eltim. Aldıkları gibi annem kucağına. Bak bebek kundak taş böyle benim Metin'in yanında. İkincide [saldırıda] oluyo bu. Bir hafta sonra, on beş gün. Ay istemiyom hiç bunları anlatayım. Çok sinir oluyom. Nasıl insanlar di mi yüzüne bakılıp da merhaba [diyen] komşu. Bak evinde üçüncü katında oturuyom şimdi. İşte bunları yapan komşulardan da sesler duyuldu, komşular dahi girmiş bu işin içine (hiddetleniyor). Bizim mahallemizdeki komşular. Hikmet Ağa demiş, "Girmeyin gelin loğsa var içerde" bunlara. Söndürün söndürün Esmeray Abla'nın şeyini kısın da kırın şeyini, fenerini, salondan geçcekler arka bahçeye bize. Camımızı kırcaklar. O zaman Ali amcam geliyomuş öyle mantar tabancasıylan. "Aa aa bizi burda öldürcekler kaçalım gidelim" diyolarmış.

Hayatlarının tehlikede oluşundan söz ettiği için çok heyecanlanmıştı. Taş, bebeğe denk gelseydi çocuğunu kaybedebilirdi. Sebiye hikâyesini anlatırken bile devamlı "Allahım" diyerek korkusunu belirtti. Bu anlatı, saldırganların Çingenelerin hayatına saygı duymamasının yanı sıra, Çingenelerin olaylardan nasıl kurtulduklarını hatırlattığından, büyük önem taşır. Bu nedenle kimsenin ölmemesi saldırganların Çingeneleri yalnızca korkutmaya çalıştığı anlamına gelmez. Çingenelerin çoğu hayatlarının tehlikede olduğunu düşünüyordu. Bu nedenle birçoğu önce saklandı, sonra kasabayı terk etti. Kalabalığın ellerinde silahlar değil taşlar ve sopalar vardı ama anlatılanlara bakacak olursak bir Çingeneyi öldürmeyi de pek dert ediyor gibi değillerdi. Bu şiddetli atmosfere iyi bir örnek olarak Fazıl'ın hatırladıklarını verebiliriz. Fazıl, saldırganlardan biri olan Bekçi Hakkı'nın "Tepecik'e gazı dökün gitsin; niye zamanınızı onlarla harcıyorsunuz?" dediğini duymuştu.

Cevza'nın şiddetin boyutuna dair anlattıkları, birçok Çingenenin aşırı şiddetten korkmasını anlaşılır kılmaktadır. "Çok kötüydü [...] Bizi yalnızca kamplara koymadılar. Kamplara koyup aşağılasalardı [sorumlu] devlet olurdu." Yaşadıklarının gerçekten de Yahudi soykırımı deneyimine benzer olduğunu düşünüyordu. Aradaki farkın yalnızca devletin düzenleyici gücünün yokluğu olduğunu belirtti. Buradaki vakada, düzenleyen devlet değildi ama şiddetin boyutu Cevza'ya Yahudi soykırımını anımsatıyordu:

Bizi aldılar evine ama biz aradan seyrediyoz, ben seyredemedim korkudan. Buranın kalabalığı böyleydi [eliyle tıklım tıklım işareti yapıyor, parmaklar yukarıya doğru birleşmiş] böyledi. Aman nasıl kırılıyoz biliyon mu Allaaaahh felaket. Çok çok çektik. Çanakkale'ye gittik ikinci kırışta artık. Arabalar almıyo bizi. Yollarda ziyan olduk. Adamlar korkudan alamıyo ki tehditler var. Çıkıyoduk kasabanın dışından biniyoduk bi de arabalara. Gidiyoduk Çanakkale'ye.

Cevza gibi, birçok Çingene o günleri savaş zamanı gibi hatırlamaktadır. Çingenelerin saldırılar sırasında ışıklarını söndürmesi, birkaç yıl sonra, 1974'te kasabada Rumlar saldıracak korkusuyla yapılanlara benziyordu. Yani Çingeneler kasabanın daha sonraları bir savaş ihtimali sırasında yaptıklarına, kendilerini korumak için başvurmuşlardı. Saldırılar çoğunlukla muhacir Çingeneleri hedef almış olsa da yerli Çingene grubundan Ezgi de endişelerini dile getirdi:

O akşam az bişey oldu; kavgada ertesi akşam bunlar köylüleri kentlileri toplamışlar güzel kızım. Köyden kentten. Herkesi toplamışlar, içirmişler içirmişler aşağılarda rakıları. Bütün millet burada pencerede bak. Bak bura pencere kızım. Onlar kırdılar burayı. İşte o akşam kapılan önlende münakaşa oldu. Beyim dedi "Sana ne!" Ya dedim bunlar ayırmıyo herkesi. Çok bu ne kavga. Karı kızan girişiyo nolcak bilmem dedim. "Sana ne!" dedi yine bu "Yat yerine" dedi. Ertesi akşam bi geldiler gara, Fanise vardı manav, manav. "Ezgiii Ezgiii…" "Ne moru? Fanise noldun sen?" dedim. Vallahi hiç kimseyi ayırmıcaklar kırıp geçiriyorlar her tarafı. "Ne kapı diyolar. Ne öldürmekten korkuyolar" dedi. Bi yere gitmedi pustu şurlara. Annaaamm dadacıkla da yatıyo orta yelerde. Dadalam küçük. Hepsi küçük. Anam dadalamızı kaçırcaz. Artık nereye girceğimizi. Gari govuklara giriyoz. Dadalamız ölmesin diye. Cemal'in arkasına taşlar gelmiş böyle böyle şişti. Yaa neler çektik güzel gızım biz. Bizde bi kabahatçiğimiz yok.

Kimse cinsel istismar ya da tecavüz şikâyetinde bulunmamış olsa da kızlarına saldırılacağı korkusu da saldırılar sırasında yaygındı. Şayet böyle bir olay yaşansaydı, belki de Çingene erkeklerinin Çingene olmayan kadınlara karşı uygunsuz davrandığı suçlamasıyla açıklanabilirdi. Çingene kızların kaçırılması yaygın bir korkuydu; muhacirlerden Rana'nın dediğine göre bu dedikodular ilk saldırıdan bir hafta sonra ortaya çıkmıştı. Kimileri bu ihtimalin Çingenelerin kasabadan ayrılmasında bir etken olduğunu söyledi. Daha önce kasabadan kaçmayı düşünmemiş olsalar da kızlarına yapılabilecek bir saldırı korkusu bunu gerçek bir seçenek haline getirmişti.[36] Evlere yapılan saldırılar Çingene olmayanların öfkesini ortaya çıkaracak ilk eylemdi. Ancak, kadınlara yapılan saldırılar ilişkiyi tamamen zedeleyecekti. Ezgi bu durumun kasabayı terk etme kararlarını nasıl etkilediğini açıkladı:

> Sikecekler gari bizi [Bize tecavüz edecekler]. Öyle demişler. Biz ne yapıcaz bu karılara demişler. Lanetlere [erkeklere] bak. Benim dede de [kocası] anlamazdı. "Hadi bişey olmaz" dedi. "Hep öyle dersin be lanet herif" dedim. "Hadi ben gidiyom, sen kal burda" dedim. Ondan sonra. Hemen ben dadalamın ortasına bi bez mi kodum, dadalama bi anteri mi kodum. Hemen bi çıkıcık yaptım da hadi ben gidiyom. O da hemen benim arkama düştü. Kapıyı kilitliyo. Hadi ne kitlicem, onlara kilit milit dayanmıyo. Nolursa. Çanakları dağıtmışlar, tabaklara sıçmışlar. Almışlar, kırmışlar dökmüşler. Bişeyimiz yok. Artı koca çaya koşturuyoz hepimiz. Urgan gibi olduk, sicim gibi olduk.

Anılarını anlatırken saldırıların gerçekleştiği dönemi tekrar yaşamak bazı Çingenelerde o anın duygu ve mimiklerini ortaya çıkarmıştı. Çingeneler olaylar hakkında konuşmaya karşı hassastı; birçoğu deneyimlerinden bahsederken "Tüylerim diken diken oluyor" ifadesini kullandı. Diğerleri ise deneyimlerini canlandırarak o anları tekrar yaşadı. Kızı, annesi ve kız kardeşi yanındayken Cevza yüzünde korku ifadesiyle sahneyi anlattı:

> Emre abim de o zaman babası da elinde çapa [kendini korumak için]. Biz de anamla sıkıştık böyle bir köşeye. Ninecağızım böyle kapıda duruyo içeri girmesinler diye. Pencereden bakarken birini gördüm, Kahveci Hüseyin vardı.

Ayağa kalkıp geçmişteki deneyimlerini canlandırdı. Büyükannesinin insanlardan saklanırkenki halini taklit etti. O sırada kızı şöyle dedi: "Allahım, annem o anı yeniden yaşıyor gibi anlatıyor." Cevza'nın yanıtıysa dikkate değerdi: "Tabii ki yaşıyorum. [Eğilerek] böyle yaptım. Geliyorlar dedim. İnsan korkuyor kızım [kızına diyor]." Saldırıları heyecan ve korkuyla yeniden yaşıyorlardı. Ancak şaka yapmaktan ve yaşananlara gülmekten de vazgeçmiyorlardı. Aynı anda hem üzücü hem de komik bir durumdu.

Dahası, insanlar benzer acıları çektiğinden, bu deneyimler beraberlik bağlarını kuvvetlendirmişti. Kimileri için bugünkü acınası durumlar ve dağılan aileler bu

---

36 Sembolik şiddet terimi Bourdieu'den ödünç alınmıştır. Bkz. Pierre Bourdieu, "Social Space and Symbolic Power", *Sociological Theory 7*, sayı 1 (Bahar 1989), 14–25. Bourdieu sembolik şiddeti "dünyaları yaratma gücü" olarak tanımlar (sayfa 22). Bu anlamda kategorilerin, benzer değerlerin, algıların ve toplumsal düzendeki meşru alanların reformasyonu şiddetle elde edilebilen sembolik güç alanına bağlıdır.

saldırıların bir neticesiydi. Tepecik Mahallesi'nden yerli bir Çingenenin de dediği gibi, şiddet kasabadaki insanlara, özellikle Çingene olmayanlara karşı bir güvensizlik hissine neden olmuştu: "Goraylar [Çingene olmayan Bayramiçliler, özellikle Türkler için kullanılan bir kelime] öfkelenene kadar sana iyi davranır."

Buna ek olarak, bazı insanlar daha da hassaslaşmıştı, zira onları tanımayan köylüler ve o noktaya kadar iyi ilişkiler kurdukları insanlar tarafından saldırıya uğramışlardı. Bu nedenle saldırılar birçok Çingene için ihanet anlamına da geliyordu.[37] Öte yandan bazı yerli Çingeneler, öncesinde herhangi bir anlaşmazlığa dahil olmamalarına rağmen muhacir Çingenelerle karıştırılmaktan şikâyetçiydi. Yerli Çingenelerden Fazıl, muhacirlerle yakın ilişkilerinin bile olmadığını vurguladı. Ancak, insanlar muhacirler ve Romanlar arasında ayrım yapmıyordu; hepsi Romandı. Fazıl, faillerin evlere gelişigüzel saldırmadığını, herkes herkesin adını bildiğinden zarar vermek istedikleri Çingene evlerini seçtiklerini söyledi: "Bi sokağa girdiklerinde 'Bura kimin evi?' Fazıl'ın evi.' 'Vur!' 'Bura kimin evi?' 'Ahmet'in evi.' 'Vur.' 'Bura kimin evi?' 'Hasan'ın evi.' 'Dur, ellemeyin'."

Dahası, bazı Çingeneler şiddetin sosyal sermayelerine süregelen etkisinden de bahsetti. Dilaver'in kızı Rana, şiddetin hayatlarını nasıl sürekli bir şekilde etkilediğini açıkladı. Oğullarından birinin okulda ne kadar başarılı olduğundan ama saldırılardan sonra okulu bırakmak zorunda kaldığından söz etti. Saldırılardan önce oğlunu, arkadaşları gibi subay olarak hayal ettiğini söyledi. Saldırılar döneminde okula giderken dayak yemişlerdi. Bu nedenle birçok Çingene çocuğun, gittikleri yerlerdeki yeni okullara da uyum sağlamak zorunda kalacağından, eğitimleri etkilenmişti:

> Dövüyolardı çocukları. Nerde [okula] gitcek. Kaç sefer dayak yedi oğlum benim. Geceleyin dışarı çıkamazdık korkudan. Gündüz desen öyle. Çarşıya çıkmıyodu bizimkiler. Hiç çarşıya çıkmazlardı. Aahh neler çektik o zamanlar. İşte o zaman okumadı cocuklar. [...] Şimdi onun [oğlunun] arkadaşları bak bana geliyolar. "Osman hepimizden çalışkandı" diyolar.

---

37 Sınırlar, toplumsal düzen, şiddet ve cinsiyetleştirilmiş beden arasındaki ilişki için bkz. Maria B. Olujic, "Embodiment of Terror: Gendered Violence in Peace-time and Wartime in Croatia and Bosnia-Herzegovina", *Medical Anthropology Quarterly* 12, sayı 1 (1998): 31–50. Yugoslavya'nın dağılması sırasında şiddetin cinsiyetleştirilmesi için bkz. Dubravka Zarkov, *The Body of War: Media, Ethnicity and Gender in the Break-Up of Yugoslavia* (Durham: Duke University Press, 2007). Gruplar arasındaki bir arada yaşama ihtimaliyle söz konusu tecavüzün önlenmesi için bkz. Robert M. Hayden, "Rape and Rape Avoidance in Ethno-National Conflicts: Sexual Violence in Liminalized States", *American Anthropologist* 102, sayı 1 (2000): 27–41. Cinsiyetleştirilmiş bedenle ilişkili olarak ulusun inşası için bkz. Nira Yuval-Davis, *Gender and Nation* (Londra: Sage Publications, 1997) [Nira Yuval-Davis, *Cinsiyet ve Millet*, İng. çev. Ayşin Bektaş, İstanbul: İletişim Yayınları, Ocak 2003].

Subay oldu onlar. O da olacaktı. Almanya'da çalışıyo şimdi. Ne iş yapıyo bilmiyorum.

Ana hedeflerden Dilaver'in ailesinden olan Rana, saldırıları tüm şiddetiyle yaşayanlardandı; ailesi bir daha asla bir araya gelmedi. Babası ve iki erkek kardeşi Ankara'ya, erkek kardeşlerinden biri Edremit'e gitti; ailenin geri kalanı da Çanakkale'de kaldı. Ailesini Ankara'da ziyaret ettiğinde yaşadığı üzüntüyü hatırladı. O sırada bilinmez bir yere doğru o kadar yol gitmek bile korkutucuydu ama yüreği evini ve birlik halindeki ailesini kaybetmenin üzüntüsüyle doluydu:

> Karanlıkta sessiz durduk. Korkunun içindeyiz. Ben Ankara'ya gittim de kızım, gece gidiyom Ankara'ya Kale'deykene [Çanakkale]. Annemler Ankara'ya kaçtılar. Ben de gittim onları göreyim dedim. Bizimkiler Çanakkale'de, ben Ankara'yı da bilmiyom. Kardeşim telefon açmıştı. "Ben alırım onu" demiş "garajdan". Giderkene herkes mışıl mışıl uyuyo. Köyler geçiyo ya. "Ahh bu benim evim olsun" derdim işte; yollarda köyden geçiyoz ya mışıl mışıl uyuyo herkes. [...] Kasabaların içinden geçiyoz bakardım, biz nasıl olduk, evimizden olduk, barkımızdan olduk, çocuklarımızdan olduk, çocuklarımız okuyodu, ziyan olduk diye onlara ağlıyom ben. Anladın mı. Annem nerde babam nerde.

Çingeneler kasabadaki işlerini ve mesleklerini de kaybetti. Kasabanın sınırlı ekonomisinde hizmet sektöründe şoför, hamal ve ayakkabı boyacısı olarak çalışan muhacir Çingenelerin yerine hemen birileri bulundu. Yetenek ve deneyim gerektirdiğinden çalgıcı olarak çalışan yerli Çingenelerin yerine birilerinin bulunması o kadar kolay değildi ama Çingene olmayan bazı Bayramiçliler de bu işlerde çalışmaya başladı. Mesela çoban olan biri zamanla zurna çalmayı öğrenip düğünlere gitmeye başlamıştı. Ezgi, klarnetçi olan eşinin, saldırganlar çalışmalarına izin vermediği için düğünlere gidemediği zamanları hatırladı. Böylece, o günlerde ekonominin dışına da itilmişlerdi. Çingene olmayan birkaç kişi düğünlere gitmesi yasaklanan Çingeneler hakkındaki hikâyeleri doğruladı. O sırada Çingene olmayan bazı Bayramiçliler bu işe girmeye başlamıştı. Çingene olmayan bir kasaba sakini bu değişimi ilk günkü gibi hatırlıyordu, çünkü kendi düğünü o döneme denk gelmişti. Sıradan bir Bayramiçli olarak, çalgıcı tutmak yerine teypten şarkı çalmak zorunda kalmışlardı. Jandarmaların da olası bir saldırıyı engellemek adına Çingenelerin çalmasına izin vermediğini hatırladı. Şiddet ilk olarak muhacir Çingeneleri hedeflemişti; yerli Çingeneler ikincil hedef konumundaydı. Ancak, saldırıların etkisi ve neticesinde ortaya çıkan korku Çingenelerle sınırlı değildi.

Sıradan Halk

Kasaba halkından birçok Türk terörü ve korkuyu farklı biçimlerde deneyimledi. Kimileri Çingenelerle yalnızca komşuyken kimileri onlara iş veren varlıklı Türklerdi.

Bazıları saldırılara müdahil olmamayı seçen sıradan insanlardı, bazıları ise kendi istek ya da çıkarlarına rağmen saldırılara dahil oldu. Kimileri Çingeneleri etkin bir şekilde korudu, kimileri ise pasif izleyiciydi. Kasaba öylesine bir terör estirme harekâtı içerisindeydi ki birçok kişi bunu hissedip deneyimlemişti.

Birçok Türk, saldırılar sırasında yaşadıkları korkuya değindi. Bazıları için can alıcı nokta savcının dövülmesiydi. Bu olay, şiddetin kontrol edilemezliğini, insanların öfkesini ve bir devlet görevlisinin faillere karşı yetersizliğini simgeliyordu. Aynı zamanda devletin yetkilisine saldıran faillerin gücünü de resmediyordu. Dönemin il encümeni Salih, saldırganlara karşı ifade vermekten çok korkmuştu. O sırada görgü tanığı olarak ifade vermek için, sonrasında ülkeyi terk etmesini sağlayacak bir pasaport talep etmişti. Bu korkusunu konuşmalarımızda da ifade etti. Ancak bana güvenmeye başladığı bir ayın sonunda, yıllar boyunca sır olarak sakladığı gerçekten, Çingeneleri koruduğundan bahsetti. O sırada vakanın ciddiyetini ve saldırganların neden olduğu terör estirmeyi anlattı:

> [Saldırılar başlayalı] bir-iki gün olmuştu. O akşam çok iş büyüdü. Dilaver Bey vardı hâkim, "[İfade vermezsen] seni içeri alırım" dedi. "Bana" dedim "Rusya'ya bi pasaport çıkart, beni öldürtcen mi sen!" dedim. [...] Savcı genç esmer uzun boylu, ama onun yediği dayağa herkes dayanmaz. Ben vuruyom senin kucağına, sen vuruyon benim kucağıma, duvarlara.

Kimileri de kalabalığın ve diğer devlet memurlarının, bir kavgaya karışan Çingeneleri salıverdiği için savcıya kızgın olduklarını söyledi. Savcı belediyeden bir duyuru yapmak isteyince tansiyon yükselmişti. Muhtar Kemal savcının dövülüşünü anlatırken hissettiği korkuya ve kalabalığa karşı yetersiz kalışına değindi: "Belediyenin balkonuna merdiven dayadılar. Görüyoz ama biz yapmayın etmeyin imkânı yok diyemezsin sen de yirsin dayak. Ayaklanmış bi kere."

Eniştem Selim de birçok kişinin hissettiği yetersizlik duygusuna değindi. Saldırıları onaylamayan birçok kişi olmasına rağmen örgütlenmiş bir güç eksikliğinden dolayı faillere karşı duramamışlar:

> Zaten bilinçli halk, ben memurum, öğretmenim bunları tasvip etmiyorum ama biz de seyrediyoz. Ha Çingenelere kızanlar, esnaftan da bunlara destek veren,"Aferin güzel yaptınız" diyenler olmuştur. Esnaftan diyom hani Kadir'e aferin, şımarıktı bunlar [Çingeneler] iyi oldu diyenler oldu yani ama sağduyulu insanlar hiçbir zaman bunu tasvip etmediler. [...] Seslerini çıkarmadılar, şimdi şöyle, örgütlü değiller ki. Şimdi saldıranların dernekleri, şoförler dernekleri falan var ya, kahveleri falan, örgütlüyolar. Hasan da bu işin içindeydi ama Hasan, Kadir'in emrinde, daha sonra Hasan da adam öldürdü. Kadir de karısını öldürdü, evde döverken karısını boğdu.

Öncü figürlerin kontrolsüz öfkelerinin yarattığı korku kasabadaki birçok kişiyi dehşete düşürmüştü. Konuşmamız sırasında öncü figürlerden hiçbirinin ismini vermeyen Aydın olaylar yaşanırken ve sonrasında konuşma isteksizliğine değindi. Kadir'in saldırılarda öncü bir figür olarak yer alıp almadığını doğrudan sorduğumda, yalnızca "Bilsem bile Kadir vesaire demezdim" diye cevap verdi. Kendisinin ve diğerlerinin yaşadığı korkudan ve suskunluktan bahsetti: "Millet sesini çıkarmadı. Mesela savcı dövüldü, dövüldüğüyle gitti. Çingenleri taşladılar falan. Ben bişey desem [failler] beni yakalıcaklar."

Komşu Meliha da Çingenelere karşı yapılan saldırılardan sonra benzer bir korkuya kapıldığından, insanların birbirlerini nasıl uyardığından bahsetti. Korkup korkmadığını sorduğumdaysa şöyle yanıt verdi: "Korkma mıyız dadam, korkma mıyız emme bize bişey yapmadı onlar; onlar biliyo kimin Çingene evi olduğunu biliyo onlar. Amca [eşi] dedi korkma dedi kitle kapını içerde dur."

Konuşmamız, başlangıçta olaylarla arasına mesafe koyduğu ve egemen söylemi dedikodu yoluyla tekrar ettiği için çok etkileyiciydi. Ancak Meliha daha sonra korkusunu, deneyimlerini ve saldırılardan gerçek anlamda bahsetmenin yasak olduğu hissini açığa vuran bir anlatıya başladı. Korkusu anlatısını sınırlıyor; tutarsız ve ilgisiz beyanlara rağmen kişisel deneyimleriyle yerli egemen söylem arasındaki çelişkileri gizliyordu. Tek korku gerçek saldırganlara karşı değildi; dışlanma korkusu, dışlanmış ya da saldırıya uğramış biriyle empati kurma korkusu da hâkimdi. Bu korku suçu paylaşmak ya da sessiz kalmak pahasına da olsa "biz"in bir parçası olmak, aynı olmak ve kabul görmek isteğiyle de bağlantılıydı. Meliha, yaşlı komşusunun kendisine saldırılar hakkında konuşmamasını salık verdiğini anlattı:

> Sabah kalktık. "Aysel Abla" [eşi belediyede zabıta olarak çalışan yaşlı komşusu] dedim "burlar noldu?" dedim. [Fısıldayarak] "Sil ağzını. Hiç sesin çıkmasın yani böyle ağzını sil kızım" dedi. "Baksana bunlar bu akşam kırdılar burayı" dedi kapıdan. İşte mesela "Hiç sesimiz çıkmasın" dedi. Hani ötekiler öfkeli, kalkar, "Bize de bişeyler yaparlar" dedi. O kadıncağız öyle dedi bana. "Hiç sescağzın çıkmasın, gir evinin içine" dedi.

Meliha'nın anlatısı, bazı sıradan insanların saldırılara nasıl tepki verdiklerini ve korkudan nasıl sessiz kaldıklarını gösterdiğinden çarpıcıdır. Bir başka komşu olan Ayfer saldırılar sırasında geceleri dışarı çıkmaktan ne kadar korktuğunu anlattı: "E korkmaz olur muyuz. Gece birbirimize hiç gidemedik." Görüldüğü üzere saldırganlar kasabada, sıradan insanları bile etkileyen bir terör atmosferi yaratmıştır.

İşverenler ve Hamiler

Bu dehşet ve şiddet aynı zamanda saldırganların, Çingeneleri işe alanlara ve hamilere doğrudan baskı yapıp tehdit etmesine de neden oldu. Failler iş sahiplerine, Çingeneleri kovmalarını yoksa toplumdan dışlanacaklarını ya da boykot edileceklerini söyledi. Tehditlere karşı koymaya cesaret edemeyenlerin yanında buna direnen ve Çingeneleri koruyan işverenler de vardı. Savcının kalabalığı durdurup saldırıların adaletsizliği ve yasadışılığını anlatma çabası medeni cesaretin en iyi örneklerinden biriydi. Karşı koyma cesaretini gösterenler çoğunlukla, Çingenelere de iş veren varlıklı ailelerdi. Bu karşı koymalar örgütlü değil, bireysel direniş vakalarıydı. Hepsi saldırganlardan gelen küfür ve fiziksel şiddet gibi tehditlerle karşılaştı. Babası dönemin hatırı sayılır varlıklı ailelerinden birinden gelen Canan[38] babasının, evlerinde çalışan Çingeneleri nasıl koruduğunu anlattı:

> Benim doğum zamanım olaylar çıkçak diye duyuldu. Böyle böyle, burdan Bayramiç'ten sürcekler diye. Ben de işte normal rutin yürüyüşleri yapıyorum. Artık iyice doğum halindeyim. Ormanın önüne kadar geldik [belediyeden 100 metre mesafede]. Belediyenin önünde bi uğultu. Şu yan taraf. Oraya geldim. Arkadan bi uğultu. Bi de baktım, kara bulut gibi böyle bir bulut geliyo. Ellerinde buralarında artık sopa mıydı artık neydi. Meğerse babama telefon açıyorlar. Nurcan [o sırada evlerinde hizmetçi olarak çalışan muhacir Çingene kız], annemin yanına 14 yaşında girdi, hep buranın kızıydı yani, şimdi bu [muhacir Çingenelerden olan halihazırdaki hizmetçiye bakıp] benimle [...] Babam da burada şey yani. Bi de çıktım ben balkonda tüfekle dikiliyo. Girdik içeri, sonra [onları] döndürmüş. Jandarma da orda ya karakol hep ordadır [evlerine çok yakın]. Gelmediler yani. [...] [Olaylar sırasında] birisi telefon ediyo babama. "Sizin eve geliyorlar, muhafaza ediyomuşun insanları, çıkar evden" diye.

Çalışanları Ümmühan'ı koruyan helvacı aileden olan Hale için korku hâlâ tazeydi. Bunu bir kafede anlatırken bile fısıldayarak konuşuyordu. Saldırılar sırasında gürültüyü ve etrafta koşuşan insanları duyduğu halde çıkıp olup bitene bakamadıklarını söyledi. Adından ve anlattıklarından kasabadaki hiç kimseye bahsetmememi rica etti. Öncü faillerden söz ederken hâlâ zorlanıyordu. Saldırılar sırasında tehdit mektupları aldıklarını anlattı:

> Bize mektup yazmışlardı. Ümmühan Abla çalışıyodu bizde. "İşte [Çingeneleri] çalıştırmıcaksınız yanınızda." [...] Hatta bi tanesi [şoför Hasan] geldi bizim kapıda bağırdı, ama onları falan duymasınlar. İşte hakaret etti. Kimse de çıkıp [polise] bir telefon edivermedi... Pek kimsede [telefon] yoktu.

---

38 Corkalo vd. "Neighbors Again?"de Bosna ve Hersek'teki savaştan sonra komşular arasında ortaya çıkan ihanet duygularına değinir.

[Olanlar da] onlar da edivermedi. Ama herkes korkuyordu. Telefon edip de anlaşılırsa bana [kendilerine] zarar verirler diye.

O dönemki il encümeni Salih saldırganların Çingeneleri işsiz ve aç bırakmak istediğini açıkladı. Tehdit mektupları konusunda da tehditlerin çok açık olduğunu, insanlara bildirmek için mektuba gerek bile olmadığını belirtti:

Mektuba gerek yok canım. Hiç kimse Çingene çalıştıramaz. Çalıştırdın mı camı çerçeveyi kırarlar. Ben sana canlı tarif verim. Sen çalıştırdın, mektup yazmaya gerek yok. İstanbul'da mesela anarşistler şey yaptığı vakit, mesela çocuklar geçti mi kepenkleri kapatın diye sinyal veriyo onlar. Anlayabildin di mi. Burda da mektup yazmak bile yok. Yalnız Çingenlere iş verenin işyerini perişan ediyolar.

O sırada ticaretle uğraşan Ramiz, bir Çingene şoföre iş verdiği için şiddet kurbanı olanlardan biriydi. Cipine zarar vermişlerdi: "Tehditler Romanların işverenlerini de içine aldı. Benim cipim vardı. Köylere nakliyat yapıyordum. Bir gece, Roman çalıştırıyorum diye dört tekeri de bıçaklamışlar. Kimlerin yaptığını biliyordum ama söylemek istemem. İkisi ölü ama neyse." Çingeneleri işten çıkarmayan ve korumaya devam edenler olsa da sayıları çok azdı. Kasabada iş bulamaz hale geldiklerinden, netice Çingeneler için felaketti. Saldırılardan aylar sonra bile insanlar birbirlerini ayakkabılarını Çingenelere boyatmamaları için uyarıyordu: "Çingenelere hiç iş vermiyoruz."

Hamilere karşı var olan şiddet öylesine büyüktü ki, Salih dükkânında bir Roman sakladığını ilk kez bana söylediğini belirtti.[39] Saldırganlar sokaklarda tüm Çingeneleri kovaladığından, dayak yemesin diye onu korumuş. Türkler şiddete karşı çıkmaya korkuyordu ve Çingenelerin korunmaya ihtiyacı vardı. Salih durumu şu şekilde anlattı:

Sonra halk iş vermedi Romanlara [önce bu kelimeyi kullanıyor]. Halk Romanlara iş verenin, sen bi iş verdin di mi sana zarar verirlerdi… İş vermediler. E adamlar [Çingeneler] aç kaldı. Kimisinin karısı Türk, kocası Türk, bunların biraz fazla üstüne gidilmedi yalnız çoğu da gitti. Çingenlen [sonra Çingene diyor] dönenleri oldu, dönmeyenleri de oldu.

Salih koruduğu Çingene arkadaşı ve savcının dövülmesine dair tanıklık etme isteksizliği hakkındaki sırları neden sakladığını şöyle açıkladı: "Ya sır verilir mi? Milli mesele bu. Bütün Bayramiç'in karşı çıktığı şeyi sen korursan, onların aleyhinde [Üzerindeki büyük baskıyı anlamam için sessiz kalıyor]."

Saldırılarda Milliyetçilik ve Diğer Vakalarla Paralellikler

Eski il encümeninin bana söyledikleri, olaylar sırasında birini ihbar etmenin bir milliyetçilik hareketi olduğu anlamına geliyordu. Yalnızca Çingenelere değil, savcıya

---

39   Babası kasabadaki Cumhuriyet Halk Partisi'nin kurucularındandı.

da saldırılması bir vatanseverlik eylemi olarak sunuluyordu. Saldırılar, askeri işgal söz konusuymuşçasına, ulusal bir olay olarak lanse ediliyordu. Milli bütünlüğe karşı bir tehditle karşı karşıya kalmışçasına Türk bayrakları taşıyor, milli marşlar söylüyor ve insanlarda milli duygular uyandırıyorlardı.

Milli bütünlüğe sadakat meselesi saldırganların gücünü ve meşruluğunu kuvvetlendirdi; bir yandan da Çingenelik ve Türklük kategorilerini yeniden harekete geçirerek saldıkları korkuyu artırdı. Bazı insanları da Türkler ve Çingeneler olarak, birbirlerini karşılıklı dışlayan kategoriler içerisinde yeniden tanımladılar. Dahası, bu süreçte Çingeneler milliyetçiliğin ve şiddet içeren yaklaşımların ortaya konduğu benzer durumlara örnek teşkil eden başka gruplarla ve olaylarla ilişkili olarak "milli düşman" ilan edildiler.

Gerek Çingeneler gerek Çingene olmayanlar milliyetçiliğin ve milliyetçi sembollerin büyük çaplı kullanımına değindi. Çingeneler kendilerini Türk ulusunun parçası değil de düşmanlarıymış gibi gösteren Bayramiçlilerin milliyetçiliğine hâlâ alınmaktadır. Sebiye hissettiklerini şöyle anlattı: "Marş marş! İstiklal Marşı sokaklarda. Yani Türkiye'yi kazandık, bizi bayraklarla geçmişler. Yani biz gâvurmuşuz, onlar Türkmüş bizi teslim alıyolarmış İstiklal Marşı'yla."

Bu yürüyüş ve marşlar çokça bilinen ve sık anlatılan bir hikâyedir. Çingene olmayanlardan bazıları, insanların bayrağı bir tür meşruiyet sembolü olarak kullanması hakkında şakalar yaptı. Hikâye şöyleydi: Kara Ali elinde bayrakla kalabalığa önderlik ediyordu. Savcı onları durdurmaya geldiğinde Ali şöyle demişti: "Elimde bayrak var, cesaretin varsa bayrağı çiğne." Marşlar söyleyip Çingenelere küfür etmişlerdi. Sokaklarda gezip evleri taşlarken ulusal sembolleri, marşları ve sözleri kullanmışlardı.

Ulusal sembol ve söylemlere başvurulması ve "ötekiler"e karşı ayaklanmaya teşvik edilmeleri insanların zihninde 1922 yılında Yunanlara karşı verdikleri savaşı tekrarladıkları hissi uyandırdı.[40] Rumlarla olan bu bağlantı kasabadakiler için çift anlam taşımaktadır: Rum vatandaşlarla yapılan nüfus mübadelesinin görece şiddet dolu tarihi muhacirlerin Yunanistan'daki ataları tarafından da deneyimlenmişti. Ancak güçlü vatanseverlik duygularının temsilinde paralellik kuranların çoğu

---

40 Öte yandan Danacıoğlu, 1919-1922/23 yıllarına ait deneyimlere dair araştırmasında İzmir'deki 58 farklı yerleşim yerinden sözlü anlatılarla, resmi tarihyazımında Rum komşuların ulusal düşman olarak inşasını sorgular. "Şımardılar" ve "Kurunun yanında yaş da yandı" sözleri tam olarak bu anlatılarda da tekrar edilmekteydi. Esra Danacıoğlu, "İşgal, Gündelik Hayat, Kurtuluş: Yunan İşgali Altında İzmir," *Kuşaklar, Deneyimler, Tanıklıklar: Türkiye'de Sözlü Tarih Çalışmaları Konferansı*, der. Aynur İlyasoğlu ve Gülay Kayacan (İstanbul: Tarih Vakfı, 2006), 149–156.

Çingene olmayanlardı. Kasabadaki en yaşlı kadının anlatısı saldırıları toplumdaki "uyumsuzlar"la ve "güvenilmez ötekiler"le baş etmenin doğal bir yolu olarak tasvir etmektedir: "Çok yaşlıyım, kasabada benden yaşlısı yok; bu yüzden kimse daha iyi bilemez. Burada olan biten her şeyi hatırlarım: Rumların katledilmesi, Yahudilerin sürülmesi,[41] Çingenelerin taşlanması ve Kürtlerin kovulması."[42]

Çingenelere karşı yapılan saldırılar Bayramiç'teki kolektif şiddetin ne ilk ne de son örneğiydi. Rumlara yapılanlar, kasabada, bölgedeki kahramanca savaş tarihyazımına dair ulusal söylemle paralellik gösteren, "ötekiler"e karşı Türk gücünün sıra dışı bir örneği olarak hatırlanmaktadır. Bu nedenle bazı Bayramiçliler, "uygunsuz davranan öteki" olarak resmedilen diğer azınlıklara karşı yapılan önceki saldırılarla paralellikler kurdu. Rum meselesi sırasında çocuk yaşlarda olan yaşlılar, hafızalarında iki olay arasında bağlantı kurdu. Fitnat (96) Çingenelerin zorla yerlerinden edilmesi hakkındaki soruya Rumların hikâyesini anlatmaya başlayarak yanıt verdi:

> Bu sefer Atatürk kovaladı gâvuru. Gâvurun [Rum komşuların] burda durduğunu biliyom. Işıkları yaktırmazdı. Her yer karanlık. Böyle gece gezerlerdi Yunanlar [askerler], korkardık. Akşam ezanı oldu mu kapıları dayaklarız işte ışık yok. [...] Gâvurlara dediler hani gidilsin; acı soğuktu böyle. Gâvurlar gitsinler evlerine, hani memleketlerine. Sonra bi öbür daha geldi. Hani kalan kalsın giden gitsin, hani yine evvelki gibi dursun dendi. Benim de abim var. O abim de çobanlık yapıyomuştu şeyde, koyunlarımız varmış. Gâvurun biri gelmiş de kuzusunu arkasına sardırmış. Bilmem nereye kadar kuzuyu götürtmüş. Bu sefer abim de gâvurlar kesilcek kesilcek. Kutluoba şeyinde çamlığı var oraya gitmişler, abim de gitmiş. O demiş "O gâvuru görürsem hani kuzumu arkamda taşıttırdı, ben de" demiş "yapim [öldüreyim]". Kalanlar gari kimi paraları ekmek içine koymuşlar. Kimi su şeyine koymuşlar testisine. Gari [Rum komşular] gidecekler biyere emme, nereye gideceklerini bilmiyolar. Kutluoba demliği var, orda kesmişler onları. Orda kesilmiş. Sonra orda çok paralar bulundu.

Bayramiçliler, mübadeleden sonra kasabada yalnızca üç Rumun kaldığını belirtti. Bu hikâyelerde yalnızca şiddet olaylarına değil, bazı Rumlar ve Türkler

---

41 Yahudilerin kovulması kasabada anlatılan bir hikâye bile değil. Kendi istekleriyle ayrılmışlar gibi bahsedilmektedir. Anlatıcı, anlatısını güçlendirmek için Yahudilerden bahsetmiş ya da Yahudilerin gidişi hakkındaki hislerini açıklamış olabilir. Herhangi bir zorlama olmamasına rağmen, his ve atmosfer onun için bu anlamı taşıyor olabilir. Ancak kasabada olmasa bile şehir merkezinde Yahudilere karşı ayrımcı ve şiddet dolu yaklaşımlara dair bir şeyler duymuş olması da son derece muhtemel. 1934 yılında Çanakkale'deki olaylar için bkz. Rıfat Bali, *1934 Trakya Olayları* (İstanbul: Kitabevi Yayınları, 2008).

42 En etkili anlatıcılarımdan biri olan 96 yaşındaki Fitnat (2009 yılında vefat etti) kasabanın toplumsal tarihini ilginç bir şekilde 3 Haziran 2008'deki görüşmemizde özetledi.

arasındaki eski yakın ilişkilere de değinildi.[43] Çingene meselesinde olduğu gibi, Rum hikâyesi de istenmeyen ötekiye karşı normal bir tavır olarak temsil ediliyordu; Rum vatandaşlara karşı saldırılarda devletin güvenlik kuvvetleri başı çekmese de motive edici olarak algılanıyordu. Nebahat, Çingene olaylarını anlatırken anlatısında Rum hikâyesine geçerek doğrudan paralellikler çizdi:

> [...] İşte böyle kimse çıt çıkaramıyo, bişey desen hemen kavga gürültü, Çingenelerin vardır ya öyle kendi edaları. Demek ki pek çok kişinin canını yaktılar ki bu millet öyle yaptı [saldırdı]. Yoksa sebepsiz yere böyle bir şey olmaz. Yani bi çeşit soykırım gibiydi. Ah Rumları dinlicektin yengem sağ olcaktı da. [...] Bak onlar napmışlar, Yunan mezalimi diye kimin kitabı o [sanki bu konuyu konuşmayı daha çok seviyor gibi] onda yazar. Bi de Muhteremlerin İsmail Bey'i Yunanlar kurşuna dizmiş. Yunan işgali olunca herkes silahlarını bıraksın demişler.

Şiddetin özne ve nesneleri, kimin fail kimin kurban olduğuna dair yaşadığı kafa karışıklığı Nebahat'ın anlatısını ilginç kılmaktadır. Nebahat, Türklerin çektiği acılardan bahsederken soykırımla benzeştiği için Çingenelerin acısına geçti. Sonra Yunan ordusunun kasabadaki Yunan işgali sırasında Türklere karşı sergilediği şiddeti anlatmaya başladı. Benzer geçişler insanların kafa karışıklıklarını ve çelişkilerini takip etmek açısından önem taşımaktadır.

Bayramiçliler bu hikâyeleri yeniden üretirken genelde Yunanların kötülüğü etrafındaki egemen söylemi takip etti. Türkleri öldürmeye götürdükleri, çukurlara doldurup vicdansızca yaktıkları gibi korkunç olaylar anlattılar. Bir koyunla insanı bir tutan Fitnat gibi birçokları Rum komşulara yapılan saldırıları savunmaya çalıştı. Bu hikâyeler, "kötü Rumlar" etrafındaki ulusal hikâyelerde de olduğu gibi, bu tür davranışları meşrulaştırıyordu. Ancak kişisel deneyimlere geçtiklerinde bazıları Rum komşuları için üzüntülerini ifade ettiler. Hatta anlatıcılardan biri, yerli bir Rum kızını Türk askerlere karşı koruyamadığını anlatırken gözyaşlarına boğuldu. Çingene olmayanlardan birçoğunun Rum olaylarıyla kurduğu bağlantı yalnızca insanların o olayları hatırlamasıyla değil, bir meşrulaştırma yöntemi sunmasıyla da açıklanabilir: Eğer "öteki" "uygunsuz" davranırsa şiddet kullanma ve onları "toprağınızdan" kovma hakkına sahipsinizdir.

Öte yandan bazı muhacir Çingeneler kendilerine karşı yapılan saldırılar ve mübadeleden önce Yunanistan'daki atalarının yaşadıkları arasında bir bağlantı kurdu. Atalarıyla paylaştıkları kaderin sürekliliği onlar için çok çarpıcıydı. Bu, atalarının yaşadıklarıyla benzerlik anlamına gelmiyordu yalnızca, saldırıların gayri

---

43 Bazı Bayramiçliler Rum komşularının acılarını hatırladıklarında ağladı; Rum komşularını korumaya çalışanlar da vardı.

meşru oluşunu da gösteriyordu; çünkü Türkiye Cumhuriyeti'nin kurucusu, atalarını korumuş, onları ülkeye getirmiş ve Türk olarak kabul etmişti. Bu nedenle muhacir Çingeneler mübadeleden bahsederken yalnızca atalarının vatanlarını terk etmeye zorlandığı benzer kaderi hatırlamakla kalmıyor, Türklüklerini de Cumhuriyet'in kurucularının gerçekleştirdiği mübadelenin bir parçası olarak temellendiriyordu. Atalarının Yunanistan'daki geçmişlerine doğrudan değinmeseler bile, Cevza'nın anlatısında olduğu gibi, saldırıları mübadeleyle kıyasladılar: "İki üç kez geçtiler, kızım, çok zarar yaptılar. Sanki gâvur memleketinde yaşıyoz. Yunanistan'da olsak bu kadar yapmaz."

Cevza anlatısında iki olayı birbirine bağladı. Atalarının Türklere yapılan saldırılardan sonra Yunanistan'dan ayrılıp Bayramiç'e yerleştikleri hikâyesini anımsadı. Ataları Yunanistan'dan kaçıp korunma vaadiyle kasabaya gelmiş olsa da yaklaşık yarım asır sonra aynı tehditlerle Türkiye'de de karşılaşmışlardı. Bu nedenle saldırılar Cumhuriyet'in vaatleriyle açıkça tezat oluşturuyordu.

Doğrudan bir paralellik kurarak, Cevza içinde bulundukları durum ve atalarının yaşadığı korku arasında daha fazla benzerlik buldu. İlginçtir ki anlatısında yalnızca Yunanların saldırılarında yaşadıkları dehşete değil, Bayramiç'e geldiklerinde atalarının deneyimlediği güvensizlik ve tehlikede olma hislerine de değindi:

> Selanik'te yaşamış bizimkiler. Köyde yaşamamış. Şehirde yaşamışlar. Köyde yaşasalar oraya giderler, onlar beğenmemiş köyü, burayı istemişler. Ev vermişler. Evleri satmışlar, bi yerde oturmuşlar. Yalnız oturamamışlar, korkuyolarmış. İşte nasıl onlar öyle yaşamış biz de kırımda öyle yaşadık. Sanki burası gâvur [Yunan] memleketi, korkardık insanlar [bize] laf söylücek. Ama şimdi kimseden korkum yok.

Öte yandan, Kürt meselesiyle olan benzerlik Türklerin kasabadaki Çingenelere karşı saldırılara dair anlatılarında en sık ve en kuvvetli temsile sahiptir. Bu kuvvetli bağlantının birkaç sebebi vardır. Öncelikle, Kürtlere karşı saldırılar daha yakın bir zamanda, 1991'de gerçekleşmiştir ve insanların saldırıya dair hatırladıkları çok daha canlıdır. İkincisi, son onyıllarda, daha iyi yaşam koşulları ve iş imkanları arayışıyla batı bölgelere gelen Kürt nüfusunun artmasıyla ve Türk devletiyle PKK arasında yürütülen savaşla manipüle edilen, ülke çapında yaygın Kürt karşıtı egemen propaganda yüzünden kasabada da Kürtlerle ilgili hoşnutsuzluk iyice artmıştı. Kürtlük hakkındaki ayrımcı milliyetçi söyleme uygun bir şekilde Bayramiçliler kendilerini, bölgedeki Kürtlerin iyileşen sosyoekonomik statüsüne karşı tehdit altında hissetmiş ve öfkelenmişti. Bu nedenle, Çingene olayı yerine onları içten içe yiyip bitiren Kürt meselesinden bahsetmek istediler. Kasabadaki Kürtlere karşı da benzer bir saldırı bekleniyordu, ki 2009 yazında ufak çaplı da olsa bazı olaylar

SALDIRILARIN ANLATISI | 185

yaşandı.[44] Özetle, birçok Bayramiçli Çingene ve Kürt "olaylarının" çok benzer olduğunu düşünüyordu. Öte yandan, bu anımsama biçimi homojenleşmiş ve suçlulaştırılmış, tehditkâr ötekilere karşı masum ve kahraman biz düşüncesinde birlik olma fikrini de güçlendiriyordu. Yeni belediye başkanı İlker Tortor'un anlatısında değindiği gibi, kimileri saldırıları bir tür adalet arayışı olarak gördü:

> [Kasabanın Çingenelerine] onlara o kadar [şiddetli olaylar ve yerinden edilme] yetti. Bak sonra bir Kürt olayları vardı. Kürtler terör estirdi. Bizim halk bunu kabul etmiyo. Hele bir de dağdan geleceksin bağdakini kovacaksın. Ufak tefek çocuk kavgasını büyütüyo [ötekiler, burada özellikle Kürtlerden bahsediyor], bunlar kendi tarafı diye toplanıyolarmış. Ama kanunlar el vermiyo [Kürtleri cezalandırmaya]. [Devlet güvenlik güçleri] götürüyo salıveriyolar. Yasaların açıklarından patlaklar çıkıyo. Çünkü ayrımcılık oluyo. Ayrımcılığı o [Kürt] yapıyo. Bu sefer toplumda çatışma oluyo. Tüm vatandaşlar eşittir. Bunlar onu kabul edemiyo. Azınlık oldukları için. Ama azınlık çoğunluğu ezmeye başlıyo bu sefer. Bizde yok ama artık."

Komşu İsmail de Çingenelere yapılan saldırıları kasabadaki Kürtlere yapılanlarla bağdaştırdı. İkinci olay hayatını daha çok etkilediğinden ondan daha hevesle bahsediyordu. Kürtlerin büyük çoğunlukta olduğu Ağrı'da öğretmen olarak çalışırken, Kürtlerin öfkesinin kurbanı olmaktan korkmuştu. Polisler de onu nereli olduğunu açık etmemesi konusunda uyarınca, insanlara Balıkesirli olduğunu söylemişti:

> Bu olay şöyle olmuş. Roman vatandaşlar buradaki Türk vatandaşlara karşı çeşitli günlerde tacize varıncaya kadar hareketlerde bulunmuşlar. Burada bi Türk-Çingene şeyi olmuş, çatışması mı diyeyim. [...] Bi olay daha oldu bak onu da anlatayım. Ben Ağrı'da öğretmenlik yapıyom. Burada bi Kürt çocuğu bi hayvanla [keçiyle] bişeyler yapıyo, kusura bakma öyle deyim, burada onu yakalıyolar yaralıyolar, öldürüyolar. Sonra bu ölen çocuğun akrabaları o adamın [keçi sahibinin] oğlunu lokantada öldürüyolar. Burada yine halk

44 Ağustos 2009'da bir Türk ve Kürt arasındaki bir kavganın tetiklemesiyle kasabadaki Kürt hanelerine karşı yürüyüş ve saldırı girişimi oldu. Olay için bkz. *Radikal*, "Bayramiç'te Kokoreç Kavgası'ndan Etkin Gerilim Çıktı" (5 Ağustos 2009). Çevrimiçi erişim: http://www.radikal.com.tr/Default.aspx?aType=RadikalDetay&Date=5.8.2009&ArticleID=948336&CategoryID= 77 [17 Ocak 2011]. Son yıllarda bölgede Kürtlere karşı başka birçok saldırı daha gerçekleşti. Birkaç örnek için bkz. Balıkesir, Ayvalık'taki Altınova ilçesinde Ekim 2008'de yaşanan olay. *Radikal*, "Altınova'da Etnik Gerilim Artıyor" (1 Ekim 2008), http://www.radikal.com.tr/Default.aspx?aType=Detay&ArticleID=901292&Date=01.10.2008&CategoryID= 77 [17 Ocak 2011]. Temmuz 2010'da Bursa'da gerçekleşen başka bir olay için bkz. *Haber Fabrikası*, "Provokasyon, Ayrımcılık ve Kürt Avı... Barış için Acil Çağrı". Çevrim içi erişim: http://www.haberfabrikasi.org/s/?p=5133 [17 Ocak 2011].

galeyana geliyo, mitingler falan oldu burda, böyle Türk bayrakları ellerinde
"[Kürtleri] istemiyoruz" falan. Onları da taciz ettiler burda Doğuluları.

Kürt vakası döneminde o sırada inşaat halindeki barajda çalışmak için kasabaya gelen Kürtler vardı. Saldırılardan sonra kasabayı terk etmişler ve onların
işleri Bayramiçlilere verilmişti. İki saldırı birçok Türkün zihninde ayrılmaz bir
şekilde bağlantılıydı; kasabadaki ilişkiler açısından tipik sayılıyordu: "Valla bak
geldi başımıza ama böyle şeyler oldu burda. Böyle halk infialine yol açacak olaylar
oldu. Bayramiçli halk da biraz duyarlıdır yani. Yapı olarak öyle. Yani pek mesela
ahlaksızlığa veya başka türlü olaylara halk çok tepkili."

Kara Ahmet de benzer şekilde iki olayı paralel olarak anlattı. Kasabadaki insanlar
arasındaki bağlardan ve fevri davranışlardan bahsetti:

Çingenler hafif fazladı burda. [...] Herkes gaza geldi. Burda nolcak? Kürtlerin biri bişey dese, aynısı da oldu zaten. Kürtleri de patakladık biz. Polismiş
falan duramadık. Salakla gidiyo millet. Şimdi olsa nolur sen de gidersin. O
gazlan o sinirle gidersin yani. [...] Bayramiç birbirine bağlıdır, bunu bil.

Bu paralellik, Çingene olmayanların anlatılarında önem taşıyordu ama görüştüğüm Çingenelerin hiçbiri bu iki olayı karşılaştırmadı. Birçoğu, kasabanın ya da
kasaba halkının özelliklerini genellemek de istemedi. Tabii ki kişisel deneyimleri
olayları onlar için eşsiz kılmıştı. Dahası, Kürtlerle kıyaslanmak da onlar açısından
sorun yaratıyordu. Çingeneler genelde, Türk devletine karşı durmaları ve içerdeki
düşman olarak görülmeleri nedeniyle Kürtlerle bir tutulmak istemiyordu. Ayrıca,
Çingene olmayanlar etnik özellikleri, uygunsuz davranış suçlamaları ve büyük çaplı
bir yerinden etme neticesinden dolayı iki olayı benzer olarak görseler de Çingeneler
genelde saldırıları tetikleyen etken olarak ekonomik çatışmalara değindi. Hatta
her iki olay kendi çapında sosyoekonomik temellere bağlıydı ama iki olayda da bu
toplulukları ötekileştirme ve ayrıştırmada kullanılan egemen milliyetçi söylem,
saldırıların ortaya çıkmasında büyük rol oynamıştı.

Belediye başkanının da açıkladığı gibi, belirli bir davranış Türkler tarafından
yapılsa uygunsuz ya da ahlaksız görülmezdi. Belediye başkanı, çalışma konusundaki isteksizliklerine ve kasabadaki uygunsuz davranışlarına odaklanarak
Çingenelerden genellemelerle söz etti. Bu olayların, Çingene oldukları için onların
başına geldiğini açıkça kabul etti. Bu ifadeyi ayrıca yakın zamandaki gelişmelerle
paralelliklere değinerek netleştirdi. Bugün, Çanakkale 18 Mart Üniversitesi'nin
bazı bölümlerinin Bayramiç'te kurulması nedeniyle kasabada bir öğrenci nüfusu
bulunmaktadır. Öğrencilerin ahlaki hayatı olumsuz etkilediğini ve Bayramiçlileri
rahatsız ettiklerini düşünenler onların varlığından memnun değildir. Belediye başkanı genç erkeklerin üniversiteli kızların peşine takılıp onları rahatsız ettiklerinden

bahsetti. Burada ironik bir durum ortaya çıkmaktadır, zira insanların zihninde fiilin değil karşılıklı ilişkinin önem kazandığı görülmektedir. Belediye başkanı İlker Tortor açıkça şunu belirtti: "Bayramiç halkının böyle imajı var, yaptırmaz diye bişey var. Şimdi kasabada üniversiteliler var... Onlara da laf atan oğlanlar var bizden. Çingenler olsaydı şimdiye kadar çoktan hallederlerdi."

Belediye başkanının anlatısı, Çingenelerin yerel otorite ve kasabanın yerlisi olan (1945'teki doğumundan beri kasabada yaşıyor) biri tarafından nasıl algılandığının netleşmesi açısından önem taşımaktadır. Tortor, zorla yerinden etmenin mevcut durumla ilişkili nasıl görülebileceğini açıklamakla kalmadı, aynı zamanda o dönemde yaşananlara sıradan bir Bayramiçli olarak tanıklık etmiş oldu. Bu anlatı büyük oranda bir ikiyüzlülük sergilemektedir, çünkü belediye başkanı "kendi" oğlanları "öteki" kızlara karşı uygunsuz davrandığında buna karşılık vermemeyi normal bulmaktadır. Ancak bu davranışları Çingeneler sergileseydi "yola getirileceklerini" açık bir dille anlatıp, daha önce de "Çingeneleri yola getirdiklerini" eklemektedir. Bu durum, Çingenelerin zorla yerlerinden edilmelerini nasıl meşrulaştırdığını göstermekle kalmayıp, kasabadaki Çingenelik ve Türklük ikiliğinin de altını çizer. İki kategori arasındaki sınırların daima sabit olmamasına, insanların sınıflandırılmasının yalnızca Çingenelik ve Türklük arasındaki sınırlara dayanmamasına rağmen olaylar esnasında bu sınırlar risk altındaydı. Ancak, özellikle "Çingenelerimiz" olarak sunuldukları anlatılarda bu sınırların nasıl kolayca belirsizleştiğini görebiliyoruz.[45]

Özetle, diğer olaylar ve insanlarla yapılan karşılaştırmalar "ötekiler"i gayri milli olarak homojenize edip, onlara karşı yapılan şiddet saldırılarını doğallaştırır. Çingene olmayan birçok kasaba sakini, gurur ve kendini haklı çıkarma hislerine değindi. Öte yandan, Çingeneler yaşadıkları deneyimlerin detaylarından bahsedip başka deneyimlerle paralellik kurmaktan kaçındı. Ancak kasaba halkı açısından, Rumlara karşı yapılan saldırılarla var olan paralellikler, bir zamanlar devleti, Türk topraklarını ve halkını "düşmanlar"a karşı korumaya iten meşru temele zemin hazırladı. Buna ek olarak, daha sonra Kürtlere yapılan saldırılar, gayri milli ötekilere karşı kazanılan tartışmasız bir zafer olarak kasaba tarihinde yer edindi.

Devletin Rolü Hakkındaki Anlatılar

Çingenelere karşı yapılan saldırılarda devletin rolü iki ana düzlemde ortaya çıktı: söylemsel düzlem ve saldırılar sırasındaki devlet müdahalesi. Söylemsel düzlemin devlet politikaları ve ulusal kimlik, hakların ve kaynakların vatandaşlara tahsisindeki farklılık retoriğiyle desteklenen Çingenelik ve Türklük arasındaki hiyerarşilerde izi

---

45   Güler, Çanakkale'de yaptığı mülakatlarla yerellik dolayımıyla müşterekliğin sıra dışı kullanımına benzer bir şekilde dikkat çekti. Güler, "Çanakkale'den," 171.

sürülebilir.[46] Öte yandan ikinci düzlem, yani devlet müdahalesi, önceki kısımda ele aldığım saldırılara karşı devlet yetkililerinin eylemlerine dayanmaktadır. Devlet yetkililerinin saldırılar konusunda nasıl hareket ettiği, kasaba halkının onların rollerini nasıl algıladığı, saldırılara destekleri ya da karşı koyuşları ve hatta katkıları üzerinden şekillenir.

Türklük hakkındaki kısımda Sünni Müslüman Türklerin yarattığı hiyerarşiler ve ayrımcılık üzerinden oluşan ulusal kimlikten bahsetmiştim.[47] Kasabadaki Çingeneler ülkenin yurttaşları olmalarına rağmen Türk emsallerine kıyasla sınırlı haklara sahipti. Çingenelerin Kıpti[48] olarak en belirgin biçimde sınıflandırılması, en azından kasaba halkının gözünde devlet tarafından başka bir kategorileştirmeye yol açmıştı.[49] Osmanlı döneminden kalma bu kategorileştirme 1960'larda hâlâ yürürlükteydi. Ayrıca, devlet memurluğu hakkı Türk etnik kökenine sahip insanlarla sınırlı olduğundan, Çingeneler 1960'lara kadar devlet kurumlarında iş

---

46 Navaro-Yaşın, 2002'deki çalışmasında Türkiye'deki kamusal alanın devletin etkisinden muaf olmadığını, kamu ve devletin farklı varlıklar olmayıp aynı alanı paylaştığını söyler. Özellikle 1990'larda ülkedeki kamusal hayatın oluşumu için de Navaro-Yaşın'ın çalışmasına bakabilirsiniz. Yael Navaro-Yaşın, *Faces of the State: Secularism and Public Life in Turkey* (New Jersey: Princeton University Press, 2002).

47 Söylemsel ve politika düzlemi Türkiye'de Çingenelik başlığında, Türklük ve Çingenelik arasındaki ilişki de Birinci Bölüm'de derinlemesine incelendi. Bu kısımda anlatıcıların vurgularına daha fazla odaklanabilmek için bu konulara yalnızca kaba hatlarıyla değinilecek.

48 Bir başka anlatıcı da subay olabilmek için bir evlat edinilme işlemi ayarlamaya çalışan bir Çingeneden bahsetti. Osmanlı dönemindeki devlet sınıflandırmasında Çingenelik kategorisi Konstantinopolis'in işgalinden sonraki Osmanlı vergi memurları kayıtlarında, ve "Çingene sancağı" nda 1520'lerde Rumeli'de görülüyor (Bkz. Marushiakova ve Popov). Kemal H. Karpat, *Osmanlı Nüfusu 1830-1914* (Timaş Yayınları, İstanbul, 2010) imparatorluktaki ilk modern nüfus sayımının 1828/29'da yapıldığını ve bu sayımda nüfusun vergi toplama sistemine göre sınıflandırıldığını belirtir. Sayımlarda nüfus Müslüman, Hıristiyan, Ermeni, Yahudi ve Çingene (Kıpti) olarak sınıflandırılmaktadır. Karpat, diğer Müslümanlar etnik isimler gibi diğer terimlerle sınıflandırılmazken Çingenelerin ayrı bir şekilde kaydedilmesine dikkat çeker (s. 20). Osmanlı kimlik kartlarının (tezkere-i Osmaniyye) ilk çıkış ve dağıtımı 1866'da 20 milyondu (s. 24). Ancak nüfus kaydı sebebiyle Nüfus-ı Umumi İdaresi'nin kuruluşu 1881/82'yi bulur (s. 29). 1905/1906'daki son Osmanlı nüfus sayımında kaydedilen her bireyin bir tezkeresi olması kararlaştırıldı (s. 35). Daha detaylı bilgi için bkz. Karpat, *Ottoman Population*. Akademik işbirliğimiz sırasında, Türkiye'deki Çingeneler hakkında uzman tarihçi Adrian Marsh, Kıpti için kullanılan "K" sembolünün 1950'lerde ortadan kalkmış olmasına rağmen bazı yaşlı Çingenelerin kendisine kimlik kartlarındaki "K"nin 1970'lere kadar kaldığını söylediklerini belirtti. Araştırmacı Ali Mezarcıoğlu bu bilgiyi iki sözlü anlatıyla doğruladı.

49 Farklı ayrımcılık yolları ve devletin rolü için ayrıca en yeni ERRC raporuna bakınız.

bulamıyordu.[50] Kanunda yalnızca etnik Türklerin değil, tüm Türk vatandaşların bundan yararlanmasını sağlayan değişiklik ancak 1965'te gerçekleşti.[51] Bu değişim de gerçeklikte ya da algıda Türklerin göreceli sosyoekonomik konumlarını da etkilemiş olabilir. Ancak, devletin Çingene söyleminin ve politikalarının bu şekilde oluşturduğu önceleyen durum ayrımcılık ve saldırıların meşrulaştırılmasında etkiliydi.

Solmaz devlet ayrımcılığı ve bunun toplumdaki karşılığı arasında doğrudan bir bağlantı kurdu: "Devlet zaten o dönemde Çingenelere karşı ayrımcılık yapıyordu." Yani, devlet ayrımcılık yaparsa diğer tüm vatandaşlar da bu örneği takip etmenin meşru olduğunu düşünebilirdi. Bu hiyerarşiler doğrudan sert bir ayrımcılık doğurmasa da Çingenelerle olan ilişkileri yapılandırdı, güçlendirdi ve şekillendirdi. Solmaz o dönemki devlet ayrımcılığını şu şekilde açıkladı:

> Subay olamazlardı o zaman [Çingeneler]. Mesela ben askeri lisedeyken birisi yanlışlıkla girmiş, Edirne'deki Çingenlerdenmiş. Çocuğu buldular, benim sınıf arkadaşımdı, ikinci sınıftaydı, çocuğun ismi Oğuz'du. Öğretmen oldu sonra. Öğretmen yapıyolardı subay yapmıyolardı. Şimdi subay var.

Ayrımcı bir mevzuattan haberi olup olmadığını sorduğumda, anlatısı insanların devlet politikalarını nasıl okuyup nasıl mesaj aldıklarını gösterdi: "Yasanın çıktığını ben bilmem. Ben sadece şunu bilirim: O çocuğu ordan aldılar. Yani bi Çingen çocuğunun subay olmadığını bilirim."

Yalnızca prosedür ve kanunlardan değil, uygulamadan da birçok şey öğreniriz. Devlet organlarının bir Çingeneye nasıl davrandığı, kanunda ne yazdığından çok daha önemliydi. Birçok Bayramiçli, Çingenelere karşı ayrımcı tavırlarda devletin öncü rolüne değindi. Nebahat'ın da iddia ettiği gibi, bu ayrımcılığın doğasını ve kökenini belirleyen aktör olarak devleti gösterdiler: "Her şeyden öte, nüfuslarında Kıpti yazardı." Fitnat da Çingenelerin geçmişte devlet dairelerinde iş bulmak için başvurduğu hilelerden şikâyet etti: "Çingeneysen Çingene işini yap, babası demircidi, dedeleri demircidi. Oğlan yani nüfusunu değiştirdi. Bi sefer astsubay çıktı. Bu doğru değil!"

Çingeneler toplumun genelindeki ayrımcılığa, özellikle de Çingeneler ve Çingene olmayanlar arasındaki evlilik yasağına değindikleri halde devletin genel ayrımcı politikalarından ya da yapılarından hiç bahsetmediler. Devlete karşı bir şey söylemeye ya da vatandaşlık içeriğini sorgulamaya çekindiler. Bunun yerine, durumu

---

50   Bkz. Birinci Bölüm. B. Ali Soner, "Citizenship and The Minority Question in Turkey", *Citizenship in a Global World: European Questions and Turkish Experiences*, der. E. Fuat Keyman ve Ahmet İçduygu (Londra ve New York: Routledge, 2005), 298.

51   Türkiye Cumhuriyeti, Kamu Personeli Kanunu, madde 657, bent 48 (1965). Ayrıca bkz. Aktar.

verili kabul edip Türklüklerini, Bayramiç'te oluşlarının meşru temellerini vurgulayıp bireysel statülerine karşı var olan önyargıları olumsuzlayarak konumlarını çeşitli yollarla meşrulaştırmaya çalıştılar. Devlet söylemini eleştirmenin, Türklüğü sorgulamanın kolayca mücrimleştirilebildiği ve çoğunlukla tabu olarak görüldüğü Türklük bağlamında bu anlaşılabilir bir durumdur.

Ancak, devlet yetkililerinin fiili tutumları söz konusu olduğunda Çingeneler hiç de sessiz kalmadı. Savcı dışında devlet yetkilileri pasif kalmıştı, failleri durdurmamıştı; hatta bazı polisler saldırılara katılmakla bile suçlanmıştı. Öte yandan savcının cezası apaçık ortadaydı.[52] Bu noktada Çingeneler, çoğunlukla polislerin ve devlet yetkililerinin kanunsuz hareketlerine ve dönemin başbakanının rolüne değindi.

Yapılan açıklamalarda kasabadaki devlet yetkililerinin yetersizliği vurgulandı. İkinci saldırı sırasında savcının dövülmesi devlet otoritesinin failler tarafından çiğnendiğinin bir göstergesidir. Çingene olmayanlar tarafından aşırı temsil edilen bu hikâyeye Çingeneler tarafından değinilmedi. Bunun nedeni bir kısmı kasabayı çoktan terk ettiği, bir kısmı da gitmeye hazırlandığı için olayı çok iyi bilmemeleri olabilir. Bu temsil eksikliğinin bir diğer nedeni de Çingenelerin hafızalarının seçici bir biçimde işlemesi ve o dönemdeki kendi duygularına yoğunlaşmış olmaları olabilir.

Öte yandan devlet yetkililerinin yetersizlikleri ve faillerle işbirliği yapmaları hakkında Bidon Hilmi şöyle dedi: "Burdaki belediye başkanı, polis hiç müdahale edemedi. Hem yaptılar [desteklediler] hem korktular kızım kendileri de." Elleri bıçaklı insanlardan kaçarken, emniyet müdürünün kendisine yardım ettiğini de söyledi. Karakola gittiğinde polisler onu korumuş ama faillere karşı herhangi bir eyleme geçmemişlerdi. Bidon Hilmi, failleri polislerden ve devlet otoritelerinden daha güçlü olarak çizdi. Eşi Melike polislerin Çingenelere kötü davrandığını onayladı; kasabada kalan birkaç yaşlı Çingeneyi dövmek için karakola götürmüşlerdi. Failler "köpek sürüsü" gibi olduğundan polislerin hiçbir şey yapmadığını da belirtti ve ekledi: "Kimse umursamadı."

Faillerden biri olan Hüseyin Kiltaş ulus-devlet sembollerinin bireysel devlet yetkililerine karşı gücünün farkındaydı:

> Ali bayrağı taşıyodu. Hilmi vardı o zaman, bu şey burda. Jandarma komutanı. O askerlerle geldi önlemek için ama o kadar asker nerde önlücek yaa esas duruşa geçirdi Hilmi'yi bile "Türk bayrağına saygı duy" diye. Bayrağı çektirdi, öteki de selam verdi valla. [...] Öyle çok kalabalık yaa. Alamıyo çarşının içi insanları.

---

52 Bu bölümün başında yer alan savcı ve il valisinin anlatılarına da bakınız.

Kocayar ailesinin en büyük kızı Rana devlet yetkilileri ve failler arasındaki işbirliğini vurguladı: "[Çingene] gençleri çok dövdüler. Korkmuyorlardı ama napabilirler! Hiçbi şey demediler. Belediye başkanı, polisler birlik oldu burda, hepsi birlik oldu."

Ana saldırgan Kadir, jandarma ve güvenlik güçlerinin kendilerini nasıl desteklediğini anlattı. Meyhanede komiserle içerken insanların Çingenelerin evlerine saldırmak için ayaklandığını, tüm devlet yetkililerinin kendisini desteklediğini söyledi. Yerli olanlar her şeye onay verirken dışardan gelenlerin onları durdurmaya karşı isteksiz olduğunu, dönemin hükümetinin de bu olaya karşı hiçbir şey yapmayarak kendilerini cesaretlendirdiğini, hatta bazılarının açıkça desteklediğini ekledi.[53] Rana da saldırılar ilk başladığında komiserin nasıl davrandığını anlattı:

> Hiç anlayamadık ki vallahi anlayamadık. Bi ağşam biz uyuyoz. "Şangır!" Benimki de [Kocam] çıktı ne bu be. Kasap Yakup var. "Nedir yahu çocuklar taş içinde kaldı. Kim bunları yapan, gâvur elinde miyiz?" dedi benimki de o zaman. Çıktı bağırdı. Yakup çıktı "Kimdir bunları yapan böyle?" dedi. Sonra komser geldi, şurda oturuyodu. Geldi bi baktı bizi taş içinde, cam içinde. "İyi ki çocuklara gelmemiş" dedi. Ondan sonra kalktık biz gari çocuklar camlara basmasın diye. Pencereleri tahta kapladı. E gece kırıyolar. Babama ne dayak atmışlar. Allah, babam adamcağzı öldürdüler. Komiser çok dövmüş babamı. Babam çarşıdan gelirken çekmişler onu karakola, "Gel buraya" demişler. Babam felç geçirdi. [...] Babamlar da Kale'de durdular sonra.

Rana, kasabaya döndüklerinde evlerini kendileri boyadıkları halde komiserin buna izin vermek için yüklü bir para istediğini iddia etti. Yerli polislerin kendilerini mücrimleştirdiklerinden, onlara kötü davrandıklarından da bahsetti. Cevza'nın annesi Kısmet de devletin zarar için herhangi bir sorumluluk üstlenmediğini söyledi. Ne evleri onarılmış ne de herhangi bir telafi olmuştu. Hepsi evlerinin yıkıldığıyla kalmıştı. Neden şikâyette bulunmadıklarını sorduğumdaysa cevap ironikti: "Etmedik şikâyet, nereye etcez?"

Devlet otoritelerini faillerden ayırt edemedikleri için ümitsizdiler. Savcı, faillere karşı duran tek devlet otoritesiydi ve kalabalığın dayağıyla cezalandırılmıştı. Bu nedenle devlet görevlileri kesinlikle koruyucu olarak görülmüyordu; hatta bazıları faillerle bir tutuluyordu. Çingeneler polislerin istismarından ve faillerle işbirliğinden bahsetse de eleştirinin asıl hedefi onlar değildi. Kasabadaki polislerin azlığı düşü-

---

53 Bergmann, "Exclusionary Riots" devletle işbirliğinde olduklarına faillerin inancına değinir. Failler, Bismarck'taki Yahudilere saldırırlarsa cezalandırılmayacaklarını düşünüyorlardı. Bergmann ayrıca 1819'da Heidelberg'deki saldırılarda polisin etkin katılımına (168) ve 1819'da Wurzburg'daki Hep Hep Ayaklanması'nda askerin desteğine de dikkat çeker (170).

nülünce, deneseler de halkı durduramayacaklarını düşünüyorlardı. Ancak dönemin başbakanı Demirel'i suçladılar: "Vilayetten bişey yok, Ankara'dan patladı iş."

Adalet Partisi üyelerinden Rıza adlı bir Bayramiçlinin[54] Ankara'yı, o dönemki Çanakkale milletvekili Refet Sezgin'i aradığını iddia ettiler. Tekrar tekrar anlatılan hikâyeye göre Ankara'daki devlet yetkilileri faillere gerekli izni vermişti. Bazı Çingenelerin anlatısına göre Çingenelerin hakkından gelmeleri için onlara yetki vermişlerdi: "Öldürmek dışında naparsanız yapın." Kimileri de Ankara'daki devlet yetkililerinin, kasaba halkını Çingenelerin çok üstüne gitmemekle uyardığını ancak bir netice alınmadığını iddia etti.

Çingeneler devletin saldırılar için herhangi bir şekilde sorumluluk almadığını, hiçbir şey yapmadığını vurguladı. Sık sık Demirel'e değinip onu sorumlu tuttular. Kimileri Demirel'in olaylara destek bile verdiğini düşünürken bir kısmı da engellemek için hiçbir şey yapmadığını belirtti: "Emri Demirel vedi." Muhacirlerden Sebiye, Demirel'e öfkesini gösterdi: "Demirel yaptırdı. Allah ona bi gazap versin. Ne kadar hayvan. [...] İster misin ortaya çıksın da utansın."

Cevza, Demirel'in rolü hakkında şunları söyledi:

> Başımızdaki hükümet ilgilenmedi, o zamanki Demirel'di. Demirel vardı, ilgilenmedi. Halbuki bak buraya askeri sokabilirdi. Ezine'de asker vardı. İşte o zaman dediler. [...] Çocuklarımız hep gastelere çıktı, e Demirel o zaman görmedi mi o gasteleri. Ama neden ilgilenmedi Demirel hükümeti.

Cevza, siyasi bağlantılarına değinerek neden ilgilenmediklerini açıkladı:

> 16 yaşındaydım. Yaşıyoduk Bayramiç'te, her şeyimiz güzeldi. Bi de burda seçime çok ilgi vardı. Biz Halk Partiliydik.[55] Bunları yapanlar. Karıştılar artık. O zamanki Halk Partili, Adalet Partili ama sonra bunlar birleştiler, bizi kötü diye tanıtmışlar başbakana. O zamanın başbakanı Demirel'di, hatta dediler ki Demirel kırdırmış. Evleri yani. Eğer o yaptıysa günahımızı çeksin. Bilemicem artık. Neler oldu. Yani çok çektik. O kadar çektik ya yani.

Demirel'in saldırılarla ilgisine özellikle, kendilerini mübadele sırasında CHP tarafından ülkeye getirilen insanların torunları olarak gören muhacir Çingeneler tarafından sıklıkla değinildi. Ataları CHP tarafından korunduğundan, saldırıların CHP'nin siyasi rakiplerinin iktidarda olduğu dönemde gerçekleşmesi sembolik olarak yorumlandı. Ayrıca, Çingeneler Türk devletinin özünde değil, iktidardaki parti ve insanlarda Çingene karşıtlığının olduğunu düşünüyordu. Ancak genelde

---

54 Adalet Partisi 1965-71 yılları arasında iktidardaydı.

55 Kimileri Çingenelerin çıkarlarıyla hareket edip her partinin bayrağını astıklarını ve onlarla dalga geçtiklerini söylese de birçok kişi Çingenelerin büyük bölümünün kasaba nüfusunun önemli bir kısmıyla birlikte Cumhuriyet Halk Partisi'ne oy verdiğini söyledi.

bunun altında yatan nedenleri vurguladılar, dönemin özellikleri ve bireysel ekonomik çıkarlar üzerinde durdular. Onların hikâyeleri bizi, bir sonraki kısımda "şoför kavgası" olarak adlandırılacak tamamıyla farklı bir kavrayışa götürür.

Kimileri insanların devlet tarafından korunmadıkları takdirde bu şekilde davranamayacaklarına inanıyordu; Çingene olmayanlar ise Ankara'dan gelen icazetten söz etmiyordu. Öte yandan savcı Çanakkale Valiliği'ni zamanında eyleme geçmemekle suçlamıştı.[56] Fakat o dönemki vali Cemal Tantancı kendisine bu suçlamalardan bahsettiğimde kabul etmedi. "Basit olaylar" olarak tanımladığı saldırılarla ya da düzeltme yolları ile ilgili herhangi bir sorumluluk almadığını belirtti. Düzeltme yollarını sorduğumda ise sorunun konuyla ilgisiz olduğunu söyledi. Ayrıca, saldırılar hakkındaki diğer sorulara sinirlendi, nihayetinde, Rafet Sezgin'in bağlantılarını sorduğumda yalnızca şöyle yanıt verdi: "Ülkesini seven bir adamdı o."

Şoförlerin Kavgası

> Bizi kötü diye tanıtmışlar. Bizi hep hırsız ursuz diye tanıtmışlar. Aslında gençlerimizin hiç biri… Ama kamyon… O bozdu ortalığı.[57]

> Arabayı çekemediler. Arabadan kırım yaptılar güzel kızım. Arabadan işte sensin bensin derken. Gayrı hiç birimizi ayırmadılar evlatcağzım.[58]

Birçok Bayramiçli açısından, olaylara duyduğum ilgi rahatsız ediciydi. Hatta Çingenelere gösterilen her ilgi ailemin bazı üyeleri de dahil olmak üzere, kasaba halkını rahatsız ediyordu. Bu da Çingenelerle ilgili çalışmaların Türkiye'de nasıl algılandığını gösterir. Çingenelik ya da başka herhangi bir marjinal statü yüzünden karşılaşılan eşitsizlikle mücadele etmek, genelde kıymetli bir mesele olarak görülmemektedir. Ayrıca, bizim vakamız yalnızca kasabada Çingeneliğin inşasını değil, kasabadaki güç ilişkileriyle ilişkili olarak nasıl işlediğini, dönemin sosyoekonomik ve siyasal bağlamını, ulusal duyguların kişisel çıkarlar için nasıl kullanıldığını da ortaya koyuyor. Saldırılarda hedef alınanlar Çingene olarak etiketlenmiş kişilerdi; olaylar Çingenelerin kasaba ekonomisindeki güçleri arttığında ortaya çıktı. Bazı Çingenelere, suçlananlara kıyasla bu stereotipik imgeye daha uygun olmalarına rağmen saldırılmadı. Özellikle muhacir Çingenelere saldırıldı; birçok insanın da belirttiği üzere "yaşın yanında kuru da yandı."

Kayınpederi saldırılar sırasında Çingene hizmetçilerini himaye eden bir avukat olan Ahmet, olaylara dair bakışını şu şekilde ifade etti: "Yani Çingeneler ekono-

---

56 *Milliyet*, 27 Şubat 1970.

57 Muhacir Çingene Cevza.

58 Yerli Çingene Ezgi.

miden pay isteyince sıkıntılar başladı. Bir de tabii kaynaşamaması, yani azınlık." Ekonomik çıkarlar, yeni fırsatlar ve artan rekabet olayların altında yatan dinamikleri ve ana faillerin motivasyonlarını vurgulamaktadır. Bu çıkarlara değinen anlatılara, olayların kolektif hatırlanışında yer verilmemiştir. Aksine, "Çingene olayları" başlığı altında topladığımız önceki anlatılar, Çingene olmayan Bayramiçliler ve birkaç yerli Çingene arasında dolaşımdaydı. Solmaz'ın ekonomik arka plan ve etnik çerçevelemenin içine doğru kaymalara dair anlattıkları oldukça aydınlatıcıydı:

> Yani şoförlerden başlıyo bu ekmek davası. Elebaşları şoförlerdi yani. Muhakkak bi hadisenin elebaşları olcak ki hadise olsun.[59] [...] Şoförlük! Bu sefer bunlar [Çingeneler] şoförleri dövmeye başladılar. Ordan çıktı. Esas zaten şoför savaşıdır bu. Şoför savaşı Çingen savaşına dönüştü. O zaman şoförler çok birlik. Bayramiç şoförlerine kim yan bakabilir! Biri şoförün bir tanesini dövüversin, hepsi birleşip gider döverlerdi adamı. Yani bunlara Çingenler mani oldu. Çingenler de bunların üstüne çıkım dediler. Birbirlerini. Bu sefer şoförlerin arkasında tabii Bayramiç çoğunluk. Çoğunluk olduğundan çoğunluk galip geldi.

Solmaz'ın hikâyesine bakıldığında Çingene şoförler, şoförlük ve nakliyecilik sektörünü ele geçirme arayışındalarmış, kavgalar da bu sebepten başlamış gibi görülüyor. Ama kavgalar yalnızca şoförlerle sınırlı değildi. Bu çatışma "beyaz"a karşı "siyah"a, Türke karşı Çingeneye dönüşmüştü. Solmaz'ın, anlatısında azınlık ve çoğunluk kelimelerini kullanması ise ilginçti. Bu durum çoğunluktan olma algısı, ekonomik çıkarların önemi ve sözde "etnik vakalarda" güç ve kaynak tahsisi hakkında bize ipuçları verir.

---

59 Hikâyeyi Cumhuriyet'in kurucusuna ve onun kavgasına bağlayıp Çingenelere karşı kavgayı ulusal liderin düşmanlarına karşı verdiği kavgayla benzeştirerek milliyetçi bir atmosfer içerisine oturttu: "İşte bak Kemal Paşa olmasaydı Türkiye kurtulur muydu? Ama Mustafa Kemal Paşa kurtardı Türkiye'yi ama onun yanında bir sürü silah arkadaşları vardı, binlerce insan öldü. İşte onlar da öyle. Bi hadise var orta yerde, hadisenin çekirdeği var. Çekirdek bunlar. Bizim bişeyimiz yok. Ve hatta hatta öyle bişey anlatayım sana bizim bakkal dükkânımız vardı. Şey, Çingenenin bi tanesi, Bayramiç Çingenlenden Çanakkaleye kaçmış. Balık satmaya. Balık alırlardı, balık satmaya gelirlerdi. Balık satmaya geliyo Bayramiç'e. Burdan Bayramiç'ten birisi de kasap vardı. 'Sen napiyon burda?' diye terazisine bi tekme vuruyo, terazi cangart diye gidiyo Çingenenin. Çingene başlıyo ağlamaya. Babam da onu gidiyo bi yedek şeyi varmış babamın. Gidiyo alıyo. 'Gelin bakam buna da vurun da göreyim sizi' diyo. Herkes ondan sonra vuramıyo. Çünkü bizim Bayramiç'ten birileri sahip çıkıyo. Böyle oluyo yani hadiseler." Bu anlatı Solmaz'ın kafa karışıklığını da ortaya koymaktadır. Egemen söylemi takip ederek Çingeneleri düşmanmış gibi temsil ederken, bir yandan da failler haksızlık etmişlermiş gibi, babasının bir Çingeneye nasıl yardım ettiğini anlatmaya başladı. Tüm anlatısı boyunca bir taraftan ötekine kolayca geçiyordu.

Solmaz, Türklerden bahsederken "beyazlar" kelimesini kullandı. Beyazlar hamal olarak çalışmıyordu; bu Çingenelerin işiydi: "Bu sefer Çingeneler aralarına sokmadılar, beyazlar da hamallığı aşağı gördü." Ancak, saldırıların gerçekleştiği dönemde, en kolay iş olarak görüldüğünden, hamallığa bir talep de vardı. Köylerden yeni gelenler fiziksel güç dışında herhangi bir beceri gerektirmediğinden, hamal olmak istemişti. Fakat yoksul köylülerin gözünde Çingeneler emek gücü pazarını tekellerine almıştı ve onlara pay vermek istemiyordu. Solmaz benzer bir örnek kullandı:

> Köylerden gelen fakirler hammallık yapim dediler; en kolay sanat nedir o zamanlar, hammallık, en kolay sanat bu. Onları aralarına almadılar [Çingeneler], onlara hammallık yaptırmadılar, dövdüler.

Saldırganlardan biri olan eski şoför Hüseyin Kiltaş saldırılardaki bireysel çıkarlara, kızlara laf atan erkekler hikâyesinin bu motivasyonları gizlemek için nasıl kullanıldığına değindi:

> Benim aklımda kalan esas başlangıç nedeni, bahane edilen ortaokullu öğrenciler o mahalleden geçiyo, bunlar da [Çingeneler] biraz şımarıktı, öğrencilere laf atma falan filan olaylarından başladı bu iş. Ama bu işin içinde esasında bazı kişilerin çıkarları vardı benim bildiğim. Bi yerden geçiyoz, biz de katıldık olaylara sonra. Adam eşek odunlarını yığmış kapının ağzına, herkes birer tane alıyo [sopa olarak kullanmak için] bi tane kalmıyo, o kadar kalabalık yani. Kiremitleri de attılar evlerin üzerinden ya. Bu Dilaver'in evinde hiç kiremit kalmadı. Çatıya çıktılar çökertcekler yani.

Peki, bu öfkeye katkıda bulunan neydi? Sektörde Çingenelerin tehdit olarak algılanmaya başlamasını sağlayacak kadar ne değişmişti? İnsanlar neden kendilerini Çingenelerin tehdidi altında hissetti? Şoförlük sektöründeki güç ilişkileri nasıl şekillendi? Bu soruları yanıtlamak için, saldırılar sırasında sektördeki değişikliklerin arka planında şoför olmanın ne anlama geldiğini anlamalıyız. Bu soruların yanıtları, saldırıların altında yatan sosyoekonomik çıkarları gün yüzüne çıkaracaktır.

Bayramiç'te Şoför Olmak ve Çingene Şoförler

Büyük şehirlerle ilişkilerin artması saldırılara öncülük eden önemli etkenlerden biriydi. Büyüyen taşımacılık sektörü, yeni ekonomik ilişkilerin yanı sıra toplumsal dönüşümler deneyimleyen insanlar arasındaki ilişkileri de değiştirdi. İkinci bölümde de incelendiği üzere, bu atmosferde taşımacılık rekabet dolu ve kârlı bir işkolu olarak görülüyordu. Çingeneler konumlarını nasıl elde etti ve bu dönüşümdeki rolleri neydi?

Muhacir Çingeneler 1920'lerin başında kasabaya geldiklerinde onlara arsa verilmemişti. Öte yandan, yerli Çingenelerin aksine, çalgıcılık ve demircilik gibi geleneksel Çingene mesleklerine de sahip değillerdi. Birçoğu ayakkabı boyacılığı ya da hamallık yapıyor, küçük işlerde çalışıyordu. Öteki Bayramiçliler çoğunlukla tarım sektöründe çalıştığından, bu meslekler de bir süre sonra Çingenelerle bağdaştırılır oldu. Bazı Çingeneler de zahireci olup, köylülerden çeşitli mallar alıp kasabada ya da şehirde satmaya başladı. Diğerleri ise 1950'lerin sonlarında kamyon şoförü olarak çalışmaya başladı.

Büyük çaplı otoyollar inşa edilmeden önce yalnızca birkaç şoför faaldi. Hızlı kentleşme dönemine kadar, kentsel ve kırsal alanlar arasındaki ilişki düzenli hareketlilik gerektirmiyordu. Bu kentleşme süreci, otoyol ve araç sayısının yanı sıra mal ve insan taşıyan şoförlerin sayısını da artırdı. İkinci bölümde değinildiği gibi, kasabada 1950'lerin sonu ve 1960'ların başı araba sayısının az olduğu bir dönem olarak hatırlanmaktadır. İlk araba sahipleri kaymakam gibi devlet yetkilileri, doktorlar ve kasabanın zenginleriydi.

İnsanların hareket kabiliyeti azdı. Araçlar sınırlı miktarda mal ve çoğunlukla doğum, kaza ya da hastalık gibi acil durumlarda köylerden yalnızca birkaç insan taşıyordu. Cipler köyler, kasaba ve şehir merkezi arasında insanların ve bazı malların taşınmasında yaygın olarak kullanılıyordu.[60] 1950'lerin sonunda kasabada yalnızca beş cip vardı. İnsanlar ulaşım için genelde eşek ve at kullanıyordu.

Kereste, kasabadan ihraç edilen mallar arasında ana üründü. O yıllarda insanlar kamyonlar sayesinde ormandan odun alıyordu ama kasabada yalnızca dört beş kamyon vardı ve hepsi de çok eskiydi. Saldırıların lideri Kadir 1950'lerin sonunda cipini satıp 1959-60 yıllarında bir ortaklık aracılığıyla açık bir kamyon satın alarak bu işe başlamıştı. O sırada kasabada sekiz kamyon vardı. 1960'larda dağdaki yollar çok dar ve araç kullanmak için çok tehlikeliydi. Şoförlük çılgınlara uygun görülen bir meslekti. Bu iş aynı zamanda kereste taşımak için kasaba dışına çıkıldığında evden uzakta, yollarda geçen uzun ve zorlu günler demekti.

Çingenelerin şoförlüğe başlama nedeni ve piyasada nasıl olup da önemli bir yere sahip oldukları bu zorluklarla ilişkiliydi. Yakınlardaki Kaz Dağı'nın ormanı kasabanın ekonomisi için önem arz ediyordu, çünkü kasaba büyük ölçüde tarıma bağlıydı. Osmanlı döneminde Toros Dağları'ndan Tahtacılar[61] adlı grup, Kaz Dağı'ndaki ormanda çalışmak üzere getirilmişti. Tomrukları kesip taşımaya hazır hale getirmek onların işiydi. Eskiden, taşıma için nehirden faydalanılıyordu. Mandalar aracılığıyla ağaçları nehre sürüklüyor ve kasabaya varması

---

60 Kadir ilk cipini doktor ve hâkimleri işlerine götürmek için kullandığını hatırladı. Ayrıca Kadir'in Ek 2'deki hayat hikâyesine bakınız.

61 Ayrıca bkz. Peter Alford Andrews, *Ethnic Groups in the Republic of Turkey* (Wiesbaden: Dr. Ludwig Reichert Verlag, 1989), 68–71 [Peter Alford Andrews, *Türkiye'de Etnik Gruplar*, İng. çev. Mustafa Küpüşoğlu, İstanbul: Tüm Zamanlar Yayıncılık, Ocak 1993].

için nehrin akıntısına bırakıyorlardı. Büyük dedemin de aralarında olduğu bazı Bayramiçliler mandalarıyla bu işe katılıyordu. Kamyonla taşımaya geçildikten çok sonra bile mandalar, kamyonların giremeyeceği yerlerdeki odunları taşımak için kullanılıyordu.

Muhacir Çingeneler bu işe 1950'lerde, kamyonla taşımanın başladığı dönemde girmişti. Çingenelerin prestijli bir meslekte nasıl güçlü hale geldiklerini sorduğumda aldığım yanıt pek de şaşırtıcı değildi. O sırada o zamanın kirli işini yapıyorlardı, çünkü bu, dağa giden uygun yol olmadığından yorucu ve tehlikeli bir işti. Risk çok büyük olduğundan bu işi yapan kişinin bir nebze çılgın olması gerektiğini açıkladılar.

1960'larda şoför olarak çalışan, yaşlı, Çingene olmayan kasaba halkından Tayfun işin zorluğundan ve zaman içerisinde nasıl değiştiğinden bahsetti:

> O zaman işte şoförlük, Çingen sanatı diyolardı ona. Nerde akşam orda sabah yatıp kalkıyolardı. Şimdi öyle değil şoförlük. Biz daha şurdan yoldan geçerdik de. İzmir yolunda yerimiz vardı, Kabakum, ordan hasırın üstünde yer kapıp uyucaz diye; evimize uğrayamazdık, öyleydi işler o zaman. O zamanlar çok sıkıntılıydı. Şimdi iş mi var. Arabalar güzelleşti, yollar güzelleşti. Şimdi adam yükünü sarıyo arabasına. Yatıyo, kalkıyo sabah, otobüs gibi beş-altı saatte İzmir'e iniyo. Öyle gidiyo arabalar.

Ülkedeki değişimlerin yanı sıra kasabada da durumlar değişiyordu. 1960'lardan itibaren kentleşme hızlandı. İnsanlar da ekonomik ve sosyal hayatlarında değişimleri deneyimlemeye başladı. Kimileri çalışmak için şehre gidiyor, kimileri ise şehirden kasaba pazarına gelen yeni ürünleri öğreniyordu. Sonuç olarak, kırsal ve kentsel alanlar arasında daha fazla hareket ediyorlardı. 1960'ların sonuna gelindiğinde, köylüler çalışmak için kasabaya göç etmeye çoktan başlamıştı.

1964'te kasabada bir Şoförler Derneği kuruldu. İlk şoförler çoğunlukla 1929-31 yılları arasında doğmuştu. 1964'te derneğe kayıtlı 39 şoför vardı ve yedisi kamyon sahibiydi. Şoförlerin sayısı her yıl arttı.[62] 1967'de köyünden Bayramiç'e gelip şoförlük yapmaya başlayan Ramazan, muavinlik yaparken sektörün hareketlendiği döneme denk gelmişti. Ramazan ehliyet almanın o zamanlar kolay olmadığını söyledi; birçok başka şoför gibi araba kullanmayı askerde öğrenmişti ama Çanakkale'de ehliyetini

---

62 Bu veriler Bayramiç'teki Şoförler Derneği'nin kayıt defterinden alınmıştır. 1965'te 11 yeni üye geldi. 1966'da 13, 1967'de 17, 1968'de 20, 1969'da 18, 1970'te 17, 1972'de 28, 1974'te 32 yeni üye birliğe katıldı. 2010'da etkin üye sayısı 271 (Bayramiç ofisinin belirttiğine göre 263) ve pasif (birliğin kuruluşundan bu yana üye olan ama artık etkin olmayan) üye sayısı 776'ydı.

üç yılda almıştı. Şoförlüğün o sırada yüksek statüye sahip bir meslek olduğunu doğruladı; devlet memuru olmaktan bile daha prestijli bir işti bu.

Şoförler yerli toplumda saygın ve korkulan adamlar olarak hatırlanıyordu. 1969-70 yılları arasında ülkedeki anaakım gazeteler de şoförleri cesur ve saygın insanlar olarak temsil ediyordu.[63] İyi bir şoför bulmanın kolay olmadığı da belirtildi; bu nedenle deneyimli şoförlerin eli pazarlıkta kuvvetliydi ve şoförler yüksek bir statüye sahiplerdi, patronlarından bile daha fazla prestij sahibiydiler. Kahvehanelerde krallar gibi karşılanıyorlardı. İçeri girdiklerinde insanlar ayağa kalkıp onları selamlıyordu. İyi para kazanıyorlardı. Bu da tüketim eğilimlerine yansıyordu. İşverenleri daha düşük kalite sigaralarla yetinirken, onlar birinci sınıf sigara içiyordu.

Şoförlerin yüksek statüleri yeni gelenler için çok çekiciydi. Aynı zamanda Türkiye'de hizmet sektörü gelişmekteydi, eski elitler güç kaybediyordu. Toprak sahipliği artık eski güç ve prestijini taşımıyordu. Bu nedenle şoförlerin artan gücü de, güç ve statü tahsisindeki bu dönüşümün göstergelerinden biriydi.

Şoför olmak isteyen birinin önce muavin olarak çalışıp mesleği öğrenmesi gerekiyordu. Bu muavinler daima şoförlerine hizmet ederdi. Muavinler dışarıda, kamyonun yanında beklerken şoförler yemek yerdi. Araçta teknik bir sorun olması durumunda şoför dinlenirken muavinler sorunla ilgilenirdi. Şoförler Odası Başkanı Nıtkı saldırılar sırasında muavin olarak çalışıyordu. Şoförler ve muavinler arasındaki ilişkilerden ve şoförlerin gücünden bahsetti:

> Onların, şoförlerin biz zaten yanına yaklaşıp da bi çay içemiyoz. Patron onlara ayrı poşet alır, onların peyniri böyle poşetteyse bizimki gaste kâğıdında olur. O zamanlar şoförler kralmış. Çünkü şoför yok. Araba az. Senin ehliyetin var ama patrondan daha çok forsun var.

Ancak şoförlerin ünü daima olumlu değildi; kasabadaki bazı insanlar onlardan ahlaki değerleri şüpheyle karşılanması gereken kabadayılar olarak bahsetti. Kimileri onları zamanlarının büyük bölümünü meyhanelerde geçiren, kasabadaki toplumsal değerlere saygısızlık eden adamlar olarak hatırlıyordu. Şoförler Derneği'nin yaşlı sekreteri Erman şoförlerin hayat tarzını yollarda olmak ve meyhanede içmek olarak özetledi. Örneğin, saldırıların ana figürü Kadir, aralarında en güçlüsü olarak tanınıyordu. Ancak gücünü yardımcısının genç karısını kaçırıp daha sonra öldürmek için kullanan biri olarak hatırlanıyordu. Birçok kişi sertliği ve ahlaksızlığı nedeniyle onu kötüledi.

Muhacir Çingeneler çok iyi ve aranan şoförlerdi; bu da birçok kişinin onları kıskanmasına neden olmuştu. 1960'larda muhacir Çingenelerden Dilaver Kocayar'ın

---

63   Örneğin 1969-70 yıllarında *Cumhuriyet*'teki reklam serileri.

geniş ailesi badem ve kuru mallar ticaretinde görece varlıklı ve saygın bir aile haline gelmişti. Ailenin beş oğlu, üç kızı vardı; muhacir topluluğuyla şu veya bu şekilde akraba idiler. O sırada kasabadaki muhacirlerin sayısı yaklaşık beş yüzdü. Ailenin üç oğlu da şoförlük mesleğiyle ilgileniyordu. Toplulukta, ehliyetini 1958'de alan ve ilk şoförlerden biri olan Bidon Hilmi gibi başka iyi şoförler de vardı.

1970'e gelindiğinde şoför olmak, özellikle köylerden gelip daha iyi koşullara sahip yeni bir hayat kurmak isteyenler için son derece çekici bir konumdu. Buna ek olarak, sektörde yeni fırsatlar da ortaya çıkıyordu; kasabada sektöre egemen olan hali hazırdaki şoförler ve kamyon sahipleri iyi para kazanıyordu. Muhacir Çingenelerin daha nahoş ve rahatsız edici kişiler olarak algılanmaya başlaması da bu dönemdeydi. Bundan sonra, 1960'ların sonuna doğru Çingenelerin Türk kız öğrencileri rahatsız ettiği dedikoduları çıkmaya başladı. Çingene mahallesi, 1944 yılından bu yana ortaokula giden yol üzerinde yer alıyordu. İlk defa bu şekilde ahlaksız bir davranışla suçlanıyorlardı. İronik olarak, bu, aynı zamanda ana muhacir Çingenesi ailenin kabadayılar içindeki en güçlü figür olan Kadir ile kamyon ortaklığında fikir ayrılığına düştüğü vakitti.

O zamana kadar, öteki muhacir Çingenelerin meslekleri de gittikçe çekici hale gelmeye başlamıştı. Hamallar tüccarlara ve köylülere mallarını çarşamba günleri kurulan pazara taşımalarına yardım ediyordu. Bazıları helvacı ailelere helva yapıp satmalarına yardım ediyordu. Kadınlar varlıklıların ve devlet yetkililerinin evinde hizmetçi, temizlikçi ve bakıcı olarak çalışıyordu. Bu meslekler kasaba halkı tarafından daha önce hor görülse de 1960'larda durum değişti. Örneğin, hamallık bir zamanlar Çingene işi olarak görülüyordu; hiçbir Türk hamallık yapmazdı. Ancak 1960'larda kentle ilişkilerin artmasıyla iş dünyasının doğası değişti.[64] Çingenelere layık görülen meslekler, özellikle (köydeki durumlarından memnun olmayıp kasabaya taşınmak isteyen) köydeki toprakla kuvvetli bağlara ve gerekli sermaye ve becerilere sahip olmayan köylülere nispeten kârlı ve çekici gelmeye başladı.

Sosyoekonomik ilişkilerin kasabayı değiştirmesi, bazı Bayramiçlilerin ve köylülerin iş bulmada zorluk çekmesi, Çingenelerin gücüne duyulan öfkeyi artırdı;[65] kasabadaki Çingenelik ve milliyetçiliğin tarihsel inşasına katkıda bulundu. Saldırganların bazıları yalnızca kalabalığı takip ediyordu, bazıları Çingenelerin ahlaksızlığından rahatsızdı, bazıları milliyetçi ve Çingene karşıtı duygular nedeniyle ve bazıları da

---

64 Ayrıca bkz. Roni Marguiles ve Ergin Yıldızoğlu, "Agrarian Change: 1923–1970," *Turkey In Transition: New Perspectives*, der. Irvin C. Schick ve Ertuğrul Ahmet Tonak (New York: Oxford University Press, 1987), 269–292.

65 Dışlayıcı isyanlarda güç dengesindeki değişikliklerin etkisi için bkz. Bergmann, "Exclusionary Riots," 166-167.

sıra dışı bir olayı izlemek ve buna dahil olmak için sıkıntıdan katılmıştı. Ancak, ana failler saldırıları spesifik nedenlerle başlattı. Ana fail Kadir ve ana aile Kocayar arasında bir kamyon nedeniyle çıkan çatışma, saldırıları tetikledi. Böylece kamyon sembolik bir anlam kazandı.

Kamyonun Önemi

Kocayar ailesinin Kadir'le ortaklaşa aldığı Leyland kamyonu gerek Çingeneler gerek Çingene olmayanlar için sembolik önem taşıyan bir nesneydi. Bir Çingene ailesinin ve genel anlamda topluluğun artan gücünü simgeliyordu. O sırada kasabadaki araç sayısı az olduğundan insanlar araçlara hayranlık duyuyordu. Bayramiçliler hâlâ sınırlı sayıdaki kamyon ve cip sahiplerinin isimlerini sayabilmektedir. Bu nedenle, bir Çingene ailesinin ortaklıkla olsa bile (ki bu en iyi seçenek olarak görülüyordu) kamyon satın alması öylesine dikkat çekmişti ki insanlar hâlâ bundan bahsetmektedir.

Muhacir Cevza kamyonun bir zenginlik sembolü olması nedeniyle kasabadaki insanların kıskançlığına nasıl neden olduğunu anlattı:

> Amcamlar araba aldıydı, Leyland diye bi arabaları var. Çekemediler yani Bayramiç'te. O arabayı çekemediler. O araba da o kadar güzel, kırmızı beyaz böyle. Fikret abim rahmetli süslerdi onu. Yani şey yapardı, ilgi çekerdi kıskanırlardı onu. Amcam azcık zengindi. Zengindi azcık tüccardı burda, zengindi.

Çingenelerin hepsi kamyondan, saldırıları tetikleyen nesne olarak bahsetti. Bazı yerliler önce bundan söz etmek istemedi. Bunun yerine, Çingene olmayanların, muhacir Çingenelerin Çingene olmayan kızları rahatsız ettiğini vurgulayan başat hikâyelerini tekrar ettiler. Ancak, meseleyi ve isimleri zaten bildiğimi fark ettiklerinde daha rahat konuşup kamyonun saldırıların en önemli nedeni olduğunu anlattılar. Aksi takdirde kamyonu hikâyelerine dahil etmeleri bile taraf seçmek ve olayları Çingenelerin uygunsuz davranışlarına dayandıran egemen yerel söylemi reddetmek anlamına geliyordu. Çingene olmayanlarla yaptığım konuşmalarda ise kamyondan pek söz edilmedi. Bu durum bireysel çıkarları ve özellikle taşımacılık sektöründe elde edilen paya ve güce dair rekabeti gösteriyordu. Faillerden biri olan Hüseyin Kiltaş kamyonun önemine değindi:

> Leyland'a gelince… Leyland'a ortaklardı. Dilaver'in oğlanı vardı. Neydi onun ismi. Çornuk Fikret, eski şoförlerden. O da Kadir'le ortaktı galiba. Leyland'ı elinden almak için… Kadir oldu şey. Tek assolist o galiba.

Ana aile Kocayar'ın en büyük kızı Rana, olayları tetikleyenin Çingenelerin uygunsuz davranışı olduğunu söyleyen egemen söylemi reddetti. Bunun yerine daha varlıklı olup kamyon satın almalarını kasaba halkının kıskandığını, bu gerçek sebebin üstünün diğer hikâyeyle örtüldüğünü belirtti:

> [Öğrencilere] bakmış onlar. Yalan. Ne zaman bakmışlar öğrencilere? Kıskandılar bizi. [...] Babam çok zengindi. Ondan sonra Leyland aldı. Kadir "Dilaver abi" dedi, Fikret de onların arkadaşları yani gençlik arkadaşları, "Biz ortak olalım" dedi, para verdiler [ve ortak oldular]. Açık arabaydı. Kardeşim de işte Hüsam olan o da muavin. Öbür kardeşim de şoför. Aman o fitlemiş [Kadir'i] [kardeşleri] para çalar diye bu fitlemiş para çalar diye.

Kasabadaki Çingenelerin tümü kamyon hakkındaki söylemi tekrarladı; bazıları ise meselenin diğer boyutlarını vurguladı. Hamal ve şoför olarak çalışan ve evlilik yoluyla Kocayar ailesiyle akraba olan, muhacir Çingenelerden Bidon Hilmi olayların altında yatan etkenleri ve saldırıları tetikleyen hoşnutsuzluğu detaylı bir şekilde anlattı:

> Hani taşladılar ya bizi. Bizim taşlama sebebi. Dilaver'in arabayla ortaktı, kamyonet Leyland. Esnafın yükünü getiren, İstanbul'dan yük getiren açık araba. Şoförlüğünü bizim Fikret yapıyodu, Dilaver'in oğlu. Kadir de ortağı. Dilaver'le Kadir ortak. Bu yüzden çalışa çalışa bunu çekemediler, öyle yaz. Bu arabayı onların elinden almak için yok oğlanları ortaokul kızlarına laf attılar, yok hamamın üstünden karılara baktılar diye, ondan sonra bunları mana yaptılar bu insanlar. Köylülere içki verdiler meyhanelerde, Bayramiç'in zenginleri de dahil de, oraya yaz Aşçı Rıza tarafından neydi o bakanın adı be Rafet Sezgin'e telefon çektiler burdan. Aşçı Rıza telefon çekti de Rafet Sezgin'e. Böyle böyle Çingeneler bizim kızlara okul kızlarına laf attılar; biz bunları napalım diye sordular. Rafet Sezgin de diyo ki "Bunları taşlayın ama biyerleri kanamasın" diye haber gelmiş bunlara. Söylediler bunları. Köylerden belki 600-700 kişi, Bayramiç'ten bütün muhacir evlerine hücum ettiler. Kapıları kırmak, pencereleri kırmak, evleri taşlamak, insanları dövmek bütün hepsi bunlarda. Savcılık, belediye önünde millet kalabalık oldu, savcı bunlara "Oğlum yapmayın etmeyin, bu hakarettir" diye söyledi. Aynı gece. Gündüz yok, gece başladı olaylar. Bunlar savcıyı da dinlemedi, savcıyı da belediye önünde dövdüler. Savcı da zor kaçtı, emniyet karakolu da bunlara bişey yapamadı de. Korkuyolar onlardan, tutamıyolar, elleyemiyolar bile. Sonra bunlar fakirler fukaralar Çanakkale'ye Ezine'ye gitmekte, kamyonlara da bindirmiyolar onları. Kırk sene oldu işte bu olaylar. Bizi gene arabalara bindirmiyolar. Burda arabalar almayınca sağa sola gidemiyoruz korkudan, yolda dövüyolar bizi. Komşuların evlerine saklandık. Sekiz-on kişi burda Türklerin evlerini arıyolar "Çingeneleri sakladıysanız çıkarın dışarı" diye.

Kamyon ve taşımacılık sektöründeki artan fırsatlarla ilgili çatışma Kocayar ailesini ana faillerin temel hedefi haline getirdi. Daha sonra saldırılar önce diğer muhacirlere ve neticesinde yerli Çingenelere kadar uzandı. Olaylar Çingenelerin kasabayı terk etmek dışında bir çözümlerinin kalmadığı bir noktaya vardı. Yakınlardaki Biga'da güçlü bir Roman aile olan Yüksel ailesi Çingeneleri uzaklaştırmak için kasabaya otobüsler gönderdi. Çingene olmayan birkaç yerli de onların kasabadan çıkmasına yardım etti. Ancak Çingeneleri sürgünde de çeşitli mücadeleler bekliyordu. Birçoğu onlara yardım edebilecek akrabaları ya da en azından tanıdıkları olan yerlere gitti. Birçoğu en yakın ilçe Ezine'ye ve en yakın şehir Çanakkale'ye taşındı. Ancak kimileri de Bandırma, Ayvacık, İzmir, İstanbul ve Ankara gibi başka yerlere gitmek zorunda kaldı. Bu durum birçoğu için hiç kolay değildi. Sıfırdan yepyeni bir hayata başlamak zorundaydılar.

BEŞİNCİ BÖLÜM

Zorla Yer Değiştirme: Şoför Kavgasından Çingene Avına

> Başaklar nasıl büyüyorsa onun gibiydi, hiç sorgulamadık. Bi anlaşmazlıklar
> oldu ve Çingeneler gitti.[1]

Taşıdığı tüm olumsuz imgeleri ve önyargılarıyla Çingene kategorisi, "Çingenelerimiz"i "şeytan Çingeneler"e dönüştüren sürece ve dinamiklerine karşı bizi körleştirebilir. Türk olarak kabul edilen ve az çok topluma dahil edilen insanların yalnızca Çingene olmaya nasıl indirgendiğini anlamak önemlidir. Damgalama ve "esas statü" oluşturma süreci Çingeneleri Türklüğün dışında bıraktı. Bu da kategorilerin nasıl ve neden işlev kazandığını ve saldırılarda nasıl bir rol oynadıklarını gözler önüne seriyor. Bu çalışmada damganın tarihsel inşasına, daha yapısal kuvvetlere ve failin rolüne odaklanan çokkatmanlı bir analiz izledim.

Zorla yerinden edilmeyi analizimde, yaklaşımım yalnızca etnik şiddete odaklanan çalışmalara uyuşmadı. Bu da kategorilerin kullanımına karşı eleştirel konumumla ilişkilidir. Etnik şiddetle ilgili birçok çalışmayı takdir etsem de çalışmaların çoğunda etnisite kategorisine özcü bir odaklanmayı sorunlu buluyorum. Bu, etnisiteyi insanları ve ilişkilerini belirleyen önemli bir unsur olarak somutlaştırırken, ben etnisite kategorisinin neden bu kadar dikkat çektiğiyle ilgileniyorum. Bu nedenle Brubaker ve Laitin'in etnik şiddet yazını hakkındaki analizini tamamıyla onaylıyorum:

> Günümüzde, etnik çerçeve çabuk ve yaygın bir erişilebilirliğe ve meşruiyete sahiptir. Kendisini hem faillere hem de analizcilere dayatır ya da en azından önerir. Bu da etnik yönde kodlayan bir yanlılığa yol açar [...] Günümüzde yine failler ve analizciler olarak artık etnisiteye karşı kör değiliz ama onun bizi körleştirmesine izin vermiş olabiliriz.[2]

Brubaker ve Laitin şiddetin etnikleştirilmesine, özellikle Soğuk Savaş sonrasında yükselen yanlı bir kodlama olarak dikkat çeker. Bu nedenle etnisite, siyasi şiddet ve

---

1   Teyzem Tijen.
2   Rogers Brubaker ve David D. Laitin, "Ethnic and Nationalist Violence," *Annual Review Sociology* 24 (Ağustos 1998): 428.

milliyetçilik hakkındaki çalışmalarda yeni bir olgu olarak ortaya çıkar, kapitalizm ve komünizm arasındaki Soğuk Savaş döneminde son derece merkezi bir konuma sahip ideolojik çerçevenin yerine geçer.

Kategorilerin insanlara ve ilişkilere içkinmiş gibi kalıcılık konusundaki ön-cüllüğü etnik şiddet yazınında da tekrar etmektedir. Ancak Brubaker ve Laitin'in yanında, etnik çalışmalardaki kodlama yanlılığını eleştiren ve etnisite ve etnik çatışmaların otomatik olarak etnikleştirilen yorumların egemen etkisiyle, altta yatan dinamiklerin algılanmasını engelleyen mitler olduğunu vurgulayan çeşitli bilim insanları[3] da vardır. Onlar bunun yerine, ekonomik dinamiklerin önemine değinir. Bazı çatışmalar doğrudan ekonomik bir nedene dayalıdır ve ancak daha sonra etnik bir çerçeve kazanır. Kimileri çoğunlukla sınıf ilişkilerine dayansa da etnik olarak algılanır. Örneğin Steinberg, etnik çatışmaların sınıf temelli çatışmaları nasıl gizlediğini açıklar. "Gerçekten de ne zaman sınıflar arasındaki hat boyunca etnik bölünmeler meydana gelse, sıradan sınıf çatışmasının hem gerçekte hem de görünüşte kendini etnik çatışma olarak ortaya koyma olasılığı ya da en azından potansiyeli vardır."[4]

Brubaker etnik şiddet yazınını eleştirir ve etnik olarak tanımlanan çatışmaları ters yüz etmeyi önerir:

> Çatışma ve şiddetin nasıl görüldüğü, yorumlandığı ve temsil edildiği önemli ölçüde egemen yorumlayıcı çerçevelere bağlıdır. Bugün, etnik ve ulusal çerçeveler halihazırda erişilebilirdir, güçlü bir karşılığa sahiptir ve yaygın bir şekilde meşru görülür. Bu da faillerin ve analizcilerin çatışma ve şiddeti diğer terimlerle değil, etnisiteyle yorumlamasının önünü açar. Dolayısıyla analizciler başka terimlerle de kodlanabilecek çatışma ya da şiddetin etnik

---

3   Berch Berberoğlu, *Nationalism and Ethnic Conflict: Class, State, and Nation in the Age of Globalization* (Maryland: Rowman and Littlefield Publishers, 2004). Genel anlamda etnik çatışma fikrinin benzer bir kritiği için bkz. John R. Bowen, "The Myth of Global Ethnic Conflict", *Journal of Democracy* 7, sayı 4 (1996): 3–14. Bowen etnik veya kültürel kimliklerin bu çatışmaların bazılarının oluşumunda ve/veya gerçekleştirilmesinde rol oynadığını kabul eder ama bunların daha çok güç, toprak ve diğer kaynaklarla alakalı olduğunu iddia eder (3). Ayrıca bkz. Beverly Crawford, "The Causes of Cultural Conflict: An Institutional Approach", *The Myth of "Ethnic Conflict": Politics, Economics, and "Cultural" Violence*, der. Beverly Crawford ve Ronnie D. Lipscutz (Berkeley: University of California, 1998), 3–43; ve Steven Steinberg, *The Ethnic Myth: Race, Ethnicity and Class in America* (Boston: Beacon Press, 1989). Ekonomik ve siyasi rekabetin yanı sıra etnisitenin oluşumu için ayrıca bkz. Susan Olzak ve Joane Nagel, der. *Competitive Ethnic Relations* (Orlando: Academic Press, 1986). Etnik çatışmalara yaklaşımın uyarlanması için bkz. Susan Olzak, *The Dynamics of Ethnic Competition and Conflicts* (Stanford: Stanford University Press, 1994).

4   Steinberg, *The Ethnic Myth*, 170.

örneklerini "kodlayarak" etnik çatışma ve şiddet olaylarının oranını büyütme eğilimindedir. [...] Buna karşılık, failler de klan, klik ya da sınıf çıkarlarını gizlemek için bu yanlı kodlamadan ve etnik çerçevelemenin genel meşruluğundan faydalanabilir. Burada söylenmek istenen, klan, klik ya da sınıfların etnik gruplardan daha gerçek olduğu değil, sadece stratejik çerçeveleme için yapısal ve kültürel saiklerin varlığını göz önüne almak gerektiğidir.[5]

Bu nedenle, sınıf ilişkilerini vurgulamak etnik ilişkilerin önemsiz olduğu anlamına gelmez. Gerçekte, birçok örnekte etnik/ırksal hiyerarşiyi diğer güç ilişkilerinden ayırmak pek de kolay değildir, çünkü bir kimliğin tanınmaması genelde kaynakların eşitsiz dağılımından ileri gelir.[6] Bunun yerine farklı güç mekanizmalarını ve hiyerarşileri ayrıştıran çokyönlü bir analiz bu unsurların yakınsamasını daha iyi anlamayı sağlar. Çingenelik örneğinde bariz etnik ayrımcılık daha düşük sınıf konumlarıyla ayrılmaz bir şekilde ilintilidir. Zorla yerinden edilme sosyoekonomik ilişkilerin değişmesiyle birlikte kasaba halkının bir kısmının Çingenelik özel kategorisini komşularına karşı nasıl etkin bir biçimde kullandığını gösterdi. Onlar için Çingenelerin iyileşen sınıf konumları etnik/ırksal hiyerarşiyi ihlal etmişti. Bunun nedeni o insanların Çingene olduğunu ve Çingenelerin kötü olduğunu yeni fark etmeleri değil, Çingenelerin güçlenmesinin, etnik hiyerarşinin yeniden inşası ve Çingeneleri ait oldukları yere yeniden yerleştirmek amacıyla Çingene karşıtı stereotipi harekete geçirmesidir. Saldırılardan önce Çingenelik ne problematik ne de Türklüğü dışlayan bir kategori olarak görülmüştü. Ancak, Çingenelerin egemen olduğu sektörde yeni fırsatların ortaya çıkması ve çevre köylerden iş arayan insanların kasabaya gelmesiyle birlikte bu kategori, Çingeneleri ekonomiden dışlayan şiddeti meşrulaştırma açısından işlev kazandı.

Kasaba sakinlerinin bir insanı neyin Türk neyin Çingene yaptığını kolayca tanımlayamadıklarını belirtmek önemlidir. Çingenelik Türklüğün tam bir antitezi olarak da görülmüyordu. Yine de bu belirsizlik saldırılar sırasında hemen ortadan kayboldu.[7] Daha önceleri kendileriyle kasabadaki Çingeneler arasındaki sınırlara dair kafa karışıklığı yaşayan insanlar birdenbire Türklük ve Çingenelik karşıtlığı

---

5   Rogers Brubaker, *Ethnicity without Groups* (Cambridge, MA: Harvard University Press, 2004), 17.

6   Etnik statü hiyerarşisi ve Amerika Birleşik Devletleri'ndeki siyahilerin siyasi ve ekonomik güç kazanımı arasındaki tarihsel etkileşim için bkz. George M. Fredrickson, *The Comparative Imagination on the History of Racism, Nationalism and Social Movements* (Berkeley ve Los Angeles: University of California Press, 1997), 90–93. Yanlış tanıma ve yanlış dağıtım hakkında özel bir tartışma için bkz. Judith Butler, "Merely Cultural?" *New Left Review* (227) (Ocak-Şubat 1998): 33–45.

7   "Esas statü" konsepti için bkz. Hughes, "Dilemmas and Contradictions of Status."

adına komşularına saldırdı. Bu durum, dayatılan katı ikiliği o an kabul etmelerini sağlayanın hangi dinamikler olduğu sorusunu ortaya atmaktadır. Çingene tehdidinin belirsizliğe yer vermeyen telaffuzu saldırılarla ilgili hikâyelere hâkimdir. Çingene tehdidi argümanını böylesine çekici kılansa o dönemdeki kişisel çıkarları ve güç mücadelelerini saklama gücüdür. Çingenelerin suçlanması, diğer yorumların ve koruyucuların yıldırılması o sırada faillerin eylemlerini meşrulaştırmakla kalmamış, kasaba halkının olayları bu çerçeve dahilinde hatırlamasını da sağlamıştır. Bu temsil süregelen algılar ve korku hissi açısından da önem taşır.

Yahudi karşıtlığı hakkında yazılan iyi temellendirilmiş bazı çalışmalar toplumsal olarak inşa edilmiş "ötekiler"in şeytanileştirilmesi ve onlara yapılan saldırılarla ilişkili mekanizmaları anlamamıza yardımcı olur. Bizim vakamız tarihsel bağlam, uluslararası boyut ve şiddetin kapsamı açısından Yahudi karşıtı şiddetten ayrılsa da nitelik, mantık ve dışlayıcı yapılar, meşrulaştırma yöntemleri ve otoritelerin rolleri bakımından ilginç benzerlikler gösterir. Söz konusu olayları incelerken Yahudi karşıtlığı hakkındaki çalışmalar, grupların nasıl bir tehdit haline getirildiği ve insanların hangi koşullar altında yaftalanmış bir gruba karşı kolektif şiddete başvurduğunu anlamada faydalı oldu. Bu kapsamda Van Arkel[8] ve Bergmann'ın[9] çokkatmanlı yaklaşımlarının kendi vakamın analizi bakımından son derece iyi açıklanmış ifadeler olduğunu düşündüm.

Van Arkel, Yahudi karşıtlığı konusuna tarihsel bir boyuttan yaklaşır ve Hıristiyanlığın ilk yıllarından itibaren Yahudi karşıtlığının tarihsel inşasını ele alıp Yahudi karşıtı tavırların pratiğe nasıl döküldüğünü bağlamsallaştırır. Önemli bir soru, belirli dönemlerde ve bölgelerde neden başka bir grubun değil de Yahudilerin günah keçisi olarak görüldüğüdür. Van Arkel'in Yahudi karşıtlığını ele alan çalışması tarihsel inşa ve kategorilerin işlevselliğini vurgulayarak, bu soruları yanıtlamamız için bize yol gösterir.

Bizim vakamızla benzer şekilde, Van Arkel Hıristiyanlar ve Yahudiler arasındaki uzun vadeli iyi ilişkilere değinir. Saldırılarla neticelenen Yahudi karşıtlığının üç gerekli koşuluna işaret eder: damgalama, sosyal mesafe ve terör estirme. Bu koşulları

---

8   Dik Van Arkel, "The Growth of the Anti-Jewish Stereotype: An Attempt at Hypothetical-Deductive Method of Historical Research," *International Review of Social History* 30 (1985): 270–306 ve Dik Van Arkel, *The Drawing of the Mark of Cain: A Socio-Historical Analysis of the Growth of Anti-Jewish Stereotypes* (Amsterdam: Amsterdam University Press, 2009).

9   Werner Bergmann, "Exclusionary Riots: Some Theoretical Considerations," *Exclusionary Violence*, der. Christhard Hoffmann, Werner Bergmann ve Helmut Walser Smith (Michigan: The University of Michigan Press, 2002), 161–185.

vakamızda arayacak olursak çarpıcı benzerlikler görebiliriz. Tarihsel olarak inşa edilen Çingene damgasının varlığı yeterli değildir, şiddet saldırıları sırasında hareket geçirilmesi gerekmiştir. Damganın kurumsal (Van Arkel'in vakasında kilise ve devlet tarafından) meşrulaştırılması Çingenelerin dinsel açıdan kınanmasında ve ayrımcı devlet politikalarına maruz kalmasında da görülebilir.

Bir Çingene ve Türk gündelik etkileşime girdiklerinde önceden saptanmış kimlikler ve hiyerarşiler içine düşüyordu. İlişkileri arkadaşça olsa bile genelde "açık bir etkileşim" yoktu. Nihayetinde Çingene olmayan birçok Bayramiçli Çingenelerin "yerlerini bilmesi gerektiğini" düşünüyordu. Gruplar arası evlilik pek sık görülen bir durum değildi; birçok kişi, Çingeneler toplumun bir parçası olmasına rağmen sosyal mesafelerini koruyordu. Çingeneler alt sınıf ve istenmeyen işlerde çalışıyor, kendi gruplarından insanlarla evleniyor ve bu nedenle toplumdaki "barışı ihlal etmiyorlardı." İlişkiler çoğunlukla kamu alanlarıyla kısıtlıydı; özel ve daha samimi etkileşimlerin sayısı oldukça azdı. Çingenelerin yakın ilişkileri genelde aileleriyle sınırlıydı; Çingene toplulukları arasında bile gruplar arası evlilik pek az görülüyordu. Bu da "sosyal münasebet ne olursa olsun önceden saptanmış sosyal rollerin kalıpları dahilinde gerçekleşmeli" imasında bulunan yapısal sosyal mesafeden dolayı Çingeneler ve Çingene olmayanlar arasında Van Arkel'in "etiketlenmiş etkileşim" dediği durumun ortaya çıkmasına neden oldu.[10]

Ancak, en azından saldırılar sırasında tahrip edilene kadar yüz yüze ilişkilerde müzakere için bir alanın halen var olduğunu düşünüyorum. Bu müzakere alanı insanların yakın ilişkiler kurmasını, birlikte çalışmasını ve hatta, sınırlı da olsa, özel alanlarını paylaşmasını sağladı. Çingenelik ve Türklük kategorileri arasındaki hiyerarşiler her zaman var olsa da bu iki kategori karşılıklı olarak dışlayıcı olmadığı için bir Çingene Türklükten daima dışlanmıyordu. Birinci bölümde ele alındığı üzere, Türklüğün inşası da çokkatmanlı özelliklerinden dolayı bir müzakere alanına izin veriyordu. Üçüncü bölümde tartışıldığı gibi, Çingeneliğin belirsiz konumunun yanı sıra[11] kasabadaki Çingeneler diğerleriyle ilişkilerinde kendi stratejilerini geliştirmişlerdi; yerli Çingeneler diğer kasaba halkıyla müştereklikleriyle vurgularken muhacirler Türk devletiyle paralel, modern bir vatandaşlık biçimini dile getiriyordu.

Van Arkel'in de belirttiği gibi, toplumsal denetim ılımlı olduğunda etiketlenmiş etkileşimi aşmak ve sınırları "belirsizleştirmek" için daha fazla olanak vardır.[12]

---

10   Van Arkel, *The Drawing*, 159.

11   İkinci Bölüm'de de ele alınıyor. Osmanlı kayıtlarında bile Çingeneler konusunda muğlaklık olduğunu görürüz.

12   Richard Alba ve Victor Nee, *Remaking the American Mainstream: Assimilation and Contemporary Immigration* (Cambridge: Harvard University Press, 2003).

Kasabamızda bu belirsizleşme coğrafi alandaki ve sosyoekonomik mesleklerdeki yakınlık nedeniyle mümkündü. Yerli Çingeneler yerlerini biliyordu ve bu nedenle geleneksel Çingene mesleklerinde çalışıyorlardı; ama çoğu, Çingene olmayan mahallelere yakın yaşıyordu, onlara hizmet ediyordu; çoğunlukla Türklüğün ve Türklere özgü yapıp etme biçimlerinin üstünlüğü önermesine dayanan etiketlenmiş etkileşim sınırları içerisinde olsa da onlarla dostane ilişkiler geliştiriyordu. Öte yandan muhacirler alt statüye sahip ama Çingenelere özgü görülmeyen ve gelecek için cazip perspektifler sunan işlerde çalışıyordu. Zamanla, onlar da kasabanın anaakım sakinlerinden sayılmayan insanlar dahil olmak üzere (düzgün ve iyi huylu kasaba halkından görülmeyen şoför kabadayılar gibi) özellikle mesleki çevrelerinden insanlarla yakın ilişkiler geliştirdiler. Gelişmekte olan taşımacılık sektörü ve çok para ve prestij kazanma ihtimallerinin artmasıyla birlikte muhacirler Çingene olmayan meslektaşlarıyla birlikte çalışıp Çingeneler ve Çingene olmayanlar arasındaki hiyerarşilerde ortaya çıkan hassas dengeyi bozarak etiketlenmiş etkileşimin ötesine geçmeye başladı. Bu dengesizlik ve beraberinde gelen sınırların belirsizleşmesi, insanlar uzun süredir kesin bir şekilde çizilmiş sınırları geçmeye başladığından, kasabada belirsizliklere neden oldu. Faillerin bakış açısından bakıldığında, nispeten sahip oldukları gücü kaybediyorlardı. Bu değişim, Fearon ve Laitin ile Olzak'ın çalışmalarında bahsettiği, artan asimilasyonla birlikte güç dengelerinin değişmesinden doğan çatışmalarla büyük benzerlik gösterir.[13] Bergmann'ın dışlayıcı ayaklanmalara yaklaşımı, hikâyemizi bu noktada analiz etmemize yardımcı olacaktır.

Bergmann'ın üç teorik yaklaşımında kullanılan "dışlayıcı ayaklanma" terimi[14] vakamıza son derece uygundur. İlk yaklaşım, değişen güç ilişkilerinin saldırganları

---

13   James D. Fearon ve David D. Laitin, "Violence and the Social Construction of Ethnic Identity", *International Organization* 54, sayı 4 (Güz 2000): 845–877 (özellikle sayfa 872–873); Olzak, *The Dynamics*, özellikle sayfa 20–21.

14   Ayaklanma ve pogrom arasında bir ayrım yapmanın verimsizliğine odaklanan bir çalışma için bkz. Paul R. Brass, "Introduction: Discourses of Ethnicity, Communalism, and Violence", *Riots and Pogroms*, der. Paul R. Brass (Londra: Macmillan Press, 1996), 32–34. Brass ayaklanma ve pogrom terimlerinin organizasyon ve planlama açısından farklı olduğunu varsayan yaygın kullanımına değinir. Ayaklanma kelimesinin tanımıyla ilintili "aktif kanunsuzluk patlaması"nın ve pogromla ilintili "resmi planlama ya da anlaşma"nın birçok şiddet olayında karşılıklı varlığını vurgular. Bergmann vd. dışlayıcı ayaklanmaların diğer kolektif şiddet olaylarından nasıl ayrılacağına dair bazı ipuçları sunar:"Dışlayıcı ayaklanma birkaç farklı kriterle diğer şiddet biçimlerinden ayrılabilir. Azınlık grubun kolektif bir tehdit oluşturduğu varsayımı, dışlayıcı ayaklanmayı genel bir önyargıyla hareket eden ve azınlığın tek bir üyesine yönetilen linçten farklı bir noktaya koyar. Ayaklanmacıların lehine olan aşırı güç asimetrisi dışlayıcı ayaklanmaları diğer ayaklanma türlerinden, yasal düzeni tanımayan eylemlerden ve terörizmden ayırır. Devlet katılımının nispeten yokluğu

motive etmeye yettiği gruplar arası düşmanlıktır. İkinci yaklaşım hedef topluluk hakkındaki sosyal bir problemin ya da tehdidin bir tehdit olarak nasıl oluşturulduğu ve damgalanan grubu suçlama, şeytanileştirme ve/veya suçlulaştırma aracılığıyla şiddetin nasıl meşrulaştırıldığını gösteren bir çerçeve analizidir. Son yaklaşım da toplumsal denetim teorisini ele alır ve insanların şiddet saldırılarına nasıl olumlu bir işlev yükleyebileceklerini ve bu eylemleri egemen gruplar tarafından tahayyül edilen toplumsal barışı korumak için gerekli aksiyonlar olarak nasıl temsil ettiklerini açıklar.[15] Tüm bu yaklaşımlar bir noktaya kadar bizim vakamıza uygulanabilir. Ancak, Çingenelik kategorisinin yerel bağlamda oluşturulma şeklinde Bergmann'ın açıklamasından ayrılıyorum. Bergmann grupları daha keskin bir şekilde, belirli üyeliklerle tanımlar. Bizim vakamızda grubun oluşumu, Kocayar ve Kadir arasındaki çatışma, bireysel çıkarlar nedeniyle yükselene kadar dalgalıydı. Ancak o noktaya kadar ikisi de az çok aynı grubun üyeliydi.[16] Hogg ve Abrams öz kavramsallaştırmanın gruba dair özdeşleşmelerin ardından geldiğini vurgular. Örneğin, iki grup arasında bir anlaşmazlık olursa ve bu gruplar cinsiyetle tanımlanıyorsa cinsiyet kategorisi, etnisiteyle tanımlanıyorsa etnisite kategorisi belirgin hale gelir. Bu nedenle Kocayar'la Kadir arasındaki ekonomik anlaşmazlık, Çingenelik kategorisiyle ilgili aralarında önceden beri var olan farklılıkları gün yüzüne çıkardı ve beraberinde toplumsal düzenin gerekliliğini ortaya koydu. Bu da etnik Türklüğü tetikleyen siyasi bağlamda iş için artan rekabete uygun bir ortam buldu.

Tarihsel bağlam günümüzde ya da yakın zamanda görülen dışlayıcı şiddeti anlama açısından son derece etkilidir. Toplumlarda önyargılar genelde var olsa da bunların şiddet eylemlerine dönüşmesi için belirli bağlamsal koşulların sağlanması gereklidir. Gerilimin dışlayıcı bir şiddet eylemine dönüşmesi için "çatışan çıkarlar ve bireysel çekişmeler etnik bir düşmanlık oluşturacak şekilde 'kolektifleştirilmeli'dir. Bu da egemen etnik ya da ulusal grubun, grup dışından birini/birilerini grup konumuna karşı kolektif bir tehdit olarak algılamasıyla gerçekleşir."[17]

Bu modele biraz karşıt olsa da bizim vakamızda grup oluşumu tehdidin büyümesi süreciyle kuvvetlendirilirken, olayların yükselmesinden önce gruplar arasındaki sınırlar çok daha akışkan ve belirsizdi. Dahası, daha keskin ve sabit grup tanımlaması tüm kasaba halkı tarafından onaylanmıyordu, çünkü Çingeneleri kasaba

---

da her zaman olmasa da bazen dışlayıcı şiddeti büyük çaplı katliam ve soykırımdan ayırır." (Bergman vd., "Introduction", 12-13)

15 Bergmann, "Exclusionary Riots," 163.

16 Michael A. Hogg ve Dominic Abrams, *Social Identification: A Social Psychology of Intergroup Relations and Group Processes* (Londra; New York: Routledge Press, 1988), 26.

17 Bergmann, "Exclusionary Riots," 165–166.

toplumunun bir parçası olarak görüyor ve bu nedenle koruyorlardı. Hedef ne kendi içinde ne de Çingene olmayanların gözünde homojen bir oluşumdu. Kasabada olduğu gibi, insanlar heterojenliğin farkındaydı ve çeşitli Çingene grupları arasında ayrım yapıyorlardı: Yerli Çingeneler başta rahat bırakıldı ve yalnızca ikinci dalgada saldırıya uğradı. Bunun nedeni muhacirlere dahil görülmemeleri ve gerek kültürel gerek dinsel anlamda Türklerle daha entegre olmalarıydı. İkinci saldırı dalgasında kasaba halkı yerli ve muhacir Çingeneleri homojen bir kategoride birleştirmeye çalışsa da birçok yerli Çingene muhacirlerin maruz kaldığı tavırlarla karşılaşmadı ve hatta kimileri rahat bırakıldı. Ana hedefin neden muhacirler olduğunu anlamak için varlıklı ailelerle olan yakınlıkları önem taşır; bu noktaya aşağıda değineceğim.

Bir çatışmanın dinamikleri için "güç dengesindeki değişimler" büyük önem taşır. Bu durum, kendilerini çoğunluk olarak gören insanlar kazanılmış statülerini, prestijlerini ve/veya ekonomik güçlerini azınlık olarak gördükleri insanlara kaptırdıklarını hissettiklerinde ortaya çıkar.[18] Verilen ortak tepkiyse "meşru olmayan rekabet, kültürel normların hiçe sayılması ya da korku verici suç aracılığıyla algılanan bir tehdide karşı azınlığı 'cezalandırmak' ya da eski düzeni yeniden kazanmak" için harekete geçmektir.[19] Bu yaklaşım, Çingene olmayan birçok Bayramiçlinin Çingene tehdidi hakkındaki anlatılarında ve şiddet saldırılarıyla Çingenelere açıkça hadlerini bildirme girişimlerinde yankı bulur. Sonuç olarak, Bayramiçlilerin taşımacılık sektöründeki kişisel çıkarları ve gruba ait çıkarları (şoförler, muavinler ve araç sahipleri) ve sınırlı çevreleri, sermayeleri ve sahip oldukları becerilere bakıldığında daha kolay iş bulmak için köylerden gelenlerin talepleriyle kesişmiş oldu.

Görüldüğü üzere, saldırılardan önce muhacir Kocayar ailesinin kasabada kabadayılığıyla ünlü Kadir'le ortaklaşa aldığı Leyland kamyonla simgelenen sosyoekonomik dönüşümler nedeniyle Çingenelerin sosyoekonomik güçleri artmıştı. Hizmet sektörü ve ticaretteki diğer muhacir Çingenelerin konumları da iyileşmişti. Bu da muhtemelen görece etnik Türk konumlarının Çingenelere kıyasla düştüğünü gören Bayramiçliler tarafından bir tehdit olarak algılanmıştı. Dahası, Kadir sektördeki yeni fırsatlardan faydalanmaya çalışan hırslı bir adamdı. Bu görece düşüş ve sektördeki yeni fırsatlar ve köylerden gelen işsizlerin ihtiyaçları Çingenelere dair önyargıları yeniden üretmişti. Öte yandan, Çingenelerin Türk kızlarına uygunsuz davrandığı dedikoduları (gerçek olsun ya da olmasın) Çingeneleri yalnızca sosyoekonomik prestij ve statü kazanan bir grup olarak değil, Türk kadınlarına bir tehdit ve Türk erkeklerinin rakibi olarak göstererek bu tehdidi kuvvetlendirmişti.

---

18 Agy., 166-167.
19 Agy., Bergmann, Donald Black, 167'yi takip ederek bu kolektif şiddeti bir tür sosyal kontrol mekanizması olarak vurgular.

Çingene tehdidine dair anlatılar, kadınların Türk ailesinde ve Türk ulusunda bir mülk olarak görülme takıntısını da ortaya çıkarmaktadır.[20] Çatışma ve savaş durumlarında kadın bedenine erkeğin onurunu ve itibarını ortaya koyacağı, bunun yanı sıra milliyetçi duygularla mülkiyet iddiasında bulunduğu bir mücadele alanı olarak yaklaşılır. Bu nedenle belirli topluluklar ya da milletlerdeki kadınlar ve onların bedenleri o milletin kendisi saldırı ya da işgal altındaymışçasına, sözde ya da gerçek ihlallerin gerçekleştiği milletin bir sembolü haline gelir.[21] Çingenelerin Türk kızlarına laf atması da milli sınırın ve Türk erkeğinin alanının bir ihlali olarak görülmüştü. Bu nedenle Türk erkekleri bu sözde uygunsuz ve küçük düşürücü gördükleri davranıştan, onurlarına bir tehdit olarak bahsederken kadın özneler bu senaryoda neredeyse hiç yer almıyordu. Asıl saldırganlar erkekti ve sözde istismar edilen kadınların ismi bilinmiyordu; kimse bu kadınlar hakkında hiçbir şey bilmiyordu ve buna gerçekten var olup olmadıkları da dahildi.

Ancak saldırılar ayrıca kasaba halkının ve yakın zamanda çevre köylerden göçenlerin kendilerini gittikçe daha da güvensiz hissetmesinden doğan psikolojik bir sürecin de sonucuydu. Bu durum özellikle, tarımsal makineleşme ve hızlı kentleşmenin değişen etkileri nedeniyle yakınlardaki kasaba ve şehirlerde yeni fırsat arayışlarına giren köylüler için geçerliydi. Mağduriyet anlatıları uydurma değildi, çünkü muhtemelen kendilerini mağdur ve tehdit altında hissediyorlardı. Bergmann bu tür şiddet saldırılarında faillerin psikolojisine dikkat çeker: "Dışlayıcı şiddetin katılımcısı adaletsizlik, ayrımcılık ya da saldırı kurbanı olarak bir dost-düşman şeması içerisinde hareket eder ve belirli koşullar altında toplumsal denetimin şiddetli formlarıyla tepki verir."[22]

Ayaklanma, pogrom ve şiddet saldırıları hakkındaki birçok çalışma, elitlerin hareketlerine ve sık sık lider konumuna değinmektedir.[23] Bu kesim lider konu-

---

20 Örneğin Drezgic, "Demographic"; Heng ve Devan, "State Fatherhood"; Nagel, "Masculinity"; Parla, "The 'Honor'"; ve Yuval-Davis, *Gender and Nation*.

21 Patricia Albanese, "Nationalism, War, and Archaization of Gender Relations in the Balkans", *Violence Against Women* 7, sayı 9 (Eylül 2001): 999–1023; Wendy Bracewell, "Rape in Kosovo: Masculinity and Serbian Nationalism", *Nations and Nationalism* 6, sayı 4 (Ekim 2000): 563–590; Ruth Harris, "The 'Child of the Barbarian': Rape, Race and Nationalism in France during the First World War," *Past and Present*, sayı 141 (Kasım 1993): 170–206.

22 Bergmann, "Exclusionary Riots," 166.

23 Ashgar Ali Engineer, "The Causes of Communal Riots in the Post-Partition Period in India," *Communal Riots in Post-Independence India*, der. Ali Ashgar Engineer (Haydarabad: Sangam Books, 1984), 36–39 ve Brass, "Introduction."

muna geçerek kalabalığı kendi çıkarları için manipüle etmektedir.[24] Ancak bizim vakamızda elitlerin rolü biraz daha farklı ve daha zor tanımlanır durumdadır. Saldırılar sırasında elitler çoktan statü kaybı yaşıyordu ve bu nedenle Çingenelerin zorla yerlerinden edilmesi yerel güç ilişkilerindeki değişimin yalnızca Çingenelerle değil, tüm kasaba halkıyla ilgili olan bir tezahürü olarak görülebilir. Ana failler siyasi ve ekonomik anlamda kasabanın gerçek elitleri değildi ama ülkenin geçirdiği sosyoekonomik dönüşümden kazanç elde etmeyi kesinlikle ummuşlardı. Taşımacılık sektöründeki bu (erkek) şoförlerin ve işadamlarının artan statüsü, küçük tüccarları, hizmet sektöründe çalışan insanları ve daha zorlu koşullarda yaşayan ancak ekonomik değişimdeki yeni fırsatlara çekilen köylüleri harekete geçirmeye olanak sağladı. Geleneksel elitler iş verdikleri Çingeneleri himaye eden mülk sahipleriyken failler kendilerini yeni elitler olarak görüyordu. Böylece saldırılar yakın zamanda edindikleri sosyal hareketliliği sermayeye çevirmeye ve eski düzenin yerine geçmeye hevesli yeni bir "yeni adam"[25] sınıfının tezahürü olarak da yorumlanmalıdır.

Saldırıların lideri olarak bilinen Kadir, saldırılardan önceki bu ekonomik ve sosyal güce ve sonrasında bunun nasıl arttığına değinmişti. Köylülerin birçoğuyla ilişki içerisindeydi ve güçlü biri olarak görülüyordu. Ayrıca güvenlik kuvvetleriyle yakın ilişkilerini ve o sırada kasabada sözünün ne denli geçer olduğunu vurguladı. 1970'lerden itibaren taşıyıcılar arasındaki en güçlü adam haline gelmişti; kasabadaki vergi mükellefleri arasında ikinci sıradaydı. Bu nedenle, Çingenelere yapılan saldırılar ve eski elitlere karşı ayaklanma tek ve aynı güç mücadelesinin parçasıydı. Hikâye etnik bir çatışma olarak lanse edilse de gerçekte sebep güçteki bir değişimdi.

Stereotipin işlevselliği[26] bu hikâyede önemli bir fenomen haline gelmektedir. Çingenelerin zorla yerlerinden edilmesi taşımacılık ve hizmet sektörlerindeki Bayramiçlilerin ve köylülerin fırsatlarını artırmıştı. Bu nedenle Çingeneler şoförlük sektöründe egemenken, halihazırda taşımacılık sektöründe çalışan ana figürler olaydan sonra sektörü tamamen ele geçirmişti. Aynı zamanda ayakkabı boyacılığı ve hamallık gibi aslında pek kârlı olmayan ama kasabanın sosyoekonomik hayatına entegre olmak için yeterli görülen diğer meslekler de kasabaya yeni gelenlere açık hale gelmişti.

Bu nedenle saldırılar hakkında kasaba halkının büyük bölümü tarafından kullanılan egemen "Çingene olayları" söylemi bu tür çıkarları sakladı, şiddet ve

---

24 Bkz. Brass, "Introduction," 11.

25 [25] "Homini novi" adı verilen ve sosyal merdivenin üst basamaklarına çıkan grup –çn.

26 Van Arkel'in "The Growth"ta öne sürdüğü gibi bir stereotipin etkin olması için işlevsel olması gerekir.

güç tutma arasındaki bağlantıyı gizledi. Öte yandan kalabalık, saldırılarda kendi motivasyonlarını da takip etti. Saldırganları yalnızca (yükselen) elit tarafından manipüle edilen piyonlar olarak tasvir etmek yanlış olur. Birçoğunun Çingenelere saldırmak için liderlerininkiyle uyuşsun ya da uyuşmasın kendi motivasyonları ve sebepleri vardı. 1960'lardaki sosyo-ekonomik dönüşümde deneyimledikleri genel güvensizlik atmosferi dışında, Çingenelerin ahlaksızlığı hakkındaki dedikodular ve şiddetin bir güç mücadelesi olarak algılanması bu grubun motivasyonlarını belirledi ve şekillendirdi. Hogg ve Abrams şiddet vakalarında benzer bir şekilde günah keçisi yaratma ve zorla yerinden etme süreçlerine şu şekilde değinir:

> Öfke uyandıran öznelere kolayca saldıramayan (ya da onları saptayamayan) öfkeli çoğunluk-grup üyeleri bu öfkelerini özellikle antipati duyulmasının uygunluğu konusunda fikir birliği kurulan nispeten savunmasız azınlık gruplara yöneltir. [...] Hovland ve Sears teorilerini desteklemek için Amerika Birleşik Devletleri'nde 1882 ve 1930 yılları arasında siyahilerin linç edilmesindeki artışın beyaz çiftçiler tarafından deneyimlenen pamuk fiyatlarının düşüşüyle, öfkenin dolayımlaması aracılığıyla nasıl bağlantılı olduğunu gösterdi.[27]

O sırada politika ve ekonomi köylüler ve Bayramiçliler için güvenli bir ortam sağlamıyordu; şehirlerin cazibesi engellenmiş sosyal hareketlilik konusundaki hüsranı artırıyordu. Bu bağlamda, Çingenelerin bir tehdit olarak temsil edilmesi köylülerin ve kasaba halkının ülkenin modernleşmesi sürecinde hissettiği genel güvensizlik hissi içerisinde insanların öfkelerini dışavurması açısından kolay bir hedef işlevi görmüş olabilir.[28]

Dahası, o sırada hükümet tarafından oluşturulan ve Bora ve Canefe'nin Türklüğün merkeziliği olarak vurguladığı genel siyasi atmosfer, etnik milliyetçiliğin şiddetli dışavurumlarını cesaretlendiriyordu. Muhacir Çingenelerin de değindiği üzere, mevcut hükümetin rolü damganın ve sosyal mesafenin şiddetlenmesinde önemli rol oynadı. 1960'ların sonunda Türkiye'de gittikçe önem kazanan popülist politikalar köylü erkekleri kampanyanın ana hedefi haline getirdi ve daha önceki Cumhuriyetçi entelektüeller ve elitler hakkında olumsuz bir imaj çizdi. Bu popülist kritik ve milliyetçi vurgu arasındaki bağlantı köylülerin ve çiftçilerin ulusun çekirdeği olarak lanse edilmesiyle güçlendi ve ulusal sadakati güvenilir bir vatandaş olarak görülmenin bir koşulu olarak vurguladı. Milliyetçi ve muhafazakâr beyanlara

---

27 Hogg ve Abrams, *Social Identification*, 36.

28 "Exclusionary Riots"ta Bergmann dışlayıcı isyanlarla ilintili olaran toplumsal huzursuzluk yaratmada hızlı kentleşmenin etkilerine de değinir (166).

yapılan vurgu ve "[sıradan insanların] ülkenin gerçek sahipleri olduğu"[29] düşüncesi köylülerde ve küçük kasabalılarda özellikle bürokratik elit ve entelektüeller karşısında haksızlığa uğramış olma hissini ateşliyordu.[30]

Çingenelere yönelik hoşnutsuzluk ve kişisel çıkarlar dışında saldırılar, egemen sınıfı ve devletin modernleşme fikirlerini sembolize eden elitler ve bürokratlara karşı gizli bir ayaklanmanın parçası olarak da görülmelidir. Dahası, dönemin milliyetçiliği etnik-ulusal hislerin, örneğin vatandaşlık, yerel bağlar ve din gibi unsurlara bağlı diğer özdeşleşmeler karşısında güçlenmesine neden oldu. Sıradan insanların ikincil konumlarına duydukları öfkeyle ani ve kontrol edilemez bir şekilde patlamasına neden olan o dönemdeki ulusal beyanlar vakamız için önemli bir bağlam sağlar. Bu tür beyanlar faillerin şiddetli söylemlerini meşrulaştırıp doğallaştırdı. Aynı zamanda daha sonraki yıllarda ülkede sıradan hale gelen çeşitli linç girişiminin temsillerinde de önemli rol oynadı.[31]

Buna ek olarak yetersiz ve başarısız devlet yetkilierine karşı savaşma hissi ve kişinin kendisini devletin gerçek iradesinin meşru uygulayıcısı olarak sunması da saldırılarda önem taşıyan unsurlar arasındaydı. Failler eylemlerinin gayrimeşruluğunu kınayan savcıyı döverken, polisler Çingenelerin evlerini taşlayan kabadayılara katıldı. Devlet kasaba halkının şiddet saldırılarında yer almıyor gibi görünse de aslında o kadar da pasif değildi. Faillerin hiçbiri saldırılar nedeniyle cezalandırılmadı, güvenlik güçleri ve yerel otoritelerin eylemleri yetersiz kaldı; faillere izin verdiler hatta aralarına katıldılar. Birçok Bayramiçli çoğu devlet otoritesinin Çingenelere karşı şiddeti kabul ettiğini, doğru şeyi yaparak güvenlik güçlerine yardım ettiğini hissetti; ilginçtir ki kanunen ikincinin Çingeneleri koruması gerekiyordu.

Yahudi karşıtı şiddete başvuran birçok fail de "bu eylemin 'yukarıdan' geldiği" ve "kimsenin [bu saldırılar için onları] cezalandırmayacağı" gibi benzer şeylere inanıyordu.[32] Van Arkel devlet yetkililerindeki güç yoksunluğuna değinmekle kalmaz, birçok vakada devlet görevlilerinin kabadayılara nasıl katıldığını, saldırganları nasıl güçlendirdiğini ve Yahudilere karşı şiddete karşı koyan (ya da koyma ihtimali olan) insanlara nasıl terör estirildiğini de açıklar. Ya da Van Arkel'in

---

29 Tanıl Bora ve Nergis Canefe, "Türkiye'de Popülist Milliyetçilik", *Modern Türkiye'de Siyasi Düşünce Cilt 4: Milliyetçilik*, der. Tanıl Bora ve Murat Gültekingil (İstanbul: İletişim Yayınları, 2002), 635–662, 1960'lar ve sonrasında popülist-ulusalcı fikirleriyle tanınan sağ kanattan bir yazar olan Osman Yüksel Serdengeçti'den alıntı yapar, 658.

30 Bora ve Canefe, "Türkiye'de…", 653-654.

31 Agy., 661; ayrıca bkz. Tanıl Bora, "Linç Açılımı," *Birikim* 248 (Ocak 2010): 3-5.

32 Bergmann, "Exclusionary Riots", 168.

ifadesiyle "Ceza korkusu katılıma zorlar."[33] Bizim vakamızda bazı sıradan insanlar anlatılarında faillere karşı koymada hissettikleri güçsüzlükten bahsederken terör estirme mekanizmasına da değindi. Şimdi, saldırılardan kırk küsur yıl sonra bile bazı hamiler hami olarak rollerinin bilinmesinden korkuyordu. Çingenelerle fazla yakın olduğu ve onları koruduğu düşünülen, Çingene olmayan Bayramiçliler faillerin sözlü ve fiziksel tehditleriyle terör estirildi. Çingenelerle hiçbir ilgisi olmayan sıradan Bayramiçliler bile saldırılar sırasında kendini yıldırılmış hissetti, çünkü yerel toplumdan dışlanma ve bir hain olma riski son derece gerçekti; bu nedenle pek az insan ana figürlere karşı koyma cesaretini kendinde bulabildi.

İkinci Dünya Savaşı sırasında ve hemen sonrasında Polonyalı komşularının Yahudi karşıtı pogromları üzerine çalışan ünlü Amerikan tarihçisi Jan Gross, Nazi işgali atmosferinde hakiki deneyimlerin ve gerçek çıkarların önemini vurguladı. Ancak Polonyalıların Yahudi komşularını öldürmelerinin büyük oranda Nazilerle değil, bireysel çıkar, toplumsal denetim ve terör estirme mekanizmasıyla açıklandığını iddia etti: "Yani, anlaşılır bir şekilde, normlara uymayanlar sosyal aforoza uğrar."[34] Hatta Gross'un, bir haminin oğlunun diğer arkadaşları tarafından Yahudi olarak çağrılmasında olduğu gibi bu grup damgalanabilir ve etiketlenebilir.[35] Toplumdan dışlanma korkusu insanları eziyet gören azınlığa yardım etseler bile gerçek duygularını saklamaya zorlar; Gross'un Polonya'daki pogromları detaylı bir şekilde incelediği çalışmasında bu açıkça görülür.[36] Bizim vakamızda birçok kasaba sakini Çingeneleri savunma konusunda yaşadıkları benzer korkulardan, yüz yüze kaldıkları tehditlerden ve Salih'in anlatısında olduğu gibi, Çingenelere yardım ettiklerini açık etme konusunda süregelen bir tereddütten bahsetti. Green'in toplumsal denetim olarak suskunluğun gücü hakkında söyledikleri bu anlamda aydınlatıcı olabilir: "Suskunluk bir hayatta kalma mekanizması olarak işlev görebilir ama sessizleştirmek korku aracılığıyla uygulanan güçlü bir kontrol mekanizmasıdır."[37]

Gross, şiddet ve insanların hisleri ve akılcılaştırmaları üzerindeki etkisiyle ilgili başka bir bağlantılı ve önemli noktaya değinir. Şiddete ve korkutucu etkisine dair çıplak deneyimin tesiri terör estirmenin çok ötesindeydi: "Başka bir deyişle, Yahudiler Polonyalılara yaptıkları ya da yapabilecekleri nedeniyle değil,

---

33 Van Arkel, "The Growth", 278.

34 Jan T. Gross, *Fear: Anti-Semitism in Poland after Auschwitz, An Essay in Historical Interpretation* (New York: Random House, 2006), 251.

35 Jan T. Gross, *Neighbours: The Destruction of the Jewish Community in Jedwabne, Poland, 1941* (Londra: Arrow Books, 2003), 131.

36 Örneğin Gross, *Fear*, 252.

37 Linda Green, "Fear As a Way of Life", *Cultural Anthropology* 9, sayı 2 (Mayıs 1994): 239.

Polonyalıların Yahudilere yaptıkları nedeniyle çok korkutucu ve tehlikeliydi."[38] (Deneyimlenmiş ya da uygulanmış) bu tür rasyonelleştirilmiş şiddet böyle eylemlerin sorgulanmasını engeller ve aynı zamanda üçüncü kişilerin pasifliğini meşrulaştırır. Böylece bu travmatik deneyim, olaya müdahil olan insanların, saldırıların sert gerçekleriyle yüzleşme konusunda yetersizlik ve korku hissetmesine yol açar. Gross'un Polonya'daki Yahudi karşıtı şiddet incelemesi terör estirmenin önemini ve onyıllar sonra pogromların süregelen meşrulaştırılmasını gösterir. Gross'un hikâyesinde şiddet aynı zamanda mantıklı ve doğal olarak görülür ve ana failler devlet tarafından cezalandırılmaz: "Açıkça görülen o ki Yahudi karşıtı bir ayaklanma, kanun ve nizamı idare edenlerin gözünde önemsiz bir hadiseydi. Kimse bu olayların kışkırtıcılarını veya profesyonel anlamda (başarısız) idareleri kabadayıların hırsını daha da alevlendiren kanun görevlilerini kovalamaya ya da tespit etmeye uğraşmadı."[39]

Vakamızda savcı başka bir şehre nakil edildi, Çingenelere uygulanan dışlayıcı şiddet için de kimse cezalandırılmadı. Benzer vakalarda da cezalandırılmayan failler Türkiye'de norm olarak kabul edildi. Birkaç devlet otoritesi de Türk halkının milliyetçi hassasiyetini vurgulayan açıklamalarda bulunarak bu tür şiddeti doğallaştırdı. Bora, geçtiğimiz on yılda Türkiye'deki linçleri, özellikle Kürt halkına karşı yapılanları normal görme eğilimine değinir. Kürtlerin bu tür milliyetçi bir ayrımcılığa uğramasının düşman ve hain olarak algılanan halkı insandışılaştırdığını vurgular. Anlatıcılarımız tamamı "milli düşman" olarak kodlanan azınlıklara karşı farklı birçok olay arasındaki paralelliklere değindiğinden vakamız da benzer bir tavrı örneklendirmektedir. Bu nedenle bu kitap yalnızca Çingeneliğin tarihsel olarak nasıl inşa edildiği, damganın nasıl işlevsel hale geldiği ve ülkedeki sosyoekonomik dönüşümle ilintili olarak kişisel çıkarlar ve güç çatışmalarıyla nasıl yeniden üretildiği ile ilgili bir çalışma değildir. Bu kitap aynı zamanda ulusal varlığa ve toplumsal düzene rakip ya da düşman olarak sınıflandırılan insanlara karşı uygulanan sorgusuz ve meşru şiddeti de ele amaktadır. Bu algının izleri saldırıların önemsizliğini vurgulayan ve onları normalleştiren o dönemki valiyle yapılan konuşma da dahil olmak üzere birçok mülakatta görülebilir. Bora'nın eleştirisine benzer şekilde,[40] yapılan görüşmelerde saldırılar doğal bir afetmiş, kaçınılmaz bir olaymış gibi temsil edildi. Dahası saldırılar için failler değil Çingeneler suçlandı. Devlet yetkilileri bu tür duyguları bir idare tekniği olarak kullandı. Buna paralel

---

38 Gross, *Fear*, 256.
39 Agy., 79.
40 Bora, "Linç Açılımı", 5.

olarak faillerin şiddetinin meşru olarak tanınması da "sıradan Türkler"in çıkarlarını önceliklendiren bu tür politikalar tarafından güvence altına alındı.

Sonuç olarak, kasabadaki Çingene damgası saldırılar döneminde olduğu kadar etkin ve işlevsel değildir. Bu damganın yerini bir süredir Kürt karşıtlığı almıştır ve 2009 yılında kasabada Kürtlere saldırılması kimseyi şaşırtmamıştır. Kimse buna karşı koymamış ve tek bir fail bile tutuklanmamıştır. İnsanlar bu çatışmadan bir yıl önce Kürtlere yapılacak olası bir saldırıdan bana bahsetmişti. Şiddet ekstrem olmasa da kasabadaki bazı anlatıcılar daha büyük bir saldırının muhtemelen gerçekleşeceğini, çünkü Kürtlere karşı hoşnutsuzluğun hâlâ canlı olduğunu belirtti. Öte yandan bazı muhacir anlatıcılar da Kürtlere karşı kolektif eylemi bastıran güvenlik güçlerinin rolüne dikkat çekti: "[Kırk yıl önceki zorla yerinden etmeye kıyasla] muhtemelen devlet daha büyük bir meseleyi siyasi çıkarlardan dolayı önlüyor."

Sonuç

Bu kitaptaki birçok hikâye Bayramiç kasabasındaki Çingene olmayanların ve Çingenelerin anlatılarında da görüldüğü üzere, kategorik inşaların ve ayrımcılığın diğer dinamikleri gizlemeye hizmet ettiğini ve çarpık bir hatırlama ve temsile yol açtığını göstermektedir. Saldırılar sırasında, Çingeneleri dışlamak ve onlara karşı uygulanan kolektif şiddeti meşrulaştırmak için Çingenelik ve Türklük kategorileri katılaştı ve keskinleşti. Ancak saldırılar bu mevcut kategoriler nedeniyle ortaya çıkmadı; aksine, bu kategoriler saldırılar vesilesiyle daha güçlü ve işlevsel hale geldi. Dahası, saldırılar aynı zamanda bu geçirgen olmama halini mühürledi. Çingene denilen insanlar saldırılar sırasında (ve sonrasında) "daha Çingene" oldu. Bu süreçte Çingenelik kavramı daha da genişletildi ve şeytanlaştırıldı. Aynı insanlardan başka bağlamlarda müştereklik kurulabilen "Çingenelerimiz" olarak bahsedilmesine rağmen bu kategori kötülük konseptlerine daha da gömüldü ve Çingeneler ve Çingene olmayanlar arasında bir yabancılaşmaya neden oldu.

Dahası, insanların saldırılarla ilişkisi yalnızca belirli öznel konumlarla değil, aynı zamanda inşa edilmiş genel bir mantık evreniyle şekillendirildi. Saldırılar bireyleri kendi toplumsal evrenlerini ve diğerleriyle olan ilişkilerini tanımlamaya zorladı. Mantık ise güçsüze karşı şiddet eylemine olanak sağlayan güce ve meşruiyete dayandırılmıştı. Saldırılara maruz kalan Çingenelerin hepsinin fiziksel, sosyoekonomik ya da siyasi anlamda güçlü olmadığı düşünülmemelidir. Aksine, toplumdaki güçleri artmaktaydı. Bu noktada, Türklük, güçsüz, aşağılanmış, küçük düşürülmüş, insandışılaştırılmış ve bu nedenle aynı statüyü hak etmeyen insanlara karşı Çingenelik kategorisi aracılığıyla işlenen bir tür güç ve meşrutiyet kaynağı olarak kullanıldı.

Kasaba halkının saldırılar hakkındaki temsilleri ve anıları ve devamında gelen zorla yerinden etme süreci sosyal kategorilerin ne kadar esnek inşa edilebildiğini gösterir. Güç ilişkilerinde değişikliklere yol verebilecek dönemin sosyopolitik ortamında tarihsel damga ve milliyetçi duygular sosyal düzeni korumak için etkin hale getirildi. Karayolu taşımacılığı ve ormancılıktaki gelişmeler ve kırsal ve kentsel alanlar arasında artan ilişkiler nedeniyle marjinalleştirilmiş şoförlük mesleği kârlı ve fırsat dolu bir işe dönüştü. Eskiden toplumda sınırlı bir statüye sahip, albenisiz bir meslekken 1960'larda çok daha kârlı hale gelmesi ve çalışma şartlarındaki iyileştirmelerle beklenmedik bir popülerlik kazandı. Bu tarihi bağlam muhacir ve Türk şoförler arasındaki kamyon kavgasının anlaşılmasında büyük önem taşır. Tarihsel Çingene damgasının kasabada etkinleştirilmesi tam da bu noktada başladı.

Şiddet hem Türklük ve Çingenelik içeriklerinin hem de iki kategori arasındaki ilişkinin yeniden tanımlanmasında kullanıldı. Saldırılara kadar olan dönemde bu kategoriler müphem ve çokkatmanlıydı. Fiziksel özellikler, ahlaki değerler ve farklı âdetler gibi bazı belirli özellikler Çingeneleri ayırt etmede kullanılıyordu. Fakat kasabadaki pek çok Çingene bu steorotiplere uymuyordu. Yerel kökenlerinden ve soylarından bahseden Çingene olmayan Bayramiçliler (bazı) Çingenelerden hangi noktada tam anlamıyla ayrıldıklarını netleştirmek konusunda sık sık sorun yaşıyordu ve etnik kategoriler arasındaki sınırlar belirsizdi. Ancak Türk çoğunluk ayrıcalıklı konumunun tehlikede olduğunu hissettiğinde sınırlar önemli hale geldi ve bunları sabitleme dürtüsü önem kazandı.

Dahası, Bayramiç'teki saldırıdan önce Çingenelik, insanların zihinsel dünyasını ve birbirleriyle ilişki kurma biçimlerini etkilemişti. Üçüncü bölümde de gördüğümüz üzere, Çingenelikle arada daima göreceli bir sosyal mesafe olsa da bu mesafeyi aşmak her Çingene birey için zor değildi. Günlük etkileşimlerle sınırların geçildiğini ve bir dereceye kadar belirsizleştiğini savundum. Çingeneler ve Çingene olmayanlar arasındaki kişisel etkileşimler günlük konuşmalara, arkadaşlıklara, iş ilişkilerine ve yaşadıkları mahallelerde günlük deneyimlerin paylaşılmasına kapı açtı. Bu tür etkileşimler Çingenelik ve Türklük kategorilerinin ötesine geçen ilişkilere şekil verdi. Sonuç olarak, Çingenelik Türklüğün tamamen karşısında konumlanmamakta ve bazı kesişimler mümkün olmaktaydı. Ancak özellikle gruplar arası evlilik konusunda hâlâ bazı tabular mevcuttu. Bu nedenle Çingene damgası günlük etkileşimlerinde daima etkin olmasa da, tabular bir dereceye kadar sosyal mesafeyi ve dolayısıyla sınırları korumaya yarıyordu.

Dahası, diğer "ötekileştirme" vakalarıyla sahip olduğu benzerlikler insanların azınlık gruplara yönelik davranışlarının anlaşılmasında önem taşıyordu. Milliyetçiliğin belirginliği, ülkede vatandaşlık ve azınlık konumlarının oluşumu ve bunun Bayramiç'e yansımaları hakkında bize ipuçları sağlar. Kürt halkıyla benzerlikler en önemli ipucu gibi görünür. Kasabadaki bazı Kürtlerle yakın zamanda yaşanan sorunlar ve onlara karşı tırmandırılan olayları düşünecek olursak paralellikleri gözden kaçırmamız imkânsızdır. Dahası, Kürtlük genelde, özellikle 1990'lardan bu yana Türkiye'deki azınlık konumlar için bir referans noktası olmuştur. Özellikle ülkedeki birçok Çingene için Kürtlerle kıyaslanmak, onları, Türk devleti ve milletinin sadakatsiz üyeleriyle aynı kategoriye koymak demektir.

Saldırıların nasıl farklı hatırlandığı ve temsil edildiği de son derece ilgi çekicidir. Hikâyeler duygu ve kendi kendini rasyonalizasyonla dolup taşmanın yanı sıra farklı bakış açıları ve çıkarları da aktarmaktaydı. "Çingene tehdidi" etrafında anlatılan hikâyeler illa ki Çingene korkusu ile değil ama ulus içinde dışlanan olma korkusuyla doluydu. "Çingene tehdidi" anlatısını benimseyen birçok kişi Çingenelerin şiddet dolu, uygunsuz ve ahlaksız davranışlarından bahsetse de çoğu onlardan o kadar da korktuğunu ifade etmiyordu. Aksine, açık bir şekilde olayların faillerinden ve Çingeneleri savunurlarsa bir hain olarak etiketlenmekten korkuyorlardı. Bu anlatı, milli birliği korumak için milli düşmana karşı savaş söyleminin vurgulandığı diğer vakalarla birçok açıdan benzerlik gösterir. Siyasi söylemler ve uygulamalar aracılığıyla kavramsallaştırmanın yanı sıra önleyici eylemler ve cezalandırıcı tedbirler almamada devletin rolü kesinlikle göz ardı edilemez.

Saldırılar sırasında kasaba halkına terör estirilmesi son derece etkiliydi; Çingenelerin işverenleri ve hamileri kendilerini aniden korunmasız bir durumda bulabiliyorlardı. Aynı zamanda psikolojik ve fiziksel şiddete de maruz kalmışlardı. Bazı Bayramiçlilerin saldırılar hakkındaki sessizliği korkularını vurguluyordu. Kasabadaki birçok kişinin her şeyden önce failler hakkında konuşmamayı seçmiş olduğu gerçeği, Çingene olmayanların kolektif hafızasına hakim olan uygunsuz davranışlarda bulunan Çingeneler hikâyesini ekledi.

Bazı insanlar saldırıların sosyoekonomik arka planını öğrenmek ya da hatırlamak istemedi ve Çingene tehdidi ve ahlaksızlıkları hakkındaki hikâyeyi yeniden oluşturdu. İlk hikâye bastırıldı, en iyi ihtimalle perde arkasında anlatılarak Çingene konumlarıyla uyumlu marjinalleştirilmiş bir söylem haline geldi. Bu çalışma bu iki ana hikâye arasındaki dinamikleri de ortaya çıkarmayı hedeflemektedir. Alternatif tarihyazımları için ayrılan yeri sorgulamakta ve yalnızca Çingenelerin değil, sıradan Bayramiçlilerin hatta faillerin farklı seslerinin duyulabileceği bir alan sağlamayı amaçlamaktadır.

Sözlü tarih, tarihçinin dünyayı, bir şeyleri nasıl ve neden algıladığımızı ve elindeki araştırmadaki olayları anlama şekillerini sorgulamasını ve bunlar üzerine düşünmesini salık verir. Bu, anaakım anlayışların inşa edilip yapıbozuma uğratılmasını gerektiren bir süreçtir. Bu şekilde, insanların geçmişi nasıl hatırladığı ve temsil ettiği anlaşılabilir. Sözlü tarihle uğraşmanın önemli bir yanı da bir hikâyeyi anlatmanın çoklu yollarını ve bakış açılarını fark etmektir. Bu, çoklu öznelliklerin varlığını kabul eden bir anlayıştır. Belirli bir geçmişi şekillendiren farklı bakış açılarını, görüşleri ve özneleri ele alır ve bir toplumda farklı özneler olmanın ne anlama geldiğini açıklar.

Bu nedenle bir insanın bir hikâyeyi nasıl anlattığına ve dışlanma korkusu, milliyetçilik etkisi ve aforoz edilmiş, marjinal ya da ahlaksız olarak algılanma korkusundan nasıl etkilenmiş olabileceğine çok dikkat edilmelidir. Dahası, farklı zamanlarda ya da şekillerde yapılan konuşmalar farklı anlatılara kapı açabilir. Örneğin, birkaç konuşma sonrası tamamen güven dolu bir ilişki kurulduğunda insanlar hikâyelerin farklı kısımlarından bahsedebilir, hatta daha az egemen ya da anaakım bir anlatıya yer verebilirler. Deneyimlerime göre, görüştüğüm kişilerin bana olan güveni geçmişim, diğer insanlar hakkındaki bilgim ve onlarla ilişkilerim ve anlatıcılarıma karşı davranışlarım nedeniyle arttı. Bayramiç'le olan bağlarımı ve olaylar hakkında bildiklerimi ya da tanıdıkları biriyle ilişkimi bilmeseler daha farklı hikâyeler anlatacaklardı. Benzer bir şekilde, onlara ve hikâyelerine saygı duyduğumu gördüklerinde kendilerini daha rahat hissedip bana daha çok şey anlattılar. Bu nedenle sözlü tarihin sonuçları yalnızca kişinin mülakat öncesi yerel bilgisi ve ilişkileriyle değil, kişinin görüşmeyi yürütüşüyle de şekillenir. Burada anahtar kelime güvendir; güven sayesinde insanlar kişisel hikâyelerini anlatırken ve homojen anaakım temsillerini açık ya da gizli şekilde sorgularken kendilerini daha rahat hissederler.

Öte yandan, anlatı ve konuşma biçimlerindeki kaymalar tek bir mülakat esnasında bile gerçekleşebilir. Mülakat yapılan kişiler sık sık, belirli bir konudan bahsederken yalnızca birkaç dakika sonra, başka bir konudan konuşurken söyledikleri şeylerle çelişen bir yorumda bulunabilmektedir. Çoğu zaman bu tür çelişkilerin farkında bile olmamaktadırlar. Bu anlatılardaki kaymalar birkaç etkenle ilişkilidir. Belirli bireylerle olan ilişkileri, anlatılarının kendi deneyimlerine mi dayandığı yoksa egemen söylemi mi takip ettiği ve belirli bir bağlamla duygusal ya da mantıksal ilişkileri söz konusu kaymaları etkiler. Bu nedenle çelişkiler samimiyetsizlik ya da kafa karışıklığı olarak algılanmamalıdır, çünkü bu durum araştırmacıyı bu çelişkileri üreten dinamikleri incelemeye çağırır. Ne de olsa hepimiz eylemlerimizi, fikirlerimizi ve duygularımızı bilinçsizce içselleştirip yeniden üretiriz.

Saldırıların baskın olarak hatırlanışında sosyoekonomik ayrıcalıkların ihlali, maskülen gücün ihlal edilmesinin arkasına gizlendi. Bu hatırlama şeklinde, kadınlar milli toprakları temsil ediyordu. Bu nedenle milliyetçi hisler ahlaksızlığa karşı şiddetin doğallaştırılmasına eşlik etti. Burada ahlaksızlık erkek egemenliği ve gücüne bir hakaret olarak görüldü. Bu çalışma kapsamında, hatırlama ve temsil şekillerini oluşturan Türklük ve Çingenelik kategorilerinin inşası ve dönüşümü ana araştırma nesneleriydi. Bu nedenle sosyoekonomik statü, sınıf ve etnisite arasındaki ilişkiler önemli bir yere sahipti. Daha ayrıntılı bir araştırma için cinsiyetleştirilmiş alanın

eklemlenmesi ve millileştirilmiş sosyoekonomik varlıklar gibi, güç ilişkileri, hiyerar-
şiler ve eşitsizliklerin farklı unsurları arasındaki etkileşime çok dikkat edilmelidir.

Bu çalışma yalnızca Çingenelik ve Türklük arasındaki değil, kentsel ve kırsal,
modern ve geleneksel, erkek ve kadın arasındaki hiyerarşileri de incelemektedir.
Tüm bu unsurlar o kadar iç içe geçmiştir ki hangisinin ne zaman ve nasıl işlevsel
olduğunu kolayca ayırt edemeyiz. Güç eşitsizliklerini ve hiyerarşileri daima sorgu-
lamanın yanı sıra algılarımızı ve duygularımızı da buna uygun bir şekilde yeniden
yorumlama girişiminde bulunmalıyız. Ancak o zaman bu güç oluşumlarını ve
ilişkilerini anlayabilir ve bunların ötesine geçebiliriz.

Çingenelerin zorla yerlerinden edilmesi kategorilerin esnekliğine işaret etmekle
kalmaz; bunların farklı şekillerde nasıl, ne zaman ve neden uygulanabildiğini de
gösterir. Odak noktası kategorilerin kendisi değil, bunların birbiriyle ilişkili olarak ve
insanların sosyoekonomik ve tarihsel bağlamlarıyla uyumlu bir şekilde nasıl dönüştü-
ğüdür. Bu nedenle, Çingenelik ve Türklük birbirlerinden ayrı değil, birbiriyle ilintili
oluşumlar olarak ele alınır. İnsanların bu kategorileri nasıl anlamlarla doldurduğu
ve ilişkilerini bunlara uygun olacak şekilde nasıl çizdiği önemlidir. Yalnızca ikisi
arasındaki ilişki değil, farklı Çingene toplulukları arasındaki ilişki ve dinamikler
de görünür hale gelir. Farklı muhacirlerin ve yerli Çingenelerin Türklükle nasıl
ilişki kurduğunu fark etmek çok ilgi çekicidir. Bu çalışma insanların özdeşleşme
süreçlerinin karmaşıklığı ve Çingenelik ve Türklük arasındaki ilişki hakkında bize
ipuçları verir. Umuyorum ki Türkiye'de Roman çalışmaları alanında yapılacak yeni
araştırmalar bu boyutların daha ince ayrıntılarını keşfedebilir.

Diğer taraftan, Bayramiç'te Çingeneler ve Çingene olmayanlar arasındaki iliş-
kiler, Çingeneliğin ne kadar çokkatmanlı olabileceğini de gösterdi. Kasaba içinde
bir Çingene grubundan diğerine büyük farklar gözlemlendi. Heterojen ve çokkat-
manlı ilişkiler ve grup oluşumu süreci dışında, Bayramiç'te Çingenelik egemen
Çingene stereotipini çözüp, farklı sınıf ve kimlik konumlarını ortaya çıkarmaya
da yaramıştır. Türkiye'de ve diğer toplumlarda Çingenelik, marjinal konumlar,
güç ilişkileri ve eşitsizlikler konusundaki bundan sonraki araştırmalar umarım bu
ilişkilerin dinamikleri konusunda anlayışımızı derinleştirecektir.

Bunun dışında, insanların gerek statüsünü gerek kendilerine dair temsillerini
etkiledikleri oranda modern, yerli, eğitimli, iyi terbiyeli ve köylü olmak gibi diğer
dinamikler de bu vakada rol oynamış unsurlardır. Bu unsurlar, bu kategorilerin
gerçekten ne kadar karmaşıklaşabileceğini de gösterdi. Birçok farklı kesişim alanı
oluşmakta ve bunlar Çingeneler ve Çingene olmayanlar arasındaki kategorik fark-
lılıklarla sık sık çelişmekteydi. Bu ayrımlar saldırılarda göz ardı edilse de etkileri

muhacir ve yerli Çingenelere karşı davranışların farklılığında gözle görünür hale geldi.

Bu kitap yalnızca, iyi insanlara saldıran kötü insanlarla alakalı bir hikâye sunmamaktadır. Aksine, bazı insanların azınlıklara karşı kolektif şiddete başvurduğu zamanki ilişkileri, bağlamları ve özne konumlarını incelemektedir. Bu kadar yıldan sonra saldırıların ana failinin vicdansız bir kötü adam olduğu izlenimi doğmamaktadır, hatta kendisinin saldırılarda yer aldığını düşünmek bir hayli zordur. Bana masallardaki büyükanneleri andıran 96 yaşındaki Fitnat'ı görseydiniz ağzından böylesine nefret yüklü sözcüklerin döküleceğini hayal bile edemezdiniz. Ama tüm bunlar yaşandı ve bu durum bizi, insanların ayrımcılık yapacak şekilde düşünmesine, davranmasına neden olan ve bunları meşru görmelerini sağlayan koşulları gün yüzüne çıkarmaya zorluyor.

Bu çalışma insanların bazı özel sosyoekonomik bağlamlarda kendi çıkarlarını tehdit ettiğini düşündükleri belirli gruplara saldırmak için milliyetçi ve ayrımcı söylemlerde nasıl tarihsel kategori ve damgaları kullandığını ortaya koydu. Uygulamaya koyulmamış olsalar bile tüm güç ilişkileri ve ayrımcı söylemler sorgulanmalıdır. Yalnızca söylemler değil, kişisel duygular da sorgulanmalıdır, çünkü genelde bu söylemler, ne kadar ayrımcı oldukları fark edilmeden içselleştirilir. Bu söylemlerle ilişkili olan eşitsizlik koşulları ve kaynaklar üzerindeki kıran kırana rekabet koşulları ortadan kaldırılmaya çalışılmalıdır. Hiyerarşiler yapısökümle analiz edilmeli ve kişisel ve grup farklılıklarının varlığına rağmen insanlar arasında ortak bir payda bulmaya çalışılmalıdır. Etnik kategoriler insanları kolayca körleştirip belirli kategoriler arasındaki etnik sınırları kabul etmeye yol açabilir. Etnisite açıklayıcı güce sahip olmaktan (*explans*) ziyade, açıklanması gereken (*explanandum*) bir şeydir. Ancak bu yapıldığında sınırların nasıl çizildiğini, nasıl belirsizleştiğini ve hizaya getirildiğini anlayabiliriz. Tam da bu nedenle 1970'te Bayramiç'te yaşanan saldırıların incelenmesinin toplumsal manası yerel, hatta ulusal tarihin de ötesine geçerek genel anlamda kolektif şiddet ve tarihsel ırkçılığın yanı sıra güç eşitsizlikleri, hiyerarşiler ve ayrımcılığın oluşumunun incelenmesine de bir katkı olarak görülmelidir.

Ekler

Ek 1

TABLO A.1 Çalışmada Bahsedilen Anlatıcıların İsimleri ve Bilgileri[1]

Kitaptaki isim	Doğum Tarihi	Topluluk*	Meslek	Mülakat tarihi***	Açıklama
Ahmet	1946		Avukat	19 Nisan 2008	Canan'ın eşi, bir haminin damadı
Aydın	1923		Eski manav	3 Haziran 2008	1968'den bu yana Muradiye Mahallesi'nin yakınlarında yaşıyor.
Alper	1964	Muhacirler	—	16 Mayıs 2008	Hedef ailelerden biri. Mahir'in oğlu
Ayfer	1925		—		Tepecik Mahallesi'ndeki tanık komşu. Necla'nın annesi. Ölen eşi kahvehane sahibiydi.
Ayten	1945		Solmaz'ın eşi	28 Mayıs 2008	Sıradan bir Bayramiçli
Berrin	1960	Muhacirler	Ev hizmetlisi	22 Nisan 2008	Ana hedef ailelerin birinden. Cevza'nın kız kardeşi. Canan'ın ev hizmetlisi olarak çalışıyor.

1 Mülakatlar yalnızca burada anılanlarla sınırlı değildir; buradakiler, anlatıları doğrudan alıntılanan ve/veya gönderme yapılan mülakatlardan oluşmaktadır. Mülakatların toplam sayısı yaklaşık 200'ü bulmaktadır. Mülakat yapılan kişiler için kullanılan isimlerin tümü takmadır.

Kitaptaki isim	Doğum Tarihi	Topluluk*	Meslek	Mülakat tarihi***	Açıklama
Bidon Hilmi	1930	Muhacirler	Küçük işlerde çalışıyor	30 Nisan 2008	Ana hedef ailelerin birinden. Meral'le evli.
Canan	1947		Emekli öğretmen, kasabadaki ilk belediye başkanının kızı	18 Nisan 2008	İşveren tanık. Babası, evlerinde çalışan bir muhacir Çingene aileyi korudu.
Cemal Tantancı	1925		Emekli vali, savcı	27 Nisan 2009	O dönemdeki vali, 1967-71 tarihleri arasında görevdeydi.
Cevza	1955	Muhacirler	—	22 Nisan 2008	Ana hedef ailelerden birinin torunu
Erman	1935		Şoförler Derneği'nin eski sekreteri	17 Nisan 2008	Taşımacılık sektörünün gelişimi ve kasabadaki şoförler arasındaki ilişkiler hakkında bilgi verdi.
Ezgi	1931	Yerli Çingeneler	—	10 Mayıs 2008	Hedef ailelerin birinden
Faruk	1940		Ormancı	20 Mayıs 2008	Kasabadaki kerestecilik hakkında bilgi verdi.
Fatıma	1935		Helvacının eşi	3 Haziran 2008	Fitnat'ın kızı
Kitaptaki isim	Doğum Tarihi	Topluluk[1]	Meslek	Mülakat tarihi[2]	Açıklama

Kitaptaki isim	Doğum Tarihi	Topluluk*	Meslek	Mülakat tarihi**	Açıklama
Fazıl	1937	Yerli Çingeneler	Fırıncı	19 Mayıs 2008	—
Fitnat	1912			3 Haziran 2008	Sıradan bir Bayramiçli. 2009'da vefat etti.
Hale	1952		Bir helvacının kızı	18 Nisan 2007	Helvacı ailelerin birinden işveren tanık
Hülya	1940			22 Haziran 2008	Komşu tanık. 1955-85 yılları arasında Muradiye Mahallesi'nde yaşamış. Ölen eşi otomobil tamircisiydi.
Hüseyin Kiltaş	1950		Eski şoför, Şoförler Birliği'nin başkanı	20 Haziran 2008	Şoförler Topluluğu'ndan bir fail. Kasabaya 1957'de geldi ve ehliyetini 1968'de aldı.
İlker Tortor	1944		Yeni belediye başkanı	10 Mayıs 2008	Görüşmelerin yapıldığı tarihte 2004'ten beri belediye başkanı
İsmail	1959		İlkokul öğretmeni	4 Temmuz 2008	Komşu tanık. Hâlâ Muradiye Mahallesi'nde yaşıyor.
Kadir	1927		Eski şoför ve işadamı	20 Ağustos 2009	Ana fail
Karaahmet	1961	Yörük asıllı	Taksi şoförü	7 Haziran 2008	Tanık

Kitaptaki isim	Doğum Tarihi	Topluluk*	Meslek	Mülakat tarihi**	Açıklama
Kismet	1926	Muhacirler	—	22 Nisan 2008	Hedef ailelerin birinden. Cevza'nın annesi
Mahir	1947	Muhacirler	Emekli postacı	16 Mayıs 2008	Hedef ailelerin birinden
Mahmut	1948		Emekli öğretmen	7 Nisan 2007	Eniştem, kasabada sosyal anlamda aktif ve ana figürlerle yakın bağları var.
Meliha	1942		—	8 Mayıs 2008	Komşu tanık. Tepecik Mahallesi'nin eski sakinlerinden. 1958'den bu yana kasabada yaşıyor. Ölen eşi kahvehane sahibiydi.
Melis	1979		Vaiz	22 Haziran 2008	Muradiye Mahallesi'nin eski sakinlerinden
Meral	1933	Muhacir Çingeneler	—	28 Nisan 2008	Hedef ailelerin birinden; Bidon Hilmi'yle evli
Mesiye	1941	Yerli Çingeneler	Fırıncı	22 Mayıs 2008	Tepecik Mahallesi sakinlerinden
Muhtar Kemal	1932		1967'den bu yana muhtarlık yapıyor, terzi	22 Mayıs 2008	Tanık. Kasabada sosyal ve siyasi anlamda önemli bir figür
Mustafa	1947		Kasabadaki Taşıyıcılar Kooperatifi'nin görüşmenin yapıldığı 2008 yılındaki başkanı	22 Mayıs 2008	

Kitaptaki isim	Doğum Tarihi	Topluluk*	Meslek	Mülakat tarihi**	Açıklama
Necla	1940		Emekli ilkokul öğretmeni	10 Mayıs 2008	Komşu tanık. Tepecik Mahallesi sakinlerinden
Necmi	1952	Muhacir	Küçük işlerde çalışıyor	27 Haziran 2008	Saldırılar sırasında kasaba dışında askerdeydi.
Nırkı	1950		Eski şoför	12 Haziran 2008	Şoförler Odası'nın yeni başkanı
Ramazan	1948		Eski şoför	14 Haziran 2008	
Ramiz	1946		Küçük esnaf	18 Ağustos 2006	İşveren tanık
Rana	1935	Muhacirler	—	12 Mayıs 2008	Ana hedef ailelerin birinden. Dilaver Kocayar'ın kızı, Fikret'in ablası
Salih	1924		Emekli kasap ve eski il encümeni	5 Mayıs 2008	Savcının dövülüşüne tanık olmuş. O dönemde sosyal ve siyasi anlamda önemli bir figürdü.
Salim	1942		Eski şoför	14 Mayıs 2008	Saldırılarda fail
Selim	1945		Emekli öğretmen	12 Nisan 2007	Eniştem

Kitaptaki isim	Doğum Tarihi	Topluluk*	Meslek	Mülakat tarihi**	Açıklama
Sebiye	1955	Muhacirler	—	17 Mayıs 2008	
Seyyal	1966	Muhacirler	Ev hanımı	6 Mayıs 2008	Ana hedef ailenin torunu. Edremit'te yaşıyor, Roman bir birahane yöneticisiyle evli
Solmaz	1943		2000'lerin başında görev alan eski belediye başkanı, meyve ticaretinde küçük işletmeci	26 Mayıs 2008	Tanık. Kasabada sosyal ve siyasi anlamda önemli bir figür
Şükufe	1974	Muhacirler	—	22 Nisan 2008	Ana hedef ailelerin birinin torunu
Tayfun	1949		Eski şoför	24 Mayıs 2008	
Tijen	1947		Emekli öğretmen	12 Nisan 2007	Teyzem

* Topluluklar Türklük ötesinde özdeşleştikleri grupları belirtmektedir. Bu topluluklara mensup kişiler genelde kendilerini aynı zamanda Türk olarak görmekte ve/veya temsil etmektedir. Öte yandan, bu tür bir topluluğa ait olmayanlar ise kendilerini "etnik Türk" olarak görmekte ve/veya temsil etmektedir. Ama bu kitapta da gördüğümüz üzere kategorilerin içeriği değişime açıktır.

** Tarih ilk buluşmayı belirtiyor. Çoğu anlatıcıyla birden fazla görüşme yapıldı ve Mart 2008 ve Ağustos 2009 tarihleri arasında farklı zamanlarda bir araya gelindi.

Ek 2

Ana Saldırganın Hayat Hikâyesi

Kadir'in hayat hikâyesi geçmişini ve gücünün boyutunu anlamak açısından önem taşıyor. Hikâyesini bana 20 Ağustos 2009'da anlattı. Kadir 1927'de doğdu. 1936'da Kızıltepe köyünden ilkokula gitmek için kasabaya geldi. Ailesi köydeki en güçlü aileydi; tarlaları vardı, dedesi hayvancılık ile uğraşıyordu. Köydeki akranları arasında okula ilk giden oydu. Diğerlerine de okuma-yazma öğretmek istedi.

1949'da askere gitti; burada muhacir Çingene Fikret'le arkadaş oldu. Askerlik yaparken İzmir'de sürücülük dersi aldı. İki yıl sonra askerliği bitti; çiftçilik yaptığı köyüne döndü; 1954'te ehliyetini aldı. O sırada Çanakkale Belediyesi sürücü ehliyeti dağıtıyordu. Kasabadan ehliyet başvurusunda bulunan yalnızca iki kişi vardı. Diğer aday da Kadir'in köyündendi.

1955-56'da kasaba merkezine taşınmaya karar verdi, çünkü babasının ve dedesinin köydeki yönetimi altında güzel bir gelecek göremiyordu. O sırada İstanbul menşeli yeni bir şirket (Çarmıklı Holding) bir hidroelektrik terminali inşa etmek için Bayramiç'e gelmişti. Bir ustabaşı ilanı verdiler. Kadir şirkette çalışmaya başladı; yeni bir çevre oluşturdu. Görevi şirket için çalışacak 1200 kişi bulmaktı; karşılığında 180 lira gibi iyi bir ücret alacaktı (O günlerde terminaldeki bir işçi günde 2-2,5 liradan fazla kazanamıyordu). Kasabadan 55 kişi buldu. Geri kalanı için köylere ve diğer kasabalara gitti. Nihayet ihtiyacı olan tüm işçileri toplayabildi. Çevresinin genişlemesi ve o dönemdeki iş bulucu imajı, daha sonraki mesleğini ve ileriki yıllardaki saygın ama korkutucu imajını da güçlendirecekti. Bu ağ, saldırılardaki köylü sayısının fazlalığının anlaşılması açısından manidardır.

Çarmıklı Holding, Kadir'i taşocağında da işe aldı. Şirketteki işi iki buçuk yıl sürdü. 1957'de iş yükü pek de fazla değilken taşımacılık sektöründe kullanmak üzere bir cip satın aldı (belediye için çalışan Rater Çavuş'un eski cipini). Bundan çok iyi para kazandı. O dönemde cip köyler, kasabalar ve şehir merkezi arasında insan ve mal taşımacılığında kullanılıyordu. Kadir aynı zamanda doktor ve hâkimleri de işlerine götürüyordu. O sırada kasabada Kadir'inki de dahil olmak üzere yalnızca beş cip vardı.

O yıllarda insanlar ormandan tomruk alıyordu ama yalnızca dört-beş tane kamyon vardı; hepsi de çok eskiydi. Kadir bu sektöre 1950'lerin sonlarında girdi. Bir ortaklıkla açık kamyon satın almak için 1959-60'ta cipini sattı (O sırada kasabada onlarınki de dahil sekiz kamyon vardı. 1961 yılında üç kişi daha kamyon satın aldı. Şoför sayısı yirmi-otuz civarındaydı). Bir yıl sonra kamyonu sattılar; Kadir çok iyi bir teklif aldığından şoför olarak çalışmaya başladı (Diğer şoförler ayda 35 lira alırken o 55 lira alıyordu). Daha sonra başka birkaç otobüs ve kamyon için şoför olarak çalışmaya başladı.

Kadir'in anlattığına göre, o dönemde dağda araba kullanamayan bir şoför için iş bulmak zordu. Fakat dağdaki yollar da çok tehlikeliydi. Ancak 1960'ların sonlarına doğru yollarda iyileştirme yapıldı. O dönemde en iyi işin şoförlük olduğunu söylüyordu Kadir. Birçok kız bir şoförle evlenmek istiyordu. Şoförler arasındaysa Kadir, Fikret Kocayar ve başka üç kişiyle birlikte en çok rağbet görenler arasındaydı. 1960'ların sonlarına doğru o ve Fikret birlikte bir kamyon satın alıp depodan nihai teslim noktasına tomruk taşıyarak piyasada çalışmaya başladılar. Kadir herhangi bir hoşnutsuzluktan bahsetmedi. Ama Çingenelerin uygunsuz davranışlarını vurguladı.

Kadir 1970'lerde taşımacılık sektörünü elinde tutuyordu. Önce minibüs işine girdi. Rahmi kasaba ve şehir merkezi arasında çalışan minibüs şirketi Bayramiç Birlik'i kurdu ve Kadir de bu şirketteki tek minibüsle ortak oldu. Burada şoför olarak da çalıştı. Minibüs sektöründe en yakın kasaba olan Ezine'den rakipler ortaya çıktı. Kadir oradaki şoförlerle, müşteri yüzünden birkaç kez kavgaya tutuştu. 1973'te Şoförler Odası'nın başkanı oldu. Birçok kurumu yönetiyordu; o dönemde spor kulübünün başkan yardımcısı ve devlet memurları birliği/kulübünün başkanıydı. Aynı yıl içerisinde kasabadaki tüccarlar daha önce Ezinelilerin kamyonlarıyla taşınan mallarını İstanbul'dan getirmek için "Eser Nakliyat" adı altında kendi şirketlerini kurdu. Kadir kamyonu kendi adına kayıt ettirdi. Bu, ağaların değil, tüccarların ve diğer orta halli kasaba halkının işbirliği yaptığı bir başka önemli ortaklıktı. O sırada Kadir'in iki açık kamyonu, iki otobüsü ve bir minibüsü vardı.

Kadir, 1970'lere girerken durumlarının gayet iyi olduğunu söyledi; 1970'lerin başında kasabadaki ikinci vergi mükellefi seçilmişti. Nakliyeciler arasında en güçlü isimdi. Fakat 1980'lere doğru kamyonların sayısı 80-100'e çıktı. Sonrasında şoförlerin sayısı da önemli ölçüde arttı, öteki kasabalarda yeni şirketler türedi. Bu sırada şoförlük sektörü nispeten daha az kârlı hale geldi ve Kadir güç kaybetmeye başladı.

Kaynakça

Acton, Thomas. *Gypsy Politics and Social Change: The Development of Ethnic Ideology and Pressure Politics Among British Gypsies from Victorian Reformism to Romany Nationalism*. Londra; Boston: Routledge; Kegan Paul, 1974.

Acton, Thomas ve Nicolae Gheorghe. "Citizens of the World and Nowhere: Minority, Ethnic and Human Rights for Roma During the Last Hurrah of the Nation-State." *Between Past and Future: The Roma of Central and Eastern Europe*, der. Will Guy, Hatfield: University of Hertfordshire, 2001.

Ahıska, Meltem, Fırat Genç ve Ferhat Kentel. *"Milletin Bölünmez Bütünlüğü" Demokratikleşme Sürecinde Parçalayan Milliyetçilik(ler)*. İstanbul: Tesev Yayınları, 2007.

Aktar, Ayhan. *Varlık Vergisi ve Türkleştirme Politikaları*. İstanbul: İletişim Yayınları, 2000.

Alba, Richard ve Victor Nee. *Remaking The American Mainstream: Assimilation and Contemporary Immigration*. Cambridge: Harvard University Press, 2003.

Albanese, Patricia. "Nationalism, War, and Archaization of Gender Relations in the Balkans." *Violence Against Women* 7 (9) (Eylül 2001): 999–1023.

Altınöz, İsmail. "XVI. Yüzyılda Osmanlı Devlet Yönetimi İçerisinde Çingeneler." *Yeryüzünün Yabancıları Çingeneler*, der. Suat Kolukırık. İstanbul: Simurg Yayınları, 2008.

Amnesty International [Uluslararası Af Örgütü] (10 Eylül 2010). "Italy Must Stop The Discrimination Against Roman." Erişim tarihi: 14 Ocak 2011, from http://www.amnesty.org/en/appeals-for-action/italy-must-stop-the-discrimination-against-roma.

Anderson, Benedict. *Imagined Communities: Reflections on the Origin and Spread of Nationalism*. Londra; New York: Verso, 1991. [Benedict Anderson. Hayali Cemaatler, İng. Çev. İskender Savaşır, İstanbul: Metis Yayınları, Mayıs 2015.]

Andrews, Peter Alford. *Ethnic Groups in the Republic of Turkey*. Wiesbaden: Dr. Ludwig Reichert Verlag, 1989. [Peter Alford Andrews, *Türkiye'de Etnik Gruplar*, İng. çev. Mustafa Küpüşoğlu, İstanbul, Tüm Zamanlar Yayıncılık, Ocak 1993]

Arslan, Emre. "Türkiye'de Irkçılık." *Modern Türkiye'de Siyasi Düşünce Cilt 4: Milliyetçilik*, der. Tanıl Bora ve Murat Gültekingil. İstanbul: İletişim Yayınları, 2002.

Atabay, Mithat, "1950–1951'de Bayramiç'e Gelen Bulgaristan Göçmenleri." *Bayramiç Sempozyumu 03–05 Ağustos 2007*, der. Osman Demircan, Adnan Çevik and Murat Ildırır. Çanakkale: Çanakkale Onsekiz Mart Üniversitesi Yayınları, Temmuz 2007, 67–74.

Baban, Feyzi. "Community, Citizenship and Identity in Turkey." *Citizenship in a Global World: European Questions and Turkish Experiences*, der. E. Fuat Keyman and Ahmet İçduygu. Londra ve New York: Routledge, 2005, 52–70.

Bali, Rıfat. *1934 Trakya Olayları*. İstanbul: Kitabevi Yayıncılık, 2008.

Barany, Zoltan D. "Ethnic Mobilization without Prerequisites: The East European Gypsies." *World Politics* 54 (3) (Nisan 2002): 277–307.

Barany, Zoltan D. *The East European Gypsies: Regime Change, Marginality, and Ethnopolitics*. Cambridge; New York: Cambridge University Press, 2002.

Barth, Fredrik. "Introduction." *Ethnic Groups and Boundaries*, der. Fredrik Barth. Oslo: Universitetsforlaget, 1969, 10–37. [Fredrik Barth, "Giriş". *Etnik Gruplar ve Sınırları*, İng. çev. Ayhan Kaya ve Seda Gürkan, İstanbul: Bağlam Yayıncılık, Kasım 2001.]

Başaran, Cevat. *Geçmişten Günümüze Bayramiç: Tarihi, Cografyası ve Arkeolojisi*. Ankara: T.C. Kültür Bakanlığı Milli Kütüphane Basımevi, 2002.

Bauman, Zygmunt. *Modernity and Ambivalence*. Cambridge: Polity Press, 1993. [Zygmunt Bauman, *Modernite ve Müphemlik*, İng. çev. İsmail Türkmen, İstanbul: Ayrıntı Yayınları, Nisan 2003]

Baygun, Cüneyt and Ayla Ortaç. (Der.). *Yurt Ansiklopedisi*. İstanbul: Anadolu Yayıncılık, 1981.

BBC (20 Ağustos, 2010). *France Sends Roma Gypsies Back to Romania*. Erişim tarihi 14 Ocak 2011, http://www.bbc.co.uk/news/world-europe-11020429.

Bedard, Tara. "Roma in Turkey." European Roma Rights Center, (7 Şubat 2004). Erişim tarihi: 14 Ocak, 2011, http://www.errc.org/cikk.php?cikk=1345.

Behrenbeck, Sabine. "Between Pain and Silence: Remembering the Victims of Violence in Germany after 1949." *Life after Death: Approaches to a Cultural and Social History of Europe During the 1940s and 1950s*, der. Richard Bessel ve Dirk Schumann. Cambridge: Cambridge University Press, 2003, 37–64.

Belge, Murat. "Türkiye'de Zenofobi ve Milliyetçilik." *Modern Türkiye'de Siyasi Düşünce Cilt 4: Milliyetçilik*, der. Tanıl Bora ve Murat Gültekingil. İstanbul: İletişim Yayınları, 2002, 179–193.

Benedict, Peter. "The Changing Role of Provincial Towns: A Case Study from Southwestern Turkey." *Turkey: Geographic and Social Perspectives*, der. P. Benedict, F. Mansur ve E. Tümertekin. Leiden: Brill, 1974.

Benedict, Peter, Fatma Mansur ve Erol Tümertekin. (Der.). *Turkey: Geographic and Social Perspectives*. Leiden: E.J. Brill, 1974.

Benjamin, Walter. "The Storyteller." *Illuminations*, der. Hannah Arendt. New York: Schocken Books, 1969, 83–109. [Walter Benjamin, "Hikâye Anlatıcısı". *Parıltılar*, İng. çev. Yılmaz Öner, İstanbul: Belge Yayınları, 2003.]

Berberoğlu, Berch. *Nationalism and Ethnic Conflict: Class, State, and Nation in the Age of Globalization*. Maryland: Rowman & Littlefield Publishers, 2004.

Bergmann, Werner. "Exclusionary Riots: Some Theoretical Considerations." *Exclusionary Violence*, der. Christhard Hoffmann, Werner Bergmann ve Helmut Walser Smith. Michigan: The University of Michigan Press, 2002, 161–185.

Bergmann, Werner, Christhard Hoffmann ve Helmut Walser. "Introduction." *Exclusionary Violence*, der. Christhard Hoffmann, Werner Bergmann ve Helmut Walser Smith. Michigan: The University of Michigan Press, 2002, 1–22.

Blasco, Paloma Gay Y. "Gypsy/Roma Diasporas: A Comparative Perspective." *Social Anthropology* 10 (2) (2002): 173–188.

Bora, Tanıl. "İnşa Döneminde Türk Milli Kimliği" *Toplum ve Bilim* 71 (Kış 1996): 168–195.

Bora, Tanıl. "Türk Milliyetçiliği ve Azınlıklar." *Modern Türkiye'de Siyasi Düşünce Cilt 4: Milliyetçilik*, der. Tanıl Bora ve Murat Gültekingil. İstanbul: İletişim Yayınları, 2002, 706–718.

Bora, Tanıl. "Linç Açılımı." *Birikim* 249 (Ocak 2010): 3–5.

Bora, Tanıl ve Nergis Canefe. "Türkiye'de Populist Milliyetçilik." *Modern Türkiye'de Siyasi Düşünce Cilt 4: Milliyetçilik*, der. Tanıl Bora ve Murat Gültekingil. İstanbul: İletişim Yayınları, 2002, 635–662.

Boris E ve E. A. Janssens "Complicating Categories: An Introduction." *International Review of Social History* 44 (1999) 7 (Ek): 1–14.

Bourdieu, Pierre. "Social Space and Symbolic Power." *Sociological Theory* 7 (1) (Bahar 1989): 14–25.

Bowen, John R. "The Myth of Global Ethnic Conflict." *Journal of Democracy* 7 (4) (1996): 3–14.

Bracewell, Wendy. "Rape in Kosovo: Masculinity and Serbian Nationalism." *Nations and Nationalism* 6 (4) (Ekim 2000): 563–90.

Brass, Paul R. "Introduction: Discourses of Ethnicity, Communalism, and Violence." *Riots and Pogroms*, der. Paul R. Brass. London: Macmillan Press, 1996, 1–55.

Brubaker, Rogers ve David D. Laitin.. "Ethnic and Nationalist Violence." *Annual Review Sociology 24* (Ağustos 1998): 423–452.

Brubaker, Rogers. *Ethnicity without Groups*. Cambridge, Mass.: Harvard University Press, 2004.

Brubaker, Rogers. "Ethnicity without Groups." *Facing Ethnic Conflicts: Towards a New Realism*, der. Andreas Wimmer. Lanham: Rowman & Litttlefield Publishers, 2004, 34–52.

Burke, Peter. *History and Social Theory*. Ithaca; New York: Cornell University Press, 1992. [Peter Burke, *Tarih ve Toplumsal Kuram*, İng. çev. Mete Tunçay, İstanbul: Tarih Vakfı, Haziran 2012]

Butler, Judith. "Merely Cultural?" *New Left Review* (227) (Ocak-Şubat 1998): 33–45.

Çağaptay, Soner. "Türklüğe Geçiş: Türkiye'de Göç ve Din." *Vatandaşlık ve Etnik Çatışma*, der. Haldun Gülalp. İstanbul: Metis Yayınları, 2005, 86–112.

Çağllar, Yücel. *Türkiye'de Ormancılık Politikası*. Ankara: Çağ Matbaası, 1979.

Çakır, Aslı. "Roman Kitaba Denir, Onun Aslı Çingene." *Milliyet* (06 Mart 2006). Erişim tarihi: 14 Ocak 2011, http://www.milliyet.com.tr/2006/03/06/pazar/paz02.html.

Çanakkale İli Yıllık Raporu 1967.

Çanakkale İli Yıllık Raporu 1973.

Çelik, Faika. "Exploring Marginality in the Ottoman Empire: Gypsies or People of Malice (Ehl-i Fesad) as Viewed by the Ottomans." *European University Institute, EUI Working Papers RSCAS* (39) (2004).

Crawford, Beverly. "The Causes of Cultural Conflict: An Institutional Approach." *The Myth of "Ethnic Conflict": Politics, Economics, and "Cultural" Violence,* der. Beverly Crawford ve Ronnie D. Lipscutz. Berkeley: University of California, 1998, 3–43.

Csepeli, Gyorgy ve David Simon. "Construction of Roma Identity in Eastern and Central Europe: Perception and Self-Identification." *Journal of Ethnic and Migration Studies* 30 (1) (Ocak 2004): 129–150.

Corkalo, Dinka, Dean Ajdukovic, Harvey M. Weinstein, Eric Stover, Dino Djipa ve Miklos Biro. "Neighbors Again? Intercommunity Relations after Ethnic Cleansing." *My Neighbor, My Enemy: Justice and Community in the Aftermath of Mass Atrocity,* der. Eric Strover ve Harvey M. Weinstein, Cambridge: Cambridge University Press, 2004, 143–161.

Connor, Walker. "A Few Cautionary Notes in Ethnonational Conflicts." *Facing Ethnic Conflicts,* der. Andreas Wimmer, Richard J. Goldstone, Donald L. Horowitz, Ulrike Joraz ve Conrad Schetter. Oxford: Rowman & Littlefield Publishers, 2004, 23–33.

Cook, John M. *The Troad: an Archeological and Topographical Study*. Oxford: Clarendon Press, 1973.

Danacıoğlu, Esra. "İşgal, Gündelik Hayat, Kurtuluş: Yunan İşgali Altında İzmir." *Kuşaklar, Deneyimler, Tanıklıklar: Türkiye'de Sözlü Tarih Çalışmaları Konferansı,* der. Aynur İlyasoğlu ve Gülay Karacan. İstanbul: Tarih Vakfı, 2006, 149–156.

Danış, Didem ve Ayşe Parla. "Nafile Soydaşlık: Irak ve Bulgaristan Türkleri Örneğinde Göçmen, Dernek ve Devlet." *Toplum ve Bilim* (114) (2009): 131–158.

Danka, Anita. "Türkiye'de Roman Hakları ve Hukuki Çerçeve." *We Are Here! Discriminatory Exclusion and Struggle for Rights of Roma in Turkey*, der. Ebru Uzpeder, Savelina Danova/Roussinova, Sevgi Özçelik ve Sinan Gokcen. İstanbul: Mart Matbaacılık, 2008, 29–52.

Davis, Natalie Zemon. "The Rites of Religious Violence in Sixteenth-Century France." *The Massacre of St. Bartholomew: Reappraisals and Documents*, der. Alfred Soman. The Hague: Martinus Nijhoff, 1974, 203–242.

Declich, Francesca. "When Silence Makes History: Gender and Memories of War Violence from Somalia." *Anthropology of Violence and Conflict*, der. Bettina E. Schmidt ve Ingo W. Schroder. New York: Routledge, 2001, 161–175.

Devecioğlu, Ayşegül. *Ağlayan Dağ Susan Nehir*. İstanbul: Metis Yayınları, 2007.

Dieleke, Edgardo. "Genealogies and Inquiries Into Laziness From Macunamia," *Ellipsis*, 5 (2007). Erişim tarihi: 14 Ocak 2011, http://www.ellipsis-apsa.com/Volume_5-Dieleke.html.

Douglas, Mary. *Purity and Danger: An Analysis of Concepts of Pollution and Taboo*. Londra: Routledge and K. Paul, 1966. [Mary Douglas, *Saflık ve Tehlike : Kirlilik ve Tabu Kavramlarının Bir Çözümlemesi*, İng. çev. Emine Ayhan, İstanbul: Metis Yayınları, Nisan 2007]

Eley, Geoff. "Is All the World a Text? From Social History to the History of Society Two Decades Later." *Historic Turn in the Human Science*, der. Terence McDonalds. Ann Arbor: Michigan State University, 1996, 193–243.

Engineer, Ashgar Ali. "The Causes of Communal Riots in the Post-Partition Period in India." *Communal Riots in Post-Independence India*, der. Ali Ashgar Engineer. Haydarabad: Sangam Books, 1984, 33–41.

Erdoğan, Necmi. "Garibanların Dünyası: Türkiye'de Yoksulların Kültürel Temsilleri Üzerine Ilk Notlar." *Toplum ve Bilim* (Yaz 2001): 7–21.

Ergün, İsmet. *Türkiye Ekonomik Kalkınmasında Ulaştırma Sektörü*. Ankara: Hacettepe Universitesi Iktisadi ve İdari Bilimler Fakültesi Yayınları, (10), 1985.

EurActiv. "Dolapdere'de Çatışan Kürtler ve Romanlar" (16 Aralık 2009). Erişim tarihi: 14 Ocak 2011, http://www.euractiv.com.tr/ab-ve-Türkiye/article/dolapderede-carpisan-kurtlerle-Romanlar-008116.

Fearon, James D. and David D. Laitin. "Violence and the Social Construction of Ethnic Identity." *International Organization* 54 (4) (Autumn 2000): 845–877.

Fraser, Angus. *Çingeneler*. (İstanbul: Homer Kitabevi, 2005).

Fredrickson, George M. *The Comparative Imagination on the History of Racism, Nationalism and Social Movements*. Berkeley ve Los Angeles: University of California Press, 1997.

Gill, Tom. *Men of Uncertainty: The Social Organization of Day Laborers in Contemporary Japan*. New York: State University of New York Press, 2001.

Gillsater, Clare, Dena Ringold ve Julius Varallyay. *Roma in an Expanding Europe: Challenges for the Future*. Washington D. C.: The World Bank, 2004.

Ginio, Eyal. "Neither Muslims nor Zimmis: The Gypsies (Roma) in the Ottoman State." *Romani Studies* 14 (2) (2004): 117–144.

Gökçen, Sinan ve Sezin Öney. "Türkiye'de Romanlar ve Milliyetçilik." *We Are Here! Discriminatory Exclusion and Struggle for Rights of Roma in Turkey*, der. Ebru Uzpeder, Savelina Danova/Roussinova, Sevgi Özçelik ve Sinan Gökçen. İstanbul: Mart Matbaacılık, 2008, 129–136.

Göregenli, Melek. "Bir Ayrımcılık İdeolojisi Olarak Milliyetçilik." *Milli Hallerimiz: Yurttaşlık ve Milliyetçilik: Farkında Mıyız?* der. Nil Mutluer ve Esra Güçlüer. Istanbul: Helsinki Yurttaslar Dernegi, 2008.

Grele, Ronald J. "Movement without Aim: Methodological and Theoretical Problems in Oral History." *The Oral History Reader*, der. Robert Pecks ve Alistair Thompson. Londra; New York: Routledge, 1998, 38–53.

Green, Linda. "Fear As a Way of Life." *Cultural Anthropology* 9 (2) (Mayıs 1994): 227–256.

Gross, Jan T. *Neighbours: The Destruction of the Jewish Community in Jedwabne, Poland, 1941*. Londra: Arrow Books, 2003.

Gross, Jan T. *Fear: Anti-Semitism in Poland after Auschwitz, An Essay in Historical Interpretation*. New York: Random House, 2006.

Grosz, Elizabeth. *Volatile Bodies: Toward a Corporeal Feminism*. Bloomington; Indianapolis Indiana University Press, 1994.

Güler, E. Zeynep. "Çanakkale'den Savaş Dışı Anılar." *Kuşaklar, Deneyimler, Tanıklıklar: Türkiye'de Sözlü Tarih Çalışmaları Konferansı*, der. Aynur İlyasoğlu ve Gülay Karacan. İstanbul: Tarih Vakfı, 2006, 165–176.

Günal, Asena. *Health and Citizenship in Republican Turkey: An Analysis of the Socialization of Health Services in Republican Historical Context*. Doktora Tezi, Boğaziçi Üniversitesi, 2008.

Gürel, Burak. *Political Mobilization in Turkey in the 1970s: The Case of the Kahramanmaras Incidents*. Yüksel Lisans Tezi, Boğaziçi Üniversitesi, 2004.

Güven, Dilek. *Cumhuriyet Dönemi Azınlık Politikaları ve Stratejileri Bağlamında 6–7 Eylül Olayları*. İstanbul: İletişim Yayınları, 2006.

Haber, Fabrikası. Provocation, Discrimination, Kurdish Hunt… Urgent Action for Peace, (tarih belirtilmemiş). Erişim Tarihi: 17 Ocak 2011, http://www.haberfabrikasi. org/s/ ?p=5133

Haber, Vitrini. *Romanlar Beyoğlunu Karıştıran DTPKK'lıları Satırlarla Kovaladı* (14 Aralık 2009). Erişim tarihi: 14 Ocak 2011, http:// www.habervitrini.com/polise_yuh_pkklilari_kovalayan_ romanlara_mudahale-435526.html.

Haley, Alex. "Black History, Oral History and Genealogy." *Oral History: An Interdisciplinary Anthology*, der. David K. Dunaway ve Willa K. Baum. California: Altamira Press, 1996, 9–21.

Hall, Stuart. "The New Ethnicities." *Race, Culture and Difference,* der. J. Donald ve A. Rattansi. Londra: Sage Publications, 1992, 252–260.

Hall, Stuart. "Introduction Who Needs Identity." *Cultural Identity*, der. Stuart Hall ve Paul du Gay, London, Thousand Oaks. New Delhi: Sage Publications, 1996, 1–17.

Hancock, Ian. *The Heroic Present The Photographs of Jan Yoors and His Life with the Gypsies*. New York: The Monacelli Pres, 2004.

Harootunian, Harry D. "The Benjamin Effect: Modernism, Repetition, and the Path to Different Cultural Imaginaries." *Walter Benjamin and the Demands of History*, der. Michael P. Steinberg. Ithaca: Cornell University Press, 1996, 62–87.

Harris, Ruth. "The 'Child of the Barbarian': Rape, Race and Nationalism in France during the First World War." *Past and Present*, (141) (Kasım 1993): 170–206.

Hayden, Robert M. "Rape and Rape Avoidance in Ethno-National Conflicts: Sexual Violence in Liminalized States." *American Anthropologist*, 102 (1) (2000): 27–41.

Hershlag, Z. Yehuda. *Turkey, The Challenge of Growth*. Leiden: E.J. Brill, 1968.

Heuss, Herbert. "Anti-Gypsism Research: The Creation of a New Field of Study." *Scholarship and the Gypsy Struggle; Commitment in Romani Studies*, der. Thomas Acton. Hertfordshire: University of Hertfordshire Press, 2000, 52–69.

Hogg, Michael A. ve Dominic Abrams. *Social Identification: A Social Psychology of Intergroup Relations and Group Processes*. Londra; New York: Routledge Press, 1988.

Holmes, Kevin. "The Dom of Egypt: A DRC Update, May 2002," *Kuri: Journal of the Dom Research Centre*, 1 (6) (Bahar/Yaz 2002), Erişim Tarihi: 14 Ocak 2011, http://www.domresearchcenter.com/journal/16/index.html.

Hughes, Everett Cherrington. "Dilemmas and Contradictions of Status." *The American Journal of Sociology* 50 (5) (March 1945): 353–359.

İktisadi Kalkınma Vakfı Yayınları. *Ortak Pazar ve Türkiye'de Orman Ürünleri İşletme Sanayi*. Ankara: İktisadi Kalkınma Vakfı, 1970.

İncirlioğlu, Emine O. "Şecaat Arzederken Merd: Türkiye'de Çingenelerin Örgütlenme Sorunları". *Türk(iye) Kültürleri*, der. Gönül Pultar ve Tahire Erman (İstanbul: Tetragoni İletişim Hizmetleri, 2005) ,186.

Jordan, Sarah. "From Grotesque Bodies to Useful Hands. Idleness, Industry and the Laboring Class," *Eighteenth Century Life* 25 (Güz 2001): 62–79.

Joseph, Suad. "The Public/Private-The Imagined Boundary in the Imagined Nation/State/Community: Lebanese Case." *Feminist Review* (57) (Güz 1997): 73–92.

Karakasidou, Anastasia N. *Fields of Wheat, Hills of Blood: Passages to Nationhood in Greek Macedonia, 1870–1990*. Chicago: University Of Chicago Press, 1997. [Karakasidou, Anastasia N. *Buğday Tarlaları Kan Tepeleri : Yunan Makedonyasında Millet Olma Aşamasına Geçiş Süreçleri 1870-1990*, İng. çev. Nurettin Elhüseyni, İstanbul: İstanbul Bilgi Üniversitesi, Nisan 2010.]

Karaman, Zerrin Toprak. "Siyasi ve Idari Yönüyle Romanlar." *Çingeneler*, der. Suat Kolukırık. İstanbul: Simurg Yayınları, 2007, 33–43.

Karatepe, Yasin ve Nevzat Gürlevik. "Çanakkale'nin Orman Varlığına İlişkin Ekolojik Yaklaşımlar." *Çanakkale II: Ekonomi ve Sosyo-Kültürü*, der. İbrahim Güran Yumuşak. İstanbul: İstanbul Büyükşehir Belediyesi Kültür ve Turizm Daire Başkanlığı Kültür Müdürlüğü. Entegra Matbaacılık, 2006, 497–509.

Karpat, Kemal H. *Turkey's Politics: The Transition to a Multi-Party System*. Princeton: Princeton University Press, 1959.

Karpat, Kemal H. *Ottoman Population 1830–1914: Demographic and Social Characteristics*. Madison, Wis.: University of Wisconsin Press, 1985. [Kemal H. Karpat, İng. çev. *Osmanlı Nüfusu 1830-1914*, İstanbul: Timaş, Şubat 2010.]

Kaynak, Muhteşem. "Ulaştırma Sektörü." *Türkiye Ekonomisi "Sektörel Gelişmeler"*, der. Çelik Aruoba ve Cem Alpar. Ankara: Türkiye Ekonomi Kurumu, 1992.

Kenrick. Donald ve Puxon, Grattan. *Destiny of Europe's Gypsies*. New York: Basic Books, 1972.

Keyder, Çağlar. *State and Class in Turkey: A Study in Capitalist Development*. Londra: Verso, 1987.

Kibria, Nazlı. "Power, Patriarchy and Gender Conflict in the Vietnamese Immigrant Community." *Asian, American Women and Gender: a Reader*, der. Franklin Ng. Londra; New York: Routledge, 1999, 145–161.

Kılıç, Şengül. *Biz ve Onlar: Türkiye'de Etnik Ayrımcılık*. Istanbul: Metis Yayınları, 1992.

Kıray, Mübeccel B. *Ereğli: Ağır Sanayiden Önce Bir Sahil Kasabası*. Ankara: Devlet Planlama Teşkilatı, 1964.

Klimova-Alexander, Ilona. "The Development and Institutionalization of Romani Representation and Administration. Part 3b: From National Organizations to International Umbrellas (1945–1970) - the International Level." *Nationalities Papers*, 35 (4) (Eylül 2007): 627–661.

Kolars, John. "System of Change in Turkish Village Agriculture." *Turkey: Geographic and Social Perspectives*, der. P. Benedict, F. Mansur ve E. Tümertekin. Leiden: Brill, 1974, 204–233.

Kolukırık, Suat. "Türk Toplumunda Çingene Imgesi ve Önyargısı." *Sosyoloji Araştırmaları Dergisi* 8 (2) (Güz 2005): 52–71.

Kolukırık, Suat. "Perceptions of Identity Amongst the Tarlabasi Gypsies, Izmir." *Gypsies and The Problem of Identities; Contextual, Constructed and Contested*, der. Adrian Marsh ve Elin Strand. İstanbul: İsveç Araştırma Entitüsü, 2006, 133–140.

Kolukırık, Suat. "Madun ve Hakim: Çingene/Roman Kimliğiinin Toplumsal Eleştirisi." *Çingeneler*, der. Suat Kolukırık, İstanbul: Simurg Yayınları, 2007, 43–55.

Kolukırık, Suat. *Dünden Bugüne Çingeneler*. İstanbul: Ozan Yayıncılık, 2009.

Kolukırık, Suat. "Çingene Oldugu Düşşünülen Gruplarda Kimlik: Teber (Abdal)." *Kimlikler Lütfen: Türkiye Cumhuriyeti'nde Kültürel Kimlik Arayışı ve Temsili*, der. Gonul Pultar. Ankara: ODTÜ Yayıncılık, 2009, 244–255.

Kovats, Martin. "The Emergence of European Roma Policy." *Between Past and Future: The Roma of Central and Eastern Europe*, der. Will Guy. Hatfield: University of Hertfordshire, 2001, 93–116.

Ladanyi, Janos. "The Hungarian Neoliberal State, Ethnic Classification and the Creation of a Roma Underclass." *Poverty, Ethnicity, and Gender in Eastern Europe During the Market Transition*, der. Rebecca Jean Emigh ve Ivan Szelenyi. Praeger Publisher, Westport: 2000, 67–82.

Ladanyi, Janos ve Ivan Szelenyi. *Patterns of Exclusion: Constructing Gypsy Ethnicity and the Making of an Underclass in Transitional Societies of Europe*. New York: East European Monographs, dağıtıcı: Columbia University Press, 2006.

Lafargue, Paul. *The Right to be Lazy*. Saint Pélagie Hapishanesi: Charles Kerr and Co., Co-operative, 1883. Erişim tarihi: 15 Ocak 2011, http://www.marxists.org/archive/lafargue/1883/lazy/

Lehman, Robert S. "Building Roads and a Highway Administration in Turkey." *Hands Across Frontiers*, der. Howard M. Teaf ve Peter G. Franck. New York: Cornell University Press, Ithaca, 1955, 363–410.

Liegeois, Jean Pierre. *Gypsies: An Illustrated History*. Londra: Al Saqi Books, 1986.

Longman, Timothy and Theoneste Rutagengwa. "Memory, Identity, and Community in Rwanda." *My Neighbor, My Enemy: Justice and Community in the Aftermath of Mass Atrocity*, der. Eric Strover ve Harvey M. Weinstein. Cambridge: Cambridge University Press, 2004, 162–182.

Lucassen, Leo. "The Power of Definition, Stigmatization, Minorization and Ethnicity Illustrated By the History of Gypsies in the Netherlands." *Netherlands' Journal of Social Sciences* 27 (2) (Ekim 1991): 80–91.

Lucassen, Leo, Wim Willems ve Annemarie Cottaareds (Der.) *Gypsies and Other Itinerant Groups: A Socio-Historical Approach*. New York: St. Martin's Press, 1998.

Lucassen, Leo. "External Vagrants? State Formation, Migration and Travelling Groups in Western Europe, 1350–1914." *Gypsies and Other Itinerant Groups: A Socio-Historical Approach*, der. Leo Lucassen, Wim Willems ve Annemarie Cottaar. New York: St. Martin's Press, 1998, 55–73.

Lucassen, Leo. "'Harmful Tramps': Police Professionalization and Gypsies in Germany, 1700–1945." *Gypsies and Other Itinerant Groups: A Socio-Historical Approach*, der. Leo Lucassen, Wim Willems ve Annemarie Cottaar. New York: St. Martin's Press, 1998, 74–93.

Lucassen, Leo. "The Church of Knowledge: Representation of Gypsies in Encyclopedias." *Gypsies and Other Itinerant Groups: A Socio-Historical Approach*, der. Leo, Lucassen; Wim Willems ve Annemarie Cottaar. New York: St. Martin's Press, 1998, 35–52.

Lucassen, Leo. *The Immigrant Threat: The Integration of Old and New Migrants in Western Europe since 1850*. Urbana ve Chicago: University of Illinois Press, 2005.

Lucassen, Leo ve Wim Willems. "The Weakness of Well Ordered Societies. Gypsies in Europe, the Ottoman Empire and India 1400–1914," *A Journal of the Fernand Braudel Center for the Study of Economics, Historical Systems and Civilizations* 26 (3) (2003): 283–313.

Magnarella, Paul J. *Tradition and Change in a Turkish Town*. Rochester: Schenkman Books, 1974.

Maksidi, Usamma. "Ottoman Orientalism." *The American Historical Review* 7 (3) (2002): 768–796.

Mansur, Fatma. *Bodrum: A Town in the Aegean*. Leiden: E. J. Brill, 1972. [Fatma Mansur Coşar, Ege'de Bir Kasaba, İng. çev. Sönmez Taner, İstanbul: Deniz Ticareti Odası, Temmuz 2015.]

Marguiles, Roni ve Ergin Yıldızoğlu. "Agrarian Change: 1923–1970." *Turkey In Transition: New Perspectives*, der. Irvin C. Schick ve Ertuğrul Ahmet Tonak. New York: Oxford University Press, 1987, 269–292.

Marsh, Adrian Richard ve Elin Strand Marsh. *Proposal for Phase Two of a Study Mapping Roman Communities in Istanbul*. İstanbul: International Romani Studies Network, 2005.

Marsh, Adrian. "A Brief History of Gypsies in Turkey." *We Are Here! Discriminatory Exclusion and Struggle for Rights of Roma in Turkey*, der. Ebru Uzpeder, Savelina Danova/Roussinova, Sevgi Özçelik ve Sinan Gökçen. İstanbul: Mart Matbaacılık, 2008, 5–19.

Marsh, Adrian. "Ethnicity and Identity: The Origin of The Gypsies." *We Are Here! Discriminatory Exclusion and Struggle for Rights of Roma in Turkey*, der. Ebru Uzpeder, Savelina Danova/Roussinova, Sevgi Özçelik ve Sinan Gökçen. İstanbul: Mart Matbaacılık, 2008, 19–29.

Marsh, Adrian Richard ve Elin Strand. *Reaching the Romanlar*. İstanbul: International Romani Studies Network (IRSN) Report, 2005.

Marushiakova, Elena ve Vesselin Popov. *Osmanlı İmparatorluğunda Çingeneler*. İstanbul: Homer Kitabevi, 2006.

Matras, Yaron. *Romani: A Linguistic Introduction*. Cambridge: Cambridge University Press, 2002.

McClintock, Anne. *Imperial Leather: Race, Gender, and Sexuality in the Colonial Contest*. New York: Routledge, 1995.

McVeigh, Robbie. "Theorising Sedentarism: The Roots of Anti-Nomadism." *Gypsy Politics and Traveller Identity*, der. Thomas Acton. Hertfordshire: University of Hertfordshire Press, 1997, 7–25.

Mayall, David. *Gypsy Identities 1500–2000: From Egipcyans and Moon-men to the Ethnic Romany*. Londra ve New York: Routledge Taylor and Francis Group, 2004.

Milliyet, *Bayramiç Savcısı Vilayeti Suçladı* (27 Şubat 1970).

Mischek, Udo. "The Professional Skills of Gypsies in Istanbul," *Journal of the Dom Research Center: Kuri*, 1 (7) (Güz/Kış 2002). Erişim tarihi: 14 Ocak 2011, http://www.domresearchcenter.com/resources/links/mischek17.html.

Mischek, Udo. "Mahalle Identity Roman (Gypsy) Identity under Urban Conditions." *Gypsies and The Problem of Identities; Contextual, Constructed and Contested*, der. Adrian Marsh ve Elin Strand. İstanbul: Swedish Research Institute, 2006, 157–163.

Moore, Barrington Jr. *Moral Purity and Persecution in History*. Princeton; New Jersey: Princeton University Press, 2000.

Nagel, Joane. "Masculinity and Nationalism: Gender and Sexuality in the Making of Nations." *Ethnic and Racial Studies* 21 (2) (Mart 1998): 242–251.

Navaro-Yasin, Yael. "Historical Construction of Local Culture: Gender and Identity in the Politics of Secularism Versus Islam." *Istanbul Between the Global and the Local*, der. Çağlar Keyder, Boston: Rowman & Littlefield Publishers, 1999, 59–76.

Navaro-Yashin, Yael. *Faces of the State: Secularism and Public Life in Turkey*. New Jersey: Princeton University Press, 2002.

Nirenberg, David. *Communities of Violence: Persecution of Minorities in the Middle Ages*. Princeton: Princeton University Press, 1998.

Okely, Judith. *The Traveller-Gypsies*. Cambridge: Cambridge University Press, 1983.

Okin, Susan Moller. "The Public/Private Dichotomy." *Contemporary Political Theory*, der. Farrelly Colin. Londra: Sage Publications, 2004, 181–185.

Olujic, Maria B. "Embodiment of Terror: Gendered Violence in Peacetime and Wartime in Croatia and Bosnia-Herzegovina." *Medical Anthropology Quarterly* 12 (1) (1998): 31–50.

Olzak, Susan ve Nagel Joane. (Der.) *Competitive Ethnic Relations*. Orlando: Academic Press, 1986.

Olzak, Susan. *The Dynamics of Ethnic Competition and Conflicts*. Stanford: Stanford University Press, 1994.

Oprisan, Ana. "An Overview of the Romanlar in Turkey." *Gypsies and the Problems of Identities*, der. Adrian Marsh ve Elin Strand. İstanbul: Kitap Yayınevi, 2006, 163–169.

Oprisan, Ana. "Overview on the Roma in Turkey." *Journal of the Dom Research Center: Kuri*, 1 (7) (Güz/Kış 2002). Erişim tarihi: 14 Ocak 2011, from http://www.domresearchcenter.com/resources/links/oprisan17.html.

Oran, Baskın. *Türkiye'de Azınlıklar*. İstanbul: İletişim Yayınları, 2004.

Özateşler, Gül. *The Changed Perception of the Concept of Virginity Between Two Generations of Women in Turkey*. Yüksek Lisans Tezi, Central European University, 2005.

Özateşler, Gül. "Gypsies in the Economy of Turkey Through a Focus on Gypsy Flower Sellers in the Streets of Istanbul," *Paper Presented Gypsy Lore Society Annual Meeting*, Washington: Georgetown University, Eylül 2008.

Özkırımlı, Umut. "Türkiye'de Gayriresmi ve Popüler Milliyetçilik." *Modern Türkiye'de Siyasi Düşünce Cilt 4: Milliyetçilik*, der. Tanıl Bora ve Murat Gültekingil. İstanbul: İletişim Yayınları, 2002.

Öztürkmen, Arzu. "Sözlü Tarih: Yeni Bir Disiplinin Cazibesi." *Toplum ve Bilim* (Kış 2001/2002): 115–121.

Perlman, Janice E. *The Myth of Marginality: Urban Poverty and Politics in Rio de Janerio*. Londra: University of California Press, 1976.

Pogany, Istvan. "Minority Rights and the Roma of Central and Eastern Europe." *Human Rights Law Review*, 6 (1) (2006): 1–25.

Portelli, Alessandro. "What Makes Oral History Different." *The Oral History Reader*, der. Robert Pecks ve Alistair Thompson, Londra; New York: Routledge, 1998, 63–75.

Radikal. *Altınova'da Etnik Gerilim Büyüyor* (1 Ekim 2007). Erişim tarihi: 17 Ocak 2011, http://www.radikal.com.tr/Default.aspx?aType=Detay&ArticleID=901292&Date=01.10.2008&CategoryID=77.

Radikal. Bayramiç'te Kokoreç Kavgasından Etnik Gerilim Çıktı. (5 Ağustos 2009). Erişim tarihi: 17 Ocak 2011, http://www.radikal.com.tr/Default.aspx?aType=RadikalDetay&Date=5.8.2009& Ar ticleID=948336&CategoryID=77.

Radikal. Manisa'da Sigara İçme Kavgası Etnik Gerginliğe Vardı (6 Ocak 2010). Erişim tarihi: 17 Ocak 2011, http://www.radikal.com.tr/Radikal.aspx? aType=RadikalDe tay&ArticleID=973011 &Date=06.01.2010&CategoryID=77.

Ray, Larry, David Smith ve Liz Wastell. "Understanding Racial Violence." *The Meanings of Violence*, der. Elizabeth A. Stanko. Londra; New York: Routledge: 2003, 112–130.

Revenga, Ana, Dena Ringold ve W. Martin Tracy. *Poverty and Ethnicity: A Cross-Country Study of Roma Poverty in Central Europe*. Washington D.C.: The World Bank, 2002.

Ringold, Dena, Mitchell A. Orenstein ve Erika Wilkens. *Roma in an Expanding Europe: Breaking the Poverty Cycle*. Washington D.C.: The World Bank, 2005.

Rosenberg, Otto. *A Gypsy in Auschwitz*. Londra: Allison and Busby Ltd., 1999.

Russell, Bertrand. *In Praise of Idleness and Other Essays*. Londra: George Allen and Unwin, 1935. [Bertrand Russell, *Aylaklığa Övgü*, İng. çev. Mete Ergin, İstanbul: Cem Yayınevi, Ekim 2004]

Sencer, Muzaffer. *Türkiye'de Köylülüğün Maddi Temelleri*. İstanbul: Ant Yayınları, 1971.

Sherbakova, Irina. "The Gulag in memory." *Oral History: An Interdisciplinary Anthology*, der. David K. Dunaway ve Willa K. Baum. California: Altamira Press, 1996, 235–245.

Shuinéar, Sinéadní. "Why Do Gaujos Hate Gypsies So Much, Anyway? A Case Study." *Gypsy Politics and Traveler Identity*, der. Thomas Acton. Hatfield, Hertfordshire: University of Hertfordshire Press, 1997, 26–53.

Simmel, Georg. *Modern Kültürde Çatışma*. Istanbul: İletişim Yayınları, 2003.

Soner, B. Ali. "Citizenship and The Minority Question in Turkey." *Citizenship in a Global World: European Questions and Turkish Experiences*, der. E. Fuat Keyman ve Ahmet İçduygu. Londra ve New York: Routledge, 2005, 289–312.

Sosyal ve Kültürel Yaşamı Geliştirme Derneği. *Romanlar ve Sosyal Dışlanma Sorunu. Sosyal Politika, ama Nasıl?* İstanbul: Punto Baskı, 2007.

Sonneman, Toby. *Shared Sorrows: A Gypsy Family Remembers the Holocaust*. Herts: University Of Hertfordshire Press, 2002.

Stallybrass, Peter ve Allon White. *The Politics and Poetics of Transgression*. New York: Cornell University Press, 1986.

Steinberg, Steven. *The Ethnic Myth: Race, Ethnicity and Class in America*. Boston: Beacon Press, 1989.

Stewart, Michael. *The Time of the Gypsies*. Colorado; Oxford: Westview Press, 1997.

Stewart, Michael. "Deprivation, the Roma and 'the Underclass'." *Postsocialism: Ideals, Ideologies, and Practices in Eurasia*, der. C.M. Hann. Londra; New York: Routledge, 2002, 133–156.

Strand, Elin. "Romanlar and Ethno-Religious Identity in Turkey: A Comparative Perspective." *Gypsies and The Problem of Identities; Contextual, Constructed and Contested*, der. Adrian Marsh ve Elin Strand. İstanbul: Swedish Research Institute, 2006, 97–104.

Sullivan, Donna. "The Public Private Distinction in International Human Rights Law." *Women's Rights Human Rights: International Feminist Perspectives*, der. Julie, Peters ve Andrea Wolper. New York: Routledge Press, 1995, 126–134.

Tambiah, Stanley J. *Leveling Crowds: Ethnonationalist Conflicts and Collective Violence in South Asia*. Londra: University of California Press, 1996.

Tekeli, İlhan ve Selim İlkin. *Cumhuriyetin Harcı: Modernitenin Altyapısı Oluşurken*. İstanbul: İstanbul Bilgi Üniversitesi Yayınları, 2004.

Tezcan, Saban. "Çanakkale'de Şehirleşme." *Çanakkale Savaşları Tarihi*, der. Mustafa Demir. İstanbul: Değişim Yayınları, 2008, 3333–3367.

Thelen, Peter. "Roma Policy: The Long Walk Towards Political Participation." *Roma in Europe: From Social Exclusion to Active Participation*, der. Peter Thelen. Üsküp: Friedrich Ebert Stiftung, 2005, 7–74.

Thompson, Edward P. *The Making of the English Working Class*. Harmondworth: Penguin Books, 1968, 21–28.

Thompson, Paul. "The Voice of the Past." *The Oral History Reader*, der. Robert Pecks ve Alistair Thompson. Londra; New York: Routledge, 1998.

Thompson, Paul. *The Voice of The Past: Oral History*. Oxford: Oxford University Press, 2000. [Paul Thompson, *Geçmişin Sesi: Sözlü Tarih*, İng. çev. Şehnaz Layikel, İstanbul: Tarih Vakfı, Kasım 1999.]

Tolan, Barlas. *Türkiye'de İller İtibariyle Sosyo-Ekonomik Gelişmişlik Endeksi*. Ankara: T.C. Başbakanlık Devlet Planlama Teşkilatı Müsteşarlığı, SPD Araştırma Şubesi Toplum Yapısı Araştırmaları Birimi, 1972.

Toprak, Binnaz. *Türkiye'de Farklı Olmak: Din ve Muhafazakarlik Ekseninde Ötekileştirilenler*. İstanbul: Metis Yayınları, 2009.

Trubeta, Sevasti. "Gypsiness, Racial Discourse and Persecution: Balkan Roma during the Second World War." *Nationalisties Papers* 31 (4) (Aralık 2003): 495–514.

Tubbax, Charlotte. "The Largest Trans-European Minority." *The European Magazine* (18 Nisan 2005). Erişim tarihi: 14 Ocak 2011, http://www.cafebabel.co.uk/article/13593/the-largest-Trans-european-minority.html.

Türkiye Cumhuriyeti. *1926 Memurin Kanunu* (788) Ankara: 1926.

Türkiye Cumhuriyeti. *1965 Devlet Memurlari Kanunu* (657) Ankara: 1965.

Türkiye Cumhuriyeti. *Ulaştırma İstatistikleri*. Ankara: Başbakanlık Devlet Planlama Teşkilatı, 1966.

Türkiye Cumhuriyeti. *Köy Envanter Etüdlerine Göre Çanakkale*. Ankara: Köy İşleri ve Kooperatifler Bakanlığı, 1968.

Türkiye Cumhuriyeti. *Orman Genel Müdürlüğü Çalışmaları*. Ankara: Tarım Bakanlığı, Orman Genel Müdürlüğü, 1969.

Türkiye Cumhuriyeti. *Ulaştırma İstatistikleri*. Ankara: Başbakanlık Devlet Planlama Teşkilatı, 1970.

Türkiye Cumhuriyeti. *Cumhuriyetin 50. Yılında Karayollarımız* (213) Ankara: Bayındırlık Bakanlığı, Karayolları Genel Müdürlüğü, 1973.

Türkiye Cumhuriyeti. *Dördüncü Beş Yıllık Kalkınma Planı Karayolları Taşıtları İmalat Sanayii Özel Ihtisas Komisyonu Raporu* (DPT 1548-OIK 240) Ankara: Başbakanlık Devlet Planlama Teşkilatı, Şubat 1977.

Turowski, Jan. "The Dichotomy of 'Private' and 'Public' as a Theoretical Framework for the Analysis for Social Reality." *Private and Public: Social Interventions in Modern Societies*, der. Leon Dyczewski, John Kromkowski ve Paul Peachey. Washington: Paideia Press and The Council for Research in Values and Philosophy, 1994, 7–14.

Uzpeder, Ebru, Savelina Danova/Roussinova, Sevgi Özçelik ve Sinan Gökçen. (Der.) *We Are Here! Discriminatory Exclusion and Struggle for Rights of Roma in Turkey.* İstanbul: Mart Matbaacılık, 2008.

Van Arkel, Dik "The Growth of the Anti-Jewish Stereotype: An Attempt At Hypothetical-Deductive Method of Historical Research." *International Review of Social History* 30 (1985): 270–306.

Van Arkel, Dik. *The Drawing of the Mark of Cain: A Socio-Historical Analysis of the Growth of Anti-Jewish Stereotypes.* Amsterdam: Amsterdam University Press, 2009.

Van Den Berghe, Pierre L. "Why Most Sociologists Don't and Won't Think Evolutionarily." *Sociological Forum* 5 (2) (Haziran 1990): 173–185.

Van Den Berghe, Pierre L. "Does Race Matter?" *Nations and Nationalism* 1 (3) (1995): 359–68

Vermeersch, Peter. "Ethnic Minority Identity and Movement Politics: The case of the Roma in the Czech Republic and Slovakia." *Ethnic and Racial Studies* 26 (5) (Eylül 2003): 879–901.

Wacquant, Loic. "Decivilizing and Demonizing: Remaking the Black American Ghetto." *The Sociology of Norbert Elias*, der. Steven Loyal ve Stephen Quilley. Cambridge: Cambridge University Press, 2004, 95–121.

Weintraub, Jeff. "The Public/Private Distinction." *Public and Private in Thought and Practice: Perspectives on a Ground Dichotomy*, der. Jeff Weintraub ve Krishan Kumar. Chicago: The University of Chicago Press, 1997, 1–42.

Williams, Allen, "The Current Situation of the Dom in Jordan: A DRC Update." *Kuri: Journal of the Dom Research Centre*, 1 (8) (Bahar/Yaz 2003). Erişim tarihi: 14 Ocak 2011, http://www.domresearchcenter.com/journal/18/index. html.

Willems, Wim. *In Search of the True Gypsy: From Enlightenment to Final Solution.* Londra; New York: Routledge, 1998.

Wimmer, Andreas. "The Making and Unmaking of Ethnic Boundaries: A Multilevel Process Theory." *American Journal of Science* 113 (4) (January 2008): 970–1022.

Yasa, Memduh. *Cumhuriyet Dönemi Türkiye Ekonomisi 1923–1978.* İstanbul: Akbank Kültür Yayını, 1980.

Yuval-Davis, Nira. *Gender and Nation.* Londra: Sage Publications, 1997. [*Cinsiyet ve Millet*, İng.çev. Ayşin Bektaş, İstanbul : İletişim Yayıncılık, 2003]

Zarkov, Dubravka. *The Body of War: Media, Ethnicity and Gender in the Break-Up of Yugoslavia.* Durham: Duke University Press, 2007.

Zurcher, Erik-Jan. "From Empire to Republic- Problems of Transition, Continuity and Change." *Turkey in the Twentieth Century*, der. Erik-Jan Zürcher. Berlin: Klaus Schwarz, 2008, 15–30.

Dizin

www.ingramcontent.com/pod-product-compliance
Lightning Source LLC
Chambersburg PA
CBHW080132270326
41926CB00021B/4443